Basiswissen
Web-Programmierung

IT lernen
die Grundlagen | für die Praxis | Schritt für Schritt

Heide Balzert
Webdesign & Web-Ergonomie
Websites professionell gestalten

Helmut Balzert
JSP für Einsteiger
Dynamische Websites mit JavaServer Pages erstellen

Helmut Balzert
Java 5: Objektorientiert programmieren
Vom objektorientierten Analysemodell bis zum objektorientierten Modell

Helmut Balzert
Java 6: Anwendungen programmieren
Von der GUI-Programmierung bis zur Datenbank-Anbindung

Heide Balzert
UML 2 in 5 Tagen
Der schnelle Einstieg in die Objektorientierung

Uwe Klug
SQL: Der Einstieg in die deklarative Programmierung

Ergänzend zu vielen dieser Bände gibt es »Quick Reference Maps« zum Nachschlagen und Wiederholen:
HTML & XHTML, CSS, JSP, SQL, UML 2.

Zu vielen dieser Bände gibt es »E-Learning-Zertifikatskurse« unter www.W3L.de.

Heide Balzert

Basiswissen Web-Programmierung

XHTML, CSS, JavaScript, XML,
PHP, JSP, ASP.NET, Ajax

W3L-Verlag | Herdecke | Witten

Autorin:
Prof. Dr. Heide Balzert
E-Mail: Heide.Balzert@W3L.de
http://www.W3L.de

Bibliografische Information Der Deutschen Bibliothek:
Die Deutsche Bibliothek verzeichnet diese Publikation in der Deutschen Nationalbibliografie. Detaillierte bibliografische Daten sind im Internet über http://dnb.ddb.de/ abrufbar.

Der Verlag und der Autor haben alle Sorgfalt walten lassen, um vollständige und akkurate Informationen in diesem Buch und den Programmen zu publizieren. Der Verlag übernimmt weder Garantie noch die juristische Verantwortung oder irgendeine Haftung für die Nutzung dieser Informationen, für deren Wirtschaftlichkeit oder fehlerfreie Funktion für einen bestimmten Zweck. Ferner kann der Verlag für Schäden, die auf einer Fehlfunktion von Programmen oder ähnliches zurückzuführen sind, nicht haftbar gemacht werden. Auch nicht für die Verletzung von Patent- und anderen Rechten Dritter, die daraus resultieren. Eine telefonische oder schriftliche Beratung durch den Verlag über den Einsatz der Programme ist nicht möglich. Der Verlag übernimmt keine Gewähr dafür, dass die beschriebenen Verfahren, Programme usw. frei von Schutzrechten Dritter sind. Die Wiedergabe von Gebrauchsnamen, Handelsnamen, Warenbezeichnungen usw. in diesem Buch berechtigt auch ohne besondere Kennzeichnung nicht zu der Annahme, dass solche Namen im Sinne der Warenzeichen- und Markenschutz-Gesetzgebung als frei zu betrachten wären und daher von jedermann benutzt werden dürften.

© 2008 W3L GmbH | Herdecke | Witten | ISBN 978-3-937137-05-6

Alle Rechte, insbesondere die der Übersetzung in fremde Sprachen, sind vorbehalten. Kein Teil des Buches darf ohne schriftliche Genehmigung des Verlages fotokopiert oder in irgendeiner anderen Form reproduziert oder in eine von Maschinen verwendbare Form übertragen oder übersetzt werden. Es konnten nicht sämtliche Rechteinhaber von Abbildungen ermittelt werden. Wird gegenüber dem Verlag die Rechtsinhaberschaft nachgewiesen, dann wird nachträglich das branchenübliche Honorar gezahlt.

1. Auflage: April 2007

1. korrigierter Nachdruck: September 2008

Lektor: Prof. Dr. Helmut Balzert, Herdecke

Gesamtgestaltung: Prof. Dr. Heide Balzert, Herdecke

Herstellung: M.Sc. Kerstin Kohl, M.A. Andrea Krengel, Witten

Satz: Das Buch wurde aus der E-Learning-Plattform W3L automatisch generiert. Der Satz erfolgte aus der Lucida, Lucida sans und Lucida casual.

Druck und Verarbeitung: buch bücher dd ag, Birkach

Vorwort

Herzlich willkommen in der Welt der Web-Programmierung. Sie gehört heute zum Grundwissen eines jeden Informatikers, Fachinformatikers und Programmierers. Dazu gehören insbesondere die Web-Techniken XHTML, CSS, JavaScript, XML, PHP, JSP und ASP.NET.

Wenn Sie diese Web-Techniken alle im Detail lernen wollen und sehr viel Zeit haben, dann ist dieses Buch *nicht* das Richtige für Sie. Es gibt zahlreiche Bücher und Online-Tutorials auf dem Markt, die die entsprechende Technik umfassend beschreiben. Dieses Buch geht bewusst einen anderen Weg. Nicht das Vermitteln der kompletten Techniken steht hier im Fokus, sondern Sie sollen über jede Technik einen soliden Überblick erhalten.

mein Ziel

Dieses Buch ist für Leser geschrieben, die auf dem Gebiet der Web-Programmierung noch wenig oder kein Vorwissen besitzen und sich in einem knappen Zeitbudget einen fundierten Überblick einschließlich praktischer Erfahrungen verschaffen wollen. Bei entsprechendem Vorwissen können Sie an einer beliebigen Stelle in dieses Buch »einsteigen« oder auch nur ausgewählte Techniken durcharbeiten.

für wen?

Für XHTML, CSS und XML sind *keine* Vorkenntnisse nötig. Für die Einführungen in JavaScript und PHP sollten Sie Grundkenntnisse der strukturierten Programmierung und ein Grundverständnis der Objektorientierung besitzen. Die Einführungen in JSP, ASP.NET und Ajax setzen dagegen solide Grundkenntnisse in der objektorientierten Programmierung voraus. Java oder C# bilden eine ideale Voraussetzung.

Ihre Voraussetzungen

Dieses Buch beginnt mit **XHTML**, der modernen Version von HTML. Hier werden die wichtigsten Elemente eingeführt, die Ihnen einerseits einen Eindruck dieser Sprache vermitteln und andererseits die Basis für die nachfolgenden Techniken bilden. Aufbauend darauf wird **CSS** eingeführt. Hier wird Wert darauf gelegt, auch komplexere Themen wie das Boxmodell oder ein CSS-basiertes Seitenlayout leicht verständlich einzuführen. Die clientseitigen Techniken werden ab-

der Inhalt

gerundet durch eine Einführung in **JavaScript**. Hier lernen Sie das DOM *(Document Object Model)* und das Prinzip der Event- Handler kennen. Der praktische Einsatz von JavaScript wird anhand der Validierung von Formulareingaben gezeigt. Um die Beispiele zu verstehen und eigene Programme erstellen zu können, ist auch eine Einführung in die wichtigsten Sprachelemente von JavaScript enthalten. Bei der Einführung in **XML** lernen Sie, wie DTDs, XML-Schemata und XSLT-*Stylesheets* systematisch erstellt werden. Sie lernen, XML-Dokumente auf Wohlgeformtheit und Gültigkeit zu prüfen und für die Ausgabe im Browser aufzubereiten.

Als erste serverseitige Technik lernen Sie **PHP** 5 kennen, d.h. die objektorientierte Version von PHP. Sie können anschließend kleine Websites mit Formularverarbeitung und Anbindung an die Datenbank MySQL erstellen. Auch für die anspruchsvolleren Techniken JSP und ASP.NET lernen Sie die wichtigsten Konzepte kennen. Die Einführung in **JSP** beinhaltet auch den Einsatz von JavaBeans. Die **ASP.NET**-Einführung zeigt sehr schön, wie sich die Entwicklung von Web-Anwendungen weiterentwickelt hat. Hier lernen Sie neue Konzepte wie die programmierbaren Server-Steuerelemente und die *Code-Behind*-Technik kennen. Um die Beispiele besser zu verstehen und um eigene Programme zu erstellen, enthält das Buch zu jeder serverseitigen Technik eine Einführung in die wichtigsten Sprachelemente (PHP, Java und C#). Ein knapper Abriss zu **Ajax** zeigt, wie einige der vorgestellten Techniken miteinander verbunden werden, um *Rich Internet Applications* zu programmieren.

Um dieses Buch auch als Nachschlagewerk nutzen können, sind zu jeder Web-Technik die wichtigsten Elemente überblicksartig zusammengestellt. Damit Sie das Buch nicht sequentiell durcharbeiten müssen, sondern sich die für Sie relevanten Teile gezielt heraussuchen können, sind bewusst einige Redundanzen eingebaut. Leser, die das Buch sequentiell durcharbeiten, können diese Passagen überspringen oder als Wiederholung betrachten.

neue Versionen
Das Wissen in der Informatik veraltet heute rasend schnell. Daher wurde viel Wert darauf gelegt, Ihnen möglichst die neuesten Versionen vorzustellen. Das sind bei XHTML die

Version 1.1, bei CSS die Version 2, bei PHP die Version 5 mit voller Unterstützung der Objektorientierung, bei ASP.NET die Version 2. Bei XML wurde bewusst die Version 1.0 verwendet, da sie häufig eingesetzt und mit der neueren Version nicht kompatibel ist. Bei JSP werden die neuen XML-*Tags* und die *Expression Language* zwar vorgestellt, aber die klassischen Skriptelemente verwendet, da sie häufiger anzutreffen sind.

Bei allen Techniken steht die praktische Arbeit im Zentrum. In diesem Buch werden vier Fallbeispiele eingeführt, die Schritt für Schritt weiterentwickelt werden. In den Einführungen zu XHTML und CSS wird eine Fitness-Website mit XHTML 1.1 entwickelt und anschließend mit CSS gestaltet. Die Techniken der XML-Familie werden anhand eines Adressbuchs eingeführt. Bei den serverseitigen Techniken PHP, JSP und ASP.NET wird als einfaches Fallbeispiel zunächst der BMI *(Body Mass Index)* berechnet und anschließend ein Gästebuch entwickelt, das in die Fitness-Website integriert werden kann. Um Ihnen die praktische Arbeit zu erleichtern, erhalten Sie alle Programme zum Download und – wo notwendig – eine verständliche Online-Installationsbeschreibung.

Praxis und Fallbeispiele

Um Ihnen als Leser das Lernen zu erleichtern, wurde für die Bücher der Buchreihe »IT lernen« eine neue Didaktik entwickelt. Das Buch besteht aus Wissensbausteinen, die im Allgemeinen ein abgeschlossenes Thema behandeln. In die meisten Wissensbausteine sind eine oder mehrere Übungen integriert, die in der Marginalspalte durch nebenstehendes Symbol gekennzeichnet sind. Diese Übungen sollen Sie dabei unterstützen, den gelernten Stoff zu verstehen und sollten von Ihnen bearbeitet werden, bevor Sie mit dem nächsten Wissensbaustein fortfahren. Der Buchaufbau und die didaktischen Elemente sind auf der vorderen Buchinnenseite beschrieben.

neue Didaktik

Ergänzend zu diesem Buch gibt es den kostenlosen E-Learning-Kurs »CSS – Schnelleinstieg«, der zusätzlich zahlreiche Tests erhält, mit denen Sie Ihr Wissen überprüfen können. Außerdem finden hier alle Installationsanweisungen für kostenlose Produkte, um mit den vorgestellten Web-Techniken

kostenloser E-Learning-Kurs

praktisch arbeiten zu können. Diese Beschreibungen wurden bewusst *nicht* in das Buch übernommen, da es häufig Änderungen gibt. Im Online-Kurs werden die Beschreibungen regelmäßig aktualisiert.

Außerdem können Sie in diesem Kurs die **Beispielprogramme**, die im Buch behandelt werden, auf Ihr Computersystem herunterladen, um die Programme auszuprobieren und weiter zu entwickeln. Damit Sie alle Programme einfach finden, sind im Buch die Namen der Verzeichnisse und Dateien jeweils in der Marginalspalte angegeben.

Sie finden den Kurs auf der E-Learning-Plattform www.W3L.de. Bitte wählen Sie auf dem Reiter »Online-Kurse« den Link »Zur TAN-Einlösung«. Registrieren Sie sich als neuer Benutzer und geben Sie anschließend folgende Transaktionsnummer (TAN) ein: 1811020130.

aktuelle Informationen

Ein Buch enthält trotz aller Anstrengungen immer noch Fehler und Verbesserungsmöglichkeiten. Kritik und Anregungen sind daher jederzeit willkommen. Über Erfahrungsberichte meiner Leser und Leserinnen freue ich mich ganz besonders. Aktuelle Informationen und Korrekturen zu diesem Buch finden Sie im zugehörigen E-Learning-Kurs (siehe oben). Über die Website www.W3L.de können Sie einen Newsletter abonnieren, wenn Sie regelmäßig über Neuerungen informiert werden möchten.

vom Lesen zum Zertifikat

Wenn Sie Ihren Lernerfolg überprüfen wollen, dann sollten Sie den kostenpflichtigen, gleichnamigen E-Learning-Kurs auf www.W3L.de buchen. Tests und Aufgaben helfen Ihnen, Ihr Wissen zu vertiefen und zu festigen. Mentoren und Tutoren betreuen Sie dabei. Bei erfolgreichem Abschluss erhalten Sie ein Test- und ein Klausurzertifikat, mit dem Sie Ihren Erfolg dokumentieren können.

mein Dank

An erster Stelle danke ich meinem Mann, Prof. Dr. Helmut Balzer für seine kritische Durchsicht des Manuskripts. Weitere Danksagungen gehen an: Herrn Gennadij Bardachev für seine Hinweise in den Bereichen JavaScript und PHP, Herrn Mathias Besenfelder seine Unterstützung im Bereich ASP.NET 2, Herrn Jakob Pyttlik für seine Hinweise zu PHP, Herrn Frank Topel für seine Hinweise in den Bereichen

XHTML und CSS, Herrn Matthias Wessendorf für seine Unterstützung im Bereich Ajax. Für die kritische Durchsicht des Manuskriptes sowie für zahlreiche Anregungen und Hinweise danke ich den Herren Prof. Dr. Dumke und Dr. Zbrog von der Universität Magdeburg, Herrn Prof. Dr. Beims von der Hochschule Niederrhein (JavaScript, Ajax), Frau Prof. Dr. Meyer von der Fachhochschule Dortmund (XML), Herrn Dr. Ricken von der Firma ObjectMind.de (ASP.NET), Herrn Prof. Dr. Riekert von der Hochschule der Medien Stuttgart (XHTML, CSS, JavaScript), Herrn Prof. Dr. Wißmann von der Fachhochschule Coburg (XML, JSP, Ajax). Da ich dieses Buch aus den Anforderungen in der Lehre entwickelt habe, erhielt ich im Laufe der Zeit Anregungen von vielen Studierenden, Mitarbeitern und Kollegen. Ihnen allen möchte ich an dieser Stelle ganz herzlich danken.

Starten Sie jetzt mit Ihrem Einstieg in die Welt der Web-Programmierung. Viel Spaß und Erfolg!

ans Werk

Ihre

Heide Balzer

Inhaltsverzeichnis

1	**XHTML ***	**1**
1.1	Was ist XHTML? *	2
1.2	XHTML-Dokument *	5
1.3	XHTML-Dokumente verlinken *	14
1.4	Bilder in XHTML-Dokumenten *	19
1.5	XHTML-Tabellen *	22
1.6	XHTML-Bereiche *	29
1.7	XHTML-Formulare *	33
1.8	XHTML im Überblick *	39
2	**CSS ***	**43**
2.1	Was ist CSS? *	44
2.2	CSS-Stilvorlagen *	45
2.3	CSS-Klassen *	52
2.4	Mit CSS gestalten *	55
2.5	Boxmodell **	65
2.6	Tabellengestaltung mit CSS **	72
2.7	CSS-Seitenlayout ***	81
2.8	CSS im Überblick *	94
3	**JavaScript ***	**97**
3.1	Was ist JavaScript? *	98
3.2	Erstes JavaScript-Programm *	100
3.3	Document Object Model **	104
3.4	Event-Handler *	113
3.5	Formulare mit JavaScript validieren *	118
3.6	JavaScript-Sprachelemente *	126
3.6.1	Einfache JavaScript-Elemente *	127
3.6.2	Operatoren in JavaScript *	129
3.6.3	Kontrollstrukturen in JavaScript *	131
3.6.4	Felder in JavaScript *	133
3.6.5	Funktionen in JavaScript *	135
3.6.6	Klassen in JavaScript **	138
3.7	JavaScript im Überblick *	143
4	**XML ***	**147**
4.1	Was ist XML? *	148
4.2	XML-Dokument *	150
4.3	DTD – Teil 1 *	156
4.4	DTD – Teil 2 *	160
4.5	XML-Schema – Teil 1 **	165

4.6	XML-Schema – Teil 2 **	171
4.7	XSLT-Stylesheet – Teil 1 **	179
4.8	XSLT-Stylesheet – Teil 2 **	187
4.9	XML im Überblick *	193
5	**PHP * 199**	
5.1	Was ist PHP? *	200
5.2	Erstes PHP-Skript *	202
5.3	Formulare mit PHP verarbeiten *	205
5.4	Formulare mit PHP validieren *	208
5.5	PHP-Sprachelemente *	212
5.5.1	Einfache PHP-Elemente *	212
5.5.2	Operatoren in PHP *	215
5.5.3	Kontrollstrukturen in PHP *	217
5.5.4	Felder in PHP *	219
5.5.5	Funktionen in PHP *	222
5.5.6	Klassen in PHP **	228
5.6	Dateiverarbeitung mit PHP *	232
5.7	PHP-Gästebuch *	234
5.8	SQL in PHP verwenden **	238
5.9	PHP-Gästebuch mit MySQL **	241
5.10	PHP im Überblick *	246
6	**JSP * 249**	
6.1	Was ist JSP? *	250
6.2	Erste JSP-Datei *	253
6.3	Direktiven *	259
6.4	Implizite Objekte *	262
6.5	Standardaktionen *	264
6.6	Formulare mit JSP verarbeiten *	268
6.7	Formulare mit JSP validieren *	272
6.8	JavaBeans **	275
6.9	Java-Sprachelemente *	282
6.9.1	Einfache Java-Elemente *	282
6.9.2	Operatoren in Java *	283
6.9.3	Kontrollstrukturen in Java *	284
6.9.4	Felder in Java *	286
6.9.5	Methoden in Java *	288
6.9.6	Klassen in Java *	291
6.10	JSP-Gästebuch *	295
6.10.1	Formular JSP-Gästebuch *	295
6.10.2	Datenverwaltung für JSP-Gästebuch ***	297
6.10.3	Gästebuch mit JSP erstellen **	303

6.11	JSP im Überblick * 306	
7	**ASP.NET * 309**	
7.1	Was ist ASP.NET? * 310	
7.2	Erste Web Form * 314	
7.3	Direktiven * 316	
7.4	Serverobjekte * 318	
7.5	Code-Behind-Technik * 321	
7.6	ASP.NET-Formulare ** 325	
7.7	ASP.NET und JavaScript * 330	
7.8	Navigation mit ASP.NET ** 333	
7.9	ASP.NET-Formulare validieren *** 337	
7.10	C#-Sprachelemente * 347	
7.10.1	Einfache C#-Elemente * 347	
7.10.2	Operatoren in C# * 349	
7.10.3	Kontrollstrukturen in C# * 350	
7.10.4	Felder in C# * 351	
7.10.5	Methoden in C# * 353	
7.10.6	Klassen in C# * 356	
7.11	ASP.NET-Gästebuch * 361	
7.11.1	Formular ASP.NET-Gästebuch ** 362	
7.11.2	Datenverwaltung für ASP.NET-Gästebuch *** 364	
7.11.3	Gästebuch erstellen mit ASP.NET ** 369	
7.12	ASP.NET im Überblick * 372	
8	**Ajax ** 377**	
8.1	Was ist Ajax? ** 377	
8.2	Ajax-Anwendung mit JSP erstellen * 381	
8.3	Ajax-Bibliothek einsetzen *** 387	
9	**Ausblick * 393**	
Glossar 397		
Literatur 405		
Sachindex 407		

1 XHTML *

XHTML *(eXtensible Hypertext Markup Language)* ist eine Auszeichnungssprache für die Erstellung von Websites. Sie verwendet Markierungen, um Texte in Überschriften, Abschnitte, Listen, Hyperlinks etc. zu strukturieren. XHTML wird direkt vom Browser interpretiert und ausgeführt. Man spricht auch von einer clientseitigen Web-Technik.

Was ist XHTML?

In dieser Einführung lernen Sie die wichtigsten Konzepte und Sprachelemente von XHTML kennen. Dazu wird Schritt für Schritt eine kleine Website erstellt. Am meisten profitieren Sie, wenn Sie das hier gelernte Wissen auf eine eigene Website anwenden:

Was Sie lernen

- »Was ist XHTML?« (S. 2)
- »XHTML-Dokument« (S. 5)
- »XHTML-Dokumente verlinken« (S. 14)
- »Bilder in XHTML-Dokumenten« (S. 19)
- »XHTML-Tabellen« (S. 22)
- »XHTML-Bereiche« (S. 29)
- »XHTML-Formulare« (S. 33)
- Zum Nachschlagen: »XHTML im Überblick« (S. 39)

Damit Sie mit XHTML arbeiten können, benötigen Sie nur einen Browser und einen einfachen Texteditor. Komfortabler ist ein **WYSIWYG-Editor** wie beispielsweise der Adobe Dreamweaver. Als Browser werden der Firefox oder der Internet Explorer empfohlen. Beim Microsoft Download Center (http://www.microsoft.com/downloads) gibt es die kostenlose *Internet Explorer Developer Toolbar*, die man sehr gut zur Analyse der XHTML-Elemente einsetzen kann.

Was Sie brauchen

Verwendete und weiterführende Literatur:

Literatur

- /Balzert, Helmut 03/
- /Niederst 02/
- /Mintert 03/
- /Musciano, Kennedy 03/
- /Herold 02/

Zum Nachschlagen für alle Fragen zu HTML und XHTML wird die SELFHTML-Website (http://de.selfhtml.org/) empfohlen.

Gruppierung

1 XHTML *

zum didaktischen Konzept

Alle offiziellen Informationen zu HTML und XHTML finden Sie auf der W3C-Website (http://www.w3.org).

Bei der Entwicklung von Webseiten gilt heute die Empfehlung, Inhalt und Gestaltung voneinander zu trennen. Dieser Weg wird auch in diesem Buch angestrebt. Allerdings richtet sich die Gruppierung XHTML insbesondere an Leser, die noch kein Vorwissen besitzen. Um einen sanften Einstieg in die recht komplexe Welt der Web-Programmierung zu ermöglichen, habe ich mich entschieden, zunächst **XHTML** und dann erst **CSS** einzuführen, denn CSS-Layouts sind schwieriger umzusetzen, komplexer zu begreifen und erfordern wesentlich mehr Planung. Das hat zur Folge, dass in der Gruppierung XHTML einige Beispiele nicht optimal im Sinne der Trennung von Inhalt und Gestaltung gelöst sind. In der Gruppierung »CSS« (S. 43) werden diese Beispiele dann wieder aufgegriffen und konsequent mit CSS realisiert.

1.1 Was ist XHTML? *

XHTML ist der Nachfolger von HTML. Bei HTML sind als wichtige Versionen HTML in der Urversion, HTML 2.0, HTML 3.2 (erste W3C-Empfehlung), HTML 4.0 und HTML 4.01 (letzte HTML-Version) zu nennen. XHTML 1.0 ist HTML 4.0 im XML-Format. XHTML 1.1 ist die erste modulbasierte Version von XHTML und die aktuelle W3C-Empfehlung für XHTML. Als neueste XHTML-Version ist zurzeit XHTML 2.0 in Arbeit.

HTML

HTML *(HyperText Markup Language)* ist eine textbasierte Auszeichnungssprache für die Beschreibung von Inhalten eines Dokuments. HTML-Dokumente werden vom Browser bzw. **Webbrowser** interpretiert und dargestellt. HTML ist vom **W3C** *(World Wide Web Consortium)* genormt. Die aktuellste Version ist HTML 4.01.

HTML-Versionen

Die Urversion von HTML entstand Anfang der 90er Jahre. Sie war sehr einfach und ermöglichte im Wesentlichen die Angabe von Texten, Bildreferenzen und Hyperlinks zu anderen HTML-Dokumenten. Auch einfache Elemente wie Überschriften waren darin enthalten. HTML wurde mit Hilfe von **SGML**

Basistext

(Standard Generalized Markup Language) definiert. Diese standardisierte verallgemeinerte Auszeichnungssprache ist eine Meta-Sprache, die die Definition von Auszeichnungssprachen mit Hilfe von **DTDs** ermöglicht. Im Jahr 1995 wurde die Version **HTML 2.0** entwickelt, die unter anderem Formulare einführte. 1997 wurde mit HTML 3.2 die erste HTML-Version als **W3C-Empfehlung** verabschiedet. Dieser Standard unterstützt unter anderem Tabellen, den Textfluss um Bilder und die einheitliche Einbindung von Java-Applets. 1998 wurde die Version **HTML 4.0** verabschiedet, in der *Stylesheets*, Skripte und *Frames* eingeführt wurden. In dieser Version wurde erstmals eine Unterteilung in die Varianten *Strict*, *Transitional* und *Frameset* vorgenommen, die unten in Zusammenhang mit XHTML 1.1 genauer erläutert werden. Die Version 4.0 wurde 1999 durch **HTML 4.01** ersetzt, in der kleinere Fehler korrigiert wurden. HTML 4.01 war die letzte W3C-Empfehlung für HTML.

XHTML ist eine Neuformulierung von HTML in **XML**-Syntax. Sie enthält im Wesentlichen alle Elemente von HTML, verwendet aber die Syntax von XML. In XHTML erstellte Dokumente sind damit einfacher zu verarbeiten und zu warten. Das Ziel von XHTML ist es, HTML abzulösen. XHTML ist wie HTML vom W3C genormt. Die aktuellste W3C-Empfehlung – die auch hier verwendet wird – ist XHTML 1.1. *XHTML*

XHTML 1.0 ist eine Überarbeitung von HTML 4.01 im XML-Format. Da es die Elemente und Attribute von HTML besitzt, kann XHTML – unter Berücksichtigung einiger Richtlinien – problemlos von den Browsern interpretiert werden. XHTML 1.0 wurde im Jahr 2000 als W3C-Empfehlung verabschiedet. XHTML 1.0 unterscheidet zwischen den Dokumenttypen *Strict*, *Transitional* und *Frameset*: *XHTML 1.0*

- *XHTML 1.0 Strict* ist zu verwenden, wenn eine möglichst saubere Struktur des Dokuments erwünscht ist, das keine Elemente enthält, die sich auf das Layout beziehen.
- *XHTML 1.0 Transitional* ist zu verwenden, wenn man zwar die Vorteile von XHTML einschließlich CSS nutzen will, aber einige Anpassungen für ältere Browser machen will, die CSS nicht verstehen.
- *XHTML1.0 Frameset* ist zu verwenden, wenn das Dokument *Frames* enthält.

Basistext

XHTML 1.1 Sowohl HTML 4.0 als auch XHTML 1.0 sind sehr umfangreiche Sprachen mit über 80 Elementen. Zusätzlich kommen deren Attribute sowie Regeln für die Verschachtelung von Elementen hinzu. Diese Komplexität stellt große Anforderungen an die Software, die diese Dokumente interpretiert. Obwohl diese Eigenschaft für moderne Browser völlig unproblematisch ist, kann sie bei der Software von Handys oder Pocket-Computern zu Schwierigkeiten führen. Zur Lösung dieses Problems überlegte sich das W3C ein Konzept, das sowohl schlankere als auch erweiterte Varianten der Sprache zulässt. Dieses Konzept wird als Modularisierung bezeichnet. Da für die Modularisierung XML-typische Techniken angewendet werden, kann es nur bei XHTML eingesetzt werden.

XHTML 1.1 ist eine modulbasierte Version von XHTML, die 2001 als W3C-Empfehlung verabschiedet wurde. XHTML 1.1 basiert im Wesentlichen auf XHTML 1.0 Strict und enthält keine Elemente, die in XHTML 1.0 oder HTML 4 als »missbilligt« *(deprecated)* gekennzeichnet sind. Die folgende Liste zeigt, wie die in diesem Buch eingeführten Elemente diesen Modulen zugeordnet sind, wobei die Liste der Module nicht vollständig ist:

- *Structure Module* (enthält body, head, html, title)
- *Text Module* (enthält u. a. br, div, em, h1...h6, p, span, strong)
- *Hypertext Module* (enthält a)
- *List Module* (enthält u. a. ol, ul, li)
- *Presentation Module* (enthält u. a. b, hr, i,)
- *Forms Module* (enthält u. a. button, form, input, textarea)
- *Image Module* (enthält img)
- *Scripting Module* (enthält noscript, script)
- *Stylesheet Module* (enthält style)
- *Link Module* (enthält link)

Auf der W3C-Website finden Sie die offizielle Empfehlung für XHTML 1.1 (http://www.w3.org/TR/xhtml11).

XHTML 2.0 Die zurzeit neueste Version ist XHTML 2.0, in der das Modularisierungskonzept weitergeführt wird und die speziell für die Entwicklung von portablen Web-Applikationen für *Rich Clients* konzipiert wurde.

Basistext

Zum Zeitpunkt der Fertigstellung dieses Buchs hatte XHTML 2.0 den Status *Working Draft* (Version vom 26. Juli 2006).

In diesem Buch wird XHTML 1.1 – als aktuellste Version der HTML-Familie – eingeführt. Es wird jedoch auch allgemein von HTML gesprochen, wenn im jeweiligen Kontext die HTML- bzw. XHTML-Version keine Rolle spielt.

zur Terminologie

1.2 Einfaches XHTML-Dokument erstellen *

XHTML ist eine Auszeichnungssprache für Dokumente. Beispielsweise können Überschriften, Listen und Absätze definiert werden. Alle XHTML-Elemente verwenden Anfangs- und Endemarkierungen. Für Elemente ohne Inhalt wird üblicherweise eine Kurzform verwendet. XHTML-Dokumente können durch einen Validator auf Korrektheit überprüft werden. Wichtige XHTML-Elemente sind die Überschriften (h1 bis h6), der Zeilenumbruch, die Fett- und Kursivschriften, der Absatz, die ungeordnete und geordnete Liste sowie Kommentare. Für XHTML-Dokumente sollte die gewünschte Zeichencodierung angegeben werden, z.B. ISO-8859-1 oder UTF-8. Für zahlreiche Sonderzeichen stehen Ersatzdarstellungen zur Verfügung.

XHTML verwendet eine Reihe von vorgegebenen **Markierungen** *(tags)*, um Dokumente auszuzeichnen. Häufig wird der englische Begriff einfach eingedeutscht und man spricht von *Tags*. Jede Markierung besteht in XHTML aus einer Anfangs- und einer Endemarkierung, z.B. <head> und </head>. Die Endemarkierung beginnt immer mit »</«. XHTML-Markierungen dürfen nach festen Regeln ineinander geschachtelt werden. Beispielsweise darf die Markierung <title> ... </title> nur innerhalb von <head> ... </head> stehen. Im Gegensatz zum Vorgänger HTML werden die Markierungen in XHTML stets klein geschrieben, d.h. <TITLE> ist keine gültige Markierung.

Markierung

Basistext

1 XHTML *

Aufbau eines XHTML-Dokuments

Ein XHTML-Dokument besitzt folgenden Aufbau:

```
<html>
<head>
<title>
   Titel des Dokuments
</title>
</head>
<body>
   ... Inhalt des XHTML-Dokuments ...
</body>
</html>
```

Es besteht aus einem

- Kopfteil *(header)* zwischen den Markierungen `<head>` und `</head>` und einem
- Rumpf *(body)* zwischen den Markierungen `<body>` und `</body>`.

Der Text zwischen der Anfangsmarkierung `<title>` und der Endemarkierung `</title>` wird in der Titelleiste des Browsers angezeigt.

.html

XHTML-Dokumente können Sie mit den Endungen `.html` und `.htm` (Microsoft-Standard) speichern. Hier wird für alle Dokumente die Endung `.html` verwendet.

Zeichencodierung

Für jedes XHTML-Dokument sollte die gewünschte **Zeichencodierung** definiert werden. Sie gibt an, mit welcher Codierung die Datei gespeichert wird. Heute gibt es zahlreiche Codierungen, von denen die folgenden beiden häufig verwendet werden. Sie werden in diesem Buch gleichermaßen verwendet.

ISO-8859-1

ISO-8859-1 (auch Latin 1 genannt) ist eine in Mitteleuropa verbreitete Codierung und enthält unter anderem die deutschen Umlaute, französische Accent-Zeichen und spanische Zeichen mit Tilde. Ein Zeichen belegt immer ein Byte. Diese Codierung wird wie folgt angegeben:

```
<?xml version="1.0" encoding="iso-8859-1"?>
```

UTF-8

Eine internationale Codierung, in der die Zeichen aller bekannten Schriften festgehalten werden, ist der *Unicode*. Die am weitesten verbreitete Codierung für *Unicode*-Zeichen ist UTF-8 *(8-bit Unicode Transformation Format)*. Ein Zeichen belegt in der Datei eine variable Breite, z.B. ein Byte, aber auch

Basistext

zwei, drei oder vier Bytes. UTF-8 wird vom W3C empfohlen, kann jedoch bei älteren Editoren und Browsern zu Problemen führen. Diese Codierung wird wie folgt angegeben:

```
<?xml version="1.0" encoding="UTF-8"?>
```

Hinweis

Damit XHTML auch von älteren Browsern problemlos verarbeitet werden kann, soll für jedes XHTML-Dokument die Codierung explizit angegeben werden. Andernfalls wird für die Zeichencodierung die Voreinstellung verwendet. Genaueres dazu erfahren Sie in »XML« (S. 147).

Erstellen Sie ein XHTML-Dokument nach obigem Aufbau und tragen Sie im Rumpf Texte mit Umlauten ein. Erstellen Sie je eine Version für ISO-8859-1, UTF-8 und eine Version ohne Angabe. Wenn Sie den Editor (unter Windows) benutzen, dann speichern Sie *Unicode*-Version im UTF-8-Format und die anderen beiden im ANSI-Format. Führen Sie die XHTML-Dokumente in Ihren Browsern aus. Was stellen Sie fest?

XHTML validieren

Browser sind außergewöhnlich fehlertolerant. Außerdem werden Dokumente von den Browsern unterschiedlich interpretiert. Wenn Ihr XHTML-Dokument korrekt dargestellt wird, so heißt dies noch lange nicht, dass dies in allen Browsern der Fall ist und schon gar nicht, dass es sich um korrektes XHTML 1.1 handelt. Das W3C bietet einen Validierungsservice (http://validator.w3.org) an, mit dem Sie Ihre Dokumente einfach überprüfen können. Damit der **XHTML-Validator** korrekt arbeiten kann, benötigt er einige Angaben, die Sie in das XHTML-Dokument eintragen müssen. Mit den folgenden Zeilen können Sie dem Validator mitteilen, dass er Ihr Dokument auf valides XHTML 1.1 überprüfen soll:

```
<?xml version="1.0" encoding="UTF-8"?>
<!DOCTYPE html PUBLIC "-//W3C//DTD XHTML 1.1//EN"
   "xhtml11.dtd">
<html xmlns="http://www.w3.org/1999/xhtml" xml:lang="de">
...
```

Die erste Zeile gibt u.a. die Zeichencodierung an. Alternativ können Sie beispielsweise encoding="iso-8859-1" angeben. Mit der Angabe xml:lang wird die Sprache des Dokumentinhalts festgelegt. Beispielsweise steht der Wert "en" für die englische und "de" für die deutsche Sprache. Bitte nehmen Sie die anderen Angaben im Moment als gegeben hin. In »XML« (S. 147) lernen Sie deren genaue Bedeutung kennen.

Wichtige XHTML-Elemente

In diesem Baustein lernen Sie einige XHTML-Elemente kennen, die für das Fallbeispiel benötigt werden.

Überschriften — XHTML unterscheidet sechs Überschriften (h1, h2, h3, h4, h5, h6), um hierarchische Ebenen in einem XHTML-Dokument auszudrücken. Die Überschriften sind nach Wichtigkeit sortiert. Das Element h1 ist die höchste Ebene, h6 die unterste. Es wird empfohlen, die Überschrift h1 für die oberste Ebene zu verwenden, h2 für die nächste Ebene usw. Die Überschriften-Hierarchie wird von den Browsern so interpretiert, dass die Ebene h1 am größten und die Ebene h6 am kleinsten dargestellt wird. Diese Einstellungen können nur mit CSS geändert werden. Eine Überschrift der Ebene 2 sieht beispielsweise wie folgt aus:

```
<h2>Herzlich willkommen</h2>
```

Hinweis — Bitte beachten Sie, dass bei dem Fallbeispiel »Fitness-Website« in dieser XHTML-Einführung aus ästhetischen Gründen nicht mit der Überschriftsebene h1 begonnen wird, sondern mit niedrigeren Ebenen, da eine kleinere Schriftgröße der Überschrift besser zur Schriftgröße des Textes passt.

Zeilenumbruch — Ein Übergang in eine neue Zeile wird durch die Markierung <br /> erreicht. Diese Markierung könnte auch durch
</br> spezifiziert werden. Da dieses Element nie einen Inhalt besitzt, wird es üblicherweise in der Kurzform <br /> angegeben.

Hinweis — Damit XHTML auch von älteren Browsern problemlos verarbeitet werden kann, sollte vor das /-Zeichen immer ein Leerzeichen gesetzt werden, d.h.
 anstelle von <br/>.

Basistext

Sollen Teile des Textes durch Fettschrift oder Kursivschrift hervorgehoben werden, dann können Sie diese Texte mit den folgenden Markierungen auszeichnen:

Fettschrift, Kursivschrift

```
<b>Fetter Text (bold)</b>
<i>Kursiver Text (italic)</i>
```

Als Alternative werden die Markierungen `<strong>` und `<em>` empfohlen. Das Element strong sagt aus, dass der enthaltene Text stark hervorgehoben wird und wird von fast allen Browsern in Fettschrift umgesetzt. Das Element em *(emphasis)* kennzeichnet normal hervorgehobenen Text und wird von fast allen Browsern in Kursivschrift umgesetzt:

```
<strong>Dieser Text erscheint in der Regel als Fettschrift
</strong> <em>und dieser Text als Kursivschrift</em>
```

Ein Text zwischen den Markierungen `<p>` und `</p>` bildet einen Absatz, der vom Browser automatisch durch Leerzeilen vom umgebenden Text getrennt wird. In XHTML dürfen Texte nicht direkt in der Markierung `<body>` ... `</body>` stehen, sondern müssen beispielsweise mit `<p>` ... `</p>` geklammert werden:

Absatz

```
<p>
  Hier entsteht eine Website mit Wissenswertem zum fit
  werden und fit bleiben.
</p>
```

Auch Listen lassen sich einfach realisieren. Die nachfolgenden Anweisungen zeigen, wie eine ungeordnete Liste ausgezeichnet wird. Als Aufzählungszeichen wird standardmäßig ein kleiner gefüllter Kreis verwendet:

ungeordnete Liste

```
<ul>
  <li>Jogging</li>
  <li>Schwimmen</li>
  <li>Rudern</li>
  <li>Tennis</li>
</ul>
```

Analog lässt sich eine geordnete Liste realisieren. Sie wird standardmäßig mit Zahlen durchnummeriert (siehe Liste der Vitamine in Abb. 1.2-1):

geordnete Liste

```
<ol>
  <li>A (Retinol)</li>
  <li>C (Ascorbinsäure)</li>
  <li>D (Calciferol</li>
  <li>E (Tocopherol)</li>
</ol>
```

Basistext

geschachtelte Liste
Ein Listenelement darf weitere geordnete und ungeordnete Listen enthalten. Die zweite Ebene einer ungeordneten Liste wird standardmäßig mit einem ungefüllten Kreis dargestellt und stärker eingerückt (siehe Liste der Sportarten in Abb. 1.2-1):

```
<ul>
  <li>Jogging
    <ul>
      <li>Beansprucht zahlreiche wichtige Muskelgruppen.</li>
      <li>Die Kraftbeanspruchung ist meist gering.</li>
      <li>Die Ausdauer wird optimal trainiert.</li>
    </ul>
  </li>
  <li>Schwimmen
    <ul>
      <li>
        Stärkt die Lunge, das Herz-Kreislauf-System
        sowie die gesamte Muskulatur.
      </li>
    </ul>
  </li>
  ...
</ul>
```

Kommentare
Analog zu Programmen sollten XHTML-Dokumente kommentiert werden. Alle Zeichen, die in Kommentarklammern stehen, werden zwar zum Browser übertragen, aber *nicht* für den Betrachter sichtbar angezeigt:

```
<!-- Dies ist ein Kommentar -->
```

Fallbeispiel fitness1/ index.html
Mit diesen Elementen lässt sich bereits eine sehr einfache Fitness-Webseite erstellen (Abb. 1.2-1):

```
<?xml version="1.0" encoding="iso-8859-1" ?>
<!DOCTYPE html PUBLIC "-//W3C//DTD XHTML 1.1//EN"
 "xhtml11.dtd">
<html xmlns="http://www.w3.org/1999/xhtml" xml:lang="de">
<head>
<title>Fit werden und fit bleiben</title>
</head>

<body>
<!-- Fitness-Website in der einfachsten Version -->
<h2>Herzlich willkommen </h2>
<p>Hier entsteht eine Website mit Wissenswertem zum fit
werden und fit bleiben.</p>
<h3>Die Vitamine</h3>
<p>
  Vitamine sind wichtig für die Fitness.<br />
```

Basistext

```
    <strong>Aber Vorsicht:</strong> Zu viel davon ist
    ungesund.
</p>
<ol>
    <li>A (Retinol)</li>
    <li>C (Ascorbinsäure)</li>
    <li>D (Calciferol)</li>
    <li>E (Tocopherol)</li>
</ol>
<h3>Die Sportarten</h3>
<p>Welcher Sport ist für Sie der Beste?</p>
<ul>
    <li>Jogging
      <ul>
        <li>Beansprucht zahlreiche wichtige Muskelgruppen.
        </li>
        <li>Die Kraftbeanspruchung ist meist gering.</li>
        <li>Die Ausdauer wird optimal trainiert.</li>
      </ul>
    </li>
    <li>Schwimmen
      <ul>
        <li>Stärkt die Lunge, das Herz-Kreislauf-System sowie
            die gesamte Muskulatur.</li>
      </ul>
    </li>
    <li>Rudern
      <ul>
        <li>Beansprucht drei Viertel der gesamten Muskulatur.
        </li>
        <li>Außerdem wird das vegetative Nervensystem
            gefördert.</li>
      </ul>
    </li>
    <li>Tennis
      <ul>
        <li>Beansprucht zahlreiche Muskelgruppen, vor allem
            Beine, Schultern, Bauch und Rücken.</li>
      </ul>
    </li>
</ul>
<p>Quelle: Kursbuch Gesundheit</p>
</body>
</html>
```

Prüfen Sie die Datei index.html mit dem Validator. Kennzeichnen Sie in der ungeordneten Liste die Sportarten durch Fettschrift. Ergänzen Sie die Liste der Vitamine mit weiteren Informationen, die eine ungeordnete Liste bilden. Prüfen Sie das geänderte Dokument ebenfalls mit dem Validator.

Basistext

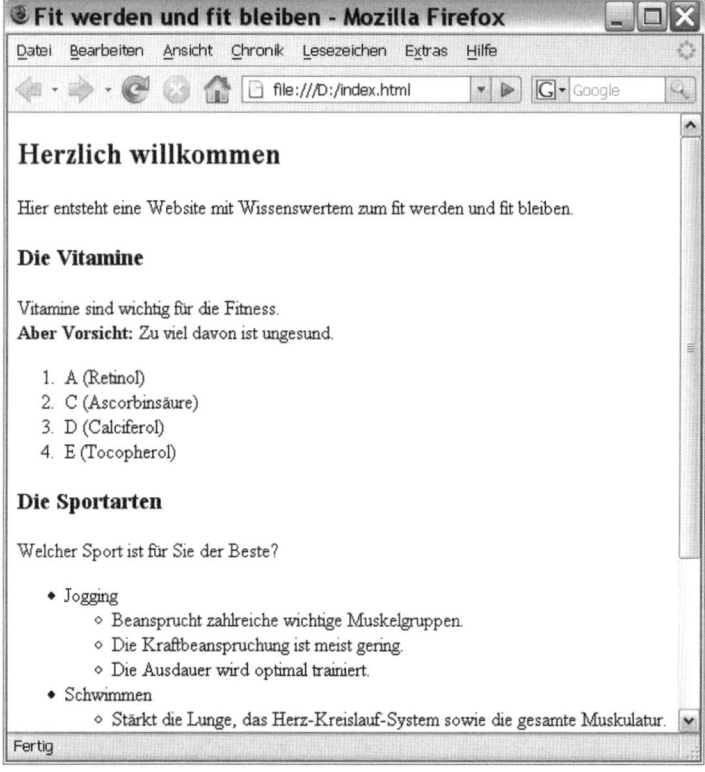

Abb. 1.2-1: Website in der einfachsten Version.

Zeichenbeschreibungen

Zahlreiche Zeichen können in XHTML durch einen Namen mit dem Aufbau &name; dargestellt werden. Einige von ihnen werden hier eingeführt.

Umlaute und »ß«

Umlaute und das »ß« können durch ihren Namen codiert werden und werden dann unabhängig von der gewählten Zeichencodierung stets korrekt im Browser dargestellt:

- ä wird umschrieben durch ä und Ä durch Ä
- ö wird umschrieben durch ö und Ö durch Ö
- ü wird umschrieben durch ü und Ü durch Ü
- ß wird umschrieben durch ß

Basistext

Ein Absatz mit diesen Umschreibungen sieht wie folgt aus:

```
<p>Au&szlig;erdem wird das vegetative Nervensystem
gef&ouml;rdert</p>
```

Einzelne Wörter in einem XHTML-Dokument werden durch Leerzeichen getrennt. Browser brechen Texte normalerweise nur bei Leerzeichen um. Mit der Angabe   *(non-breaking space)* wird ein geschütztes Leerzeichen erzeugt, das im Browser durch ein »normales« Leerzeichen dargestellt wird. Bei einem geschützten Leerzeichen erfolgt jedoch *kein* automatischer Zeilenumbruch. Mehrere »normale« Leerzeichen hintereinander werden von den Browsern ignoriert und zu einem einzigen Leerzeichen zusammengefasst. Um mehrere Leerzeichen zu erzwingen, verwenden Sie anstelle des normalen Leerzeichens das geschützte Leerzeichen, z.B.   für zwei aufeinanderfolgende Leerzeichen.

festes Leerzeichen

Zeichen, für die kein Name als Ersatzdarstellung definiert ist, können durch eine Nummer mit dem Aufbau ϧ dargestellt werden. Tab. 1.2-1 zeigt einige Nummern und vorhandene Namen für Zeichen im Überblick.

Nummern

Nummer	Name	Beschreibung
&#034;	&quot;	Anführungszeichen
&#036;		Dollar-Zeichen
&#038;	&amp;	Kaufmännisches Und
&#060;	&lt;	Kleiner-als-Zeichen
&#062;	&gt;	Größer-als-Zeichen
|		Vertikalbalken |
		Festes Leerzeichen
&#196;	&Auml;	Ä
&#214;	&Ouml;	Ö
&#220;	&Uuml;	Ü
&#223;	&szlig;	ß
&#228;	&auml;	ä
&#246;	&ouml;	ö
&#252;	&uuml;	ü

Tab. 1.2-1: Einige Zeichenbeschreibungen.

Basistext

1.3 XHTML-Dokumente durch Hyperlinks verbinden *

Eine Website besteht im Normalfall aus mehreren XHTML-Dokumenten, die durch Hyperlinks miteinander verbunden sind. Klickt der Benutzer auf einen Hyperlink, dann wird das referenzierte XHTML-Dokument im Browser angezeigt.

Hyperlink

Ein **Hyperlink** – kurz Link genannt – der auf ein anderes XHTML-Dokument verweist, wird mit dem XHTML-Element »a« *(anchor)* beschrieben. Im einfachsten Fall wird auf ein anderes XHTML-Dokument verwiesen, z.B. vitamine.html. Zwischen der Anfangs- und Endemarkierung wird der Text angegeben, der im Browser den Hyperlink optisch darstellt. Dieser Text wird standardmäßig unterstrichen angezeigt, was jedoch durch die Browser-Einstellungen und auch durch CSS verändert werden kann. XHTML 1.1 erlaubt es *nicht*, dass ein a-Element direkt im body-Element steht. Es kann beispielsweise innerhalb eines Abschnittselements <p> ... </p> angegeben werden:

```
<p>
  <a href="vitamine.html" title="Wissenswertes zu Vitaminen">
    Die Vitamine
  </a>
</p>
```

Attribute

XHTML-Elemente können Attribute besitzen, die in der Syntax attributname="attributwert" angegeben werden. Alternativ dazu ist die Syntax attributname='attributwert' möglich. Für jedes XHTML-Element ist festgelegt, welche Attribute es besitzen darf. Außerdem gibt es in XHTML eine Reihe von Universalattributen, die bei der Mehrzahl der XHTML-Elemente vorkommen dürfen.

Hinweis

Damit XHTML auch von älteren Browsern problemlos verarbeitet werden kann, sollen innerhalb von Attributwerten keine Zeilenumbrüche oder Leerzeichen vorkommen, da sie unterschiedlich interpretiert werden können.

Attribut href

Das Attribut href gibt die **URL** *(Uniform Resource Locator)* des Zieldokuments oder allgemeiner einer beliebigen Web-

1.3 XHTML-Dokumente verlinken *

Ressource (z.B. einer Bilddatei, die über das Web zugreifbar ist) an. Bei der URL kann es sich um einen Dateinamen oder um die Adresse einer anderen Website handeln. Zusätzlich können Parameter oder Sprungmarken innerhalb des Dokuments angegeben werden, auf die hier jedoch nicht weiter eingegangen wird.

Außerdem kann ein a-Element das Attribut `title` besitzen. Es definiert einen Titel oder eine kurze Beschreibung für das Element und wird in den meisten Browsern bei Mausberührung als **Tooltip** angezeigt. Bei diesem Attribut handelt es sich um ein **Universalattribut**, das bei den meisten XHTML-Elementen verwendet werden kann. Der hier angegebene Text soll dem Betrachter der Webseite in aller Kürze mitteilen, welche Informationen sich hinter diesem Link verbergen. Auch externe Links, die zum Verlassen der Website führen, sollten speziell gekennzeichnet sein.

Attribut `title`

Ein Hyperlink kann auch eine E-Mail-Adresse enthalten. Klickt der Benutzer auf einen solchen Link, dann wird das E-Mail-Programm auf dem Web-Client gestartet und es wird automatisch die angegebene E-Mail-Adresse eingetragen:

E-Mail-Link

```
<a href="mailto:info@werdefit.xy">E-Mail an uns</a>
```

Wird die E-Mail-Adresse direkt in einem XHTML-Dokument angegeben, dann kann sie durch sogenannte *Harvester* (Suchroboter, die Websites nach E-Mail-Adressen durchsuchen) einfach ausgelesen und für Spam-Emails verwendet werden. Bei öffentlich zugänglichen Websites verwendet man daher oft Kontaktformulare. Alternativ kann man die E-Mail-Adresse verschlüsselt im Dokument speichern und mit JavaScript entschlüsselt im Browser darstellen oder die E-Mail-Adresse nicht als Text, sondern als Bild in das Dokument einfügen.

Hinweis

Damit kann die einfache Website nun auf drei Dateien verteilt werden. Es ist üblich, dass die Startdatei den Namen `index.html` besitzt. Von hier aus wird zu den Dateien `sportarten.html` und `vitamine.html` verzweigt (Abb. 1.3-1):

Fallbeispiel `fitness2/index.html`

Basistext

1 XHTML *

```
<?xml version="1.0" encoding="iso-8859-1" ?>
<!DOCTYPE html PUBLIC "-//W3C//DTD XHTML 1.1//EN"
   "xhtml11.dtd">
<html xmlns="http://www.w3.org/1999/xhtml" xml:lang="de">
<head>
<title>Fit werden und fit bleiben</title>
</head>

<body>
<h2>Herzlich willkommen</h2>
<p>Hier entsteht eine Website mit Wissenswertem zum fit
   werden und fit bleiben.</p>
<p><a href="vitamine.html" title="Die Vitamine">
     Die Vitamine</a></p>
<p><a href="sportarten.html" title="Die Sportarten">
     Die Sportarten</a></p>
</body>
</html>
```

Abb. 1.3-1: Startseite der einfachen Website mit Hyperlinks.

Fallbeispiel fitness2/sportarten.html

Alle Informationen, die die Sportarten betreffen, werden in die Datei sportarten.html verschoben. Analog wird eine Datei vitamine.html erstellt.

```
<?xml version="1.0" encoding="iso-8859-1" ?>
<!DOCTYPE html PUBLIC "-//W3C//DTD XHTML 1.1//EN"
   "xhtml11.dtd">
<html xmlns="http://www.w3.org/1999/xhtml" xml:lang="de">
<head>
<title>Fit werden und fit bleiben</title>
</head>
```

Basistext

```
<body>
<h3>Die Sportarten</h3>
<p>Welcher Sport ist für Sie der Beste?</p>
<ul>
  <li>Jogging
    <ul>
      <li>Beansprucht zahlreiche wichtige Muskelgruppen.</li>
      <li>Die Kraftbeanspruchung ist meist gering.</li>
      <li>Die Ausdauer wird optimal trainiert.</li>
    </ul>
  </li>
  <li>Schwimmen
    <ul>
      <li>Stärkt die Lunge, das Herz-Kreislauf-System sowie
        die gesamte Muskulatur.</li>
    </ul>
  </li>
  <li>Rudern
    <ul>
      <li>Beansprucht drei Viertel der gesamten Muskulatur.
      </li>
      <li>Außerdem wird das vegetative Nervensystem
        gefördert.</li>
    </ul>
  </li>
  <li>Tennis
    <ul>
      <li>Beansprucht zahlreiche Muskelgruppen, vor allem
        Beine, Schultern, Bauch und Rücken.</li>
    </ul>
  </li>
</ul>
<p>Quelle: Kursbuch Gesundheit</p>
</body>
</html>
```

Die Terminologie zu XHTML ist etwas uneinheitlich. Oft wird das gleiche Konstrukt unterschiedlich benannt. Daher sind in der Abb. 1.3-2 die wichtigsten Begriffe zusammengestellt.

Terminologie XHTML

- Synonyme für Markierung *(tag)*: *Tag*, XHTML-Befehl
- Synonyme für Anfangsmarkierung *(start tag)*: Start-*Tag*, öffnendes *Tag*
- Synonyme für Endemarkierung *(end tag)*: Ende-*Tag*, End-*Tag*, schließendes *Tag*

Da Anfangs- und Endemarkierung den Elementinhalt wie einen Behälter umschließen, bezeichnet man ein Element mit expliziter Anfangs- und Endemarkierung oft als *Container*.

Basistext

1 XHTML *

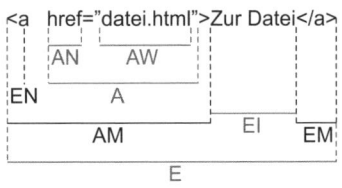

```
E  = Element          A  = Attribut
EN = Elementname      AN = Attributname    AM = Anfangsmarkierung
EI = Elementinhalt    AW = Attributwert    EM = Endemarkierung
```

Abb. 1.3-2: Zur Terminologie von XHTML.

Website und Webseite

Ein XHTML-Dokument stellt in der Regel eine **Webseite** dar, die im Browser angezeigt wird. Mehrere Webseiten, die untereinander durch Hyperlinks miteinander verbunden sind, bilden eine **Website**. Die Startseite stellt den Einstieg in die Website dar. Die meisten Internet-Benutzer beginnen mit dieser Seite den Einstieg in eine Website (Abb. 1.3-3). Die Startseite gibt meist einen Überblick über den Inhalt der Website, oft in Form eines Inhaltsverzeichnisses. Sie wird auch Homepage genannt. Als Homepage bezeichnet man aber auch die gesamte Website einer Privatperson.

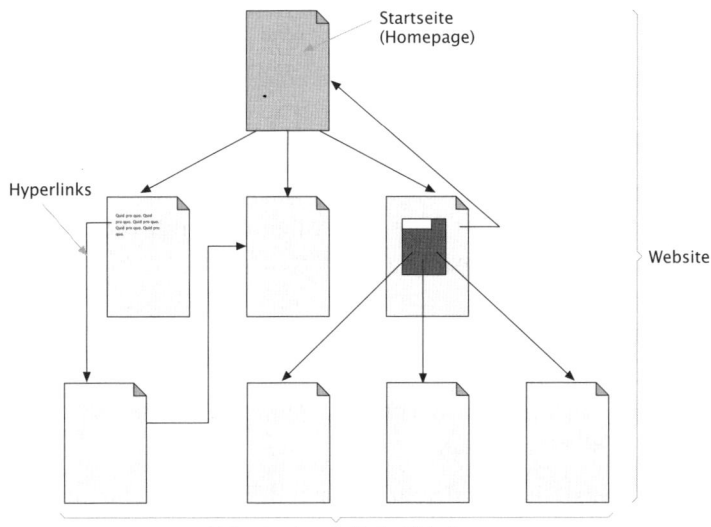

Abb. 1.3-3: So sieht beispielsweise die Struktur einer Website aus.

Basistext

Erweitern Sie die Fitness-Website um eine weitere Datei obst.html, in der Sie die Vorzüge verschiedener Obstsorten anpreisen. Fügen Sie in der Startseite einen Hyperlink auf diese Datei ein.

1.4 Bilder in XHTML-Dokumenten *

Bilder werden in XHTML-Dokumenten *nicht* wie bei einem Textverarbeitungsprogramm im Dokument gespeichert, sondern die Bilder stehen in einer separaten Datei, auf die vom XHTML-Dokument heraus verwiesen wird. Bilder können zur Illustration der Seite dienen oder innerhalb eines a-Elements zu einem Hyperlink werden.

Ein Bild wird mit dem img-Element in ein XHTML-Dokument eingefügt. Bilder sollten in einem separaten Verzeichnis stehen. Oft erhält es den Namen images. Ein img-Element darf in XHTML 1.1 *nicht* direkt im Rumpf stehen, sondern muss beispielsweise in einem Absatz enthalten sein:

Bild

```
<p><img src="images/jogging.jpg" /></p>
```

Wird das img-Element wie angegeben verwendet, dann muss der Browser Höhe und Breite des Bildes berechnen, was den Ladevorgang etwas verzögert. Daher ist es eine gute Konvention, Breite und Höhe explizit anzugeben. Die Markierung wird um zwei Attribute erweitert:

Attribute width, height

```
<img src="images/jogging.jpg" width="300" height="210" />
```

Wird zu diesen Werten keine Einheit angegeben, so werden sie automatisch als Pixel interpretiert. Alternativ können Sie auch schreiben:

```
<img src="images/jogging.jpg"
    width="300px" height="210px" />
```

Als weiteres Attribut muss alt (für alternativ) angegeben werden. Der Wert dieses Attributs ist ein Text. Er wird im Browser angezeigt, falls das Bild nicht gefunden wird. Außerdem wird der Text verwendet, wenn der Inhalt der Webseite durch entsprechende Programme (***Screenreader***) vorgelesen wird.

Attribut alt

Basistext

Attribut title — Weiterhin kann das **Universalattribut** title verwendet werden, das von den meisten Browsern als Tooltip angezeigt wird.

Mit allen diesen Attributen wird das img-Element wie folgt definiert:

```
<img src="images/jogging.jpg"
      width="300" height="210"
      alt="Dieses Bild zeigt ein Paar beim Jogging"
      title="Ein Paar beim Jogging" />
```

Bild als Hyperlink — Viele Websites verwenden – insbesondere zur Navigation – Bilder als Hyperlinks. Dann sollte man darauf achten, dass der Benutzer deutlich sieht, welche Bilder nur zur Illustration oder Information dienen und bei welchen es sich um einen Hyperlink handelt. Denn kommt der Benutzer *nicht* auf die Idee, auf ein Bild zu klicken, bleiben ihm vielleicht wichtige Teile der Website verborgen. Es ist auch sinnvoll, den Bild-Hyperlink durch einen zusätzlichen Text-Hyperlink zu ergänzen. Ein Bild als Hyperlink fügen Sie wie folgt ein:

```
<p>
  <a href="vitamine.html">
    <img src="images/vitamine.jpg" width="120" height="120"
        title="Wissenswertes zu Vitaminen"
        alt="Dieses Bild zeigt verschiedene Obstsorten" />
  </a>
</p>
```

Fallbeispiel fitness3/ index.html — Die Startseite wird um ein Bild zur Illustration und zwei Bilder mit Hyperlinks ergänzt (Abb. 1.4-1):

```
<?xml version="1.0" encoding="iso-8859-1" ?>
<!DOCTYPE html PUBLIC "-//W3C//DTD XHTML 1.1//EN"
  "xhtml11.dtd">
<html xmlns="http://www.w3.org/1999/xhtml" xml:lang="de">
<head>
<title>Fit werden und fit bleiben</title>
</head>

<body>
<h2>Herzlich willkommen </h2>
<p>Hier entsteht eine Website mit Wissenswertem zum fit
   werden und fit bleiben.
</p>
```

Basistext

Abb. 1.4-1: Startseite der Website mit Bild und Bild-Hyperlinks.

```
<p>
  <img src="images/jogging.jpg" width="300" height="210"
    alt="Ein Paar beim Jogging"
    title="Ein Paar beim Jogging" />
</p>

<p>
  <a href="vitamine.html">
    <img src="images/vitamine.jpg" width="120" height="120"
      title="Die Vitamine" alt="Die Vitamine" />
  </a>
```

```
<a href="vitamine.html" title="Die Vitamine">Die Vitamine
</a>
</p>

<p>
  <a href="sportarten.html">
    <img src="images/sport.jpg" width="120" height="120"
    title="Die Sportarten" alt="Die Sportarten" /></a>
    <a href="sportarten.html" title="Die Sportarten">
    Die Sportarten</a>
</p>
</body>
</html>
```

Ergänzen Sie die Website um weitere Bilder. Fügen Sie zu jeder Sportart das passende Bild ein. Formulieren Sie img-Elemente mit und ohne Höhen- und Breitenangaben. Stellen Sie einen Unterschied fest? Fügen Sie dasselbe Bild mehrmals in die Homepage ein, wobei Sie die Angaben für Höhe und Breite variieren (halbieren, verdoppeln). Was stellen Sie fest? Was passiert, wenn Sie nur die Länge oder nur die Breite eines Bildes angeben?

1.5 Einfache XHTML-Tabellen *

Tabellen sind ein häufig verwendetes Element in XHTML-Seiten. Sie sind für die übersichtliche Darstellung von Daten gedacht. Für Tabellen stehen die Markierungen `<table>`, `<tr>`, `<th>` **und** `<td>` **zur Verfügung. Für das table-Element können die Attribute** border, width, cellspacing **und** cellpadding **definiert werden. Tabellenzellen können mit den Attributen** colspan **und** rowspan **zusammengefasst werden.**

In vielen Websites werden Tabellen zur kompakten Darstellung von Informationen verwendet.

Beispiel

Die Vitamine und deren empfohlene Tagesdosis lassen sich sehr gut mit einer Tabelle darstellen (vgl. Abb. 1.5-2):

```
<table border="4">
  <tr>
    <td>A (Retinol)</td>
    <td>2600 - 3300 IE</td>
  </tr>
```

```
  <tr>
    <td>C (Ascorbinsäure)</td>
    <td>100 mg</td>
  </tr>
  <tr>
    <td>D (Calciferol)</td>
    <td>200 - 400 IE</td>
  </tr>
  <tr>
    <td>E (Tocopherol)</td>
    <td>12 - 14 mg</td>
  </tr>
</table>
```

Eine Tabelle wird immer mit den Markierungen `<table>` ... `</table>` geklammert. Alle Attribute sind optional.

Tabelle

Das Attribut `border` sorgt dafür, dass die Tabelle einen Rand besitzt. Mit `border="4"` kann die Breite des Randes eingestellt werden. Wird `border="0"` angegeben, dann ist die Tabelle randlos. Man spricht dann von einer **blinden Tabelle**.

Attribut border

Tabellen werden in XHTML zeilenweise definiert. Jede Zeile *(row)* der Tabelle steht zwischen den Markierungen `<tr>` und `</tr>`. Jedes Datenfeld der Tabelle wird mit `<td>` und `</td>` geklammert. Der Inhalt eines Datenfelds bzw. einer Datenzelle wird als Voreinstellung linksbündig und vertikal zentriert dargestellt.

Tabellenzeile, Datenzelle

Bei der obigen Tabelle weiß der Benutzer zwar, dass es sich um Vitamine handelt, aber auf den ersten Blick wird nicht klar, was die Mengenangaben bedeuten. Daher wird die Tabelle mit Spaltenüberschriften erweitert. Sie werden durch `<th>` ... `</th>` spezifiziert. Texte innerhalb dieser Markierungen werden automatisch durch Fettschrift hervorgehoben und zentriert dargestellt. Sie werden auch als Kopfzellen einer Tabelle bezeichnet.

Kopfzelle

Die Vitamintabelle wird mit Kopfzellen erweitert:

Beispiel

```
<table border="4">
  <tr>
    <th>Vitamin</th>
    <th>Empfohlene Tagesmenge</th>
  </tr>
```

Basistext

```
    <tr>
       <td>A (Retinol)</td>
       <td>2600 - 3300 IE</td>
    </tr>
    <tr>
       <td>C (Ascorbinsäure)</td>
       <td>100 mg</td>
    </tr>
    <tr>
       <td>D (Calciferol)</td>
       <td>200 - 400 IE</td>
    </tr>
    <tr>
       <td>E (Tocopherol)</td>
       <td>12 - 14 mg</td>
    </tr>
</table>
```

Attribute cellspacing, cellpadding

Wenn Sie sich diese Tabelle im Browser anschauen, dann sehen Sie, dass der Text bis an den Rand der Gitterlinien reicht. Zwischen den Gitterlinien existiert ein schmaler Leerraum. Mit den Attributen cellspacing und cellpadding können Sie dies leicht verändern, z.B.:

```
<table border="4" cellspacing="2" cellpadding="10">
```

Das Attribut cellspacing gibt den Abstand zwischen den Zellen bzw. zwischen den Gitterlinien in Pixeln an (Voreinstellung 2 Pixel). Man spricht auch vom **Außenabstand**. Das Attribut cellpadding gibt den Abstand zwischen Zelleninhalt (z.B. Texten) und Zellenrand an. Er wird auch als **Innenabstand** bezeichnet. Abb. 1.5-1 zeigt diese Einstellungen im Überblick.

Attribut width

Mit dem Attribut width lässt sich die Breite der Tabelle definieren:

```
<table width="100%" border="4"
       cellspacing="2" cellpadding="10">
```

Befindet sich das table-Element direkt im body-Element, dann bedeutet eine Angabe von 100%, dass die Tabelle die ganze Browser-Breite einnimmt und ihre Größe an die Größe des Browser-Fensters anpasst, sofern dies die enthaltenen Informationen zulassen. Eine Angabe von 50% würde analog bedeuten, dass diese Tabelle halb so breit ist wie das Browser-Fenster. Fehlt dieses Attribut, dann wird die Breite der Tabelle dem Browser überlassen. Allgemein gilt, dass sich

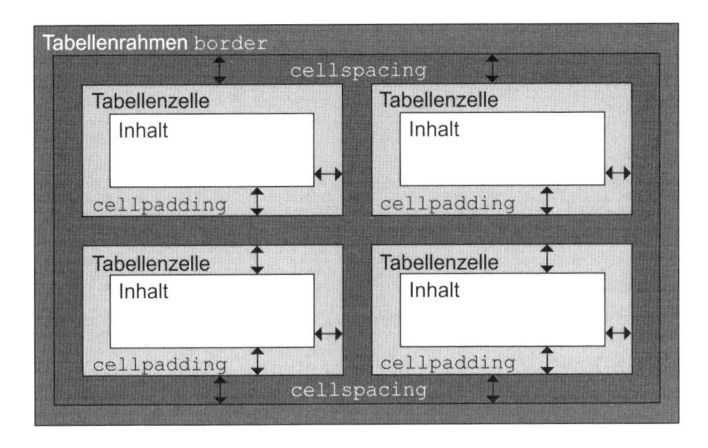

Abb. 1.5-1: So sind border, cellspacing *und* cellpadding *definiert.*

die angegebene Breite auf die Breite des umgebenden **Blockelements** bezieht. Blockelemente werden »XHTML-Bereiche« (S. 29) eingeführt. Es ist auch möglich, die Breite einer Tabelle absolut zu definieren. Wird das Browser-Fenster kleiner geöffnet, dann wird die Tabelle rechts abgeschnitten. Die folgende Tabelle besitzt immer eine Breite von 600 Pixeln:

```
<table width="600" border="4"
       cellspacing="2" cellpadding="10">
```

In der Fitness-Website wird die Liste der Vitamine durch folgende Tabelle ersetzt (Abb. 1.5-2):

Fallbeispiel
fitness4/
vitamine.html

```
<?xml version="1.0" encoding="iso-8859-1" ?>
<!DOCTYPE html PUBLIC "-//W3C//DTD XHTML 1.1//EN"
  "xhtml11.dtd">
<html xmlns="http://www.w3.org/1999/xhtml" xml:lang="de">
<head>
<title>Fit werden und fit bleiben</title>
</head>

<body>
<h3>Die Vitamine</h3>
<p>
  <img src="images/vitamine.jpg" width="120" height="120"
    alt="Die Vitamine" title="Die Vitamine" />
  Vitamine sind wichtig für die Fitness.<br />
  <strong>Aber Vorsicht:</strong> Zu viel davon ist
  ungesund.
</p>
```

Basistext

```
<table width="100%" border="4" cellspacing="2"
       cellpadding="10">
  <tr>
    <th>Vitamin</th>
    <th>Notwendig für </th>
    <th>Enthalten in</th>
    <th>Empfohlene Tagesmenge</th>
  </tr>
  <tr>
    <td>A (Retinol)</td>
    <td>Wachstum und Aufbau von Haut und Schleimhaut, Sehen
        im Dunkeln</td>
    <td>Obst und Gemüse (Beta-Carotin), Fisch, Leber</td>
    <td>2600 - 3300 IE</td>
  </tr>
  <tr>
    <td>C (Ascorbinsäure)</td>
    <td>die Bildung von Bindegewebe</td>
    <td>frischem Obst und Gemüse</td>
    <td>100 mg</td>
  </tr>
  <tr>
    <td>D (Calciferol)</td>
    <td>den Knochenaufbau</td>
    <td>Lachs, Kalbfleisch, Hühnerei</td>
    <td>200 - 400 IE</td>
  </tr>
  <tr>
    <td>E (Tocopherol)</td>
    <td>die Wandlung von Substanzen, die Zellen schädigen
        können, in weniger gefährliche Stoffe</td>
    <td>Getreide, Pflanzenöl, Nüssen, Milch</td>
    <td>12 - 14 mg</td>
  </tr>
</table>
<p>Quellen: Kursbuch Gesundheit und Wikipedia</p>
</body>
</html>
```

Beispiel

Auf der Startseite der Fitness-Website werden die Text-Hyperlinks durch Bild-Hyperlinks ergänzt. Die Anordnung der Links nebeneinander wird hier – der Einfachheit halber – durch eine blinde Tabelle realisiert (Abb. 1.5-3). Wie Sie Inhalt und Seitenlayout perfekt trennen, erfahren Sie in »CSS-Seitenlayout« (S. 81).

```
<table width="100%" border="0" cellspacing="2"
       cellpadding="10">
  <tr>
    <td>
      <a href="vitamine.html">
```

Basistext

```
          <img src="images/vitamine.jpg" width="120"
              height="120" title="Die Vitamine"
              alt="Die Vitamine" />
        </a>
        <a href="vitamine.html" title="Die Vitamine">
        Die Vitamine</a>
      </td>
      <td>
        <a href="sportarten.html">
          <img src="images/sport.jpg" width="120" height="120"
              title="Die Sportarten" alt="Die Sportarten" />
        </a>
        <a href="sportarten.html" title="Die Sportarten">
            Die Sportarten</a>
      </td>
    </tr>
</table>
```

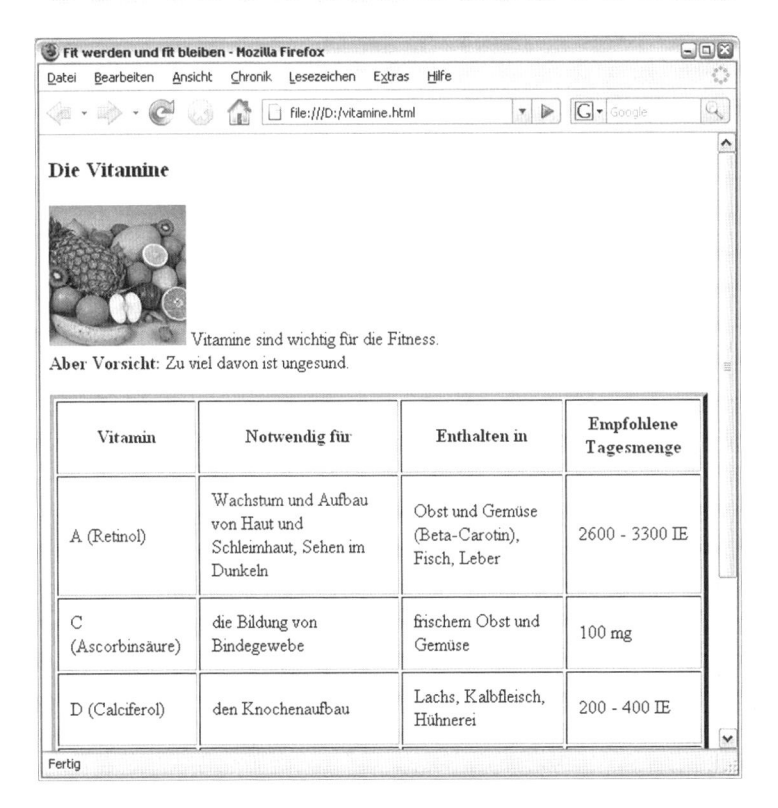

Abb. 1.5-2: Vitamintabelle in einer einfachen Darstellung.

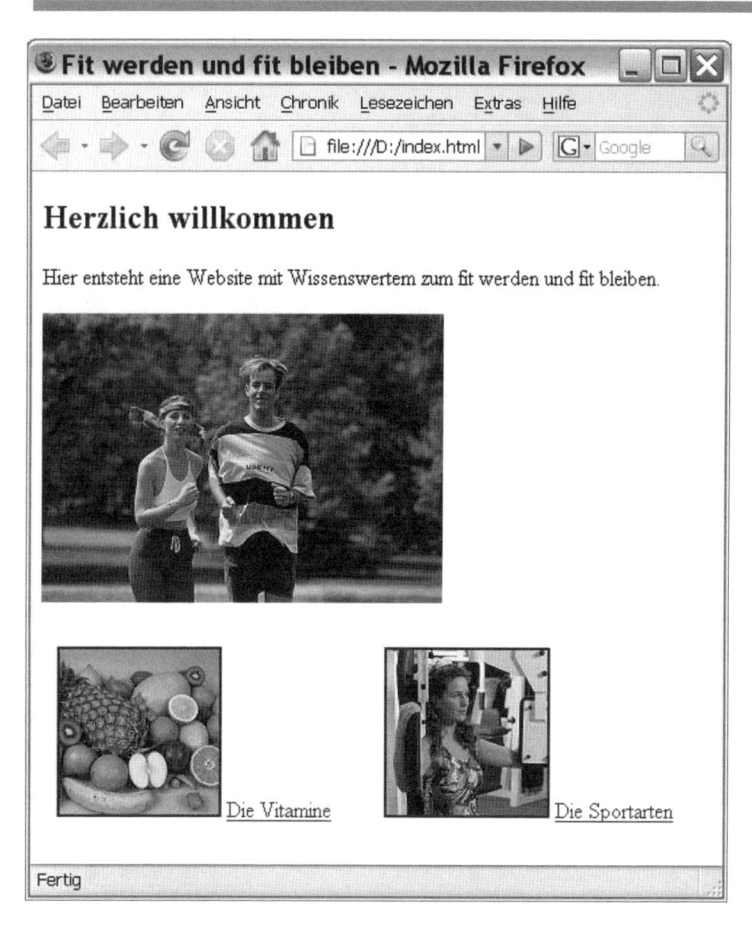

Abb. 1.5-3: Startseite mit blinder Tabelle für die Darstellung der Hyperlinks.

Attribute colspan, rowspan

Für die Markierung <td> können außerdem die Attribute colspan und rowspan definiert werden:

- <td colspan="2">sorgt dafür, dass sich die Tabellenzelle über zwei Spalten erstreckt. Die zugehörige Tabellenzeile muss dann natürlich eine Tabellenzelle weniger enthalten.
- <td rowspan="2"> sorgt dafür, dass sich die Tabellenzelle über zwei Zeilen erstreckt. Die darunter liegende Zeile muss analog eine Tabellenzelle weniger enthalten.

Basistext

Der folgende XHTML-Ausschnitt erzeugt die Tabelle der Beispiel
Abb. 1.5-4:

```
<table border="2">
  <tr>
    <td colspan="2">Zeile 1 - Spalte 1 + 2</td>
    <td>Zeile 1 - Spalte 3</td>
  </tr>
  <tr>
    <td rowspan="2">Zeile 2 + 3 - Spalte 1</td>
    <td>Zeile 2 - Spalte 2</td>
    <td>Zeile 2 - Spalte 3</td>
  </tr>
   <tr>
    <td>Zeile 3 - Spalte 2</td>
    <td>Zeile 3 - Spalte 3</td>
  </tr>
</table>
```

Zeile 1 - Spalte 1 + 2		Zeile 1 - Spalte 3
Zeile 2 + 3 - Spalte 1	Zeile 2 - Spalte 2	Zeile 2 - Spalte 3
	Zeile 3 - Spalte 2	Zeile 3 - Spalte 3

Abb. 1.5-4: Zusammenfassen von Spalten und Zeilen in einer Tabelle.

Erweitern Sie die Vitamintabelle um eine Spalte, in der Sie ein typisches Lebensmittel als Bild einfügen. Fassen Sie aufeinander folgende Tabellenzeilen mit dem gleichen Bild zusammen. Probieren Sie verschiedene Einstellungen für border, cellspacing, cellpadding und width aus.

1.6   Bereiche in XHTML definieren *

Das div-Element ermöglicht es, mehrere Elemente eines XHTML-Dokuments in einem gemeinsamen Bereich zusammenzufassen. Ein div-Element ist ein Blockelement und beginnt daher immer in einer neuen Zeile. Div-Elemente bilden die Grundlage für sogenannte CSS-Formate. Bei den XHTML-Elementen werden Blockelemente und *Inline*-Elemente unterschieden.

Basistext

Navigations-
bereich

Um in einer großen Website den Überblick zu bewahren, wird in der Regel ein eigener Navigationsbereich angelegt. In ihm werden die Hyperlinks angezeigt, mit denen auf die einzelnen Seiten der Website verzweigt werden kann. Häufig werden Webseiten so entworfen, dass links ein Navigationsbereich und rechts der Inhalt der Webseite dargestellt werden. Handelt es sich nur um wenige Hyperlinks, dann kann der Navigationsbereich auch im oberen Bereich einer Webseite dargestellt werden. Damit der Benutzer alle Seiten der Website bequem erreichen kann, wird der Navigationsbereich auf jeder Seite der Website dargestellt. Abb. 1.6-1 zeigt den Navigationsbereich für die Fitness-Website.

Abb. 1.6-1: Die Startseite besteht aus dem Navigationsbereich und dem darunterliegenden Inhaltsbereich.

div-Element

Bereiche in einer Webseite können einfach mit dem div-Element dargestellt werden. Es fasst mehrere Elemente eines XHTML-Dokuments wie beispielsweise Bilder, Abschnitte

Basistext

und Tabellen in einen gemeinsamen Bereich zusammen. Allein für sich bewirkt die Markierung `<div>` nichts anderes, als dass jedes div-Element in einer neuen Zeile beginnt. Das div-Element ist wie der Absatz ein **Blockelement**, das nachfolgend genauer erläutert wird. Standardmäßig ist ein div-Element immer 100% breit. Optimal einsetzen kann man das div-Element erst zusammen mit CSS-*Styles*, die in »CSS« (S. 43) eingeführt werden.

Der folgende XHTML-Ausschnitt enthält zwei div-Elemente. Wie Sie bei diesem Beispiel sehen, dürfen Hyperlinks (a-Elemente) auch direkt innerhalb eines div-Elements stehen: *Beispiel*

```
<div>
   <a href="index.html" title="Startseite">Startseite</a>
   ...
</div>

<div>
   <h2>Herzlich willkommen</h2>
   ...
</div>
```

Mit der Markierung `<hr />` können Sie auf einfache Art horizontale Linien bzw. Trennlinien definieren. In der Abb. 1.6-1 werden sie verwendet, um Navigations- und Inhaltsbereich zu trennen.   *horizontale Linie*

Die Fitness-Website wird um einen Navigationsbereich ergänzt (Abb. 1.6-1). Im ersten div-Element werden das Logo der Website und die Hyperlinks auf alle Seiten eingetragen. Geschützte Leerzeichen sorgen für einen Leerraum zwischen den Links. Dieses erste div-Element wird analog in alle anderen XHTML-Dokumente der Website eingefügt. Der zweite div-Block enthält den Inhalt der Seite. Wie Sie bei diesem Beispiel sehen, kann ein img-Element sowohl in einem div- als auch in einem p-Element enthalten sein. Dieser Absatz dient hier nur dazu, Leerraum vor und nach dem Bild zu erzeugen: *Fallbeispiel fitness5/ index.html*

```
<?xml version="1.0" encoding="iso-8859-1" ?>
<!DOCTYPE html PUBLIC "-//W3C//DTD XHTML 1.1//EN"
   "xhtml11.dtd">
<html xmlns="http://www.w3.org/1999/xhtml" xml:lang="de">
<head>
<title>Fit werden und fit bleiben</title>
</head>
```

Basistext

```
<body>

<div>
  <img src="images/3f_logo.gif" width="166" height="61"
      title="Logo" alt="Logo" />
  <a href="index.html" title="Startseite">Startseite</a>
     
  <a href="vitamine.html" title="Die Vitamine">
     Die Vitamine</a>   
  <a href="sportarten.html" title="Die Sportarten">
     Die Sportarten</a>
</div>
<hr />

<div>
  <h2>Herzlich willkommen</h2>
  <p> Hier entsteht eine Website mit Wissenswertem zum fit
     werden und fit bleiben.</p>
  <p>
    <img src="images/jogging.jpg" width="300" height="210"
       alt="Ein Paar beim Jogging"
       title="Ein Paar beim Jogging" />
  </p>
</div>

</body>
</html>
```

Ergänzen Sie die Website um einen zweiten Navigationsbereich, der am unteren Rand der Seite steht. Hier soll kein Logo enthalten sein. Anstelle der Leerzeichen trennen Sie die Links durch » – «.

Terminologie XHTML
: Bei den XHTML-Elementen lassen sich zwei wichtige Gruppen unterscheiden: **Blockelemente** und **Inline-Elemente**.

Blockelemente
: Blockelemente beginnen und enden immer mit einem Zeilenumbruch und oft wird oberhalb und unterhalb zusätzlicher Leerraum eingefügt. Dazu gehören:

- `<div>`
- `<h1>`...`<h6>`
- `<li>`
- `<ol>`
- `<p>`
- `<ul>`

Basistext

Inline-Elemente können innerhalb von Texten oder anderen Elementen stehen, ohne dass ein Zeilenumbruch auftrifft. Dazu gehören:

Inline-Elemente

- `<b>`
- `<em>`
- `<i>`
- `<span>` (wird in »CSS« (S. 43) eingeführt)
- `<strong>`

1.7 Einfache XHTML-Formulare *

Über XHTML-Formulare kann der Benutzer Daten erfassen. Dafür bieten Formulare verschiedene Arten von Formularfeldern an, z.B. Eingabefelder, Eingabebereiche und Schaltflächen. Zur Formatierung der Formularelemente kann eine blinde Tabelle verwendet werden. Eine Verarbeitung der eingegebenen Daten erfolgt im Allgemeinen mit serverseitigen Web-Techniken. Alternativ kann ein Formular mit `mailto` **clientseitig vom Mailprogramm verarbeitet werden.**

Formulare *(forms)* ermöglichen es, Daten des Benutzers zu erfassen. Die erfassten Daten können mit XHTML aber *nicht* verarbeitet werden. Dazu müssen andere Web-Techniken eingesetzt werden. Die eingegebenen Daten werden im Normalfall mit dem **HTTP-Protokoll** vom Browser an den **Webserver** zur Verarbeitung übertragen.

Ein Formular besteht aus mehreren Eingabefeldern, die mit der Markierung `<form>` ... `</form>` geklammert werden. Sie besitzt das Pflichtattribut `action`, in dem anzugeben ist, wer die eingegebenen Daten weiterverarbeitet. Meistens wird hier ein Dateiname einer serverseitigen Technik angegeben. Hier wird eine leere Zeichenkette verwendet, weil noch keine Weiterverarbeitung der Daten stattfindet. Im Allgemeinen sind für ein Formular noch weitere Attribute notwendig, auf die an dieser Stelle *nicht* eingegangen wird:

Formular Attribut action

```
<form action="">
  <!-- Hier stehen die Eingabefelder -->
</form>
```

Basistext

Eingabefeld Innerhalb eines Formulars können verschiedene Elemente vorkommen. Besonders häufig wird das einfache Feld für Texteingaben (type="text") benötigt. Der Name des Feldes (z.B. name="land") ermöglicht es, später die eingegebenen Daten zu referenzieren. Ein Eingabefeld kann wie folgt definiert werden:

```
<input type="text" name="land"
       size="40" value="Deutschland" />
```

Hinweis XHTML bevorzugt das Attribut id gegenüber dem Attribut name. Bei einigen Elementen ist in XHTML1.1 das name-Attribut nicht mehr erlaubt. In diesem Buch wird das id-Attribut erst in der Gruppierung »JavaScript« (S. 97) eingeführt.

Attribut size Das Attribut size gibt an, wie lang das Eingabefeld ist. Da die Zeichen bei den proportionalen Schriftarten unterschiedlich breit sind, bedeutet size="40" jedoch nicht, dass das Eingabefeld immer 40 Zeichen breit ist. Fehlt das Attribut size, arbeitet der Browser mit einer Voreinstellung.

Attribut value Mit dem Attribut value kann dem Eingabefeld ein Wert zugewiesen werden, der beim Laden angezeigt wird und vom Benutzer geändert werden kann.

weitere Eingabefelder Außer dem einfachen Textfeld können spezialisierte Eingabefelder definiert werden:

- `<input type="password" ... />` erzeugt ein Passwortfeld, das wie ein Textfeld aussieht, in dem jedoch die eingetippten Zeichen durch Sterne (*) oder sogenannte *Bullets* dargestellt werden. Beachten Sie, dass die eingetippten Zeichen *nicht* verschlüsselt werden. Es besteht daher keine wirkliche Datensicherheit.
- `<input type="hidden" value="zu uebertragende Information" ... />` erzeugt ein unsichtbares Eingabefeld. Es wird im Browser nicht dargestellt und dient dazu, Informationen zwischen Browser und Webserver auszutauschen.

Eingabebereich Das Formularelement textarea ist zu verwenden, wenn eine Eingabe aus einem längeren Text besteht. Auch hier sollte ein eindeutiger Name angegeben werden. Die Attribute cols und rows definieren die Breite und die Höhe des Eingabebe-

Basistext

reichs und müssen *immer* angegeben werden. Vom Benutzer eingegebener Text wird standardmäßig in einer *Monospace*-Schrift (z.B. Courier New) dargestellt. Daher entspricht der Wert von cols der Zeichenanzahl je Zeilenbreite. Um den Lesefluss nicht zu stören, sollten Sie mindestens vier Zeilen anzeigen. Der folgende Eingabebereich besteht aus 50 Spalten und 10 Zeilen:

```
<textarea name="tipp" cols="50" rows="10"></textarea>
```

Steht zwischen Anfangs- und Endemarkierung ein Text, dann wird er als Voreinstellung im Eingabebereich angezeigt. Soll der Eingabebereich leer sein, dann muss wie oben eine explizite Ende-Markierung verwendet werden.
Voreinstellung

Damit der Benutzer weiß, welche Informationen erwartet werden, wird direkt vor das input-Element ein Führungstext geschrieben, der angibt, welche Daten einzugeben sind:
Führungstext

```
E-Mail <input type="text" name="email" size="40" />
```

Hier wird der Führungstext der Einfachheit halber als Text ins XHTML-Dokument eingetragen. XHTML bietet zusätzlich die Markierung `<label>`, mit der ein Führungstext genau einem Eingabeelement zugeordnet werden kann.

Um die eingegebenen Daten zur Weiterverarbeitung an den Server abzusenden, wird eine Schaltfläche benötigt. Auch dieses Element wird mit dem input-Element realisiert, das in diesem Fall das Attribut type="submit" besitzt. Der Name dient wiederum zum Referenzieren des Elements. Der Text auf der Schaltfläche wird durch das Attribut value festgelegt:
Schaltfläche submit

```
<input type="submit" name="Abschicken" value="Senden" />
```

Will der Benutzer alle bisher im Formular eingegebenen Daten löschen oder auf ihre Standardwerte zurücksetzen, kann dies mit der Schaltfläche vom Typ reset erfolgen:
Schaltfläche reset

```
<input type="reset" name="Abbrechen" value="Abbrechen" />
```

Eine weitere Schaltfläche kann auch mit type="button" definiert werden. Diese Schaltfläche besitzt keine voreingestellte Funktionalität (z.B. Löschen von Formularfeldern),
Schaltfläche button

Basistext

kann aber zum Auslösen von JavaScript-Anweisungen verwendet werden (siehe »Formulare mit JavaScript validieren« (S. 118)):

```
<input type="button" name="pruefen" value="Prüfe Eingaben" />
```

blinde Tabelle — Formulare sehen harmonischer aus, wenn alle Eingabefelder direkt auf einer gedachten vertikalen Linie beginnen. Das kann man am einfachsten mit einer blinden Tabelle erreichen. Beispielsweise werden die Führungstexte in die erste Spalte, Textfelder und Schaltflächen in die zweite Spalte eingetragen.

Attribut align — Standardmäßig werden die Inhalte von Tabellenzellen linksbündig ausgerichtet. Dadurch können bei unterschiedlich langen Führungstexten größere Abstände zwischen Führungstext und Eingabefeld auftreten. Aus ergonomischer Sicht gilt die Empfehlung, dass Führungstexte möglichst nah beim zugehörigen Eingabefeld stehen sollen. Daher werden sie hier rechtsbündig ausgerichtet. Das geht einfach mit dem Attribut align="right". Alternative Attributwerte sind die Werte center für zentrierte und left für linksbündige (Voreinstellung) Darstellung:

```
<tr>
  <td align="right">E-Mail</td>
  <td><input type="text" name="email" size="40" /></td>
</tr>
```

Attribut valign — Standardmäßig werden die Inhalte in einem Tabellenfeld *vertikal* zentriert dargestellt. Das gilt auch für Führungstexte in einem Tabellenfeld. Bei einem einzeiligen Eingabefeld ist dies kein Problem, aber bei einem Eingabebereich würde der Führungstext nicht oben, sondern in der Mitte stehen. Mit dem Attribut valign="top" *(vertical alignment)* im td-Element kann der Führungstext am oberen Rand der Datenzelle platziert werden. Das Attribut valign kann alternativ die Werte bottom für die Ausrichtung am unteren Rand und middle für die mittige Ausrichtung (Voreinstellung) besitzen:

```
<tr>
  <td align="right" valign="top">Mein Tipp</td>
  <td>
    <textarea name="tipp" cols="50" rows="10" ></textarea>
  </td>
</tr>
```

Basistext

1.7 XHTML-Formulare *

Die Fitness-Website wird um ein Formular in dem XHTML-Dokument `tipps.html` erweitert, in dem Benutzer Name, E-Mail-Adresse und einen Tipp angeben können (Abb. 1.7-1). Später sollen diese Daten weiterverarbeitet werden:

Fallbeispiel
fitness6/
tipps.html

```xml
<?xml version="1.0" encoding="UTF-8" ?>
<!DOCTYPE html PUBLIC "-//W3C//DTD XHTML 1.1//EN"
  "xhtml11.dtd">
<html xmlns="http://www.w3.org/1999/xhtml" xml:lang="de">
<head>
<title>Fit werden und fit bleiben</title>
</head>

<body>

<div>
  <img src="images/3f_logo.gif" width="166" height="61"
      title="Logo" alt="Logo" />
  <a href="index.html" title="Startseite">Startseite</a>
     
  <a href="vitamine.html" title="Die Vitamine">
    Die Vitamine</a>   
  <a href="sportarten.html" title="Die Sportarten">
    Die Sportarten</a>   
  <a href="tipps.html" title="Ihre Fitness-Tipps">
    Ihre Fitness-Tipps</a>
</div>
<hr />

<div>
  <h3>Fitness-Tipps</h3>
  <p>Schicken Sie uns Ihre persönlichen Fitness-Tipps. Wir
     freuen uns auf Ihren Eintrag.</p>

  <form action="">
    <table width="100%">
      <tr>
        <td align="right">Vor- und Nachname</td>
        <td><input type="text" name="name" size="40" />
        </td>
      </tr>
      <tr>
        <td align="right">E-Mail</td>
        <td><input type="text" name="email" size="40" />
        </td>
      </tr>
      <tr>
        <td align="right" valign="top">Mein Tipp</td>
        <td><textarea name="tipp" cols="50"
            rows="10" ></textarea></td>
      </tr>
```

Basistext

```xhtml
        <tr>
          <td><!-- leeres Feld> --></td>
          <td>
            <input name="Abschicken" type="submit"
                   value="Senden" />
            <input name="Abbrechen" type="reset"
                   value="Abbrechen" />
          </td>
        </tr>
      </table>
    </form>

    <p>Die Daten dieses Formulars werden hier nicht
       weiterverarbeitet!</p>
  </div>

</body>
</html>
```

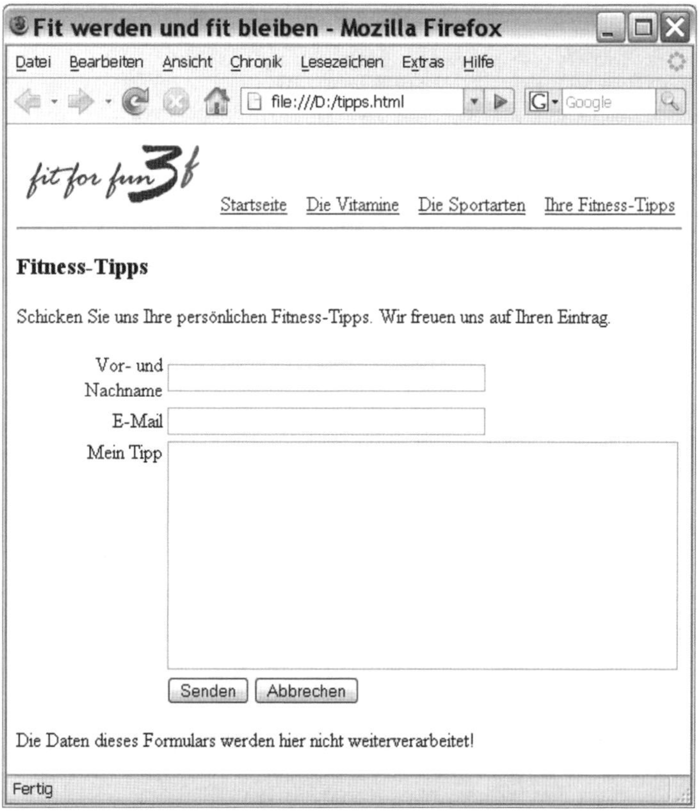

Abb. 1.7-1: Formular zum Erfassen von Fitness-Tipps.

Basistext

Die Daten, die in einem Formular eingegeben werden, können auch an eine angegebene E-Mail-Adresse gesendet werden. Für das Attribut action muss die Adresse angegeben und mailto: vorangestellt werden. Außerdem müssen die Attribute enctype="text/plain" und method="post" im form-Element angegeben werden. Das Attribut enctype gibt die Art des Übertragungsformats vom Browser zum Webserver an. Beim Verschicken von E-Mails sollten Sie immer den Wert "text/plain" verwenden. Er sorgt dafür, dass die übertragenen Formularelemente für Menschen leichter lesbar sind. Die Bedeutung des Attributs method wird in Zusammenhang mit den serverseitigen Techniken erklärt (vgl. »Formulare mit PHP verarbeiten« (S. 205)). Das Formularelement für das Versenden von Fitness-Tipp sieht dann wie folgt aus:

per E-Mail verschicken

```
<form action="mailto:info@werdefit.xy"
      method="post" enctype="text/plain" >
...
</form>
```

Erweitern Sie das Formular um ein Eingabefeld, in das der Benutzer die Adresse seiner Website eingeben kann. Initialisieren Sie dieses Feld mit dem Wert »http://«. Versenden Sie die eingegebenen Daten per E-Mail und schicken Sie es an Ihre eigene E-Mail-Adresse.

1.8 XHTML im Überblick *

Hier finden Sie eine kompakte Übersicht der eingeführten XHTML-Elemente und -Attribute.

- ```
  <html>
    <head>
      <title>Titelzeile des Dokuments</title>
    </head>
    <body>
      ... Dargestellter Inhalt des Dokuments ...
    </body>
  </html>
  ```

  XHTML-Dokument

- Adresse: http://validator.w3.org/
- ```
  <?xml version="1.0" encoding="UTF-8"?>
  <!DOCTYPE html PUBLIC "-//W3C//DTD XHTML 1.1//EN"
           "xhtml11.dtd">
  <html xmlns="http://www.w3.org/1999/xhtml" xml:lang="en">
  ...
  ```

Validierung

Box

Zeichencodierung	■ encoding="iso-8859-1" ■ encoding="UTF-8"
Überschrift	■ `<h1>Überschriftenebene 1</h1>` ■ `<h2>Überschriftenebene 2</h2>` ■ `<h3>Überschriftenebene 3</h3>` ■ `<h4>Überschriftenebene 4</h4>` ■ `<h5>Überschriftenebene 5</h5>` ■ `<h6>Überschriftenebene 6</h6>`
Absatz	■ `<p>Absatz</p>`
Zeilenumbruch	■ ` `
fett und kursiv	■ `<strong>Stark hervorgehobener Text</strong>` ■ `<em>Hervorgehobener Text</em>`

ungeordnete Liste	■ ```<ul>```
	  `<li>Listenelement</li>`
	  `<li>Listenelement</li>`
	`</ul>`

geordnete Liste	■ `<ol>`
	  `<li>Listenelement1</li>`
	  `<li>Listenelement2</li>`
	`</ol>`

Kommentar	■ `<!-- Kommentar -->`
Hyperlink	■ `<a href="datei.html" title="Tooltip-Text">Hyperlink-Text </a>` ■ `<a href="mailto:info@werdefit.xy">E-Mail an uns</a>`

Bild	■ `<img src="bild.jpg" width="Wert" height="Wert"`
	    `alt="alternativer Text"`
	    `title="Tooltip-Text" />`

Tabelle	■ `<table border="Wert" width="Wert"`
	    `cellspacing="Wert" cellpadding="Wert" >`
	  `<tr>`
	    `<th colspan="2" align="right">Kopftext1</th>`
	    `<th align="left">Kopftext2</th>`
	  `</tr>`
	  `<tr>`
	    `<td rowspan="2" valign="top">Zeile2+3 - Spalte1</td>`
	    `<td rowspan="2" valign="bottom">Zeile2+3 - Spalte2</td>`
	    `<td>Zeile2 - Spalte3</td>`
	  `</tr>`
	  `<tr>`
	    `<td>Zeile3 - Spalte3</td>`
	  `</tr>`
	`</table>`

Box

1.8 XHTML im Überblick *

- `<table border="0" ...>` blinde Tabelle
- `<table ...>`
- `<div> ... </div>` Bereich
- `<hr />` horizontale Linie
- `<form action="">` Formular
  ```
     <p>
       Eingabefeld <input type="text" name="feldname"
                    size="Wert" />
       Passwortfeld <input type="password" name="feldname"
                    size="Wert" />
       Unsichtbares Feld <input type="hidden" name="feldname"
                         size="Wert" value="Inhalt" />
       Eingabebereich1 <textarea name="feldame1" cols="Wert"
                       rows="Wert"></textarea>
       Eingabebereich2 <textarea name="feldame2" cols="Wert"
                       rows="Wert">Voreinstellung</textarea>
       Submit <input type="submit"  name="feldname"
                value="Text auf der Schaltfläche"/>
       Reset <input type="reset" name="feldname"
                value="Text auf der Schaltfläche" />
       Button <input type="button" name="feldname"
                value="Text auf der Schaltfläche" />
     </p>
  </form>
  ```
- `<form action="mailto:info@werdefit.xy"`
  `     method="post" enctype="text/plain" > ... </form>`

Nummer	Name	Beschreibung
&#034;	&quot;	Anführungszeichen
&#036;		Dollar-Zeichen
&#038;	&amp;	Kaufmännisches Und
&#060;	&lt;	Kleiner-als-Zeichen
&#062;	&gt;	Größer-als-Zeichen
|		Vertikalbalken	
		Festes Leerzeichen
&#196;	&Auml;	Ä
&#214;	&Ouml;	Ö
&#220;	&Uuml;	Ü
&#223;	&szlig;	ß
&#228;	&auml;	ä
&#246;	&ouml;	ö
&#252;	&uuml;	ü

Tab. 1.8-1: Einige Zeichenbeschreibungen.

Box

Box

2 CSS *

CSS *(Cascading Style Sheets)* ist eine Formatierungssprache für strukturierte Dokumente, z.B. für XHTML-Dokumente. Mit CSS kann festgelegt werden, *wie* die Inhalte eines XHTML-Dokuments im Browser dargestellt werden.

Was ist CSS?

Sie sollten die Grundlagen von XHTML kennen, wie sie beispielsweise in »XHTML« (S. 1) vermittelt werden.

Was Sie wissen sollten

In dieser Einführung lernen Sie, einfache CSS-Stilvorlagen und CSS-Klassen zu erstellen und diese Formate in XHTML-Dokumenten zu referenzieren. Außerdem lernen Sie, wie das Layout einer Webseite mithilfe von CSS gestaltet wird:

Was Sie lernen

- »Was ist CSS?« (S. 44)
- »CSS-Stilvorlagen« (S. 45)
- »CSS-Klassen« (S. 52)
- »Mit CSS gestalten« (S. 55)
- »Boxmodell« (S. 65)
- »Tabellengestaltung mit CSS« (S. 72)
- »CSS-Seitenlayout« (S. 81)
- Zum Nachschlagen: »CSS im Überblick« (S. 94)

Damit Sie mit CSS arbeiten können, benötigen Sie nur einen Browser und einen einfachen Texteditor. Komfortabler ist ein **WYSIWYG-Editor** wie beispielsweise der Adobe Dreamweaver. CSS-Formate werden leider von den aktuellen Browsern unterschiedlich interpretiert. Sie sollten sie daher immer mit verschiedenen Browsern testen. Beim Erstellen dieser Beispiele wurden der Internet Explorer (Version 6), der **Firefox** (Version 2) und **Opera** (Version 9) verwendet. Beim Microsoft Download Center (http://www.microsoft.com/downloads) gibt es die kostenlose *Internet Explorer Developer Toolbar*, die man sehr gut zur Analyse der CSS-Stilvorlagen einsetzen kann.

Was Sie brauchen

Verwendete und weiterführende Literatur:

Literatur

/Balzert, Helmut 03/, /Meyer 05/, /Meyer 05a/, /Herold 02/ und /Mintert 03/. Zum Nachschlagen für alle Fragen zu CSS werden SELFHTML (http://de.selfhtml.org/), CSSHilfe (http://www.csshilfe.de) und css 4 you (http://www.css4you.de) emp-

Gruppierung

fohlen. Alle offiziellen Informationen zu CSS finden Sie auf der W3C-Website (http://www.w3.org) und der Cascading Style Sheets Home Page (http://www.w3.org/Style/CSS) des W3C.

2.1 Was ist CSS? *

CSS *(Cascading Style Sheets)* ist eine Formatierungssprache für die Gestaltung von strukturierten Dokumenten. Außer den Formatierungsregeln bietet CSS Regeln für die Lösung entstehender Konflikte an. Als W3C-Empfehlung sind die Versionen CSS 1 und CSS 2 publiziert. Die Versionen CSS 2.1 und CSS 3 befinden sich zurzeit in Entwicklung.

CSS   **CSS** *(Cascading Style Sheets)* ist eine Formatierungssprache, die es Entwicklern bzw. Autoren von Webseiten ermöglicht, Formatierungen (z.B. Schriftarten, Farbe, Abstände) in strukturierten Dokumenten durchzuführen. CSS wird insbesondere zusammen mit HTML/XHTML und XML eingesetzt. Mit CSS ist es auch möglich, die Gestaltung speziell an das Ausgabemedium anzupassen. Ein und dasselbe XHTML-Dokument kann im Ausdruck anders aussehen als auf dem Bildschirm. Die *Stylesheet*-Sprache CSS gilt heute als der Standard für die Gestaltung von Webseiten und ist wie HTML und XHTML vom **W3C** *(World Wide Web Consortium)* genormt.

CSS 1   Die Version CSS 1 *(CSS level 1)* wurde 1996 als **W3C-Empfehlung** verabschiedet und 1999 aktualisiert. CSS 1 enthält einfache Formatierungen, z.B. für Schriften, Abstände und Farben.

CSS 2   Im Jahr 1998 wurde CSS 2 *(CSS level 2)* als W3C-Empfehlung verabschiedet. CSS 2 basiert auf CSS 1. In der Regel sind gültige CSS 1-*Stylesheets* auch in CSS 2 gültig. CSS 2 unterstützt unter anderem medienspezifische *Stylesheets* (z.B. für akustische Geräte und Drucker), die Positionierung des Inhalts, herunterladbare Schriften, Tabellen-Layout und Internationalisierung. Ein Problem beim Einsatz von CSS 2 ist, dass es von den Browsern *nicht* vollständig umgesetzt wird. Einige Browser ignorieren die Angaben, andere setzen sie anders um als vom W3C definiert. In der Praxis muss man daher

Basistext

beim Einsatz von CSS2 mit einigen Schwierigkeiten rechnen. CSS 2 ist die aktuellste W3C-Empfehlung und wird daher in dieser Einführung verwendet.

CSS 2.1 *(CSS level 2 revision 1)* ist eine Zwischenversion, die zurzeit in Arbeit ist und die einige Fehler von CSS 2 korrigieren soll. Die wichtigste Eigenschaft von CSS 2.1 ist jedoch, dass diese Version denjenigen Teil von CSS enthalten soll, der von den Browsern zum Zeitpunkt der Verabschiedung auch umgesetzt wird. Die aktuellste W3C-Publikation von CSS 2.1 ist vom November 2006 und besitzt den Status *Working Draft*.

CSS 2.1

Die Version CSS 3 ist zurzeit in der Entwicklung. Um dem zunehmenden Sprachumfang gerecht zu werden, wurde es vom W3C in sogenannte Module aufgeteilt, z.B. *Color Module, Fonts, Lists Module.* Diese Vorgehensweise besitzt den Vorteil, dass einzelne Module bereits kurz vor einer W3C-Empfehlung stehen und andere noch in Arbeit sein können.

CSS 3

2.2 Einfache CSS-Stilvorlagen *

Die optische Gestaltung eines XHTML-Dokuments sollte mit CSS-Stilvorlagen definiert werden. Eine Stilvorlage kann mehrere Deklarationen enthalten, von denen jede aus einer CSS-Eigenschaft und einem Wert besteht. CSS-Stilvorlagen können direkt an ein XHTML-Element gekoppelt werden, wodurch dessen Standard-Gestaltung verändert wird. Sie können in einer separaten Datei stehen oder direkt in das XHTML-Dokument integriert werden. Das W3C bietet einen Validierungsservice an, mit dem CSS-Stilvorlagen auf Korrektheit geprüft werden können. Bei der Anwendung von Stilvorlagen müssen die Konzepte der Vererbung und Kaskade berücksichtigt werden. Problematisch an der Verwendung von CSS ist, dass es nicht von allen Browsern einheitlich unterstützt wird.

Basistext

2 CSS *

Warum CSS? Wer XHTML-Websites erstellen will, die später mithilfe von serverseitigen Web-Techniken erweitert werden sollen, ist gut beraten, bereits einfache Websites ingenieurmäßig zu entwickeln. In der Softwaretechnik gilt das Prinzip, die Darstellung vom Inhalt zu trennen. Dieses Prinzip kann in XHTML mit der Zusatzsprache CSS *(Cascading Style Sheets)* realisiert werden. Daher wird hier der Weg beschritten, dass alle Inhalte mit XHTML und deren Gestaltung mit CSS realisiert werden.

CSS-Eigenschaft Um das Aussehen von XHTML-Elementen zu verändern, werden **CSS-Eigenschaften** definiert. CSS bietet zahlreiche Eigenschaften an, z.B. für die Gestaltung der Hintergrundfarbe, der Schriftfarbe, der Schriftart und -größe. Für jede Eigenschaft sind bestimmte Werte zulässig. Beispielsweise kann für die CSS-Eigenschaft color (Schriftfarbe) der Farbwert red angegeben werden:

```
color:red;
```

CSS-Stilvorlage Eine einfache Art, um CSS-Eigenschaften anzuwenden, besteht darin, sie an ein XHTML-Element zu koppeln. Dann gilt diese Eigenschaft immer dann, wenn dieses Element in einem XHTML-Dokument verwendet wird. Die Kopplung einer CSS-Eigenschaft an ein XHTML-Element wird **CSS-Stilvorlage** genannt. Anstelle von Stilvorlagen spricht man auch von Stilregeln, CSS-Regeln oder Formatdefinitionen. Die folgende Stilvorlage definiert, dass alle Überschriften der Ebene 3 eine rote Schriftfarbe besitzen:

```
h3 { color:red; }
```

Syntax Oft ordnet man einem XHTML-Element nicht nur eine, sondern mehrere CSS-Eigenschaften zu. Umgekehrt kann eine CSS-Eigenschaft mehreren XHTML-Elementen zugeordnet werden. Mehrere CSS-Deklarationen werden durch ein Semikolon getrennt. Das XHTML-Element vor der geschweiften Klammer wird **Selektor** genannt, genauer sagt: **Elementselektor**. Eine CSS-Stilvorlage besitzt im Allgemeinen den folgenden Aufbau:

```
Selektor1,
Selektor2 { CSS-Eigenschaft1:Wert1;
            CSS-Eigenschaft2:Wert2;
          }
```

Basistext

Abb. 2.2-1 zeigt die verwendete Terminologie für die Definition von Stilvorlagen. Alle Stilvorlagen zusammen bilden ein **CSS-Stylesheet**.

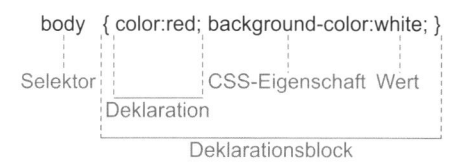

```
body  { color:red; background-color:white; }
  |      |         |                |
Selektor  |       CSS-Eigenschaft  Wert
          Deklaration
          Deklarationsblock
```

Abb. 2.2-1: CSS-Terminologie.

Semikolon
Bei der letzten Deklaration einer Stilvorlage kann das Semikolon fehlen. Es gilt jedoch als guter Stil, alle Deklarationen mit einem Semikolon abzuschließen, denn fehlende Semikolons sind eine häufige Fehlerquelle in CSS-*Stylesheets*.

Tipp

Zusätzlich bietet CSS den **Universalselektor** »*«, der die definierten CSS-Eigenschaften *allen* XHTML-Elementen zuweist. Die folgende Stilvorlage beschreibt demnach, dass die Schriftfarbe aller XHTML-Elemente in einem Dokument rot ist:

Universalselektor

```
* { color:red; }
```

Für die einfache Webseite simpleCSS werden Stilregeln definiert:

Beispiel simpleCSS

```
<html>
<head>
<title>simpleCSS</title>
<link rel="stylesheet" type="text/css"
      href="stylesheet.css" />
</head>
<body>
<h1>Herzlich willkommen</h1>
<p>Hier entsteht eine neue Website</p>
</body>
```

Die folgenden Stilvorlagen definieren einen silbergrauen Hintergrund (background-color) und eine marineblaue Schriftfarbe (color) für die Webseite. Überschriften der Ebene 1 werden rot dargestellt. Hier werden Farbnamen als

Basistext

Werte verwendet. Wie Farben angegeben werden können, erfahren Sie in »Mit CSS gestalten« (S. 55):

stylesheet.css
```
body { background-color:silver;
    color:navy;
    }
h1 { color:red; }
```

CSS-Datei .css
CSS-Stilvorlagen können in einer separaten Datei eingetragen werden, die die Endung `.css` besitzt, z.B. `stylesheet.css`. Man spricht von einem externen *Stylesheet*. Eine CSS-Datei muss in allen XHTML-Dokumenten, in denen ihre Stilvorlagen angewendet werden sollen, referenziert werden. Dies kann mit folgender Angabe im Kopf eines XHTML-Dokuments geschehen:

```
<link rel="stylesheet" type="text/css"
    href="stylesheet.css" />
```

Es können auch mehrere link-Elemente angegeben werden. Die Angabe `"text/css"` sagt aus, dass das geladene *Stylesheet* im CSS-Format vorliegt. Der Wert des Attributs `href` ist hier eine lokale Datei. Es kann sich jedoch auch um eine beliebige **URL** handeln. Die Definition aller Stilvorlagen in einer separaten Datei hat den Vorteil, dass alle Seiten einer Website nur diese Datei referenzieren müssen und dann automatisch das gleiche Aussehen besitzen. Sollen die Farben geändert werden, ist nur diese CSS-Datei betroffen. Die Änderung kann somit schnell und fehlerfrei ausgeführt werden.

Hinweis
Die Dateiendung `.css` ist nicht zwingend vorgeschrieben, sondern eine Konvention. Einige Browser und einige Webserver benötigen jedoch diese Endung. Daher empfiehlt es sich, für *Stylesheets* konsequent die Endung `.css` zu verwenden /Meyer 05a/.

XHTML-Element style
Es ist auch möglich, CSS-Stilvorlagen direkt in das XHTML-Dokument einzufügen. Das ist vor allem praktisch, wenn man neue Möglichkeiten der Gestaltung ausprobieren will. Dazu wird das Element `style` im Kopf eines XHTML-Dokuments verwendet.

Basistext

Für das Beispiel simpleCSS gilt dann:

```
<html>
<head>
<title>simpleCSS</title>
<style type="text/css">
  body { background-color:silver;
         color:navy;
       }
  h1 { color:red; }
</style>
</head>

<body>
<h1>Herzlich willkommen</h1>
<p>Hier entsteht eine neue Website</p>
</body>
</html>
```

Beispiel simpleCSS

Führen Sie das einfache Beispiel simpleCSS jeweils mit externem *Stylesheet* und mit dem XHTML-Element style aus.

Innerhalb von CSS-Dateien oder dem XHTML-Element style können Sie komplette CSS-Stilvorlagen oder einzelne Deklarationen mit /* ... */ zu Testzwecken auskommentieren oder ergänzende Kommentare hinzufügen. Anfang und Ende des Kommentars müssen nicht in derselben Zeile stehen. Kommentare dürfen *nicht* geschachtelt werden.

CSS-Kommentare

Bei der einfachen Website werden die ursprüngliche Stilvorlage für h1 auskommentiert und zusätzliche Kommentare zur Erläuterung eingefügt:

Beispiel simpleCSS

```
<html>
<head>
<title>Titel</title>
<style type="text/css">
  body { background-color:silver;
         color:navy;
       }
  /*
  h1 { color:red; }
  */
  /* Basis-Style */
  h1 { color:white;
       background-color:black;   /*silver*/
     }
</style>
</head>
```

Basistext

```
<body>
<h1>Herzlich willkommen</h1>
<p>Hier entsteht eine neue Website</p>
</body>
```

ältere Browser — Ältere Browser können Stilregeln eventuell nicht richtig erkennen. Sie werden in diesem Fall die Markierungen `<style>` und `</style>` einfach ignorieren. Eventuell zeigen sie jedoch den dazwischen stehenden Text im Browser an. Um dies zu vermeiden, wird er in XHTML-Kommentarklammern eingeschlossen:

```
<style type="text/css"><!--
   ...Stilvorlagen...
--></style>
```

Experimentieren Sie mit den eingeführten Stilvorlagen. Probieren Sie den Universalselektor einmal aus. Fügen Sie verschiedene Überschriften ein, für die Sie Schrift- und Hintergrundfarbe definieren.

CSS validieren — Das W3C bietet analog zu XHTML auch für *Cascading Style Sheets* einen Validierungsservice (http://jigsaw.w3.org/css-validator) an. Die gewünschte CSS-Version wird beim Aufruf des **CSS-Validators** angegeben. Der Validator unterscheidet Fehler und Warnungen. Fehler müssen Sie beseitigen, um ein korrektes CSS-*Stylesheet* zu erstellen. Warnungen sind Hinweise auf Deklarationen, die möglicherweise zu einem Problem führen können. Beispielsweise gibt der Validator eine Warnung aus, wenn zu einer Hintergrundfarbe *keine* Schriftfarbe angegeben wird. Haben Sie beispielsweise einen schwarzen Hintergrund gewählt, dann ist Text, der standardmäßig eine schwarze Schriftfarbe besitzt, natürlich nicht sichtbar, wenn keine passende Schriftfarbe angegeben ist.

verschiedene Browser — Ein großes Problem beim Einsatz von CSS ist, dass es nicht von allen Browsern voll unterstützt wird. Die Website von CSS4You (http://www.css4you.de) bietet in der Rubrik »Browser-Kompatibilität« einen kompakten Überblick darüber, welche CSS-Eigenschaften von den verschiedenen Browserversionen unterstützt werden. Websites müssen im praktischen Einsatz meistens mit den gängigen Browsern funktionieren. Daher wurde in dieser Einführung viel Wert darauf gelegt, *Styles* zu entwickeln, die von den Browsern Internet Explorer, Mozilla Firefox und Opera möglichst vollständig umgesetzt werden.

Validieren Sie das *Stylesheet* der oben eingeführten einfachen Website simpleCSS. Ändern Sie es so ab, dass keine Warnungen mehr ausgegeben werden.

Vererbung und Kaskade

CSS besitzt zwei wichtige Eigenschaften, die als Vererbung *(inheritance)* und Kaskade *(cascade)* bezeichnet werden.

Die Elemente eines XHTML-Dokuments bilden eine Baumstruktur. Abb. 2.2-2 zeigt die Baumstruktur für das einfache Beispiel simpleCSS. Das body-Element wird als Elternelement des p-Elements und das p-Element als Kindelement des body-Elements bezeichnet. CSS nutzt diese Baumstruktur für die **Vererbung** von Stilvorlagen. »Höhere« Elemente vererben ihre Stilvorlagen im Allgemeinen an darunterliegende Elemente. Wird beispielsweise body {color: navy;} definiert, dann besitzen automatisch auch *alle* Absätze diese Schriftfarbe, sofern dafür keine eigenen Schriftfarben definiert sind. Die Vererbung ist in CSS sehr wichtig, um übersichtliche und leicht änderbare *Stylesheets* zu erstellen, denn ohne Vererbung müsste beispielsweise die gewünschte Schriftfarbe für *jedes* Element definiert werden. Einige CSS-Eigenschaften werden *nicht* vererbt. Dazu gehören border, padding und margin, die Sie in »Boxmodell« (S. 65) kennenlernen.

Vererbung

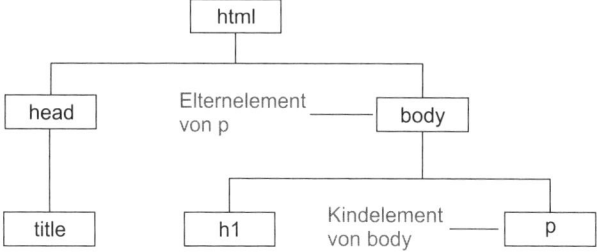

Abb. 2.2-2: Baumstruktur für ein einfaches XHTML-Dokument.

Basistext

Kaskade

Es ist zulässig, dass *ein* XHTML-Element mit mehreren Stilvorlagen ausgezeichnet ist. Beispielsweise könnte ein Absatz mit dem einen *Stylesheet* in roter und mit dem anderen in blauer Schrift gestaltet werden. Die **Kaskade** *(cascade)* bestimmt, welche Stilregeln angewendet werden und welche nicht. Das Auflösen dieser Konflikte ist besonders wichtig, weil Stilvorlagen aus verschiedenen Quellen resultieren können. Erstens kann natürlich der Web-Entwickler bzw. Autor entsprechende Stilvorlagen definieren. Zweitens kann der Benutzer einer Website eigene Stilvorlagen definieren. Drittens realisieren Browser im Allgemeinen ein voreingestelltes *Stylesheet*. Um entstehende Konflikte aufzulösen, weist die Kaskade *(cascade)* jeder Stilregel ein Gewicht zu. Wenn für ein Element mehrere Stilvorlagen definiert sind, so »gewinnt« diejenige mit dem höchsten Gewicht. Da es sich hier um fortgeschrittene Konzepte handelt, gehe ich in dieser Einführung nicht weiter darauf ein.

Überschreiben Sie das *Stylesheet* im Beispiel `simpleCSS` durch Stilvorlagen, die Sie als Browser-Benutzer vorgeben. Beim Internet Explorer ist dies beispielsweise in `Extras/Internetoptionen/Eingabehilfen` möglich.

2.3 CSS-Klassen *

Mit Hilfe von CSS-Klassen können einem Element, das in einem XHTML-Dokument mehrfach vorkommt, unterschiedliche Gestaltungen zugeordnet werden. CSS-Klassen können elementspezifisch oder allgemein definiert werden. Für ein XHTML-Element können auch mehrere Klassen definiert werden und Klassenselektoren mit Elementselektoren kombiniert werden.

elementspezifische Klassen

Die Stilvorlage `h1 { color:red; }` sorgt dafür, dass alle Überschriften der Ebene 1 in dem betreffenden XHTML-Dokument rot sind. Wollen Sie in einem Dokument die Überschrift `h1` in verschiedenen Farben verwenden, so lässt sich dies ideal mit dem Konzept der CSS-Klasse realisieren. Die folgenden Stilregeln definieren, dass wichtige Überschriften rot und normale Überschriften blau dargestellt werden:

```
h1.wichtig { color:red; }
h1.normal  { color:blue; }
```

Diese CSS-Klassen sind fest an das XHTML-Element h1 gebunden und haben nur darauf eine Wirkung. Die Angabe h1.wichtig wird als elementspezifischer **Klassenselektor** bezeichnet.

XHTML enthält das Universalattribut class, das auf fast alle XHTML-Elemente angewendet werden kann. Damit werden **CSS-Klassen** wie folgt referenziert:

Attribut class

```
<h1 class="wichtig">Herzlich willkommen</h1>
<h1 class="normal">Alles über Vitamine</h1>
```

Für ein XHTML-Element können Sie auch mehrere Klassen definieren, die jedoch sinnvoll kombiniert werden müssen, z.B.

mehrere Klassen verwenden

```
p.col { color:navy; }
p.bg  { background:silver; }
```

Im XHTML-Dokument weisen Sie diese beiden Klassen wie folgt *einem* p-Element zu:

```
<p class="col bg">Noch ein Absatz</p>
```

Sie können CSS-Klassen auch so definieren, dass sie auf alle XHTML-Elemente angewendet werden können. Sie schreiben dann:

allgemeine Klassen

```
.wichtig { color:red; }
.normal  { color:blue; }
```

Die Angabe .wichtig heißt **allgemeiner Klassenselektor**. Das Attribut class="wichtig" kann dann bei verschiedenen XHTML-Elementen angegeben werden:

```
<h1 class="wichtig">Herzlich willkommen</h1>
<p class="wichtig">Hier entsteht eine neue Website</p>
```

Analog zu einfachen Stilvorlagen, die direkt an ein XHTML-Element gebunden werden, können auch einer CSS-Klasse mehrere CSS-Eigenschaften zugewiesen werden. Der Selektor wird als **Klassenselektor** bezeichnet. Für Stilregeln mit CSS-Klassen gilt somit folgender Aufbau:

Syntax

```
XHTML-Element.Klasse { CSS-Eigenschaft1:Wert1;
                      CSS-Eigenschaft2:Wert2;
                    }
```

Basistext

```
.Klasse { CSS-Eigenschaft1:Wert1;
         CSS-Eigenschaft2:Wert2;
       }
```

Selektoren kombinieren

Der gleiche Klassenname kann für mehrere XHTML-Elemente verwendet werden, z.B. p.wichtig und h1.wichtig. CSS-Klassen können auch für XHTML-Elemente definiert werden, denen bereits Stilvorlagen mit einem Elementselektor zugeordnet wurden. Beispielsweise werden Absätze standardmäßig mit blauer Schriftfarbe dargestellt und nur in wichtigen Fällen mit roter Schrift:

```
p { color:blue; }
p.wichtig { color:red; }
```

Klassennamen bilden

Wenn Sie die Stilvorlage .rot { color:red; } definieren, dann erscheint der Klassenname zunächst gut gewählt. Bei einer Layoutänderung wird diese Stilvorlage vielleicht in .rot {color: blue;} geändert, was eher verwirrend aussieht. Daher gilt es als guter Stil, Klassennamen so zu bilden, dass sie die Bedeutung eines Elements beschreiben und nicht die aktuell gewählte Gestaltung. Ein besserer Klassenname ist daher: .wichtig { color:red; }.

Beispiel style.html

Dieses Beispiel zeigt die Anwendung der eingeführten Stilvorlagen und CSS-Klassen:

```
<html>
<head>
<style type="text/css">
  h1, p { color:green; }
  h1.wichtig { color:red; }
  .normal { color:blue; }
</style>
</head>

<body>
<h1 class="wichtig">Eine wichtige Überschrift</h1>
<p>Die Standardfarbe für Absätze ist Grün</p>

<h1 class="normal">Eine normale Überschrift</h1>
<p class="normal">Hier ein normaler Absatz</p>

<h1>Eine Überschrift in Grün</h1>
<p>Und nun wieder ein Standard-Absatz</p>
</body>
</html>
```

Basistext

Experimentieren Sie mit CSS-Klassen. Definieren Sie für wichtige Überschriften eine Stilvorlage, die die Hintergrundfarbe festlegt, und wenden Sie diese Stilvorlage zusätzlich im Beispiel style.html an.

2.4 Mit CSS gestalten *

Mit CSS-Eigenschaften lässt sich die Gestaltung einer Website vielfältig beeinflussen. Dazu gehören Schrift- und Hintergrundfarbe, Hintergrundbilder, Schriftart und -größe sowie grafische Aufzählungszeichen für Listen.

Mit Farben gestalten

In den meisten Browsern wird für XHTML-Dokumente standardmäßig schwarze Schrift auf weißem Hintergrund verwendet. Es lässt sich aber auch jede andere Farbe einstellen. In dieser Farbtabelle (http://tomheller.de/theholycymbal/html-farben.html) erhalten Sie einen Überblick über benannte Farben.

Computerbildschirme stellen Farben dar, indem sie unterschiedliche Mischungen der Farben Rot, Grün und Blau verwenden. Man spricht daher vom RGB-Farbmodell. In CSS können Farben hexadezimal codiert werden. Bei der Angabe #rrggbb steht rr für den Rotanteil, gg für den Grünanteil und bb für den Blauanteil, wobei jeder Wert von 00 bis ff variieren kann. Hierbei spielt es keine Rolle, ob die Zeichen a..f der hexadezimalen Ziffern groß oder klein angegeben werden. Der Wert #00000 entspricht der Farbe Schwarz und #ffffff der Farbe Weiß. Für hexadezimale Farbwerte existiert auch eine Kurzform. Beispielsweise spezifiziert #fae den gleichen Farbwert wie #ffaaee. Eine Reihe von Farben können alternativ durch Farbnamen (z.B. black) definiert werden.

Farbwerte

Die Schriftfarbe wird mit der CSS-Eigenschaft color bestimmt. Die Hintergrundfarbe wird analog mit der CSS-Eigenschaft background-color definiert. Die folgenden CSS-Stilregeln legen fest, dass Überschriften der Ebene 3 in der

Schriftfarbe, Hintergrundfarbe

Basistext

Farbe #c33b00 dargestellt werden und der Hintergrund des XHTML-Dokuments silver ist.

```
h3 { color:#c33b00; }
body { background-color:silver; }
```

Hintergrundbild   Anstelle eines einfarbigen Hintergrunds kann auch eine beliebige Grafik als Hintergrundbild angegeben werden. Ist der Platz zu klein, dann wird das Bild abgeschnitten. Ist er zu groß, dann wird das Bild standardmäßig von links nach rechts und von oben nach unten wiederholt. Man sagt, der Hintergrund ist gekachelt. Die Schriftfarbe sollte natürlich einen guten Kontrast zum Hintergrundbild besitzen, damit die Webseite lesbar ist. Für den Fall, dass das Hintergrundbild nicht zur Verfügung steht, sollten Sie eine zur Schriftfarbe passende Hintergrundfarbe angeben. Als Wert der CSS-Eigenschaft background-image wird der Pfadname der Bilddatei angegeben (relativ zur CSS-Datei):

```
body { color:white;
       background-image:url(images/kopf.gif);
       background-color:#3c7585;
     }
```

Hinweis   Bei transparenten Bildern ist die Hintergrundfarbe zusammen mit dem Bild sichtbar. Hierbei handelt es sich beispielsweise um GIF-Bilder, bei denen ein Farbeintrag in der Palette als transparent definiert wurde. Dadurch kann der Eindruck entstehen, dass eine Figur frei vor dem Hintergrund steht und das Bild nicht mehr auf einen rechteckigen Bereich beschränkt ist.

CSS-Kurzform   CSS bietet für viele CSS-Eigenschaften Kurzformen an, die sehr komfortabel in der Benutzung sind. Beispielsweise kann man alle CSS-Eigenschaften zur Gestaltung des Hintergrunds zusammenfassen, wobei die Reihenfolge der Werte keine Rolle spielt. Die Stilregel

```
body { background-image:url(bild.gif);
       background-color:silver;
     }
```

ist äquivalent zu:

```
body { background:silver url(bild.gif); }
```

Basistext

Mit Schriften gestalten

In vielen Browsern ist die Schrift »Times New Roman« voreingestellt. Diese Schrift entstand Anfang der 30-er Jahre durch Anpassung der Schrift »Times Roman« an die Anforderungen des Zeitungsdrucks, bei dem die Qualität schlechter als beim Buchdruck ist. Bildschirme besitzen durch die relativ geringe Auflösung (z.B. 96 dpi beim PC) eine noch schlechtere Darstellungsqualität. Daher wurden für die Darstellung von Texten auf dem Bildschirm inzwischen besser geeignete Schriften konzipiert, z.B. Verdana. Dies ist eine relativ große Schrift, die in kleinen Größen hervorragend auf dem Bildschirm lesbar ist. Größere Schriftgrade wirken jedoch leicht zu massiv und ergeben ein unattraktives Bild. Bei den Schriftarten *(fonts)* wird generell zwischen Schriften mit und ohne Serifen unterschieden. Als Serifen werden bei einer Schrift die kleinen Häkchen an den Buchstabenenden bezeichnet. »Times New Roman« ist eine typische Schrift mit Serifen, Verdana ist eine serifenlose Schrift. Serifen führen beim Lesen das Auge über die Zeile. Daher werden bei Buchtexten im Allgemeinen Serifenschriften verwendet.

Schriften im Web

Auf dem Bildschirm sind serifenlose Schriften wegen der vergleichsweise schlechten Auflösung wesentlich besser zu lesen als Serifenschriften. Die wohl am meisten verwendete serifenlose Schrift ist Arial. Zusätzlich werden Proportionalschriften und *Monospace*-Schriften unterschieden. Bei Proportionalschriften hängt die Breite eines Buchstabens von dem jeweiligen Zeichen ab. Beispielsweise ist ein »i« schmaler als ein »w«. Bei *Monospace*-Schriften ist dagegen jeder Buchstabe gleich breit. Für Texte werden Proportionalschriften eingesetzt, denn sie ergeben ein harmonischeres Schriftbild, während man für Programme *Monospace*-Schriften verwendet. Häufig verwendete Schriften sind:

■ Serifenschriften:
☐ Times New Roman
☐ Times
☐ Georgia

Basistext

- Serifenlose Schriften:
  □ Verdana
  □ Arial
  □ Helvetica
  □ Geneva

- *Monospace*-Schriften:
  □ Courier New
  □ Courier

Schriftart Mit folgender Stilvorlage wird die Schrift Verdana für eine Webseite definiert:

```
body { font-family:Verdana; }
```

Ist Verdana auf dem Computer des Website-Benutzers nicht installiert, dann wird automatisch die Standardschrift gewählt. Um zu erreichen, dass in diesem Fall eine serifenlose Schrift gewählt wird, sollte man eine generische Schriftfamilie angeben, z.B. sans-serif für serifenlose Schriften oder serif für Serifenschriften. Für *Monospace*-Schriften kann die generische Schriftfamilie mono gewählt werden. Zusätzlich oder alternativ können Sie eine oder mehrere konkrete Ersatzschriften angeben. Schriftnamen, die Leerzeichen oder nicht-alphabetische Zeichen enthalten, sollten innerhalb von Anführungszeichen angegeben werden, um Missverständnisse zu vermeiden. Im Allgemeinen wird für eine Website eine einheitliche Schrift gewählt und nur in bestimmten Fällen (z.B. dargestellte Programme) davon abgewichen:

```
body { font-family:Verdana, Arial, Helvetica, sans-serif; }
p.program { font-family:"Courier New", Courier, mono; }
```

Erstellen Sie ein XHTML-Dokument mit mehreren Absätzen und lassen Sie jeden Absatz in der einer der oben angegebenen Schriftarten darstellen.

Schriftgröße Mit der CSS-Eigenschaft font-size lässt sich die Schriftgröße festlegen:

```
body { font-size:small; }
```

Mögliche Werte sind:

xx-small, x-small, medium (Voreinstellung), large, x-large, xx-large.

Basistext

Diese Größenangaben besitzen den Vorteil, dass der Benutzer die in dem *Stylesheet* festgelegten Schriftgrößen im Browser beliebig größer oder kleiner einstellen kann. Es handelt sich hier um absolute Größenangaben. Wie groß eine Schrift der Größe medium wirklich ausfällt, hängt allerdings von verschiedenen Faktoren ab. Dazu gehören die jeweilige Schriftart, der verwendete Browser und dessen Einstellungen sowie den Anzeige-Einstellungen des Computers.

In dieser Einführung wird für Schriftgrößen diese einfache Einstellung gewählt, da es hier um ein grundlegendes Verständnis für CSS geht. Für den praktischen Einsatz wird empfohlen, Schriftgrößen in Prozentwerten oder em-Einheiten zu definieren.

Hinweis

Die folgenden Stilvorlagen sorgen dafür, dass die ganze Webseite mit der Schrift Verdana in kleiner Schriftgröße dargestellt wird und alle Überschriften der Ebenen 1 bis 3 die Größe x-large besitzen:

Beispiel
schriften
.html

```
<html>
<head>
<style type="text/css">
body { font-size:small;
       font-family:Verdana, sans-serif;
     }
h1, h2, h3 { font-size:x-large;}
</style>
</head>

<body>
<h1>Überschrift Ebene 1</h1>
<h2>Überschrift Ebene 2</h2>
<h3>Überschrift Ebene 3</h3>
<p>Ein Absatz</p>
</body>
</html>
```

Erstellen Sie ein Dokument mit Schriftproben in Verdana und »Times New Roman« jeweils in den Größen medium und small und analysieren Sie deren Größen in verschiedenen Browsern. Ändern Sie durch die Browsereinstellungen die vorgegebenen Schriftgrößen.

Basistext

weitere Eigenschaften für Schriften

In »XHTML« (S. 1) haben Sie die Elemente `strong` und `b` für Fettschrift bzw. `em` und `i` für Kursivschrift kennengelernt. Besser ist es, diese Angaben in CSS zu machen, um den Inhalt und die Darstellung optimal zu trennen:

- `p { font-weight:bold; }` definiert Fettschrift für einen Absatz.
- `p { font-style:italic; }` definiert Kursivschrift für einen Absatz.

CSS-Kurzform

Auch für die CSS-Eigenschaften zur Definition der Schriften gibt es eine Kurzform. Die folgende Stilregel

```
p { font-family:Verdana, sans-serif;
    font-size:medium;
    font-weight:bold;
    font-style:italic;
}
```

ist äquivalent zu:

```
p { font:italic bold medium Verdana, sans-serif; }
```

Dies funktioniert allerdings nur, wenn die beiden Werte für `font-size` und `font-family` genau in dieser *Reihenfolge* und als *letzte* Werte im Deklarationsblock angegeben werden. Alle anderen Werte können in beliebiger Reihenfolge stehen.

Listengestaltung

Mit Hilfe von CSS können Sie die einfachen Aufzählungszeichen einer ungeordneten Liste sehr einfach durch ansprechende Grafiken ersetzen. Die CSS-Eigenschaft `list-style-image` gibt das zu verwendende Bild an. Mit der CSS-Eigenschaft `list-style-type` kann ein Textsymbol gewählt werden, das als Ersatzsymbol angezeigt wird, wenn die Grafik nicht vorhanden ist. CSS bietet unter anderem folgende Werte für die Eigenschaft `list-style-type` an:

- `circle`: ungefüllter Kreis
- `disc`: gefüllter Kreis
- `square`: Quadrat
- `none`: kein Aufzählungszeichen

Basistext

Die folgenden Stilvorlagen ersetzen die Aufzählungszeichen durch Grafiken und geben jeweils eine Ersatzdarstellung an:

```
ul.liste1 { list-style-image:url(images/liste1.gif);
           list-style-type:disc;
         }
ul.liste2 { list-style-image:url(images/liste2.gif);
           list-style-type:square;
         }
```

Alternativ dazu kann auch folgende Kurzform verwendet werden:

```
ul.liste1 { list-style:url(images/liste1.gif) disc; }
ul.liste2 { list-style:url(images/liste2.gif) square; }
```

Bei diesen Stilvorlagen wird die Vererbung von CSS ausgenutzt, denn bei den Aufzählungszeichen handelt es genau genommen sich um Eigenschaften der li-Elemente. Dank der Vererbung werden die Stilvorlagen der ul-Elemente automatisch vererbt. Das erspart es Ihnen, den Klassennamen für jedes li-Element anzugeben.

Vererbung

Für die Fitness-Website, die in »XHTML« (S. 1) ohne eine besondere Gestaltung entwickelt wurde, wird nun das erste *Stylesheet* erstellt:

Fallbeispiel fitness-c1/ stylesheet .css

```
body { font-family:Verdana, sans-serif;
       font-size:small;
}
h1 { font-size:large;
     font-weight:bold;
     color:#c33b00 ;
}
h1.start {font-size: x-large;
          font-weight: bold;
          color:#c33b00;
}
ul.liste1 { list-style-image:url(images/liste1.gif);
            list-style-type:disc;
}
ul.liste2 { list-style-image:url(images/liste2.gif);
            list-style-type:square;
}
```

In der Datei index.html werden diese Stilvorlagen referenziert (Abb. 2.4-1). Sonst sind keine Änderungen notwendig:

fitness-c1/ index.html

```
<?xml version="1.0" encoding="UTF-8"?>
<!DOCTYPE html PUBLIC "-//W3C//DTD XHTML 1.1//EN"
  "xhtml11.dtd">
```

Basistext

```
<html xmlns="http://www.w3.org/1999/xhtml" xml:lang="de">

<head>
<title>Fit werden und fit bleiben</title>
<link rel="stylesheet" type="text/css"
    href="stylesheet.css" />
</head>

<body>
<div>
  <img src="images/3f_logo.gif" width="170" height="70"
      title="Logo" alt="Logo" />
  <a href="index.html" title="Startseite">Startseite</a>
     
  <a href="vitamine.html" title="Die Vitamine">
  Die Vitamine</a>   
  <a href="sportarten.html" title="Die Sportarten">
  Die Sportarten</a>   
  <a href="tipps.html" title="Ihre Fitness-Tipps">
  Ihre Fitness-Tipps</a>
</div>
<hr />
<div>
  <h1 class="start">Herzlich willkommen</h1>
  <p>Hier entsteht eine Website mit Wissenswertem zum fit
  werden und fit bleiben.</p>
  <p>
    <img src="images/jogging.jpg" width="300" height="210"
        alt ="Ein Paar beim Jogging"
        title ="Ein Paar beim Jogging" />
  </p>
</div>
</body>
</html>
```

Fallbeispiel fitness-c1/ sportarten .html

In der Datei sportarten.html werden zusätzlich die CSS-Klassen referenziert (Abb. 2.4-2):

```
<?xml version="1.0" encoding="UTF-8"?>
<!DOCTYPE html PUBLIC "-//W3C//DTD XHTML 1.1//EN"
  "xhtml11.dtd">
<html xmlns="http://www.w3.org/1999/xhtml" xml:lang="de">

<head>
<title>Fit werden und fit bleiben</title>
<link rel="stylesheet" type="text/css"
    href="stylesheet.css" />
</head>

<body>
<div>
  <img src="images/3f_logo.gif" width="170" height="70"
      title="Logo" alt="Logo"/>
```

```html
      <a href="index.html" title="Startseite">Startseite</a>
         
      <a href="vitamine.html" title="Die Vitamine">
      Die Vitamine</a>   
      <a href="sportarten.html" title="Die Sportarten">
      Die Sportarten</a>   
      <a href="tipps.html" title="Ihre Fitness-Tipps">
      Ihre Fitness-Tipps</a>
    </div>
    <hr />
    <div>
      <h1>Die Sportarten</h1>
      <p>
        <img src="images/sport.jpg" width="120" height="120"
             alt="Die Sportarten" title="Die Sportarten" />
        Welcher Sport ist für Sie der Beste?
      </p>
      <ul class="liste1">
        <li>Jogging
          <ul class="liste2">
            <li>Beansprucht zahlreiche wichtige Muskelgruppen.
            </li>
            <li>Die Kraftbeanspruchung ist meist gering.</li>
            <li>Die Ausdauer wird optimal trainiert.</li>
          </ul>
        </li>
        <li>Schwimmen
          <ul class="liste2">
            <li>Stärkt die Lunge, das Herz-Kreislauf-System
            sowie die gesamte Muskulatur.</li>
          </ul>
        </li>
        <li>Rudern
          <ul class="liste2">
            <li>Beansprucht drei Viertel der gesamten
            Muskulatur.</li>
            <li>Außerdem wird das vegetative Nervensystem
            gefördert.</li>
          </ul>
        </li>
        <li>Tennis
          <ul class="liste2">
            <li>Beansprucht zahlreiche Muskelgruppen, vor allem
            Beine, Schultern, Bauch und Rücken.</li>
          </ul>
        </li>
      </ul>
      <p>Quelle: Kursbuch Gesundheit</p>
    </div>
  </body>
</html>
```

Basistext

Abb. 2.4-1: Startseite mit CSS-Styles für Schriftarten und -farben.

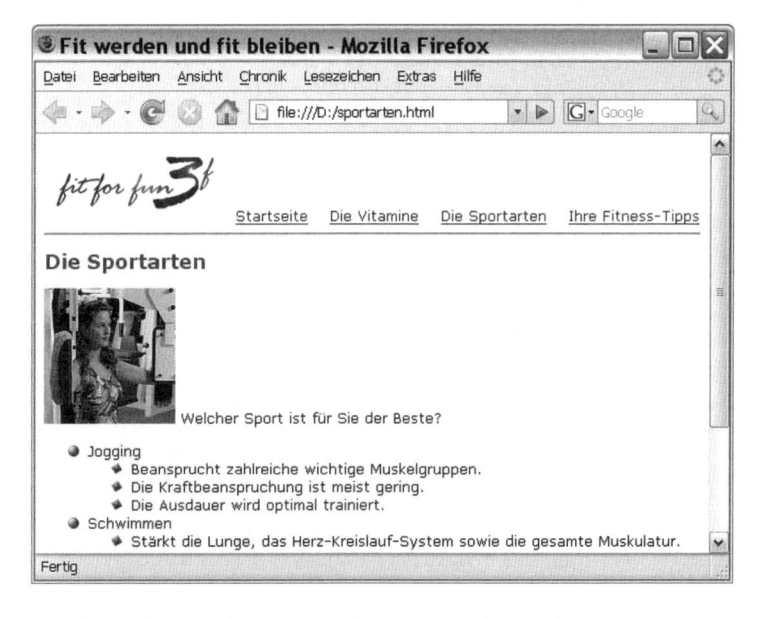

Abb. 2.4-2: Liste der Sportarten mit Bildern für die Aufzählung.

Basistext

Entfernen Sie in der Liste der Sportarten bei der inneren ungeordneten Liste die Angabe class="liste2". An den CSS-Stilvorlagen ändern Sie nichts. Welche Aufzählungszeichen besitzt die innere Liste?

2.5 Boxmodell **

CSS unterscheidet verschiedene Elementtypen, zu denen Blockelemente gehören. Das Boxmodell für Blockelemente definiert CSS-Eigenschaften für den Rahmen (border), die Breite (width), die Höhe (height), den Innenabstand (padding) und den Außenabstand (margin). Außenabstände von vertikal aneinander angrenzenden Blockelementen werden zusammengefasst. Bei unterschiedlichen Abständen wird der größere gewählt. Der Internet-Explorer (bis zur V. 6) setzt das Boxmodell nur im Standard-Modus korrekt um.

CSS unterscheidet verschiedene Elementtypen. Das oberste Element eines Dokumentbaums wird als **Wurzelelement** bezeichnet. Bei einem XHTML-Dokument ist es das html-Element. **Nicht-ersetzte Elemente** sind Elemente, bei denen der Inhalt im Browser angezeigt wird, z.B. der Text innerhalb der Markierungen <p> ... </p>. **Ersetzte Elemente** werden bei der Darstellung im Browser ersetzt, z.B. wird das img-Element durch ein Bild ersetzt. **Blockelemente** erzeugen im Allgemeinen einen Leerraum oberhalb und unterhalb des Elements und werden standardmäßig übereinander angeordnet. Dazu gehören beispielsweise Absätze, Überschriften und div-Elemente. *Inline*-**Elemente** erzeugen keine zusätzlichen Zeilenumbrüche. Ein typisches *Inline*-Element ist der Hyperlink (a-Element).

CSS-Elementtypen

Jedes Element erzeugt eine oder mehrere Boxen, die Elementboxen genannt werden. Eine Box besteht aus dem Inhaltsbereich (z.B. Text) und den Bereichen, die durch den Innenabstand, den Rahmen und den Außenabstand definiert sind (Abb. 2.5-1).

Elementbox

In dieser Einführung wird nur das Boxmodell für Blockelemente betrachtet. Analog gibt es ein Boxmodell für die an-

Blockelemente

Basistext

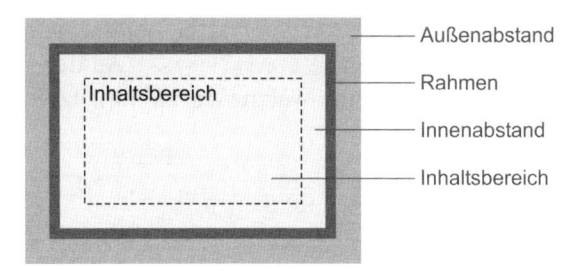

Abb. 2.5-1: *Elementbox mit Inhalt, Innenabstand, Rahmen und Außenabstand.*

deren Elementtypen. Für jedes Blockelement können CSS-Eigenschaften für den Rahmen, die Breite, die Höhe, den Innenabstand und den Außenabstand definiert werden.

Rahmen

Jeder Block kann mit einem Rahmen versehen werden. Die folgende CSS-Eigenschaft definiert einen Rahmen, der 1 Pixel stark ist, eine durchgezogene Linie bildet und die angegebene Farbe besitzt. Alternativ zu solid sind andere Linienstile möglich, z.B. dashed für gestrichelt oder dotted für gepunktet. Bei der folgenden Deklaration handelt es sich um eine CSS-Kurzform, die häufig verwendet wird:

```
border: 1px solid black;
```

Dieser Rahmen kann auch nur auf einer Seite definiert werden. Die folgenden Deklarationen sind zur obigen äquivalent:

```
border-left:1px solid black;
border-right:1px solid black;
border-top:1px solid black;
border-bottom:1px solid black;
```

Ist für den Rahmen keine eigene Farbe definiert, wird die Schriftfarbe des Elementinhalts verwendet.

Hinweis

Der Internet Explorer V. 6 (IE6) kann den Linienstil dotted nicht interpretieren und verwendet stattdessen den Stil dashed.

Breite und Höhe

Für jeden Block können Höhe und Breite definiert werden. Sie geben an, wie breit und wie hoch der Inhaltsbereich

Basistext

ist. In diesem Bereich können Texte und/oder Bilder stehen. Hier erfolgt die Angabe der Einfachheit halber in Pixel:

```
width:70px;
height:300px;
```

Zwischen dem inneren Rand des Rahmens und dem Inhaltsbereich wird durch `padding` ein Innenabstand definiert (vgl. Abb. 2.5-1). Analog zum Rahmen kann definiert werden, dass der Innenabstand nur auf einer Seite vorhanden sein soll:

Innenabstand

`padding:10px;` kann ersetzt werden durch:

```
padding-left:10px;    padding-right:10px;
padding-top:10px;     padding-bottom:10px;
```

Die Hintergrundfarbe des Inhaltsbereichs wird ebenfalls auf den padding-Bereich angewendet.

Durch `margin` wird der Außenabstand definiert (vgl. Abb. 2.5-1). Wie der Innenabstand kann der Außenabstand »rundherum« oder nur auf einer Seite definiert werden:

Außenabstand

`margin:10px;` kann ersetzt werden durch:

```
margin-left:10px;    margin-right:10px;
margin-top:10px;     margin-bottom:10px;
```

Der Hintergrund im margin-Bereich ist transparent. Dadurch bleibt der Hintergrund des Elternelements sichtbar.

Größenberechnung für Blockelemente

Betrachten Sie folgendes XHTML-Dokument, das einen Absatz in einem div-Bereich enthält:

Beispiel box

```
<?xml version="1.0"  encoding="UTF-8" ?>
<!DOCTYPE html PUBLIC "-//W3C//DTD XHTML 1.1//EN"
        "xhtml11.dtd">
<html xmlns="http://www.w3.org/1999/xhtml" xml:lang="de">
<head>
<style type ="text/css">
...
</style>
</head>

<body>
<div>
  <p>Und dies ist der Inhalt</p>
```

Basistext

```
</div>
</body>
</html>
```

Stylesheet mit border, padding, margin

Folgende Stilregeln werden dafür definiert:

```
div { border:5px solid gray; }
p { border:1px solid black;
    padding:10px;
    margin:10px;
    background:yellow;
}
```

Abb. 2.5-2 zeigt im oberen Bereich, wie diese Stilregeln umgesetzt werden. Die gestrichelte Linie dient nur dazu, den Übergang vom Inhalts- zum Innenrahmenbereich deutlich zu machen und wird im Browser *nicht* dargestellt. Höhe und Breite sind hier nicht spezifiziert. Die Breite richtet sich daher automatisch an der Breite des Elternelements aus und die Höhe wird anhand des Inhalts ermittelt. Beispielsweise orientiert sich die Breite des p-Elements an der Breite des div-Elements. Befindet sich das Element, dessen Breite berechnet werden soll – wie hier das div-Element – direkt im body-Element, dann orientiert sich dessen Breite an der Breite des Browserfensters.

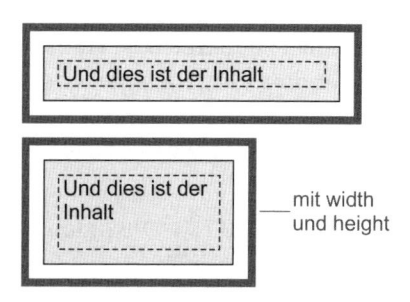

Abb. 2.5-2: Definition von CSS-Eigenschaften für die Blockelemente <p> und <div>.

Stylesheet mit width und height erweitern

Die obigen Stilregeln werden um Angaben für Höhe und Breite ergänzt. Nun wird der Absatz unabhängig von der Größe des Browserfensters immer gleich groß dargestellt, während der darin enthaltene Text umgebrochen wird:

```
div { border:5px solid gray;
      width:142px;
```

Basistext

2.5 Boxmodell **

```
        height:102px;
}
p { border:1px solid black;
    padding:10px;
    margin:10px;
    background:yellow;
    width:100px;
    height:60px;
}
```

Anhand der Abb. 2.5-3 können Sie sehen, dass sich die Gesamtbreite und Gesamthöhe einer Elementbox wie folgt berechnen:

```
Gesamtbreite = width
             + margin-left + margin-right
             + border-left + border-right
             + padding-left + padding-right
Gesamthöhe  = height
             + margin-top + margin-bottom
             + border-top + border-bottom
             + padding-top + padding-bottom
```

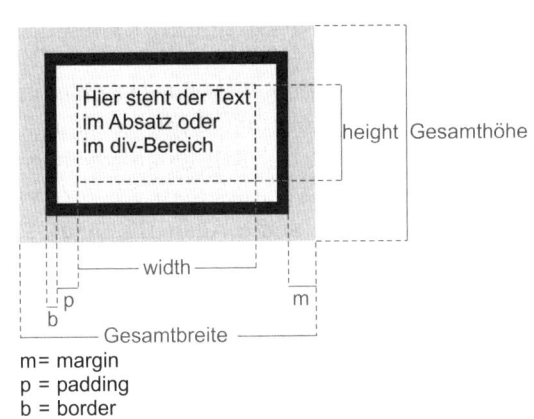

Abb. 2.5-3: So berechnen Sie die Höhe und Breite von Elementboxen.

Das p-Element besitzt eine Gesamthöhe von 102 Pixeln, die sich wie folgt berechnet:

Gesamthöhe für Absatz

```
  60px height
+ 2 * 10px margin
+ 2 * 1px border
+ 2 * 10px padding
```

Damit der Absatz genau in das Elternelement passt, wird die Höhe für dessen Inhaltsbereich mit 102 Pixeln definiert.

Basistext

Stellen Sie eine Rechnung auf, um die Gesamtbreite des p-Elements zu ermitteln. Berechnen Sie ebenfalls die Gesamthöhe und -breite des umgebenden div-Elements.

Führen Sie das Beispiel box mit dem Firefox und dem Internet Explorer V.6 (IE6) aus. Stellen Sie eine Abweichung im Layout fest? Wenn im Internet-Explorer der Absatz nicht zentriert im grauen Rahmen steht, dann liegt dies daran, dass der Internet-Explorer das Boxmodell *nicht* korrekt interpretiert.

Quirks- und Standard-Modus

Browser unterscheiden verschiedene Modi, von denen hier nur der **Standard-Modus** und der **Quirks-Modus** von Interesse sind. Nur im Standard-Modus hält sich der Browser weitgehend an die CCS-Spezifikation des W3C. Im Quirks-Modus setzt der Internet Explorer 6 das Boxmodell falsch um, denn er definiert width als die Entfernung zwischen der linken und der rechten Außenkante des Rahmens. Diese Modi können Sie beim IE6 wie folgt umschalten: Steht vor der DOCTYPE-Definition ein Kommentar oder eine XML-Deklaration, dann ist der Browser im Quirks-Modus, andernfalls im Standard-Modus. Man spricht hier vom **DOCTYPE-Switch**. Im Internet Explorer V. 7 ist dieser Fehler korrigiert. Wenn Sie sich intensiver mit den Browser-Modi auseinandersetzen wollen, dann ist der Beitrag auf der Website von Carsten Protsch (http://www.carsten-protsch.de/) zum Thema »DOCTYPE-Switch und seine Auswirkungen« sicher interessant für Sie.

Entfernen Sie in Ihrem XHTML-Dokument die Angabe <?xml version="1.0" encoding="UTF-8" ?> und ggf. jeden Kommentar vor DOCTYPE. Dadurch veranlassen Sie den Internet Explorer im Standard-Modus zu arbeiten. Vergleichen Sie das Verhalten des IE6 im Quirks- und im Standard-Modus.

Außenabstände von Blockelementen

Eine Besonderheit tritt auf, wenn zwei Blockelemente *vertikal* aneinander angrenzen. Es gilt die Regel, dass der untere und der obere Außenabstand zweier aneinandergrenzender Blockelemente zusammengefasst werden. Dementsprechend beträgt der Abstand zwischen den beiden Absätzen bei folgendem Beispiel nur 10 Pixel und nicht 2*10 Pixel.

Die Höhe, die von diesen beiden Absätzen zusammen benötigt wird, beträgt daher nicht 2*102=204 Pixel, sondern nur 194 Pixel.

Wenn Sie dieses Beispiel – im Standardmodus – im Browser ausführen, werden Sie feststellen, dass die beiden Absätze genau zentriert innerhalb des breiten Rahmens liegen (Abb. 2.5-4):

Beispiel
zwei_boxen

```
<!DOCTYPE html PUBLIC "-//W3C//DTD XHTML 1.1//EN"
        "xhtml11.dtd">
<html xmlns="http://www.w3.org/1999/xhtml" xml:lang="de">
<head>
<!-- standard-Modus -->
<style type ="text/css">
div { border:5px solid blue;
      width:142px;
      height:194px;
}
p{ border:1px solid black;
   padding:10px;
   margin:10px;
   background: yellow;
   width:100px;
   height:60px;
   }
</style>
</head>

<body>
<div>
  <p>Absatz1</p>
  <p>Absatz2</p>
</div>
</body>
</html>
```

Sind für den unteren und oberen Abstand zweier angrenzender Blockelemente unterschiedliche Abstände definiert (z.B. `margin-bottom: 10px;` und `margin-top: 5px;`), dann wird der größere Abstand gewählt.

Die unteren und oberen Außenabstände von vertikal aneinander angrenzenden Blockelementen werden zusammengefasst. Bei unterschiedlichen Abständen wird der größere gewählt.

Regel

Basistext

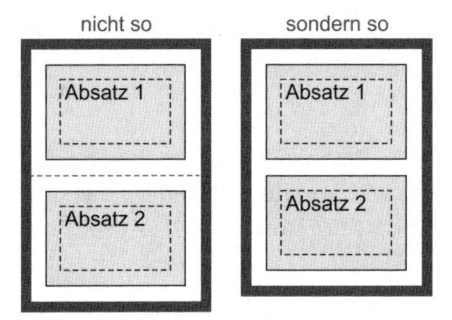

Abb. 2.5-4: Die Außenabstände der beiden Absätze werden zusammengefasst.

Führen Sie das Beispiel zwei_boxen aus. Variieren Sie das Beispiel, indem Sie für die verschiedenen Seiten der Box jeweils unterschiedliche Werte einstellen. Prüfen Sie das Verhalten der Browser. Wie interpretiert der IE6 dieses Beispiel im Quirks-Modus?

2.6 Tabellengestaltung mit CSS **

CSS unterscheidet zwischen der Tabelle selbst und den Elementen in einer Tabelle (z.B. Tabellenzellen td). **Für Tabellen können die CSS-Eigenschaften** width, border **und** border-spacing **definiert werden, für Tabellenzellen die CSS-Eigenschaften** border, padding, text-align **und** vertical-align.

Beispieltabelle

In XHTML wird eine Tabelle beispielsweise wie folgt definiert:

```
<table width="500px" border="5" cellpadding="10"
       cellspacing="15" >
<tr>
  <th align="left">Spalte 1</th>
  <th align="left">Spalte 2</th>
</tr>

<tr>
  <td align="right">rechtsbündig</td>
  <td>Standard</td>
</tr>
```

Basistext

```
<tr>
  <td align="right" valign="top">
     rechtsbündig und<br />oben</td>
  <td><textarea name="area" cols="20" rows="5">
     Eingabebereich</textarea></td>
</tr>
</table>
```

Obwohl sich ein XHTML-Dokument, das diese Tabelle enthält, korrekt validieren lässt, hat hier keine Trennung zwischen Inhalt und Darstellung stattgefunden, denn die angegebenen Attribute (width, cellpadding, align, valign) beschreiben die Darstellung der Tabelle. Besser ist es, diese Informationen in CSS zu spezifizieren.

CSS unterscheidet zwischen Tabellenelementen, d.h. der Tabelle selbst, und Elementen in einer Tabelle. Zu den Letzteren gehören Tabellenzellen und Tabellenzeilen. Die Elemente in einer Tabelle erzeugen Boxen, für die Inhaltsbereiche, Innenabstände und Rahmen definiert werden können, aber *keine* Außenabstände. Mit anderen Worten: Die einzelnen Zellen in einer Tabelle können nicht durch Außenabstände voneinander getrennt werden.

Elemente in einer Tabelle

CSS-Eigenschaften für Tabellenelemente

Für die Gestaltung von Tabellen können u.a. folgende CSS-Eigenschaften definiert werden:

- width: Breite der Tabelle
- border: Rahmen um die Tabelle
- border-spacing: Abstand zwischen den Tabellenzellen

Das XHTML-Attribut width wird durch die CSS-Eigenschaft width ersetzt. Die folgende Stilvorlage definiert, dass Tabellen generell 500 Pixel breit sind:

Tabellenbreite

```
table { width:500px; }
```

Alternativ zur absoluten Pixelangabe kann die Breite auch in Prozenten angegeben werden. In diesem Fall wird die tatsächliche Breite in Abhängigkeit von der Größe des Elternelements berechnet. Die folgende Stilvorlage legt fest, dass Tabellen halb so breit sind wie das Elternelement:

```
table { width:50%; }
```

Basistext

Soll es Tabellen unterschiedlicher Breite geben, so sind CSS-Klassen zweckmäßig:

```
table.schmal { width:50%; }
table.breit { width:100%; }
```

Tabellenrahmen

Die folgende Stilregel bestimmt, dass die Tabelle einen fünf Pixel breiten Rahmen mit durchgezogener Linie (solid) in der Farbe blue besitzt:

```
table { border:5px solid blue; } /*blue ist Rahmenfarbe */
```

Wird keine Farbe angegeben, dann besitzt der Rahmen die gleiche Farbe wie die Schrift. Die folgende Stilregel erzeugt ebenfalls einen blauen Rahmen:

```
table { border:5px solid;
        color:blue; /*blue ist Schriftfarbe */
}
```

Abstand zwischen Zellen

Wie oben erwähnt, kann für Zellen die CSS-Eigenschaft margin nicht definiert werden. Stattdessen bietet CSS die Eigenschaft border-spacing an. Mit der folgenden Stilregel kann ein 15 Pixel breiter Zwischenraum erzeugt werden:

```
table { border:5px solid;
        border-spacing:15px; /* nicht bei IE */
}
```

Nachteilig ist jedoch, dass der Internet Explorer diese CSS-Eigenschaft *nicht* interpretiert. Wer also Tabellen realisieren will, die sowohl im Mozilla Firefox als auch im Internet Explorer gleich aussehen werden, muss hier auf das XHTML-Attribut cellspacing zurückgreifen.

Farben für Tabellen

Außerdem können für Tabellen Hintergrund- und Schriftfarben definiert werden. Die folgende Stilregel definiert einen silbergrauen Hintergrund und eine blaue Schriftfarbe:

```
table { background:silver;
        color:blue;
}
```

CSS-Eigenschaften für Elemente in einer Tabelle

Für Tabellenzellen können u.a. folgende CSS-Eigenschaften definiert werden:

- `padding`: Innenabstand der Tabellenzelle
- `border`: Rahmen um die Zelle
- `text-align`: Horizontale Ausrichtung des Inhalts
- `vertical-align`: Vertikale Ausrichtung des Inhalts

Das XHTML-Attribut `cellpadding` wird durch die CSS-Eigenschaft `padding` ersetzt, die für jede Tabellenzelle definiert wird. Hier wird für alle Tabellenzellen mit der Klasse "c" ein Innenabstand von 10 Pixeln festgelegt:

Innenabstand

```
td.c { padding:10px; }
```

Die folgende Stilregel bestimmt, dass die Zelle einen 1 Pixel breiten Rahmen mit durchgezogener Linie (`solid`) in der Farbe `red` besitzt:

Zellenrahmen

```
td { border:1px solid red; } /*red ist Rahmenfarbe */
```

Wird keine Farbe angegeben, dann besitzt der Rahmen die gleiche Farbe wie die Schrift. Die folgende Stilregel erzeugt ebenfalls einen roten Rahmen:

```
td { border:1px solid;
     color:red; /*red ist Schriftfarbe */
}
```

Erstellen Sie eine Tabelle mit folgenden Stilvorlagen:

```
table { border:1px solid red; color:blue; }
td { border:1px solid; }
```

Ist der Rahmen einer Zelle rot oder blau? Testen Sie die Stilvorlagen mit verschiedenen Browsern.

Die CSS-Eigenschaft `text-align` definiert die horizontale Ausrichtung eines Elements und ersetzt damit in der Tabelle das XHTML-Attribut `align`. Analog zu `align` können Sie die Werte `left`, `right`, `justify` für Blocksatz und `center` für die zentrierte Ausrichtung angeben:

horizontale Ausrichtung

```
td.c1 { text-align:right; }
```

Oft soll der Inhalt nicht vertikal zentriert angezeigt werden, wie dies standardmäßig der Fall ist, sondern am oberen Rand beginnen. Dies wird durch die CSS-Eigenschaft `vertical-align` erreicht, die das XHTML-Attribut `valign` ablöst.

vertikale Ausrichtung

Basistext

Analog zu XHTML können Sie die Werte top, bottom und middle für die mittige Ausrichtung angeben:

```
td.c2 { vertical-align:top; }
```

nur für Tabellenzellen! Beachten Sie, dass vertical-align zwar den Inhalt von Tabellenzellen ausrichtet, aber keinen Einfluss auf den Inhalt von Blockelementen (z.B. div-Bereiche) besitzt.

Beispieltabelle Mit den eingeführten CSS-Eigenschaften ergibt sich folgende Tabelle. Hier wird die Hintergrundfarbe für die Kopfzellen durch die Tabellenzeile definiert, die sie an die darin enthaltenen Kopfzellen vererbt. In der Abb. 2.6-1 sehen Sie, wie sich diese Tabelle von der einfachen XHTML-Tabelle unterscheidet, die am Anfang dieses Wissensbausteins eingeführt wurde:

```
<style type="text/css">
table.t { width:500px;
        border:5px solid;
        border-spacing:15px; /* nicht bei IE */
        background:silver;
        color:blue;
}
tr.head { color:white;
        background:navy;
}
th.h { padding:10px;
        text-align:left;
}
td.c { border:1px solid;
        padding:10px;
        background:yellow;
        color:red;
}
td.c1 { text-align:right; }
td.c2 { vertical-align:top; }
</style>
...
<table class="t">

<tr class="head">
  <th class="h">Spalte 1</th>
  <th class="h">Spalte 2</th>
</tr>
<tr>
  <td class="c c1">rechtsbündig</td>
  <td class="c">Standard</td>
</tr>
```

2.6 Tabellengestaltung mit CSS ** 77

```
<tr>
  <td class="c c1 c2">rechtsbündig und<br />oben</td>
  <td class="c"> <textarea name="area" cols="20" rows="5">
     Eingabebereich</textarea></td>
</tr>
</table>
```

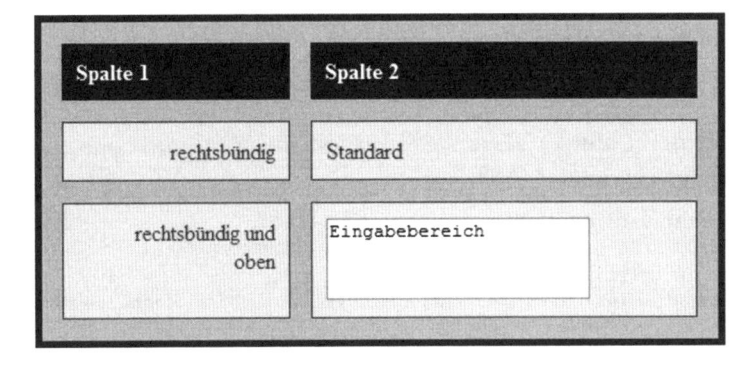

Abb. 2.6-1: Die obere Tabelle ist mit XHTML-Attributen gestaltet, die untere mit CSS-Eigenschaften.

Erstellen Sie ein XHTML-Dokument mit CSS-Stilvorlagen, um die eingeführte Tabelle im Browser darzustellen. Modifizieren Sie das XHTML-Dokument so, dass jede Zeile in der Tabelle eine andere Farbe besitzt. Was müssen Sie ändern, damit auch im Internet Explorer zwischen den Tabellenzellen ein Abstand von 15 Pixeln besteht?

Für die Fitness-Website wird die Vitamintabelle mit CSS neu gestaltet.

```
body { font-family:Verdana, sans-serif;
       font-size:small;}
```

Fallbeispiel
fitness-c2/
stylesheet
.css

Basistext

```css
h1 { font-size:large;
     font-weight:bold;
     color:#c33b00 ;
}
h1.start {font-size:x-large;
     font-weight:bold;
     color:#c33b00;
}
ul.liste1 { list-style-image:url(images/liste1.gif);
            list-style-type:disc;
}
ul.liste2 { list-style-image:url(images/liste2.gif);
            list-style-type:square;
}
table { width:500px; }
th { background-color:#a9a9a9;
     color:white;
     padding:10px;
}
td { padding:10px;
     vertical-align:top;
}
td.rechts { text-align:right;}
tr.row1 { background-color:#dddddd; }
tr.row2 { background-color:#eeeeee; }
```

Fallbeispiel fitness-c2/ vitamine.html

In der Datei vitamine.html werden diese Stilvorlagen wie folgt verwendet (Abb. 2.6-2):

```xml
<?xml version="1.0" encoding="UTF-8" ?>
<!DOCTYPE html PUBLIC "-//W3C//DTD XHTML 1.1//EN"
   "xhtml11.dtd">
<html xmlns="http://www.w3.org/1999/xhtml" xml:lang="de">

<head>
<title>Fit werden und fit bleiben</title>
<link rel="stylesheet" type="text/css"
      href="stylesheet.css" />
</head>

<body>
<div>
  <img src="images/3f_logo.gif" width="170" height="70"
  title="Logo" alt="Logo"/>
  <a href="index.html" title="Startseite">Startseite</a>
     
  <a href="vitamine.html" title="Die Vitamine">
  Die Vitamine</a>   
  <a href="sportarten.html" title="Die Sportarten">
  Die Sportarten</a>   
  <a href="tipps.html" title="Ihre Fitness-Tipps">
  Ihre Fitness-Tipps</a>
</div>
```

Basistext

```html
<hr />
<div>
  <h1>Die Vitamine</h1>
  <p>
    <img src="images/vitamine.jpg" width="120" height="120"
         alt="Die Vitamine" title="Die Vitamine" />
    Vitamine sind wichtig für die Fitness.<br />
    <strong>Aber Vorsicht:</strong>
    Zu viel davon ist ungesund.
  </p>

  <table>
    <tr>
      <th>Vitamin</th>
      <th>Notwendig für </th>
      <th>Enthalten in</th>
      <th>Empfohlene Tagesmenge</th>
    </tr>
    <tr class="row1">
      <td>A (Retinol)</td>
      <td>Wachstum und Aufbau von Haut und Schleimhaut,
      Sehen im Dunkeln</td>
      <td>Obst und Gemüse (Beta-Carotin), Fisch, Leber</td>
      <td>2600 - 3300 IE</td>
    </tr>
    <tr class="row2">
      <td>C (Ascorbinsäure)</td>
      <td>die Bildung von Bindegewebe</td>
      <td>frischem Obst und Gemüse</td>
      <td>100 mg</td>
    </tr>
    <tr class="row1">
      <td>D (Calciferol)</td>
      <td>den Knochenaufbau</td>
      <td>Lachs, Kalbfleisch, Hühnerei</td>
      <td>200 - 400 IE</td>
    </tr>
    <tr class="row2">
     <td>E (Tocopherol)</td>
      <td>die Wandlung von Substanzen, die Zellen schädigen
      können, in weniger gefährliche Stoffe</td>
      <td>Getreide, Pflanzenöl, Nüssen, Milch</td>
      <td>12 - 14 mg</td>
    </tr>
  </table>
  <p>Quellen: Kursbuch Gesundheit und Wikipedia</p>
</div>
</body>
</html>
```

Basistext

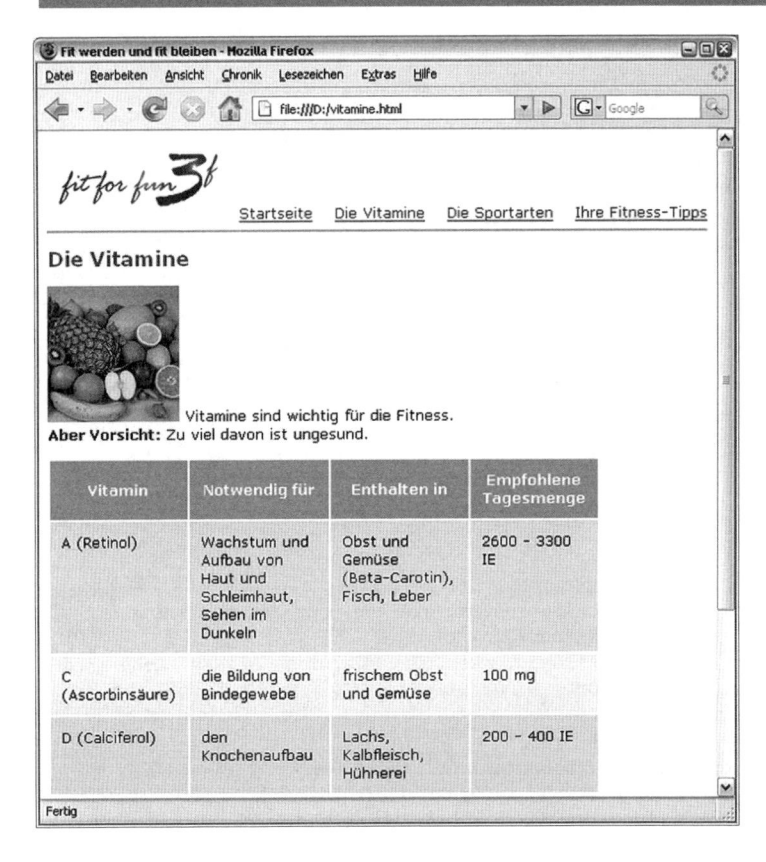

Abb. 2.6-2: Vitamintabelle mit Style für Farben und Ausrichtung.

Fallbeispiel
fitness-c2/
tipps.html

Auch das Formular, das mit einer blinden Tabelle realisiert ist, wird neu gestaltet.

```
...
<table>
<tr>
  <td class="rechts">Vor- und Nachname</td>
  <td> <input type="text" name="name" size="40" /> </td>
</tr>
<tr>
  <td class="rechts">E-Mail</td>
  <td> <input type="text" name="email" size="40" /> </td>
</tr>
<tr>
  <td class="rechts">Mein Tipp</td>
  <td><textarea name="tipp" cols="50" rows="10"></textarea>
  </td>
</tr>
```

Basistext

```
<tr>
  <td> <!-- leeres Feld> --></td>
  <td>
    <input name="Abschicken" type="submit"
           value="Senden" />
    <input name="Abbrechen" type="reset"
           value="Abbrechen" />
  </td>
</tr>
</table>
...
```

Variieren Sie das Design für die Vitamintabelle. Jede Spalte soll eine individuelle Farbe besitzen.

2.7 CSS-Seitenlayout ***

Das XHTML-Element `div` **bildet die Basis für ein CSS-basiertes Layout. Mit entsprechenden CSS-Eigenschaften können der Rahmen, der Innen- und Außenabstand sowie Schrift- und Hintergrundfarbe eingestellt werden. Div-Bereiche können mit** `float` **nebeneinander angeordnet werden oder mit** `position` **absolut positioniert werden. In beiden Fällen müssen die Größenangaben für die entstehenden Elementboxen genau gerechnet werden. In Kombination mit** `float` **kann die CSS-Eigenschaft** `clear` **eingesetzt werden. Zusammen mit** `position` **definieren die CSS-Eigenschaften** `top` **und** `left` **die linke obere Ecke eines Bereichs.**

Viele Websites besitzen ein Seitenlayout, das grundsätzlich mit verschiedenen Techniken realisiert werden kann. Eine Alternative für die Gestaltung bilden die *Frames* von XHTML. *Frames* besitzen einige Vorteile, jedoch auch mehrere Nachteile. Daher werden sie heute für die meisten Websites *nicht* empfohlen und in dieser Einführung nicht weiter behandelt. Bei einigen Websites wird das Seitenlayout mithilfe von blinden Tabellen realisiert. Will man eine möglichst optimale Trennung von Inhalt und Darstellung, dann ist dies nicht der richtige Ansatz. Tabellen sollten Sie generell für die tabellarische Darstellung von Informationen verwenden, *nicht* für das Seitenlayout. CSS bietet zusammen mit dem div-Ele-

Layout-Erstellung

Basistext

ment eine bessere Alternative, die hier eingeführt wird. CSS-basierte Layouts mit div-Elementen können auf verschiedene Arten realisiert werden. Hier werden zwei mögliche Realisierungen vorgestellt: mit der Eigenschaft float und mit der Eigenschaft position.

kein »Div-Wahnsinn«

Man muss sich jedoch davor hüten, das div-Element im Übermaß zu einzusetzen, wofür der sehr prägnante Begriff »Div-Wahnsinn« verwendet wird. Wer sich näher damit beschäftigen will, findet auf der Website von Eric Eggert (http://yatil.de/artikel/der-div-wahnsinn) lesenswerte Informationen.

Standard-Layout

CSS-basierte Seitenlayoutsgelten im Allgemeinen als fortgeschrittene Konzepte. Damit Sie als Einsteiger dieses Konzept erfolgreich einsetzen können, wird hier ein einfacher Ansatz vorgestellt, den Sie in dieser Form für Ihre eigenen Websites übernehmen und nach Bedarf anpassen können. Er baut auf einem Standard-Layout auf, das oft verwendet wird. Dazu wird jede Webseite in einen Kopfbereich, einen linken Navigationsbereich mit einem rechts danebenstehenden Inhaltsbereich und einen Fußbereich unterteilt (Abb. 2.7-1).

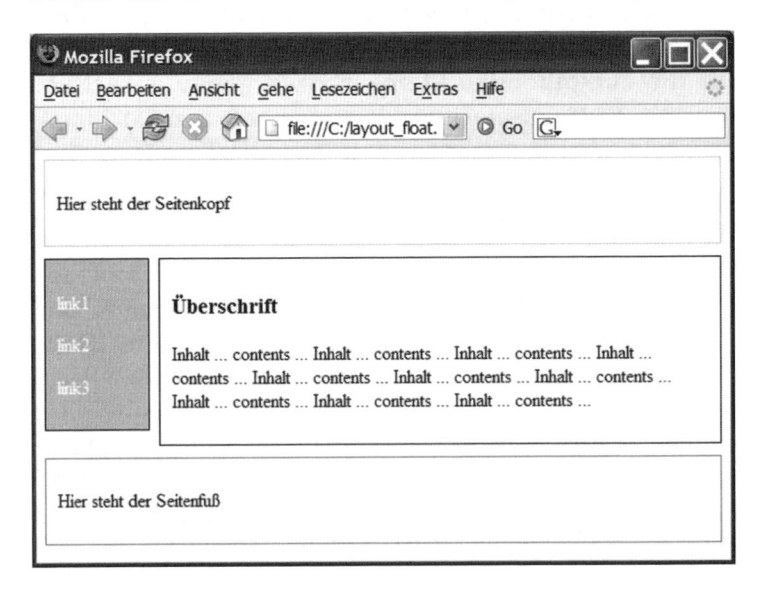

Abb. 2.7-1: Standard-Layout mit Kopf-, Navigations-, Inhalts- und Fußbereich.

Layout mit CSS-Eigenschaft float

Basis des Layouts ist die Bildung entsprechender div-Bereiche in der XHTML-Datei.

Für ein XHTML-Dokument mit vier div-Bereichen werden folgende Stilregeln definiert, die unten erläutert werden:

Beispiel layout_float.html

```
div.kopf { border:1px solid silver;
          padding:10px;
          margin-bottom:10px;
}
div.navigation { float:left;
                width:70px;
                border:1px solid black;
                padding:10px;
                background-color:silver;
                color:white;
}
div.inhalt { border:1px solid black;
            padding:10px;
            margin-left:102px;
}
div.fuss { clear:left;
          border:1px solid gray;
          padding:10px;
          margin-top:10px;
}
```

Zwischen allen div-Bereichen soll ein 10 Pixel breiter Leerraum liegen. Der Abstand zum Kopf- und Fußbereich wird durch die Außenabstände margin-bottom und margin-top realisiert. Der linke Außenabstand des Inhaltsbereich errechnet sich wie folgt:

102px = 2*1px(border) + 2*10px(padding) + 70px(width) + 10px(Leerraum)

Die CSS-Klassen werden im XHTML-Dokument wie folgt verwendet:

CSS-Layout verwenden

```
<div class="kopf">
  <p>Hier steht der Seitenkopf</p>
</div>
<div class="navigation">
  <p>link1</p>
  <p>link2</p>
  <p>link3</p>
</div>
```

Basistext

```
<div class="inhalt">
  <h3>Überschrift</h3>
  <p>
      Inhalt ... contents ... Inhalt ... contents ...
      Inhalt ... contents ... Inhalt ... contents ...
      Inhalt ... contents ... Inhalt ... contents ...
      Inhalt ... contents ... Inhalt ... contents ...
      Inhalt ... contents ... Inhalt ... contents ...
  </p>
</div>
<div class="fuss">
  <p>Hier steht der Seitenfuß</p>
</div>
```

Die meisten der oben verwendeten CCS-Eigenschaften wurden bereits in »Boxmodell« (S. 65) eingeführt. Neu hinzugekommen sind die CSS-Eigenschaften float und clear.

CSS-Eigenschaft float

Besitzt ein div-Element die CSS-Eigenschaft float, dann wird es aus dem normalen Textfluss herausgenommen. Man spricht auch von einem float-Element oder float-Bereich. Prinzipiell kann jedes XHTML-Element *floaten*; hier wird diese Eigenschaft jedoch nur für div-Bereiche verwendet. Die CSS-Eigenschaft float kann folgende Werte annehmen:

- float:left;
  Der Bereich gleitet an den linken Rand des Elternelements. Der nachfolgende Bereich steht rechts davon.
- float:right;
  Der Bereich gleitet an den rechten Rand des Elternelements. Der nachfolgende Bereich steht links davon.
- float:none;
  Der Bereich beginnt in einer neuen Zeile und besitzt keine Auswirkung auf den folgenden Bereich (Voreinstellung).

Befindet sich der div-Bereich, der die CSS-Eigenschaft float besitzt, wie hier direkt im body-Element, so beziehen sich alle Angaben auf den Rand des Browserfensters.

Breite

Die Breite eines float-Bereichs muss angegeben werden, wenn beispielsweise der Navigationsbereich auf allen Seiten die gleiche Breite besitzen soll. Fehlt diese Angabe, dann würde die Breite automatisch anhand des längsten Hyperlink-Namens ermittelt. Die Höhe wird meist nicht angegeben, sondern ergibt sich aus den Texten bzw. den Bildern, die im div-Bereich stehen.

Basistext

Denken Sie daran, dass untere und obere Außenabstände von angrenzenden Blockelementen zusammengefasst werden. Die rechten und linken Außenabstände von angrenzenden float-Elementen werden jedoch *nicht* zusammengefasst.

Außenabstände

Beim Umgang mit float-Elementen ist es äußerst angenehm, dass sie sich *nicht* überlagern. Es gelten folgende Regeln:

keine Überschneidung bei float

- Im Gegensatz zur Positionierung (siehe unten) können sich float-Bereiche nicht gegenseitig überschneiden.
- Folgen zwei links angeordnete float-Bereiche aufeinander, so wird sichergestellt, dass sie sich nicht gegenseitig überschreiben. Analoges gilt für zwei rechts angeordnete float-Bereiche.
- Ist ein float-Bereich links angeordnet und ein weiterer rechts, dann überschneiden sich diese Bereiche ebenfalls nicht.

Float-Bereiche werden von allen CSS-fähigen Browsern unterstützt. Allerdings kann der Einsatz der Eigenschaft float leicht zu unerwarteten Ergebnissen führen. Daher sollten Sie Websites, die diese Eigenschaft verwenden, immer gründlich testen.

Mit der CSS-Eigenschaft clear können Sie sicherstellen, dass ein Element nicht neben, sondern unterhalb eines float-Bereichs angeordnet wird. In der Abb. 2.7-1 soll der Fußbereich unterhalb des links stehenden Navigationsbereichs stehen:

CSS-Eigenschaft clear

```
div.fuss{ clear:left; }
```

Analog verwenden Sie:

- `clear:right;`
  Der neue Bereich soll unter einem rechts stehenden float-Bereich stehen.
- `clear:both;`
  Der neue Bereich darf weder links noch rechts vom einem float-Bereich stehen.

Abb. 2.7-2 zeigt, wie Abstände berechnet werden. Die gestrichelte Linie dient nur dazu, den Übergang vom Inhalts- zum Innenrahmenbereich deutlich zu machen und wird im Browser *nicht* dargestellt. Für den Kopfbereich wird der Abstand zum darauf folgenden Navigationsbereich definiert und ana-

Abstände

Basistext

log für den Fußbereich der Abstand darüber stehenden Inhaltsbereich. Der Navigationsbereich gleitet automatisch an den linken Browserrand links vom Inhaltsbereich. Durch die Angabe `float` wird er aus dem normalen Textfluss herausgenommen. Damit zwischen beiden Bereichen eine Lücke ist, muss für den Inhaltsbereich der linke Außenabstand angegeben werden, der sich jedoch auf den linken Rand des Browserfensters bezieht.

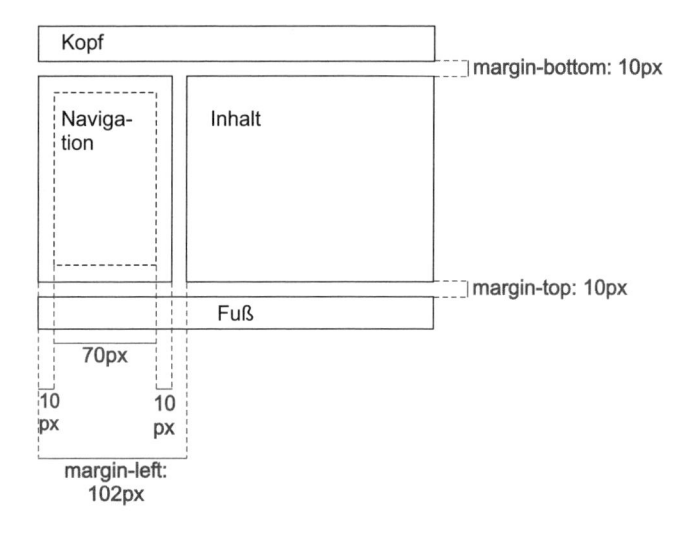

Abb. 2.7-2: So werden die Abstände für die div-Bereiche berechnet, die mit `float` *und* `clear` *positioniert werden.*

Experimentieren Sie mit dem Beispiel `layout_float`. Fügen Sie rechts vom Inhalt einen weiteren div-Bereich konstanter Breite für die Rubrik »Aktuelles« ein. Kopf und Fußbereich sollen weiterhin die volle Breite einnehmen. Prüfen Sie das Ergebnis mit verschiedenen Browsern und unterschiedlich großen Browserfenstern.

Layout mit absoluter Positionierung

Mit der Positionierung können Sie exakt festlegen, an welcher Stelle ein div-Element stehen soll. CSS bietet verschiedene Möglichkeiten, von denen hier nur die absolute Positionierung betrachtet wird.

Die CSS-Eigenschaft wird wie folgt definiert:

`position:absolute;`

Ein Layout mit absoluter Positionierung besitzt die Eigenschaft, dass es überall so dargestellt wird, wie es der Webdesigner entworfen hat. Wird das Browserfenster nicht groß genug geöffnet, dann wird der Inhalt nicht »zusammengeschoben«, sondern abgeschnitten.

Im Zusammenhang mit der Positionierung ist der »umgebende Block« von Bedeutung. Hier werden der Einfachheit halber nur div-Bereiche betrachtet, die direkt im body-Element liegen. Für diese Bereiche ist der umgebende Block – vereinfacht gesagt – der Ausgabebereich des Browsers. Auf diesen Ausgabebereich beziehen sich die Abstandsangaben.

umgebender Block

Ergänzend zur CSS-Eigenschaft `position` bietet CSS vier weitere Eigenschaften, um den Seitenabstand zum umgebenden Block festzulegen. Dazu gehören `top` und `left`:

`top` und `left`

- `top:0;`
  Definiert, dass kein Abstand zum oberen Rand existiert.
- `left:60px;`
  Definiert, dass zum linken Rand ein Abstand von 60 Pixeln existiert.

Mit diesen Eigenschaften können Sie für einen div-Bereich die linke obere Ecke absolut angeben. Außerdem werden für jeden div-Bereichs die bereits bekannten CSS-Eigenschaften `width` und `height` sowie `border` für den Rahmen und `padding` für den Innenabstand definiert. Die Angabe der Eigenschaft `margin` entfällt, weil die Abstände zwischen den div-Bereichen durch die Positionsangaben bestimmt werden.

Das Seitenlayout der Abb. 2.7-3 realisieren Sie mit nachfolgenden Stilregeln. Im Gegensatz zum Layout mit der CSS-Eigenschaft `float`, bei dem der rechte Rand variabel ist, wird das Layout auch in der Breite definiert. Dies ist hier notwendig, um die exakte Position für den Fußbereich anzugeben:

Beispiel layout_abs .html

Basistext

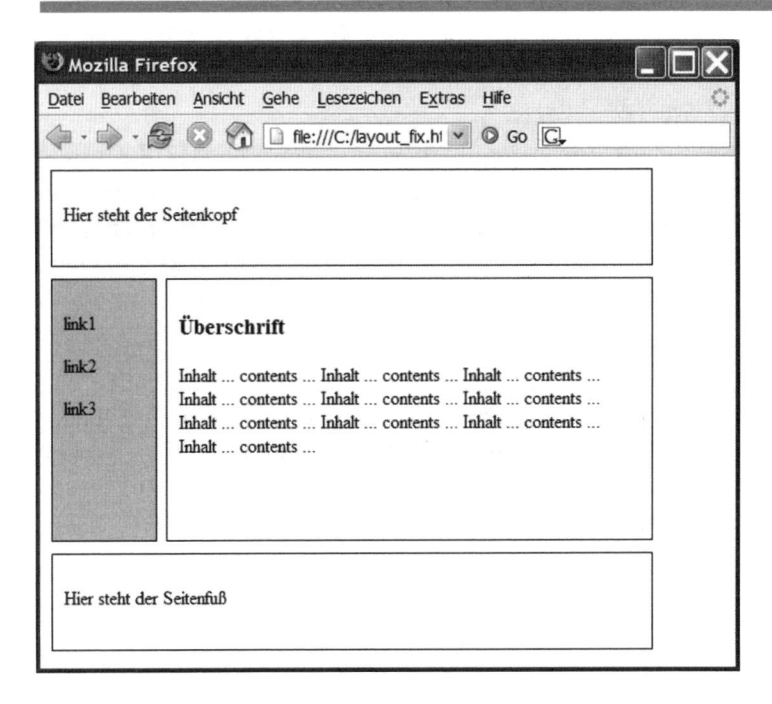

Abb. 2.7-3: Standard-Layout mit Kopf-, Navigations-, Inhaltsbereich und Fußbereich für absolute Positionierung.

```
div.kopf
  { position: absolute;
    top:10px;
    left:10px;
    width:500px;
    height:60px;
    border:1px solid black;
    padding:10px;
    /*Gesamtbreite 522px = 2*10 + 500 + 2*1
      Gesamthöhe 82px = 2*10 + 60 + 2*1
    */
  }
div.navigation
  { position: absolute;
    top:102px;  /* 10 + 82 + 10 */
    left:10px;
    width:70px;
    height:200px;
    background-color: silver;
    border:1px solid black;
    padding:10px;
    /*Gesamtbreite   92px = 2*10 + 70 + 2*1
      Gesamthöhe    222px = 2*10 + 200 + 2*1
    */
  }
```

Basistext

```
div.inhalt
  { position: absolute;
    top:102px;
    left:112px;   /*10 + 92 + 10 */
    width:398px;
    height:200px;
    border:1px solid black;
    padding:10px;
    /*Gesamtbreite 420px = 2*10 + 398 + 2*1
      Gesamthöhe   222px = 2*10 + 200 + 2*1
    */
}
div.fuss
  { position: absolute;
    top: 334px;   /* 10 + 82 + 10 + 222 + 10 */
    left: 10px;
    width: 500px;
    height: 60px;
    border: 1px solid black;
    padding: 10px;
    /*Gesamtbreite 522px,   Gesamthöhe 82px*/
}
```

Abb. 2.7-4 zeigt, wie die Abstände bei absoluter Positionierung berechnet werden. Die gestrichelte Linie dient nur dazu, den Übergang vom Inhalts- zum Innenrahmenbereich deutlich zu machen und wird im Browser *nicht* dargestellt. Zwischen allen div-Bereichen und zwischen div-Bereich und Browserrand existiert ein 10 Pixel breiter Leerraum. Alle absoluten Angaben beziehen sich hier auf den Ausgabebereich des Browsers, der den umgebenden Block bildet. Die linken oberen Ecken der div-Bereiche errechnen sich wie folgt:

Abstände

- ■ Kopfbereich
- □ 10px linker Abstand
- □ 10px oberer Abstand
- ■ Navigationsbereich
- □ 10px linker Abstand
- □ 10px oberer Abstand zum Kopfbereich, d.h.
  10px Abstand + 82px Kopf-Gesamthöhe + 10px Abstand = 102px oberer Abstand
- ■ Inhaltsbereich
- □ 10px linker Abstand zum Navigationsbereich, d.h.:
  10px Abstand + 92px Navig.-Gesamtbreite + 10px Abstand = 112px linker Abstand
- □ oberer Abstand zum Kopfbereich wie beim Navigationsbereich

Basistext

- Fußbereich
  - 10px linker Abstand
  - 10px oberen Abstand zum Navigationsbereich, d.h.
    10px Abstand + 82px Kopf-Gesamthöhe + 10px Abstand + 222px Navig.-Gesamthöhe + 10px Abstand = 334px oberer Abstand

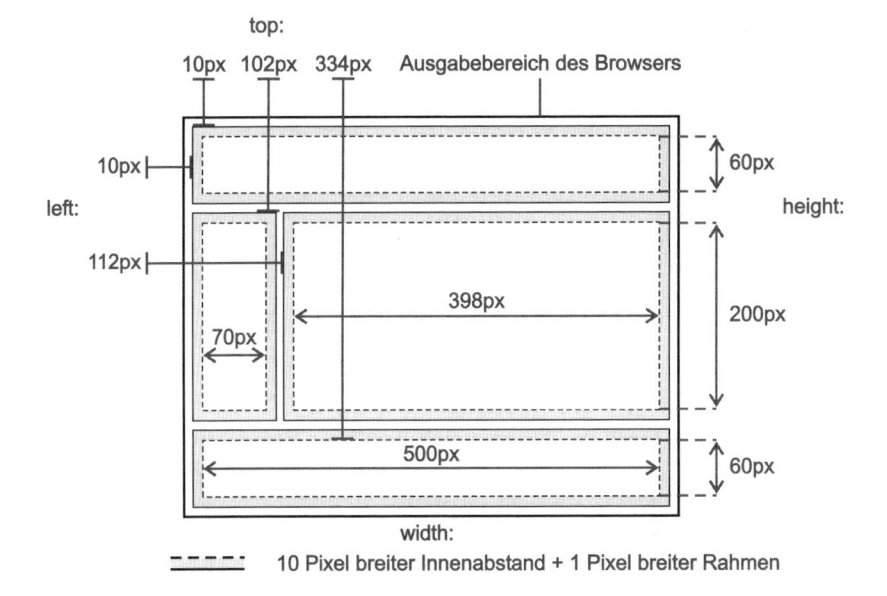

Abb. 2.7-4: So werden die Abstände für die div-Bereiche berechnet, die mit absoluter Positionierung angeordnet werden.

Experimentieren Sie mit dem CSS-Layout. Fügen Sie rechts vom Inhalt einen weiteren div-Bereich konstanter Breite für die Rubrik »Aktuelles« ein. Kopf und Fußbereich sollen weiterhin die volle Breite einnehmen. Prüfen Sie das Ergebnis mit verschiedenen Browsern und unterschiedlich großen Browserfenstern.

überschneiden bei absolute möglich

Bei der Layout-Gestaltung mit `float` können Sie davon ausgehen, dass sich die Bereiche nicht überlagern. Wenn Sie mit der absoluten Positionierung arbeiten, sind Sie selbst verantwortlich dafür, dass sich div-Bereiche nicht überschneiden. Überlappen sich zwei div-Bereiche, dann tritt derjenige div-Bereich, der zuletzt im XHTML-Dokument angegeben wurde, in den Vordergrund.

Basistext

In Abb. 2.7-5 überlagert der rechte Bereich den linken:

Beispiel abs_bereiche.html

```
div.left { position:absolute;
          top:80px; left:20px;
          width:100px; height:100px;
          background-color:#dddddd;
}
div.right { position:absolute;
           top:120px; left:90px;
           width:60px; height:60px;
           background-color:#444444;
}
...
<div class="left"></div>
<div class="right"></div>
...
```

Abb. 2.7-5: Überlappende div-Bereiche.

Ändern Sie die Stilvorlage so ab, dass zwischen beiden Bereichen genau 1 Pixel Leerraum ist.

Fitness-Website mit Seitenlayout

Zur Vorbereitung auf das folgende Beispiel wird das XHTML-Element span eingeführt. Es ist vergleichbar mit dem XHTML-Element div. Während das div-Element ein Blockelement ist, handelt es sich bei span um ein *Inline*-Element. Mit ihm können Texte (und bestimmte XHTML-Elemente) innerhalb einer Zeile markiert werden, um ihnen eine Stilvorlage zuzuweisen. Die folgende CSS-Klasse definiert CSS-Eigenschaften für das span-Element:

XHTML-Element <span>

```
span.pagelabel { color:#e1002d;
                font-weight:bold;
}
```

Basistext

Dazu gehört das folgende XHTML-Element, die hier das **Page Label** einer Webseite definiert:

```
<span class="pagelabel">Startseite</span>
```

Was ist das Page Label?

Damit sich ein Benutzer leicht in einer Website orientieren kann, sollte jede Webseite ein *Page Label* besitzen. Es besteht aus einem Text oder einer Grafik und beschreibt die aktuelle Webseite. Gestaltung und Position müssen natürlich konsistent über alle Seiten hinweg erfolgen. Auch das Hervorheben des Elements in der Navigationsstruktur unterstützt eine gute Orientierung.

Fallbeispiel fitness-c3/ stylesheet .css

Wenn Sie Ihr neues Wissen über *Stylesheets* auf die Fitness-Website anwenden, können Sie mit wenig Aufwand unterschiedliche Layouts erstellen. Das folgende *Stylesheet* zeigt das Layout der Abb. 2.7-6:

```
body { font-family:Verdana, sans-serif;
       font-size:small;
}
h1 { font-size:large;
     font-weight:bold;
     color:#c33b00;
}
h1.start { font-size:x-large;
           font-weight:bold;
           color:#c33b00;
}
div.kopf { border-right:2px solid silver;
           border-bottom:2px solid silver;
           margin-bottom:2px;
           width:170px;
}
div.navigation { float:left;
                 width:150px;
                 padding:10px;
}
div.inhalt { border-left:2px solid silver;
             border-top:2px solid silver;
             padding:10px;
             margin-left:170px;
}
span.pagelabel { color:#C33B00;
                 font-weight:bold;
}
table {width:500px; }
th { background-color:#a9a9a9;
     color:white;
     padding:10px;
}
```

Basistext

```
td { padding:10px;
     vertical-align:top;
}
tr.row1 { background-color:#dddddd; }
tr.row2 { background-color:#eeeeee; }
ul.liste1 { list-style-image:url(images/liste1.gif );
            list-style-type:disc;
}
ul.liste2 { list-style-image:url(images/liste2.gif );
            list-style-type:square;
}
```

Abb. 2.7-6: Startseite der Fitness-Website mit div-Bereichen.

Realisieren Sie die Fitness-Website mit absoluter Positionierung.

2.8 CSS im Überblick *

Hier finden Sie eine kompakte Übersicht der eingeführten CSS-Formate:

Stilvorlagen
- ```
  Selektor { CSS-Eigenschaft1:Wert1;
             CSS-Eigenschaft2:Wert2;
  }
  ```
- ```
  Selektor1, Selektor2  { CSS-Eigenschaft1:Wert1;
                          CSS-Eigenschaft2:Wert2;
  }
  ```

CSS-Klassen
- ```
  XHTML-Element.Klasse { CSS-Eigenschaft1:Wert1;
                         CSS-Eigenschaft2:Wert2;
  }
  ```

CSS-Datei referenzieren
- ```
  <head>
     <link rel="stylesheet" type="text/css"
           href="dateiname.css" />
  </head>
  ```

CSS-Stilregeln in HTML-Datei
- ```
  <head>
  <style type="text/css"><!--
    Selektor { CSS-Eigenschaft1:Wert1;
               CSS-Eigenschaft2:Wert2;
    }
    ...
  --></style> ...
  </head>
  ```

Kommentar
- `/* Kommentar */`

Farbgestaltung

Schriftfarbe
- `color:white;`
- `color:#ffffff;`
- Voreinstellung ist der Wert black (#000000).

Hintergrund
- `background-color:black;`
- `background-color:#000000;`
- Voreinstellung für die Hintergrundfarbe ist der Wert white (#ffffff).
- `background-image:url(pfadname/bild.jpg);`
- Kurzform: `background:black url(pfadname/bild.jpg);`

Schriften

Schriftart
- `font-family:Verdana, Arial, sans-serif;`
- `font-family:"Courier New", Courier, mono;`

Box
  ```

2.8 CSS im Überblick *

- `font-size:xx-small;` Schriftgröße
- `font-size:x-small;`
- `font-size:small;`
- `font-size:medium;`
- `font-size:large;`
- `font-size:x-large;`
- `font-size:xx-large;`
- Voreinstellung ist der Wert medium.

- `font-weight:bold;` Definiert Fettschrift für einen Absatz fett, kursiv
- `font-style:italic;` Definiert Kursivschrift für einen Absatz

- `font:italic bold medium Verdana, sans-serif;` Kurzform

Boxmodell

- Gesamtbreite = width
  + padding-left + padding-right
  + border-left + border-right
  + margin-left + margin-right
- Gesamthöhe = height
  + padding-top + padding-bottom
  + border-top + border-bottom
  + margin-top + margin-bottom
- Außenabstände von vertikal aneinander angrenzenden Blockelementen werden zusammengefasst.
  - Bei unterschiedlichen Abständen wird der größere gewählt.
- Internet-Explorer (bis V. 6) muss im Standard-Modus sein.

Tabellengestaltung

- `table { width:500px; }` Tabellenbreite
- `table { width:50%; }`

- `table { border:5px solid blue; }` Tabellenrahmen

- `table { border-spacing:15px; /* nicht bei IE < 7 */ }` Zellenabstand

- `table { background-color:silver;` Tabellenfarbe
         `color:blue; }`

- `td { padding:10px;}` Innenabstand

- `td { border:1px solid red; }` Zellenrahmen

- `td { text-align:right; }` horizontale/
- `td { vertical-align:top; }` vertikale Ausrichtung

Box

Listengestaltung

Listenelemente
- `ul.liste1 { list-style-image:url(images/liste1.gif); list-style-type:disc; }`

Kurzform
- `ul.liste1 { list-style:url(images/liste1.gif) disc; }`
- ☐ `circle`: ungefüllter Kreis
- ☐ `disc`: gefüllter Kreis
- ☐ `square`: Quadrat
- ☐ `none`: kein Aufzählungszeichen

Seitenlayout mit CSS

Rahmen
- `border:1px solid black;`
- `border-left:1px solid black;`
  `border-right:1px solid black;`
  `border-top:1px solid black;`
  `border-bottom:1px solid black;`

Breite und Höhe
- `width:70px;`
- `height:300px;`

Innenabstand
- `padding:10px;`
- `padding-left:10px;`

Außenabstand
- `margin:100px;`
- `margin-left:100px;`

CSS-Eigenschaft float
- `float:left;` Der Block gleitet an den linken Rand des Elternelements. Der nachfolgende Block steht rechts davon.
- `float:right;` Der Block gleitet an den rechten Rand des Elternelements. Der nachfolgende Block steht links davon.
- `float:none;` Der Block beginnt in einer neuen Zeile und besitzt keine Auswirkung auf den folgenden Block (Voreinstellung).

CSS-Eigenschaft clear
- `clear:left;` Umfluss links beenden.
- `clear:right;` Umfluss rechts beenden.
- `clear:both;` Umfluss beenden.

absolute Positionierung
- `position:absolute;`
- `top:0;` Definiert, dass kein Abstand zum oberen Rand existiert.
- `left:60px;` Definiert, dass zum linken Rand ein Abstand von 60 Pixeln existiert.

XHTML-Element span
- CSS: `span.pagelabel { font-weight:bold; }`
- XHTML: `<span class="pagelabel">Startseite</span>`

Box

3 JavaScript *

JavaScript wird heute in vielen Websites genutzt. Damit kann man Eingabefelder von Formularen überprüfen, auf Ereignisse (z.B. Klicken auf eine Schaltfläche) reagieren, variablen Text in ein XHTML-Dokument schreiben und noch vieles mehr. JavaScript wurde von der Firma Netscape entwickelt und gilt heute als die meistverwendete Skriptsprache im Internet. Es wird wie XHTML direkt vom Browser interpretiert.
Was ist JavaScript?

Sie sollten die Grundlagen von XHTML kennen, wie sie beispielsweise in »XHTML« (S. 1) vermittelt werden. Außerdem sollen Sie Grundkenntnisse in der prozeduralen Programmierung und ein Grundverständnis der Objektorientierung besitzen.
Was Sie wissen sollten

In dieser Einführung lernen Sie anhand einfacher Beispiele die Grundlagen von JavaScript kennen und können sie in Ihrer Website einsetzen:
Was Sie lernen

- »Was ist JavaScript?« (S. 98)
- »Erstes JavaScript-Programm« (S. 100)
- »Document Object Model« (S. 104)
- »Event-Handler« (S. 113)
- »Formulare mit JavaScript validieren« (S. 118)
- »JavaScript-Sprachelemente« (S. 126)
- Zum Nachschlagen: »JavaScript im Überblick« (S. 143)

Damit Sie mit JavaScript arbeiten können, benötigen Sie nur einen Browser und einen einfachen Texteditor. Komfortabler ist ein **WYSIWYG-Editor** wie beispielsweise der Adobe Dreamweaver. Als Browser wird der Firefox oder der Internet Explorer empfohlen.
Was Sie brauchen

Verwendete und weiterführende Literatur:
Literatur

/Flanagan 03/, /Flanagan 02/, /Steyer 05/ und /Steyer 05a/. Wissenswertes zum Thema JavaScript finden Sie auch in SELFHTML (http://de.selfhtml.org/).

Gruppierung

3.1 Was ist JavaScript? *

JavaScript ist eine Skriptsprache, die direkt vom Browser interpretiert wird. Sie eignet sich für Aufgaben, für die kein Zugriff auf einen Server notwendig ist. JavaScript, das ursprünglich von Netscape entwickelt wurde, wird in der Microsoft-Welt als JScript und vom Standardisierungsgremium ECMA als ECMAScript bezeichnet. Die aktuelle Version ist ECMA v3, die eine konforme Implementierung zu JavaScript 1.5 und JScript 5.5 besitzt. JavaScript muss im Browser aktiviert sein.

JavaScript — JavaScript ist eine objektbasierte **Skriptsprache**, die in XHTML-Dokumenten verwendet werden kann. Die Syntax von JavaScript besitzt Ähnlichkeiten zu Java. Daher werden Programmierer, die Java kennen, sich sehr schnell in **JavaScript** zurechtfinden. Man unterscheidet client- und serverseitiges JavaScript. Hier wird nur das clientseitige JavaScript betrachtet. Mit JavaScript können Sie das Verhalten von Browsern steuern und den Inhalt von Webseiten dynamisch ändern. Aus Sicherheitsgründen ist es mit den Grundeinstellungen nicht möglich, Dateien oder Verzeichnisse auf dem Client-Computer zu schreiben oder zu löschen. Außerdem verfügt clientseitiges JavaScript über streng kontrollierte Netzwerkfunktionen.

JavaScript einsetzen — Man kann vorfertigten JavaScript-Code in eigenen Websites »kochbuchartig« verwenden ohne die Sprache in allen Details verstanden zu haben. Entsprechende JavaScript-Bibliotheken stehen im Internet reichlich zur Verfügung. JavaScript ist jedoch eine vollwertige Programmiersprache und besitzt eine vergleichbare Komplexität wie andere Programmiersprachen. Wer mit JavaScript eigene komplexe Probleme lösen will, muss diese Sprache ebenso gründlich lernen wie alle anderen.

Versionen — JavaScript wurde ursprünglich von der Firma Netscape entwickelt. Im Laufe der Jahre wurden mehrere Versionen publiziert, von denen JavaScript 1.5 die aktuelle Version ist. Sie ist in den **Mozilla**-Browsern implementiert. Microsoft hat unter dem Namen JScript ähnliche Versionen publiziert.

Basistext

Der Internet Explorer 6 realisiert JScript 5.5, das im Wesentlichen kompatibel zu JavaScript 1.5 ist. Das Standardisierungsgremium ECMA (http://www.ecma-international.org/) *(European Computer Manufacturers Association)* hat unter dem Namen ECMAScript ebenfalls drei Versionen veröffentlicht. Die aktuelle Version ist ECMA v3, die eine konforme Implementierung zu JavaScript 1.5 und JScript 5.5 besitzt. Hier wird – wie allgemein üblich – immer von JavaScript gesprochen.

JavaScript und **Java** besitzen weniger Gemeinsamkeiten als die Namen zunächst erwarten lassen. Java ist eine vollwertige objektorientierte Programmiersprache, die für die Erstellung komplexer Softwaresysteme konzipiert wurde. JavaScript ist dagegen eine Skriptsprache, die dafür gedacht ist, kleine und einfache Programme für Browser zu schreiben.
JavaScript vs. Java

JavaScript wird direkt vom Browser interpretiert und ausgeführt. Der JavaScript-Code ist in der Quelltext-Anzeige des XHTML-Dokuments sichtbar.
JavaScript ausführen

Sollten JavaScript-Programme von Ihrem Browser *nicht* ausgeführt werden, dann ist das automatische Ausführen von Skripten deaktiviert. Zum Aktivieren von JavaScript gehen Sie wie folgt vor:
JavaScript aktivieren

- **Internet Explorer**: Extras/Internetoptionen/Sicherheit/ Lokales Intranet/Stufe anpassen/Scripting/Active Scripting. Analog können Sie JavaScript für die Webinhaltszone Internet aktivieren.
- **Firefox**: Extras/Einstellungen/Inhalt/JavaScript aktivieren.
- **Opera**: Extras/Einstellungen/Erweitert/Inhalte/JavaScript aktivieren.

Trotz der großen Verbreitung von JavaScript deaktivieren manche Firmen und auch Privatpersonen JavaScript. Wenn Sie wollen, dass jeder Ihre Website nutzen kann, dann sollten Sie sie so gestalten, dass Sie auch bei abgeschaltetem JavaScript noch funktioniert. Auch die **Verordnung zur Barrierefreiheit** (BITV) fordert, dass eine Website ohne JavaScript zwar weniger attraktiv sein kann, aber grundsätzlich benutzbar bleiben soll. Neuere Web-Entwicklungen machen
auch ohne JavaScript nutzbar?

Basistext

3 JavaScript *

jedoch von JavaScript intensiven Gebrauch und sind daher bei deaktiviertem JavaScript nicht nutzbar. Näheres dazu erfahren Sie in »Ajax« (S. 377).

JavaScript testen

Es empfiehlt sich, JavaScript-Code immer in mehreren Browsern zu testen, denn die Browser können JavaScript unterschiedlich interpretieren. Fehlerhafter JavaScript-Code kann im Gegensatz zu reinem XHTML Abstürze des Browsers oder des gesamten Systems verursachen. Firefox bietet eine JavaScript-Konsole, mit der Sie Fehler einfacher lokalisieren können.

3.2 Erstes JavaScript-Programm *

JavaScript-Code kann innerhalb des script-Elements direkt im XHTML-Dokument stehen oder in einer externen Datei, die im XHTML-Dokument referenziert wird. JavaScript kann prinzipiell an einer beliebigen Stelle im XHTML-Dokument vorkommen und wird beim Laden des Dokuments ausgeführt.

JavaScript einbinden

Die Verwendung von JavaScript ist ausgesprochen einfach. Ein XHTML-Dokument bildet das Grundgerüst, in das die JavaScript-Anweisungen eingefügt werden. Um dem Browser Beginn und Ende von JavaScript-Anweisungen mitzuteilen, muss der Code in die Markierung <script> und </script> eingefügt werden:

```
<body>
<script type="text/javascript">
    ... JavaScript-Anweisungen ...
</script>
...
</body>
```

Mit dem Attribut language, das allerdings in XHTML 1.1 nicht mehr zulässig ist, kann die verwendete JavaScript-Version angegeben werden. Diese Versionsangabe führt dazu, dass nur diejenigen Browser die Skripte interpretieren, die die angegebene Version unterstützen:

```
<script language="JavaScript1.5" type= "text/javascript">
```

Basistext

Mit folgendem Skript können Sie testen, ob JavaScript in Ihrem Browser funktioniert. In diesem Fall öffnet der Befehl alert ein Mitteilungsfenster *(alert box)*. Dieses Fenster wird verwendet, um sicherzustellen, dass der Benutzer die Meldung liest und schließt erst nach dem Klicken auf die Ok-Schaltfläche. Wenn JavaScript deaktiviert ist, werden die Texte innerhalb des noscript-Elements ausgegeben:

Beispiel jsworks

```
<body>
<script type="text/javascript">
  alert ("JavaScript ist in diesem Browser aktiviert!");
</script>
<noscript>
  <p>Diese Website benötigt JavaScript</p>
</noscript>
...
</body>
```

JavaScript wird von älteren Browsern *nicht* unterstützt. Da niemand weiß, ob und wie viele Internet-Benutzer diese älteren Browser-Versionen einsetzen, sollten Sie bei Websites, die nicht nur für Testzwecke verwendet werden, JavaScript-Anweisungen in XHTML-Kommentare klammern. Andernfalls geben diese alten Browser ihre JavaScript-Anweisungen als Text aus. Da XHTML-Kommentare innerhalb von JavaScript-Code zu Problemen führen können, muss dem Ende des XHTML-Kommentars ein JavaScript-Kommentar (siehe »Einfache JavaScript-Elemente« (S. 127)) vorausgehen:

ältere Browser

```
<script type="text/javascript">
<!--
  alert ("JavaScript ist auf diesem Computer aktiviert!");
//-->
</script>
```

Führen Sie das Beispiel jsworks aus. Öffnet sich ein Fenster? Wenn nicht, dann ist auf Ihrem Computer JavaScript deaktiviert. Spezifizieren Sie zusätzlich die JavaScript-Version 1.5 und testen Sie die Seite im Internet Explorer und im Firefox.

Skripte können alternativ in einer externen Datei stehen, die üblicherweise – aber nicht zwingend – die Endung .js besitzt. Die Datei wird durch Angabe des Attributs src="url" in einem XHTML-Dokument referenziert und beim Laden des XHTML-Dokuments eingebunden. Beim Wert von src kann

externe JavaScript-Datei

Basistext

es sich um eine lokale Datei oder eine externe Web-Adresse handeln:

```
<script type="text/javascript" src="ext.js"></script>
```

Das script-Element muss genau an derjenigen Stelle im XHTML-Dokument stehen, an der sonst der JavaScript-Code direkt eingefügt würde. Die externe Datei darf nur Java-Script-Code enthalten. Die script-Markierungen, die ja zu XHTML gehören, dürfen hier *nicht* stehen. Externe Dateien sollten Sie immer wählen, wenn der gleiche JavaScript-Code in mehrere XHTML-Dokumente eingebunden wird. Außerdem ist es einfacher, vorhandenen JavaScript-Code bei neuen Projekten wieder zu verwenden. Für kleine Übungsprogramme ist es dagegen oft praktischer, wenn der JavaScript-Code direkt in das XHTML-Dokument geschrieben wird.

Vorteile

Externe JavaScript-Dateien besitzen eine Reihe von Vorteilen:

- XHTML-Dokumente sind weniger umfangreich.
- JavaScript-Anweisungen, die in mehreren Dokumenten verwendet werden, sind nur in einer Datei enthalten und müssen bei Änderungen nur einmal gepflegt werden.
- JavaScript-Funktionen, die von mehreren Webseiten benutzt werden, können vom Browser zwischengespeichert und damit schneller geladen werden. Dieses Zwischenspeichern gleicht den Zeitverlust aus, der durch das Öffnen der zusätzlichen Datei entsteht.
- Es können auch JavaScript-Anweisungen benutzt werden, die auf einem anderen Server liegen.

Wo können Skripte stehen?

JavaScript kann prinzipiell an einer beliebigen Stelle innerhalb eines XHTML-Dokuments stehen und wird mit dem XHTML-Dokument geladen. Die JavaScript-Anweisungen werden dann von oben nach unten ausgeführt. Einfache JavaScript-Anweisungen werden genau ein einziges Mal ausgeführt. Oft sollen JavaScript-Anweisungen nicht automatisch beim Laden des Dokuments ausgeführt werden, sondern nur auf Wunsch. Diese Anweisungen müssen innerhalb von Funktionen stehen, die z.B. durch einen Event-Handler aktiviert werden (siehe »Event-Handler« (S. 113)). Da Skripte von oben nach unten analysiert und interpretiert werden,

Basistext

3.2 Erstes JavaScript-Programm *

müssen Funktionen immer vor ihrem Aufruf deklariert werden. Daher stehen sie oft im Kopf eines XHTML-Dokuments.

Ein XHTML-Dokument kann erst dann vollständig angezeigt werden, wenn alle darin enthaltenen oder referenzierten Skripten interpretiert sind.

Body Mass Index (BMI)
Als durchgängiges Beispiel für die Einführung vieler Web-Techniken in diesem Buch wird die Berechnung des *Body Mass Index* (BMI) verwendet. Der BMI ist zurzeit die anerkannte Methode, um Über- oder Untergewicht festzustellen. Er wird berechnet nach der Formel:

Gewicht [kg] / (Größe [m]* Größe [m]).

Der BMI gilt gleichermaßen für Frauen und Männer. Das Idealgewicht liegt bei einem BMI zwischen 20 und 24 vor. Ein BMI zwischen 25 und 30 zeigt ein leichtes Übergewicht, ein BMI über 30 zeigt Fettsucht an. Ein BMI unter 18 gilt als Untergewicht.

Fallbeispiel

Das folgende XHTML-Dokument enthält JavaScript-Anweisungen zur Berechnung des BMI (Abb. 3.2-1). Eine Verarbeitung dieser Art ist ideal für die Realisierung mit JavaScript, denn es werden nur die Eingaben des Benutzers verwendet und es ist kein Zugriff auf gespeicherte Daten eines Servers notwendig. Die Ausgabe im Browser erfolgt mit der Anweisung document.write(), die in »Document Object Model« (S. 104) erläutert wird:

Fallbeispiel
bmi1.html

```
<html>
<head>
<title>BMI mit JavaScript berechnen</title>
</head>
<body>
<h3>BMI berechnen</h3>

<script type="text/javascript">
<!--
   var weight = 60, height = 1.68;
   bmi = weight / (height * height);
   document.write("Ihr Gewicht von " + weight
     + " kg und Ihre Größe von " + height
     + " m ergeben einen Body Mass Index (BMI) von " + bmi);
```

Basistext

```
    document.write("<p>Ideal ist ein BMI zwischen 20 und
                    24</p>");
//-->
</script>
</body>
</html>
```

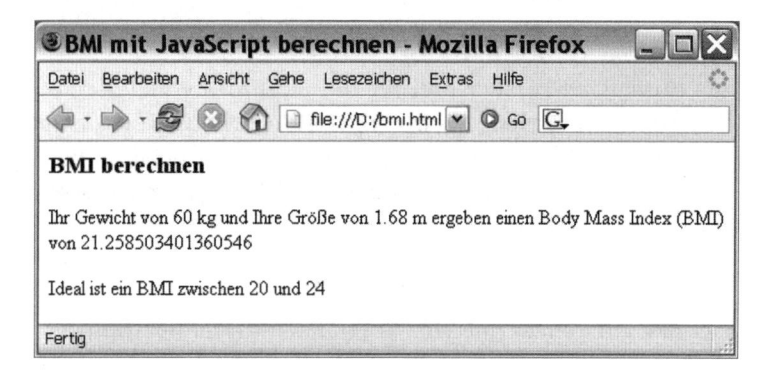

Abb. 3.2-1: Berechnung des BMI mit JavaScript für feste Werte.

Führen Sie das Beispiel bmi1.html aus. Lagern Sie den JavaScript-Code in eine externe Datei aus, die Sie im XHTML-Dokument referenzieren und führen Sie auch diese Version aus. Prüfen Sie in beiden Fällen, ob es sich um valides XHTML 1.1 handelt.

3.3 *Document Object Model* **

Das *Document Object Model* (DOM) spezifiziert, wie man auf die Elemente eines XHTML- oder XML-Dokuments zugreifen kann. Es interpretiert ein XHTML-Dokument als eine Baumstruktur mit einzelnen Knoten-Objekten. Mit der Methode getElementById() **können XHTML-Elemente über das Attribut** id **dynamisch geändert werden. Das DOM stellt eine Reihe von Objekten und Objektfeldern zur Verfügung, die über ihre Eigenschaften und Methoden benutzt werden können. Dazu gehören:** window, document, Element, forms[], elements[], images[], navigator. **Es werden verschiedene DOM-Versionen unterschieden, die von der Browsern unterschiedlich unterstützt werden: Legacy-DOM, W3C-DOM, IE 4 DOM.**

Basistext

Das *Document Object Model* oder kurz **DOM** ist eine **Programmierschnittstelle** bzw. ein API *(Application Programming Interface)* und spezifiziert, wie man auf die Elemente eines HTML- oder XML-Dokuments zugreifen kann. Das DOM definiert Objekte, Attribute und Operationen, die eine Programmiersprache umsetzen muss. Historisch bedingt gibt es verschiedene DOMs.

Als Erstes ist das *Legacy*-DOM zu nennen. Hierbei handelt es sich um das ursprüngliche *Document Object Model*, das parallel zu früheren Versionen der Sprache JavaScript entwickelt wurde. Es wird von allen Browsern gut unterstützt, ermöglicht aber einen Zugriff nur auf bestimmte Elemente, z.B. auf Formulare, Formularelemente und Bilder.

Legacy-DOM

Das W3C-DOM ist ein vom **W3C** verabschiedetes *Document Object Model*. Es ist sowohl für HTML- als auch für XML-Dokumente anwendbar. Es existieren mehrere Versionen, die als Level 1, Level 2 und Level 3 bezeichnet werden. DOM Level 1 wurde im Oktober 1998 standardisiert. Diese DOM-Version definiert den DOM-Kern und standardisiert den Zugriff auf HTML-Elemente. Es standardisiert viele Elemente des Legacy-DOM, das in Anlehnung an die W3C-Versionen auch als »DOM Level 0« bezeichnet wird. DOM Level 1 ist in den neueren Browsern (Netscape ab Version 6 und Internet Explorer ab Version 5) *weitgehend* implementiert. DOM Level 2 wurde im November 2000 verabschiedet. Insbesondere erlaubt es das dynamische Ändern von CSS-*Stylesheets* und standardisiert die Verarbeitung von Ereignissen. Netscape unterstützt ab der Version 6.1 die wichtigsten Module des Level 2. Im April 2004 wurde das DOM Level 3 vom W3C freigegeben. Es unterstützt u.a. das Laden und Speichern von XML-Dokumenten.

W3C-DOM

Der Internet Explorer 4 erweiterte das *Legacy*-DOM um neue Elemente zum Ändern des gesamten Dokumentinhalts. Diese Elemente wurden im W3C-DOM *nicht* standardisiert. Viele Elemente sind jedoch äußerst leistungsfähig und werden daher von einigen Browsern unterstützt.

IE 4 DOM

Das DOM interpretiert jedes XHTML-Dokument als eine Baumstruktur mit einzelnen Knoten-Objekten. Jedes XHTML-Element ist demnach ein Objekt, auf das man mittels Java-

Baumstruktur

Basistext

Script zugreifen kann. Abb. 3.3-1 zeigt die Baumstruktur für folgendes einfaches XHTML-Dokument:

```
<html>
<head>
<title>XHTML-Dokument</title>
</head>
<body>
<h1>Eine Überschrift der Ebene 1</h1>
<p>Ein Absatz</p>
</body>
</html>
```

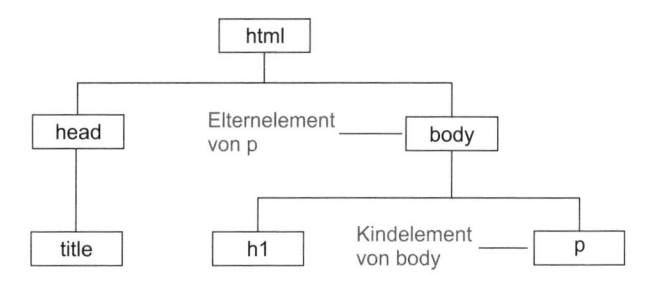

Abb. 3.3-1: Baumstruktur für ein einfaches XHTML-Dokument.

Beim Microsoft Download Center (http://www.microsoft.com/downloads) gibt es die kostenlose *Internet Explorer Developer Toolbar*, die man sehr gut zur DOM-Inspektion einsetzen kann. Überprüfen Sie mit dem *Internet Explorer Developer Tool* die Baumstruktur eines beliebigen XHTML-Dokuments.

DOM-Objekte
Das DOM stellt eine Reihe von Klassen bzw. Objekten mit Eigenschaften (Attributen) und Methoden (Operationen) zur Verfügung. Abb. 3.3-2 zeigt einen Ausschnitt aus der Objekthierarchie des DOM, in der alle in diesem Baustein beschriebenen Objekte grau unterlegt sind. Ein untergeordnetes Objekt erbt alle Eigenschaften und Methoden des übergeordneten Objekts.

window
Das Objekt window ist das globale Objekt für clientseitiges JavaScript und repräsentiert das Browser-Fenster. Es bietet beispielsweise die Methoden alert und confirm an, die folgende Wirkung besitzen:

- alert(): zeigt den angegebenen Text in einem Mitteilungsfenster an.

Basistext

3.3 Document Object Model **

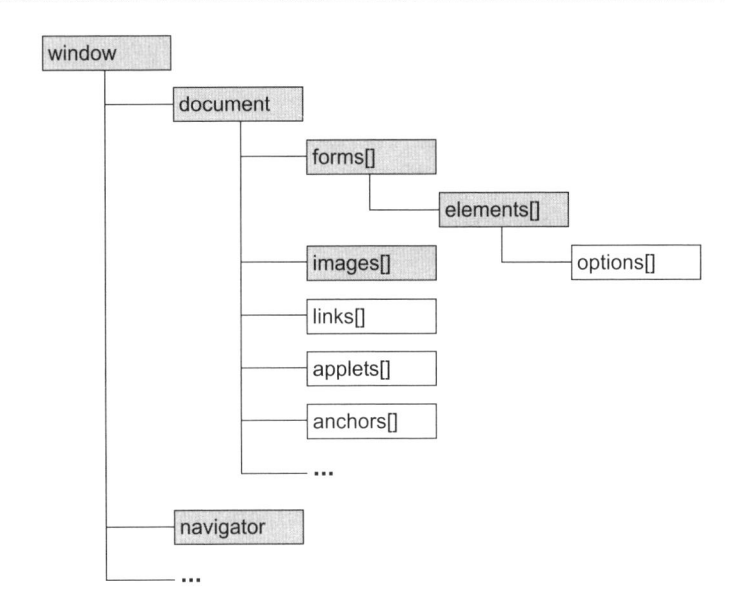

```
window
  ├── document
  │     ├── forms[]
  │     │     └── elements[]
  │     │           └── options[]
  │     ├── images[]
  │     ├── links[]
  │     ├── applets[]
  │     ├── anchors[]
  │     └── ...
  ├── navigator
  └── ...
```

Abb. 3.3-2: Ausschnitt aus der Objekthierarchie des DOM.

- confirm(): zeigt den angegebenen Text in einem Bestätigungsfenster an. Die Methode gibt true zurück, wenn der Benutzer auf OK klickt und sonst false.

Diese Methoden werden auf das Objekt window angewendet und können daher mit window.alert() und window.confirm() aufgerufen werden. Da es sich hier um das Global-Objekt handelt, werden im Allgemeinen die Kurzformen alert() und confirm() verwendet.

Hier sehen Sie typische Texte für Mitteilungs- und Bestätigungsfenster: *Beispiel*

```
alert ("Der Server wird in 5 Minuten heruntergefahren");
erg = confirm ("Wenn Sie die Datei wirklich löschen wollen,
    dann klicken Sie auf OK");
```

Das Objekt document repräsentiert ein XHTML-Dokument und somit den Ausgabebereich des Browsers. Hier werden folgende Methoden dieses Objekts genauer betrachtet: *document*

- write(): Fügt einen oder mehrere Strings in das aktuell geöffnete XHTML-Dokument ein.
- getElementById(): Ermöglicht einen Zugriff auf ein Element des XHTML-Dokuments über dessen eindeutige ID.

Basistext

write() | Mit document.write() können Sie einen oder mehrere Strings ausgeben.

Beispiel
```
document.write ("Ideal ist ein BMI zwischen 20 und 24");
document.write ("Ihr Gewicht von " + weight
          + " kg und Ihre Größe von " + height
          + " m ergeben einen BMI von " + bmi);
document.write ("Mein Name ist", "Helen");
```

Attribut id | Für die meisten XHTML-Elemente kann das Universalattribut id definiert werden. Der Attributwert enthält den Referenznamen (= ID) des Elements, der innerhalb eines XHTML-Dokuments eindeutig sein muss. Mit der Methode getElementById() können Sie über die ID auf jedes Elements zugreifen und dessen Attributwerte dynamisch ändern. Der Wert des id-Attributs muss – wie der Wert des name-Attributs – mit einem Buchstaben beginnen, dem Buchstaben, Ziffern, Bindestriche (-), Unterstriche (_), Doppelpunkte (:) und Punkte (.) folgen dürfen.

Beispiel
change_field
.html

Der folgende Ausschnitt enthält im Formular ein Eingabefeld mit der ID p1. In den JavaScript-Funktionen greifen Sie auf dieses Element zu und ändern die Werte der XHTML-Attribute size und value (Abb. 3.3-3):

```
function jsinit()
{
  document.getElementById("p1").value =
          "Neuer Anfangswert durch JavaScript";
  document.getElementById("p1").size = "50";
}

function init()
{
  document.getElementById("p1").value = "Anfangswert";
  document.getElementById("p1").size = "20";
}
...
<form action="">
  <p>
    <input id="p1" type="text" value="Anfangswert" /><br />
    <input type="button" value="mit JavaScript manipulieren"
        onclick="jsinit()" />
    <input type="button" value="zurücksetzen"
        onclick="init()" />
  </p>
</form>
```

Basistext

3.3 Document Object Model ** 109

Abb. 3.3-3: Die Größe und der Inhalt des Eingabefeldes werden durch JavaScript verändert.

Führen Sie dieses Skript zur dynamischen Änderung von Eingabefeldern aus. Ergänzen Sie es um einen Eingabebereich, dessen Attribute Sie ebenfalls dynamisch ändern.

Das Objekt Element repräsentiert ein XHTML-Element innerhalb des Dokuments und kann über seine eindeutige ID angesprochen werden. Hier werden folgende Attribute dieses Elements betrachtet:

Element

- className: Attribut, das einen oder mehrere Klassennamen des Elements angibt.
- innerHTML: Attribut, das den HTML-Text angibt, der von der Anfangs- und Endemarkierung des Elements eingeschlossen wird. Dieser Text kann weitere HTML-Markierungen enthalten, die von den Browsern interpretiert werden. Es handelt sich hier um ein Attribut, das *nicht* zum W3C-DOM gehört, sondern um das herstellerspezifische DOM des IE 4. Weil diese Eigenschaft äußerst nützlich ist, wurde sie inzwischen auch in anderen Browsern implementiert.

Der folgende Ausschnitt erhält das XHTML-Element span mit der ID p2. Die JavaScript-Funktion highlight() hebt das Element durch Zuweisen der Klasse special und der Markierung <strong> hervor, die Funktion normal() zeigt es in Normaldarstellung an:

Beispiel
highlight
.html

```
<style type="text/css">
  span.special {color: red; font-size: large;}
  span.normal {color: black;}
</style>
```

Basistext

```
<script type="text/javascript">
function highlight()
{
  var id = document.getElementById("p2");
  id.innerHTML = "<strong>Hervorgehobener Text</strong>";
  id.className = "special";
}
function normal()
{
  var id = document.getElementById("p2");
  id.innerHTML = "Text in Normaldarstellung";
  id.className = "normal";
}
</script>
...
<form action="">
  <p>
    <input type="button" value="Hervorheben"
        onclick="highlight()" />
    <input type="button" value="Normaldarstellung"
        onclick="normal()" />
    <span id="p2" class="special"></span>
  </p>
</form>
```

forms[]   Jedes Formular im XHTML-Dokument wird durch ein Form-Objekt präsentiert. Alle Formulare eines Dokuments werden durch das Feld `forms[]` dargestellt. Auf die Formulare wird wie folgt zugegriffen:

- `document.forms[0]`: 1. Formular im Dokument.
- `document.forms[1]`: 2. Formular im Dokument.

Alternativ kann man über den Namen (z.B. `document.formular1` für ein Formular mit `name="formular1"`) zugreifen. Diese Form besitzt den Vorteil, dass man zwischen vorhandene Formulare einer Webseite ein neues Formular einfach einfügen kann. In XHTML 1.1 dürfen Formulare jedoch kein name-Attribut besitzen. Bei einem Zugriff über das Feld `forms[]` muss dagegen beim Einfügen eines Formulars der Index ggf. neu nummeriert werden.

elements[]   Für jedes Formular wird automatisch ein Objektfeld `elements[]` erzeugt, das beginnend ab dem Index 0 den Zugriff auf die einzelnen Felder erlaubt. Da ein Formularfeld auch in XHTML 1.1 das Attribut name besitzen darf, können

Basistext

Sie auf Formularelemente sowohl über das Objekt als auch über den Namen zugreifen:

- document.forms[0].elements[0]: 1. Element im 1. Formular des Dokuments.
- document.forms[0].field: Element mit dem Namen field im 1. Formular des Dokuments.

Auf den aktuellen Wert eines Formularelements greift man wie folgt zu:

document.forms[0].elements[0].value

Ein Beispiel finden Sie in »Formulare mit JavaScript validieren« (S. 118).

Jedes Bild eines XHTML-Dokuments wird durch ein Image-Objekt repräsentiert und alle Bilder des Dokuments durch das Feld images[]. Auf das erste Bild des Dokuments können Sie wie folgt zugreifen:

images[]

document.images[0]

Analog zu den Formularen ändert sich die Reihenfolge der Bilder im Feld images[], wenn Sie ein weiteres Bild einfügen. Alternativ können Sie über das XHTML-Attribut name auf ein Bild zugreifen, wobei auch dieses Attribut in XHTML 1.1 nicht definiert ist:

document.myImage

Über das Attribut src können Sie auf den Namen der Bilddatei zugreifen:

- document.images[0].src = "datei1.jpg";
- document.myImage.src = "datei1.jpg";

Mit dem Konstruktor bild = new Image (breite, hoehe); kann man in JavaScript ein neues Image-Objekt erzeugen, das *nicht* auf dem Bildschirm angezeigt wird. Mit der folgenden Anweisung erreicht man, dass der Browser dieses Bild vorab in seinen Speicher *(Cache)* lädt:

Image-Objekt

bild.src = "bild_datei.jpg";

Basistext

Damit können Bilder geladen werden, bevor sie dem Benutzer angezeigt werden. Sie stehen dann im Bedarfsfall ohne Wartezeit (= Ladezeit bei großen Bildern) zur Verfügung.

Beispiel switch_img

Im folgenden Ausschnitt werden mit dem Konstruktor zwei unsichtbare Image-Objekte definiert. Das sichtbare Bild wird durch das XHTML-Element erzeugt. Durch Klicken auf die Schaltflächen wird dem sichtbaren Bild das src-Attribut der unsichtbaren Bilder zugewiesen. Dieses Beispiel verwendet den *Event Handler* onclick, der in »Event-Handler« (S. 113) erläutert wird:

```
farbe = new Image();
farbe.height = 210;
farbe.width = 300;
farbe.src = "images/jogging.jpg";

sw = new Image(300, 210);
sw.src = "images/jogging_sw.jpg";

function farbbild()
{
  var id = document.getElementById("pic");
  id.src = farbe.src;
}

function sw_bild()
{
  var id = document.getElementById("pic");
  id.src = sw.src;
}
...
<img id="pic" src="images/jogging.jpg"
     height="210" width="300"
     alt="Ein Paar beim Jogging" /> <br />
<input type="button" value="Farbe" onclick="farbbild()" />
<input type="button" value="Schwarzweiß"
     onclick="sw_bild()" />
```

Ein weiteres Beispiel finden Sie in »Event-Handler« (S. 113).

Führen Sie das Beispiel zur dynamischen Änderung von Bildern aus. Ändern Sie es so ab, dass nicht die Bilddatei ausgetauscht wird, sondern die Breite und Höhe des Bildes jeweils verdoppelt und wieder auf die Originalgröße zurückgesetzt werden.

Basistext

Mit dem navigator-Objekt kann man Informationen über den verwendeten Browser erhalten. Folgende Attribute werden unter anderem angeboten:

navigator

- appName: Offizieller Anwendungsname des Browsers.
- appVersion: Version und Betriebssystemversion des Browsers. Beachten Sie, dass es sich hier um eine interne Nummer handelt, die nicht mit der Versionsnummer der Browser-Installation übereinstimmen muss.
- language: Eingestellte Sprache des Browsers (z.B. de für Deutsch).
- platform: Betriebssystem auf dem Client.

Mit der folgenden Anweisung geben Sie die genannten Daten aus:

Beispiel

```
document.write (navigator.appName + "- " +
                navigator.appVersion + "- " +
                navigator.language + "- " +
                navigator.platform  );
```

Ermitteln Sie die Daten über die Browser, die Sie benutzen.

3.4 Event-Handler in JavaScript *

Mit Event-Handlern kann JavaScript auf Ereignisse reagieren. Für das Objekt window **stehen die Event-Handler** onload **und** onunload **zur Verfügung. Für Elemente werden häufig** onclick **und** onmouseover **mit dem Gegenstück** onmouseout **verwendet. Mit den beiden letztgenannten kann der bekannte** *Rollover*-**Effekt realisiert werden. Für Form-Objekte sind** onsubmit **und** onreset **definiert.**

Event-Handler sind Mechanismen, die Ereignisse (z.B. Klicken auf eine Schaltfläche oder Berühren eines Bildes mit der Maus) erkennen und als Reaktion auf das Ereignis eine Aktion durchführen. Event-Handler verbinden (X)HTML und JavaScript. Laut **W3C** *(World Wide Web Consortium)* gehören Event-Handler zum (X)HTML-Sprachstandard, werden aber im Allgemeinen in Zusammenhang mit JavaScript verwendet, da der Aufruf eines Event-Handlers fast immer JavaScript-Anweisungen aktiviert.

Was ist ein Event-Handler?

Basistext

3 JavaScript *

Event-Handler für XHTML-Dokumente sind nach folgendem Schema aufgebaut:

`onaction="JavaScript-Anweisung".`

Event-Handler für window

Für das Objekt `window` können folgende Event-Handler in der `body`-Markierung angegeben werden:

- `onload`: Wird aufgerufen, wenn das Dokument vollständig geladen ist.
- `onunload`: Wird aufgerufen, wenn der Browser das aktuelle Dokument verlässt.

Event-Handler für Elemente

Elemente eines XHTML-Dokuments kennen folgende Event-Handler:

- `onclick`: Wird aufgerufen, wenn der Benutzer auf das Element klickt.
- `ondblclick`: Wird aufgerufen, wenn der Benutzer auf das Element doppelklickt.
- `onmouseover`: Wird aufgerufen, wenn sich die Maus über einem Element befindet.
- `onmouseout`: Wird aufgerufen, wenn der Benutzer die Maus von einem Element wegbewegt.
- `onmousedown`: Wird aufgerufen, wenn der Benutzer die Maustaste drückt.
- `onmouseup`: Wird aufgerufen, wenn der Benutzer die Maustaste wieder loslässt.

Beispiel quiz.html

Der folgende JavaScript-Code zeigt einen Ausschnitt aus einem kleinen Quiz, mit dem der Benutzer sein Wissen über Vitamine prüfen kann. Beim Laden des Dokuments wird ein Mitteilungsfenster mit einem Hinweistext angezeigt. Dafür wird das XHTML-Element `body` mit dem Event-Handler `onload` ergänzt. Die Antwort auf die Fragen zu einem Vitamin erhält der Benutzer durch einen Klick auf die jeweilige Überschrift. Dadurch öffnet sich ein Mitteilungsfenster. Hier wird das XHTML-Element `h2` mit dem Event-Handler `onclick` ergänzt.

```
<html>
<head>
<title>Das Vitamin-Quiz</title>
<script type ="text/javascript">
```

Basistext

3.4 Event-Handler *

```
<!--
  function hinweis()
  {
    alert ("Bitte klicken Sie auf den Namen des Vitamins,
           um die Lösung zu sehen");
  }
  function vitaminA()
  {
    alert ("Vitamin A heißt auch Retinol. Empfohlene
           Tagesmenge: 2600 - 3300 IE");
  }
  function vitaminC()
  {
    alert ("Vitamin C heißt auch Ascorbinsäure. Empfohlene
           Tagesmenge: 100 mg");
  }
//-->
</script>
</head>

<body onload="hinweis()" >
<h1>Das Vitamin-Quiz</h1>

<h2 onclick="vitaminA()" >Vitamin A </h2>
<ul>
  <li>Wie lautet der Langname?</li>
  <li>Wie ist die empfohlene Tagesmenge?</li>
</ul>

<h2 onclick="vitaminC()" >Vitamin C </h2>
<ul>
  <li>Wie lautet der Langname?</li>
  <li>Wie ist die empfohlene Tagesmenge?</li>
</ul>
</body>
</html>
```

Für Formulare (Form-Objekte) sind folgende Event-Handler definiert:

Event-Handler für Form

- onsubmit: Wird unmittelbar vor dem Senden des Formularinhalts aufgerufen. Dieser Event-Handler ermöglicht es, Formulareingaben vor dem Senden zu überprüfen. Gibt die Prüffunktion false zurück, dann wird der Formularinhalt *nicht* abgesendet.
- onreset: Wird unmittelbar vor dem Rücksetzen der Formularinhalte aufgerufen. Gibt die Prüffunktion false zurück, dann erfolgt kein Rücksetzen.

Basistext

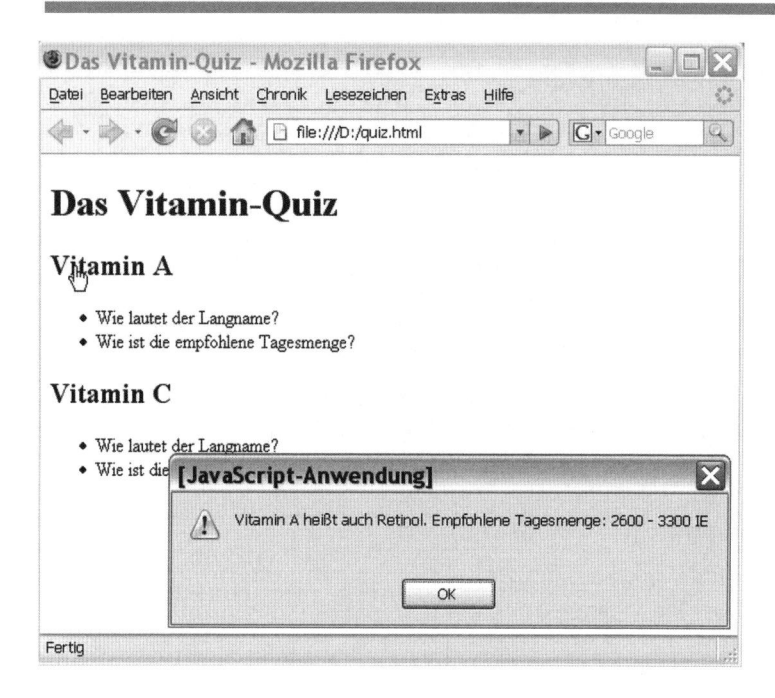

Abb. 3.4-1: Durch einen Klick auf »Vitamin A« öffnet sich das Mitteilungsfenster.

In »Formulare mit JavaScript validieren« (S. 118) sehen Sie, wie diese Event-Handler bei einem Formular eingesetzt werden.

Rollover

Ein beliebter Effekt, der mit JavaScript realisiert werden kann, ist der *Rollover*-Effekt. Ein Bild bzw. ein Image-Objekt ändert sich, sobald es mit dem Mauszeiger »berührt« wird. Von jedem *Rollover*-Bild werden zwei gleich große Bilder benötigt. Das erste Bild wird als Voreinstellung angezeigt und ist auch dann sichtbar, wenn JavaScript deaktiviert ist. Sobald sich die Maus über dem Bild befindet, reagiert der Event-Handler onmouseover, der das zweite Bild anzeigt. Wird die Maus vom Bild wegbewegt, reagiert der Event-Handler onmouseout und zeigt wieder das ursprüngliche Bild an.

Beispiel rollover

Standardmäßig zeigt das folgende XHTML-Dokument zwei Bilder in der schwarz-weißen Version an. Sobald sich der Mauszeiger über einem Bild befindet, wird es farbig. Wird der Mauszeiger wieder davon wegbewegt, dann ist wieder die schwarz-weiße Version zu sehen. Es gibt zahlreiche Verfahren, um diesen Effekt in JavaScript zu realisieren. Hier werden zwei unterschiedliche Realisierungen vorgestellt:

```
<html>
<head>
<title>Rollover in JavaScript</title>
</head>
<body>
<p><!-- 1. Rollover-Effekt -->
  <img onmouseout="this.src = 'images/jogging_sw.jpg';"
       onmouseover="this.src = 'images/jogging.jpg';"
       src="images/jogging_sw.jpg" height="210" width="300"
       alt="Joggendes Paar" title="Joggendes Paar" />
  <!-- 2. Rollover-Effekt -->
  <img onmouseover="document.images[1].src =
                    'images/jogging.jpg';"
       onmouseout="document.images[1].src =
                    'images/jogging_sw.jpg';"
       src="images/jogging_sw.jpg" height="210" width="300"
       alt="Joggendes Paar" title="Joggendes Paar" />
</p>
</body>
</html>
```

Wie Sie wissen, wird jedes img-Element des XHTML-Dokuments im DOM (*Document Object Model*) durch ein Image-Objekt repräsentiert. Auf das jeweils aktuelle Objekt kann man mit der Referenz this zugreifen. Diese Referenz wird beim oberen *Rollover*-Effekt verwendet, um dem Image-Objekt mit this.src = 'images/jogging_sw.jpg'; eine neue Datei zuzuweisen.   *Referenz this*

Beim zweiten Rollover-Effekt erfolgt der Zugriff über das Objektfeld images[]. Da es das zweite Bild im XHTML-Dokument ist, müssen Sie document.images[1].src schreiben.   *Feld images[]*

Führen Sie das *Rollover*-Skript aus. Vertauschen Sie die Reihenfolge der beiden img-Elemente. Was müssen Sie ändern? Wandeln Sie das Skript so ab, dass mit dem Event-Handlern onmousedown das Farbbild und mit onmouseup das Schwarzweißbild angezeigt wird.

3.5 Formulare mit JavaScript validieren *

JavaScript ist ideal, um für Eingabedaten einfache Prüfungen durchzuführen. Bei der Prüfung von Formularen ist es oft praktisch, eine Referenz auf das aktuelle Formularobjekt an die aufgerufene Funktion zu übergeben. Eingabeprüfungen, die mit JavaScript realisiert werden können, sind z.B. Pflichtfeld enthält Daten, ganze Zahl eingegeben, beliebige Zahl eingegeben und Zeichenkette enthält ein vorgegebenes Zeichen.

Mit JavaScript kann man einfach auf Formulardaten zugreifen, beispielsweise um sie auf Plausibilität zu prüfen.

Eingabefelder übergeben

In die Felder eines Formulars tippen Sie immer Zeichenketten ein. Diese Daten können Sie in eine JavaScript-Variable wandeln. Die folgende Anweisung übergibt den Inhalt des Eingabefelds weight an die JavaScript-Variable weight:

```
var weight = document.forms[0].weight.value;
```

Beispiel bmi2.html

Der folgende JavaScript-Code berechnet den BMI aus Formulareingaben (Abb. 3.5-1). Für diese Aufgabe ist JavaScript ideal geeignet, da keine serverseitige Verarbeitung benötigt wird:

```
<html>
<head>
<title>BMI mit Formulareingaben</title>
<script type="text/javascript">
<!--
  function calculate()
  {
    var weight = document.forms[0].weight.value;
    var height = document.forms[0].height.value;
    var bmi;
    bmi = weight / (height * height);
    alert ("Ihr Gewicht von " + weight
          + " kg und Ihre Größe von " + height
          + " m ergeben einen BMI von " + bmi);
  }
// -->
</script>
</head>
```

Basistext

3.5 Formulare mit JavaScript validieren *

```
<body>
<h3>Berechnen Sie Ihren Body Mass Index (BMI)</h3>

<form action="">
  <div>
    Gewicht <input type="text" name="weight" /> [kg]<br />
    Größe <input type="text" name="height" /> [m]<br />
    <input type="button" value="BMI berechnen"
            onclick="calculate()" />
  </div>
</form>

<p>Ideal ist ein BMI zwischen 20 und 24</p>
</body>
</html>
```

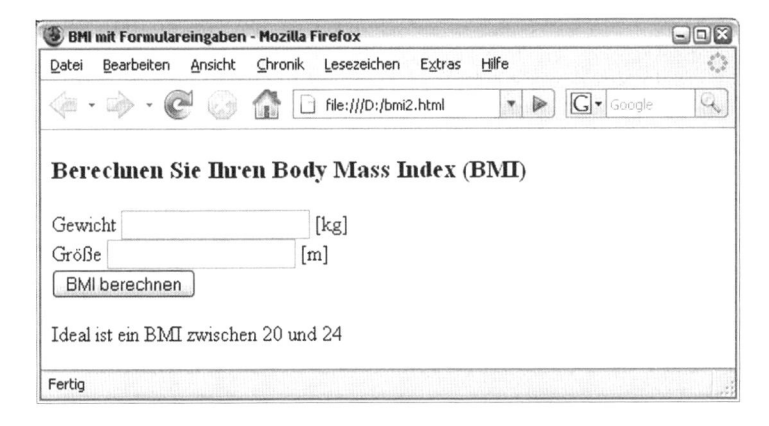

Abb. 3.5-1: Eingabeformular für die Berechnung des BMI in JavaScript.

Führen Sie das Skript aus. Was passiert, wenn Sie die Felder leer lassen oder Buchstaben eingeben?

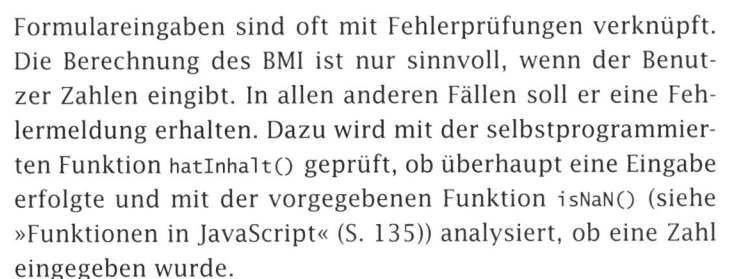

Formulareingaben sind oft mit Fehlerprüfungen verknüpft. Die Berechnung des BMI ist nur sinnvoll, wenn der Benutzer Zahlen eingibt. In allen anderen Fällen soll er eine Fehlermeldung erhalten. Dazu wird mit der selbstprogrammierten Funktion hatInhalt() geprüft, ob überhaupt eine Eingabe erfolgte und mit der vorgegebenen Funktion isNaN() (siehe »Funktionen in JavaScript« (S. 135)) analysiert, ob eine Zahl eingegeben wurde.

Eingabefelder prüfen

Basistext

Beispiel bmi3.html

Das Skript zur Berechnung des BMI wird mit einer Prüfung auf Zahleneingabe erweitert:

```html
<html>
<head>
<title>BMI mit Formulareingaben und Eingabeprüfung</title>
<script type="text/javascript">
<!--
  function hatInhalt(str)
  {
    if (str != "")
      return true;
    else
      return false;
  }
  function calculate()
  {
    var weight = document.forms[0].weight.value;
    var height = document.forms[0].height.value;
    var bmi;

    if (hatInhalt(weight) && hatInhalt (height) &&
       !isNaN(height) && !isNaN (weight))
    {
      bmi = weight / (height * height);
      alert ("Ihr Gewicht von " + weight +
             " kg und Ihre Größe von " + height +
             " m ergeben einen BMI von " + bmi);
    }
    else
    {
      alert("Bitte geben Sie ganze Zahlen oder Kommazahlen
      (mit Punkt) ein");
    }
  }
// -->
</script>
</head>

<body>
<h3>Berechnen Sie Ihren Body Mass Index (BMI)</h3>
<form action="">
  <div>
    Gewicht <input type="text" name="weight" /> [kg]<br />
    Größe <input type="text" name="height" /> [m]<br />
    <input type="button" value="BMI berechnen"
           onclick="calculate()" />
  </div>
</form>
<p>Ideal ist ein BMI zwischen 20 und 24</p>
</body>
</html>
```

Basistext

3.5 Formulare mit JavaScript validieren *

Bei der Prüfung von Formularen ist es oft praktisch, eine Referenz auf das aktuelle Formularobjekt an die aufgerufene Funktion zu übergeben. In der Funktion `check(self)` wird dann auf das referenzierte Formularobjekt und das darin enthaltene Feld mit dem Namen `beliebig` zugegriffen:

Referenz this

```
<script type="text/javascript">
<!--
  function check(self)
  {
    if (self.beliebig.value == "")
    {
      alert("Bitte geben Sie beliebige Daten ein");
      return false;
    }
    return true;
  }
// -->
</script>
...
<form action="" onsubmit="return check(this)">
  <p>Inhalt <input type="text" name="beliebig" /> </p>
  <p><input type="submit" value="Prüfen" /> </p>
</form>
```

Bei Web-Anwendungen werden Daten oft nicht wie oben zu einer Berechnung herangezogen, sondern an den Server zur Verarbeitung übertragen. Die Prüfung von Eingabedaten kann sowohl clientseitig als auch serverseitig erfolgen. Wie sollte man hier am besten verfahren? Eine Prüfung mit JavaScript ist immer im Sinne einer Vorab-Prüfung zu verstehen, um Formulare mit sinnlosen oder fehlenden Eingaben erst gar nicht an den Server zu übertragen. Das entlastet den Server und der Benutzer erhält eine schnellere Rückmeldung. Alle weitergehenden Prüfungen, die im Allgemeinen einen Zugriff auf die Datenbank erfordern, finden auf dem Server statt.

client- oder serverseitig prüfen?

Denken Sie daran, dass die clientseitige Prüfung nicht stattfinden kann, wenn der Benutzer JavaScript deaktiviert hat. Daher sollte die gleiche Prüfung zusätzlich serverseitig implementiert und bei einer Deaktivierung von JavaScript durchgeführt werden.

Basistext

3 JavaScript *

Was kann man mit JavaScript prüfen?

Mit JavaScript können Sie eine ganze Reihe von Prüfungen durchführen. Dazu gehören beispielsweise:

- Enthält ein Feld Daten (Pflichtfeld)?
- Enthält ein Pflichtfeld eine ganze Zahl?
- Enthält ein optionales Eingabefeld eine ganze Zahl?
- Enthält ein Pflichtfeld eine (ganze oder reelle) Zahl?
- Enthält ein optionales Eingabefeld eine Zahl?
- Enthält eine eingegebene Zeichenkette ein vorgegebenes Zeichen?

beliebige Daten eingegeben?

Ein Formularfeld, in dem zwingend ein Wert eingegeben werden muss, heißt Pflichtfeld oder Muss-Feld. Diese Felder werden in Formularen häufig mit einem Stern (*) gekennzeichnet. Sonst spricht man von optionalen Eingabefeldern oder Kann-Feldern. Bereits beim Beispiel bmi3.html wurde folgende Funktion verwendet:

```
function hatInhalt(str)
{
  if (str != "")
    return true;
  else
    return false;
}
```

ganze Zahl eingegeben?

Mit der Funktion parseInt() (siehe »Funktionen in JavaScript« (S. 135)) können Sie prüfen, ob es sich um eine ganze Zahl handelt. Wenn nichts eingegeben wurde, dann liefert diese Funktion ebenfalls das Ergebnis false. Daher entfällt bei einem Pflichtfeld die zusätzliche Prüfung auf vorhandene Eingabe. Handelt es sich um eine optionale Eingabe, dann wird mit der zusätzlichen Prüfung !hatInhalt(zahl) sichergestellt, dass auch bei leerer Eingabe das Ergebnis true lautet. Analog können Sie mit parseFloat()auf eine reelle Zahleneingabe prüfen:

```
function istGanzZahl(zahl)
{
  if (parseInt(zahl) == zahl)
    return true;
  else
    return false;
}
...
```

Basistext

```
function istOptionaleGanzZahl(zahl)
{
  if (!hatInhalt(zahl) || istGanzZahl(zahl)) //OR-Operator
    return true;
  else
    return false;
}
```

Wollen Sie prüfen, ob eine Zahl eingegeben wurde, die sowohl ganz als auch reell sein kann, dann wählen Sie die Funktion `isNaN()` (siehe »Funktionen in JavaScript« (S. 135)). Sie gibt `false` zurück, wenn die übergebene Variable eine Zahl oder leer ist. Bei einem Pflichtfeld müssen Sie daher noch prüfen, ob überhaupt eine Eingabe erfolgt ist:

Zahl eingegeben?

```
function istZahl(zahl)
{
  if (hatInhalt(zahl) && !isNaN(zahl)) //AND-Operator
    return true;
  else
    return false;
}
function istOptionaleZahl(zahl)
{
  if (!isNaN (zahl)) //NOT-Operator
    return true;
  else
    return false;
}
```

Bei der Eingabe von Zeichenketten will man häufig prüfen, ob bestimmte Zeichen enthalten sind. Beispielsweise will man feststellen, ob eine E-Mail-Adresse ein @-Zeichen enthält oder ein Kommentarfeld XHTML-Markierungen enthält (am Zeichen < erkennbar). Dies kann mit der Funktion `indexOf()` einfach geprüft werden. Genau genommen handelt es sich hierbei um eine Methode der Klasse `String` (siehe »Klassen in JavaScript« (S. 138)). Da es sich bei Feldinhalten immer um String-Objekte handelt, kann sie darauf angewendet werden. Mit dieser Funktion kann nicht nur das Enthaltensein von Zeichen, sondern auch das Enthaltensein von Strings geprüft werden:

bestimmte Zeichen enthalten?

```
function hatTeilstring(str, gesucht)
{
  if (str.indexOf(gesucht) != -1)
    return true;
  else
    return false;
}
```

Beispiel
valid_input
.html

Das folgende XHTML-Dokument kombiniert alle Prüfungen. Für jedes Formularfeld existiert eine Prüffunktion, die im fehlerfreien Fall true zurückgibt. Das form-Element wird um den Event-Handler onsubmit ergänzt. Wenn der Benutzer auf die Schaltfläche OK klickt, wird dieser Event-Handler aktiv und ruft die Funktion check() auf. Diese ruft nacheinander alle Feldprüfungen auf. Nur wenn *keine* dieser gerufenen Funktionen false zurückgibt, liefert die Funktion check() den Wert true. Erst dann könnte eine Übertragung zum Server stattfinden, die hier jedoch nicht implementiert ist.

Analog wird der form-Befehl um den Event-Handler onreset ergänzt. Wenn der Benutzer auf die Schaltfläche Abbruch klickt, wird dieser Event-Handler aktiv und ruft confirm() auf. Nur wenn der Benutzer in diesem Fenster auf OK klickt, gibt diese Funktion true zurück und die Feldinhalte werden gelöscht.

```
<html>
<head>
<title>Prüfung von Eingabefeldern</title>
<script type="text/javascript">
<!--
  function hatInhalt(str)
  {
    if (str != "")
      return true;
    else
      return false;
  }

  function istGanzZahl(zahl)
  {
    if (parseInt(zahl) == zahl)
      return true;
    else
      return false;
  }

  function istOptionaleGanzZahl(zahl)
  {
    if (!hatInhalt(zahl) || istGanzZahl(zahl))
      return true;
    else
      return false;
  }
```

```
function istZahl(zahl)
{
  if (hatInhalt(zahl) && !isNaN(zahl))
    return true;
  else
    return false;
}

function istOptionaleZahl(zahl)
{
  if (!isNaN(zahl))
    return true;
  else
    return false;
}
function hatTeilstring(str, gesucht)
{
  if (str.indexOf(gesucht) != -1)
    return true;
  else
    return false;
}

function check(self)
{
  if (!hatInhalt(self.beliebig.value))
  {
    alert("1: Bitte geben Sie beliebige Daten ein");
        return false;
  }
  if (!istGanzZahl(self.ganzZahl.value))
  {
    alert("2: Bitte geben Sie eine ganze Zahl ein");
    return false;
  }
  if (!istOptionaleGanzZahl(self.ganzZahlOpt.value))
  {
    alert("3: Bitte geben Sie eine ganze Zahl ein
        (optional!)");
    return false;
  }
  if (!istZahl(self.zahl.value))
  {
    alert("4: Bitte geben Sie eine ganze oder reelle
        Zahl ein");
    return false;
  }
  if (!istOptionaleZahl(self.zahl_opt.value))
  {
    alert("5: Bitte geben Sie eine ganze oder reelle
        Zahl ein (optional!)");
    return false;
  }
```

```
    if (!hatTeilstring(self.teilstring.value, "$"))
    {
      alert("6: Bitte geben Sie einen String ein, der ein
             '$' enthält");
      return false;
    }
    return true;
  }
// -->
</script>
</head>
<body>
<form action=""
      onsubmit="return check(this)"
      onreset="return confirm('Mit Ok löschen Sie alle
               Formulardaten')">
  <p>1: Beliebiger Inhalt <input type="text"
     name="beliebig" /> </p>
  <p>2: Ganze Zahl <input type="text" name="ganzZahl" />
  </p>
  <p>3: Optionale ganze Zahl <input type="text"
     name="ganzZahlOpt" /> </p>
  <p>4: (ganze oder reelle) Zahl <input type="text"
     name="zahl" /> </p>
  <p>5: Optionale (ganze oder reelle) Zahl
     <input type="text" name="zahl_opt" /> </p>
  <p>6: Teilstring "$" enthalten <input type="text"
     name="teilstring" /> </p>
  <p><input type="submit" value="OK" />
     <input type="reset" value="Abbruch" /> </p>
</form>
</body>
</html>
```

Führen Sie das Skript zur Prüfung der Eingabefehler aus. Fügen Sie ein 7. Feld hinzu, das sich wie das 6. Feld verhält, aber optional ist.

3.6 JavaScript-Sprachelemente *

Diese Gruppierung führt Sie anhand von Beispielen in die wichtigsten Sprachelemente von JavaScript ein:

- »Einfache JavaScript-Elemente« (S. 127)
- »Operatoren in JavaScript« (S. 129)
- »Kontrollstrukturen in JavaScript« (S. 131)
- »Felder in JavaScript« (S. 133)
- »Funktionen in JavaScript« (S. 135)
- »Klassen in JavaScript« (S. 138)

Gruppierung

3.6.1 Einfache JavaScript-Elemente *

Variablen können mit var **deklariert oder ohne Deklaration verwendet werden. Ihr Typ ergibt sich aus der Art der zugewiesenen Werte und kann sich jederzeit ändern. JavaScript unterscheidet jedoch implizit verschiedene Datentypen. Dazu gehören Zahlen, Zeichenketten** *(Strings)* **und boolesche Werte. Die Ausgabe im Browser kann mit der Anweisung** document.write() **erfolgen.**

JavaScript erlaubt einzeilige und mehrzeilige Kommentare. — Kommentare

```
// Ein einzeiliger Kommentar
/* Kommentar über
   mehrere Zeilen */
```

Variablen werden mit dem Schlüsselwort var deklariert. Erhält eine Variable nicht sofort einen Wert, dann besitzt sie automatisch den Wert undefined. Sie können auch mehrere Variablen deklarieren, die durch Kommata getrennt sind. Es ist auch erlaubt – allerdings nicht sinnvoll – eine Variable mehrmals mit var zu deklarieren. Wenn bei der wiederholten Deklaration eine Initialisierung stattfindet, dann wird dies einfach als Wertzuweisung interpretiert. — Variablen

Eine Typdeklaration existiert in JavaScript nicht, sondern der Variablentyp ergibt sich implizit aus der Art der zugewiesenen Werte. Jede Variable kann jederzeit einen neuen Wert und damit auch einen neuen Typ erhalten. — implizite Typen

```
var age;            //Variable besitzt den Wert undefined
var height = 1.7;   //Variable mit Initialisierung
var breite, laenge;
weight = 60;        //implizite Variable mit Initialisierung
```
— Beispiele

Eine Variable kann auch dann entstehen, wenn einem Bezeichner ein Wert zugewiesen wird. In diesem Fall wird die Variable implizit deklariert. Implizit deklarierte Variablen sind jedoch *immer* global. Daher ist die Angabe des Schlüsselworts var erforderlich, um lokale Variablen innerhalb einer Funktion zu deklarieren. — implizit deklarierte Variablen

Beim Start des JavaScript-Interpreters wird als Erstes ein **globales Objekt** erzeugt. Wenn Sie im JavaScript-Code eine — globales Objekt

Basistext

globale Variable deklarieren, dann handelt es ich um eine Eigenschaft dieses globalen Objekts.

Bezeichner
Die Namen von Variablen und Funktionen müssen mit einem Buchstaben oder Unterstrich (_) beginnen. JavaScript ist **case-sensitiv**, d.h. es werden Groß- und Kleinbuchstaben unterschieden. Daher sind `weight` und `Weight` unterschiedliche Variablennamen. Ab JavaScript 1.1 ist auch das Dollarzeichen in Bezeichnern erlaubt (auch als erstes Zeichen). Da dieses Zeichen speziell für Generierungswerkzeuge gedacht ist, sollten Sie in Ihren eigenen JavaScript-Bezeichnern kein »$« verwenden.

implizite Datentypen
Wie bereits erwähnt, kennt JavaScript keine explizite Typdeklaration. Implizit werden allerdings Datentypen unterschieden. Dazu gehören Zahlen, Zeichenketten und boolesche Werte. Bei Zahlen unterscheidet JavaScript im Gegensatz zu anderen Programmiersprachen nicht zwischen ganzen und reellen Zahlen. Intern wird jede Zahl als Gleitpunktzahl dargestellt. Zeichenketten können mit einfachen oder doppelten Anführungszeichen angegeben werden. Man spricht hier auch vom Datentyp `String`. String-Variablen können jederzeit dynamisch erweitert werden. Der boolesche Datentyp stellt genau die beiden Werte `true` und `false` zur Verfügung.

Beispiele
```
var alter = 33;                    //Zahl
var first_name = "Marie";          //String
var surname = 'Risser';            //ebenfalls ein String
surname = 'Risser-Schmidt';        //Variable erhält neuen Wert
var istGesund = true;              //boolesche Variable
```

Die fehlende Typ-Deklaration kann leicht zu Programmierfehlern führen, wenn der Programmierer einen anderen Datentyp voraussetzt als die Variable tatsächlich besitzt. In typstrengen Programmiersprachen führt dies zu einem Fehler bei der Übersetzung durch den Compiler, in JavaScript wird dieser Fehler erst bei der Programmausführung sichtbar. Auch das Konzept der impliziten (globalen) Variablen kann zu Programmierfehlern führen, beispielsweise wenn sich der Programmierer bei einem Variablennamen vertippt und eine neue Variable anlegt, statt eine vorhandene zu benutzen.

Basistext

3.6 JavaScript-Sprachelemente *

Variablen und Konstanten können wie üblich in Ausdrücken verwendet werden, z.B. für arithmetische Operationen und die Konkatenation von Strings.

Ausdrücke

```
fahrenheit = celsius * (9/5) + 32;
bmi = weight / (height * height);
name = first_name + " " + surname;
```

Beispiele

Mit der Anweisung document.write() kann man einen oder mehrere Strings im Browser ausgeben (siehe »Document Object Model« (S. 104)).

Ausgabe

```
1  document.write ("Doppelte Anführungszeichen");
2  document.write ('Einfache Anführungszeichen');
3  document.write ("Dies und " + "Das");
4  document.write ("Dies und ", "Das");
5  document.write ("Die Zahl ist " + zahl + "<br />");
6  document.write (zahl + zahl);
7  document.write ("<p>" + zahl + zahl + "</p>");
8  document.write (istGesund);
```

Beispiele

Eine JavaScript-Anweisung wird normalerweise mit einem Semikolon abgeschlossen. Wenn der Anweisung ein Zeilenumbruch folgt, darf das Semikolon jedoch entfallen. Daher muss beim Umbrechen einer Anweisung darauf geachtet werden, dass die erste Zeile nicht bereits eine vollständige Anweisung darstellt.

Semikolon

Das Weglassen eines Semikolons gilt als schlechter Programmierstil. Sie sollten daher auch in JavaScript jede Anweisung mit einem Semikolon abschließen.

Konvention

Erstellen Sie JavaScript-Anweisungen, um Variablen mit und ohne Deklaration zu verwenden. Geben Sie deren Werte aus. Führen Sie obige Browserausgaben aus. Achten Sie besonders auf die Interpretation des +-Zeichens.

3.6.2 Operatoren in JavaScript *

Analog zu anderen Programmiersprachen bietet JavaScript arithmetische Operatoren, Verkettungsoperatoren, Zuweisungsoperatoren, Vergleichsoperatoren und logische Operatoren.

Basistext

| arithmetische Operatoren | JavaScript bietet die in Programmiersprachen üblichen arithmetischen Operatoren: +, -, *, / und % (Modulo-Operator). |

| Verkettungs-operator | Um Zeichenketten zu konkatenieren, verwenden Sie in JavaScript das Zeichen »+«. "Fitness" + "-" + "Tipps" ergibt die Zeichenkette "Fitness-Tipps". |

| Zuweisungs-operator | Außer der einfachen Zuweisung sind zusammengesetzte Zuweisungsoperatoren möglich: |

- a += b; entspricht a = a + b;
- a -= b; entspricht a = a - b;
- a *= b; entspricht a = a * b;
- a /= b; entspricht a = a / b;
- a %= b; entspricht a = a % b;
- a += "beta"; entspricht a = a + "beta";

Zusätzlich existieren die üblichen Kurzformen zum Inkrementieren und Dekrementieren:

- i++; entspricht i += 1; bzw. i = i + 1;
- i--; entspricht i -= 1; bzw. i = i - 1;

| Vergleichs-operator | Zur Formulierung von Bedingungen bietet JavaScript die in Programmiersprachen üblichen Vergleichsoperatoren: |

==, !=, <, <=, >, >=.

- Zusätzlich enthält es den Operator ===, der prüft, ob Wert und Typ gleich sind. Man spricht in diesem Fall von Identität.
  - Ein Vergleich mit dem Identitätsoperator "7"===7 ergibt false, weil links eine Zeichenkette und rechts eine Zahl steht.
  - Ein Vergleich mit dem Gleichheitsoperator "7"==7 ergibt true, weil sowohl die Zeichenkette als auch die Zahl den Wert 7 besitzen.
  - Analog gibt es einen Operator !==.

| logische Operatoren | Für logisches UND, ODER und NOT bietet JavaScript: |

- if (a || b): Bedingung ist erfüllt, wenn a oder b true sind
- if (a && b): Bedingung ist erfüllt, wenn a und b true sind
- if (!a): Bedingung ist erfüllt, wenn a false ist

Basistext

3.6.3 Kontrollstrukturen in JavaScript *

Wie in anderen Programmiersprachen können in JavaScript die üblichen Kontrollstrukturen verwendet werden. Dazu gehören: if- und switch-Anweisung, for-, while- und do-while-Schleife.

Die Kontrollstrukturen werden hier anhand von einfachen Beispielen kurz vorgestellt.

Auswahl

If-Anweisungen werden analog zu Java formuliert. Werden mehrere Anweisungen in Abhängigkeit von einer Bedingung ausgeführt, dann müssen sie mit { ... } geklammert werden. If-Anweisungen können ineinander geschachtelt werden. Die folgenden Programmabschnitte benutzen die vorhandene Klasse Date von JavaScript, die das aktuelle Datum zurückliefert (siehe »Klassen in JavaScript« (S. 138)). Dieser Wert wird in der Variablen date gespeichert. Mit der Methode getHours() wird die jeweilige Stunde (0..23), mit getDay() der aktuelle Wochentag (0..6) ermittelt.

if-Anweisung

```
var date = new Date();
var time = date.getHours();
if (time > 18)
  document.write ("Es ist nach 18 Uhr <br />");

if (time < 12)
  document.write ("Es ist vor 12 Uhr <br />");
else
  document.write ("Guten Tag");

if (time < 10)
{
  document.write ("Guten Morgen");
}
else
  if (time > 18)
  {
    document.write ("Guten Abend");
  }
  else
  {
    document.write ("Guten Tag");
  }
```

Beispiel

Basistext

switch-Anweisung

Auch die switch-Anweisung wird analog zu Java formuliert. Anstelle einer Variablen (hier day) kann auch ein Ausdruck angegeben werden.

Beispiel

```
day = date.getDay();
//So=0, Mo=1, Di=2, Mi=3, Do=4, Fr=5, Sa=6
switch (day)
{
  case 6:
    document.write ("ein schönes Wochenende");
    break;
  case 0:
    document.write ("einen angenehmen Sonntag");
    break;
  default:
    document.write ("frohes Schaffen");
}
```

Erstellen Sie ein HTML-Dokument, das ein Formular enthält. Begrüßen Sie den Benutzer in Abhängigkeit von der Tageszeit. Bedanken Sie sich nach dem Abschicken der Formulardaten in Abhängigkeit vom Wochentag.

Schleifen

JavaScript verfügt über die üblichen Schleifenkonstrukte, die ebenfalls analog zu Java formuliert werden.

Beispiele for-Schleife

```
for (celsius = 37; celsius <= 40; celsius++)
{
  fahrenheit = ((celsius * 9) / 5) + 32;
  document.write (celsius + " : " + fahrenheit + "<br />");
}
```

while-Schleife

```
celsius = 0;
while (celsius <= 40)
{
  fahrenheit = ((celsius * 9) / 5) + 32;
  document.write (celsius + " : " + fahrenheit + "<br />");
  celsius = celsius + 10;
}
```

do-while-Schleife

```
celsius = 0;
do
{
  fahrenheit = ((celsius * 9) / 5) + 32;
  document.write (celsius + " : " + fahrenheit + "<br />");
  celsius = celsius + 10;
} while (celsius <= 40);
```

Basistext

Erstellen Sie einen Celsius-Fahrenheit-Konverter, der mit festen Werten für Untergrenze und Obergrenze arbeitet. Geben Sie das Ergebnis in Tabellenform aus.

3.6.4 Felder in JavaScript *

In JavaScript können Felder mit dem Konstruktor `Array()` und dem `new`-Operator oder mit einem Literal deklariert werden. Felder können bei Bedarf dynamisch erweitert werden. Außerdem können in einem Feld Elemente unterschiedlichen Typs gespeichert werden. Die Eigenschaft `length` gibt die Feldlänge an. Zum Durchlaufen der Felder nimmt man die for-Anweisung. Assoziative Felder werden in JavaScript durch Objekte realisiert.

Ein Feld *(array)* ist eine Sammlung von Datenwerten. Jedes Element wird über den Index angesprochen. Felder können in JavaScript auf verschiedene Arten erzeugt werden. — Feld deklarieren

Arrays können wie Objekte mit dem Konstruktor `Array()` und dem Operator `new` deklariert werden. Wird bei der Deklaration eine Zahl n angegeben, dann besitzt das Feld n Elemente, die alle den Wert `undefined` besitzen. — mit Konstruktor

```
names1 = new Array(3);   //Feld mit 3 Elementen, die
                         //von 0 bis 2 indiziert werden
names2 = new Array();    //Feld unbestimmter Größe
```
Beispiele

Ebenso kann ein Feld mit einem Feldliteral erzeugt und initialisiert werden. Felder, die mit einem Literal deklariert sind, können wie andere Felder verwendet werden. — mit Literal

Dem Feld `names3` werden die drei Elemente zugewiesen, die automatisch den entsprechenden Indexpositionen (beginnend bei 0) zugewiesen werden: — Beispiel

```
var names3 = ["Stefan", "Andreas", "Markus"];
```

Auf die Feldelemente greift man einfach über den Index zu. Man spricht auch vom Operator `[]`. Die Indexposition beginnt immer bei 0. — auf Feldelemente zugreifen

Basistext

| Beispiele | ```
names1[0] = "Stefan";
names1[1] = "Andreas";
names1[2] = "Markus";
``` |
dynamische Felder	Eine Besonderheit von JavaScript ist, dass neue Feldelemente dynamisch nach Bedarf erzeugt werden können. Daher kann man auch Indexpositionen außerhalb der vorgegebenen Obergrenze neu definieren und ansprechen.
Beispiel	Durch folgende Zuweisung wird das Feld names1 (mit drei Elementen) um *zwei* Elemente erweitert: `names1[4] = "Ina";` Das Element an der Position 3 besitzt den Wert undefined.
Eigenschaft length	Jedes Feld besitzt die Eigenschaft length. Sie gibt an, wie viele Elemente das Feld enthält. Auf diesen Wert wird beispielsweise mit names1.length zugegriffen. Das letzte Element des Feldes besitzt die Position length-1.
Feld durchlaufen	Felder durchläuft man in JavaScript mit der for-Anweisung.
| Beispiel | Die folgende Anweisung gibt das Feld names1 aus:<br><br>```
for (i=0; i < names1.length; i++)
   document.write (names1[i] + "<br />");
``` |
| verschiedene Typen im Feld | Da JavaScript eine Programmiersprache ohne Typisierung ist, kann ein Feld eine Mischung verschiedener Datentypen aufnehmen. |
| Beispiel | Das folgende Feld enthält Strings, Zahlen und boolesche Werte:<br><br>```
student = new Array();
student[0] = "Stefan";
student[1] = "Müller";
student[2] = 23;
student[3] = true;
``` |
| Array und Object | JavaScript unterstützt einen zusammengesetzten Datentyp, der als Object (siehe »Klassen in JavaScript« (S. 138)) bezeichnet wird. Ein Array ist im Grunde eine Sonderform des Typs Object. Bei der Programmierung ist es jedoch nützlich, sie als separate Datentypen zu behandeln. |

Basistext
```

JavaScript bietet außerdem assoziative Felder. Während die oben eingeführten Felder Werte mit nicht-negativen ganzen Zahlen verbinden, assoziieren die assoziativen Felder Werte mit Zeichenketten. Assoziative Felder werden in »Klassen in JavaScript« (S. 138) eingeführt.

assoziatives Feld

Erstellen Sie ein Skript und binden Sie die eingeführten Felder ein. Füllen Sie die Felder auf verschiedene Arten und geben Sie den Inhalt zu Kontrollzwecken aus. Was passiert, wenn Sie auf ein Element zugreifen, das noch keinen Wert erhalten hat?

3.6.5 Funktionen in JavaScript *

Funktionen können Eingabe- und Ausgabeparameter besitzen. Eingabeparameter vom einfachen Datentyp werden mittels *call by value* übergeben. Felder und Objekte werden *call by reference* übergeben. Lokale Variablen müssen mit `var` deklariert werden, sonst liegt automatisch eine globale Variable vor. Eine Funktion kann direkt oder mithilfe eines Event-Handlers aufgerufen werden. JavaScript bietet eine Reihe von Funktionen an, z.B. `parseInt()`, `poarseFloat()` **und** `isNaN()`.

Funktionen programmieren

Analog zu anderen Programmiersprachen können in JavaScript Teilaufgaben durch Funktionen realisiert werden. JavaScript-Funktionen werden im Allgemeinen im Kopf des XHTML-Dokuments deklariert, damit sie im gesamten XHTML-Dokument referenziert werden können.

Im einfachsten Fall besitzt eine Funktion weder Eingabe- noch Ausgabeparameter.

Funktion ohne Parameter

Beispiel

```
function bmi1()
{
  var bmi = weight_ / (height_ * height_);
  var message = "BMI1: Der BMI für " + weight_ + " kg und "
              + height_ + " m ist " + bmi + "<br />";
  document.write (message);
}
```

Basistext

Ein Datenaustausch über Parameter erfolgt in diesem Fall nicht, sondern die Funktion greift auf die globalen Variablen weight_ und height_ zu. Das Schlüsselwort var gibt an, dass bmi und message lokale Variablen sind.

lokale und globale Variablen

Lokale Variablen müssen mit dem Schlüsselwort var deklariert werden. Fehlt bei der Variablendeklaration in einer Funktion das Schlüsselwort var, dann handelt es sich um eine globale Variable. Alternativ können globale Variablen außerhalb einer Funktion deklariert werden und sind dann im gesamten Dokument gültig. Die Verwendung globaler Variablen gilt als schlechter Programmierstil und wird hier nur der Vollständigkeit halber gezeigt.

Beispiel

```
function f1()
{
  var v1 = 1; //lokale Variable
  ....
}
function f2()
{
  v1 = 2;      //globale Variable
  ....
}
v1 = 4;        //globale Variable, die auch in f2()
               // angesprochen wird
var v3 = 3;    //weitere globale Variable
```

Eingabeparameter

Eingabeparameter werden in runden Klammern aufgeführt und mehrere Parameter durch Komma getrennt. Die Parameterübergabe erfolgt bei einfachen Datentypen mittels *call by value*, d.h. es werden Kopien an die Funktion übergeben und die Funktion arbeitet mit diesen Kopien. Werden diese Parameter in der Funktion geändert, so sind die Änderungen außerhalb der Funktion *nicht* sichtbar. Felder *(arrays)* und Objekte werden *call by reference* übergeben: Die Referenz kann zwar in der Funktion nicht geändert werden, wohl aber die referenzierten Werte.

Beispiel

```
function bmi2(weight, height)
{
  var bmi = weight / (height * height);
  var message = "BMI2: Der BMI für " + weight + " kg und "
               + height + " m ist " + bmi;
  alert (message);
}
```

Basistext

Auch ein Ausgabeparameter ist möglich. Bei der folgenden Funktion wird der errechnete Wert der Variablen bmi an das Programm, das die Funktion aufruft, zurückgegeben. Statt einer einfachen Variablen kann auch ein Ausdruck angegeben werden.

Ausgabeparameter

```
function bmi3(weight, height)
{
  var bmi = weight / (height * height);
  return bmi;
}
```

Beispiel

Funktionen können in JavaScript mit Hilfe des Event-Handlers (siehe »Event-Handler« (S. 113)) oder durch einen Funktionsaufruf aktiviert werden.

Funktion aufrufen

Die oben eingeführten Funktionen bmi1() und bmi3() werden hier direkt aufgerufen, die Funktion bmi2() mit Hilfe eines Event-Handlers.

Beispiel

```
<script type="text/javascript">
<!--
  bmi1();
//-->
</script>
...
<input type="button" value="BMI2"
       onclick="bmi2(weight_, height_)" />
<script type="text/javascript">
<!--
  document.write ("BMI3: Der BMI für " + weight_
    + " kg und " + height_ + " m ist "
    + bmi3(weight_, height_) + "<br />");
//-->
</script>
```

Fügen Sie obige Programmabschnitte zu einem XHTML-Dokument zusammen und berechnen Sie Ihren persönlichen BMI. Fügen Sie den JavaScript-Code in eine separate Datei ein, die Sie im XHTML-Dokument referenzieren.

Vorhandene Funktionen benutzen

JavaScript bietet neben den Methoden implizit vorhandener Klassen eine Reihe objektunabhängiger Funktionen an. Dazu gehören:

- parseInt(): Wandelt die übergebene Zeichenkette in eine ganze Zahl um und gibt diese als Ergebniswert zurück.

Basistext

Beispiel

```
function istGanzZahl(zahl)
{
  if (parseInt(zahl) == zahl)
    alert("1: ganze Zahl");
  else
    alert("1: keine ganze Zahl");
}
```

- parseFloat(): Wandelt die übergebene Zeichenkette in eine reelle Zahl um und gibt diese als Ergebniswert zurück. Da sich jede ganze Zahl in eine reelle Zahl wandeln lässt, liefert sie ebenfalls das Ergebnis true.

Beispiel

```
function istReelleZahl(zahl)
{
  if (parseFloat(zahl) == zahl)
    alert ("2: reelle Zahl");
  else
    alert ("2: keine reelle Zahl");
}
```

- isNaN(): Gibt den Wert false zurück, wenn die übergebene Variable eine Zahl oder leer ist. Dabei ist es unwichtig, ob es sich um eine Zeichenkette handelt, die eine korrekte Zahl enthält oder um eine ganze oder reelle Zahl. Sonst wird true zurückgegeben.

Beispiel

```
function istZahl(zahl)
{
  if (isNaN(zahl))
    alert("3: keine Zahl");
  else
    alert("3: Zahl");
}
```

3.6.6 Klassen in JavaScript **

Objekte, die eine ungeordnete Menge von Eigenschaften bilden, gehören zu den Datentypen in JavaScript. Sie werden mit dem new-Operator deklariert. Auf die Eigenschaften eines Objekts kann man sowohl über den Operator [] als über den Punktoperator zugreifen. Außerdem kann eine »Art Klasse« durch einen Konstruktor deklariert werden. Methoden sind Funktionen, die auf Objekte einer Klasse angewendet werden

Basistext

können. Objekte einer Klasse können mit new erzeugt werden. Mit der Punktnotation können Methoden darauf angewendet oder direkt auf die Attribute der Objekte zugegriffen werden. JavaScript ist *keine* objektorientierte Programmiersprache, da wichtige Konzepte wie Sichtbarkeit und klassenbasierte Vererbung fehlen. JavaScript bietet unabhängig vom DOM einige vordefinierte Klassen an, z.B. Date **und** String.

JavaScript unterstützt ein eingeschränktes Klassenkonzept, das in einigen Punkten von den Klassenkonzepten abweicht, die in Java oder C# verwendet werden.

Objekte gehören zu den grundlegenden Datentypen in JavaScript. Ein Objekt bildet einfach eine ungeordnete Menge von Eigenschaften, von denen jede aus einem Namen und einem Wert besteht. Mit dem Operator new lassen sich neue Objekte einfach deklarieren. Sie können für ein Objekt neue Eigenschaften einfach dadurch erzeugen, dass Sie dem Eigenschaftsnamen einen Wert zuweisen. Eine Deklaration mit dem Schlüsselwort var erfolgt hier nicht.

Objekte

Das folgende Objekt member besitzt die beiden Eigenschaften bzw. Attribute number und name. Der Zugriff auf die Eigenschaften erfolgt hier mittels Punktoperator:

Beispiel

```
var member = new Object();
member.number = 1234;
member.name = "Michaela";
var personName = member.name;
```

Auf die Eigenschaften eines Objekts kann man nicht nur über den Punktoperator, sondern auch über den Operator [] zugreifen. Der Unterschied zwischen beiden Zugriffsarten ist, dass der Eigenschaftsname bei der Punktnotation ein Bezeichner ist und beim zweiten Fall ein String. Das entstandene Konstrukt wird als assoziatives Feld *(associative array)* bezeichnet. Während »normale« Felder (numerisch indizierte Arrays) Werte mit nicht-negativen ganzen Zahlen (Indizes) assoziieren, verknüpfen die assoziativen Felder Werte mit Strings.

assoziatives »Feld«

Basistext

Beispiel

Mit dem Operator [] kann man wie folgt auf die Eigenschaften des Objekts zugreifen:

```
member["number"] = 1234;
member["name"] = "Michaela";
var personName = member["name"];
```

Beachten Sie, dass die Punkt-Notation einen gültigen Bezeichner erfordert, während dies bei der Index-Notation nicht der Fall ist. Beispielsweise gilt:

- `member.1p = 1000;` ist nicht zulässig.
- `member["1p"] = 1000;` ist zulässig.

»Klasse deklarieren« durch Konstruktor

Eine Klassendeklaration im objektorientierten Sinn gibt es in JavaScript nicht. Stattdessen wird eine »Klasse« durch ihren Konstruktor definiert. Ein Konstruktor ist eine JavaScript-Funktion, die ein neues Objekt der Klasse erzeugt. Auf dieses Objekt kann mit dem Schlüsselwort this zugegriffen werden. Mit this.attribut werden dem neuen Objekt im Konstruktor Werte zugewiesen.

Beispiel

Bei dem folgenden Konstruktor werden für Objekte die Eigenschaften personalnr, nachname und gehalt definiert:

```
function Mitarbeiter(nummer, nachname, bruttogehalt)
{
    //Attribute bzw. Eigenschaften
    this.personalnr = nummer;
    this.nachname = nachname;
    this.gehalt = bruttogehalt;
}
```

Methoden

Zu einer Klasse gehören in objektorientierten Programmiersprachen entsprechende Methoden bzw. Operationen. Eine »Methode« ist in JavaScript einfach eine Funktion, die auf ein Objekt angewendet wird. Sie wird mithilfe einer Eigenschaft (z.B. name) an den Konstruktor bzw. die Klasse gebunden. Dies erfolgt durch folgende Zuweisung:

```
this.name = funktion;
```

wobei funktion als »normale« JavaScript-Funktion deklariert ist. Innerhalb der Methoden können Sie mit dem this-Operator auf die Attribute zugreifen.

Basistext

Beispiel

```
// --------- "Klasse" Mitarbeiter ---------------------
//Konstruktormethode
function Mitarbeiter(nummer, nachname, bruttogehalt)
{
  //Eigenschaften bzw. Attribute
  this.personalnr = nummer;
  this.nachname = nachname;
  this.gehalt = bruttogehalt;
  this.erhoeheGehalt = Gehaltserhoehung;
  this.ausgabe = ausgabe;
  this.setGehalt = setGehalt;
}

//Methoden
function Gehaltserhoehung(erhoehung)
{
  this.gehalt = this.gehalt + erhoehung;
}

function ausgabe()
{
  return ("Personalnr: " + this.personalnr
        + ", Name: " + this.nachname
        + ", aktuelles Gehalt: " + this.gehalt
        + "<br />");
}

function setGehalt(gehalt)
{
  this.gehalt = gehalt;
}
// --------- Ende Klasse Mitarbeiter ----------------
```

Die hier spezifizierte Klasse ist *nicht* das optimale Konstrukt in JavaScript, denn wie Sie sehen, besitzen die Objekteigenschaften erhoeheGehalt, ausgabe und setGehalt für jedes Objekt der Klasse die gleichen Werte (d.h. die Funktionsnamen). JavaScript bietet mit dem Konzept des Prototypen eine elegantere Möglichkeit, um Klassen zu definieren. In dieser Einführung wird jedoch nicht näher darauf eingegangen.

Prototypen

Mit dem Operator new wird der Konstruktor aufgerufen und erzeugt ein neues Objekt, das die angegebenen Werte erhält.

Objekte erzeugen

Ein Objekt der zuvor erstellten Klasse Mitarbeiter wird wie folgt erzeugt:

Beispiel

```
var mitarbeiter = new Mitarbeiter (1234, "Meier", 2000.00);
```

Basistext

3 JavaScript *

Methoden anwenden

Der Zugriff auf Objekte erfolgt in der objektorientierten Programmierung über Methoden. Die Syntax lautet:

```
objektname.methodenname()
```

Beispiel

```
mitarbeiter.erhoeheGehalt(100.00);
ergebnis = mitarbeiter.ausgabe();
```

Attribute verwenden

In JavaScript können Sie auch außerhalb der Klasse auf alle Attribute zugreifen. Die Syntax lautet:

```
objektname.attributname
```

Beispiel

```
mitarbeiter.personalnr = 4711;
mitarbeiter.nachname = "Winterberg";
```

Objektorientierung

Eine klassenbasierte Vererbung, wie Sie aus objektorientierten Sprachen wie Java bekannt ist, steht in JavaScript *nicht* zur Verfügung. Es ist jedoch möglich, Klassenattribute und Klassenmethoden zu verwenden. Seit JavaScript 1.1 besitzt jedes Objekt die Eigenschaft `constructor`, die auf die Konstruktorfunktion verweist.

Erstellen Sie JavaScript-Code, um die Klasse Mitarbeiter zu testen. Erzeugen Sie ein neues Objekt der Klasse und geben dessen Daten zu Kontrollzwecken im Browser aus. Erhöhen Sie das Gehalt und geben Sie die veränderten Daten aus.

Klasse Date

Außer den Klassen des DOMs (siehe »Document Object Model« (S. 104)) stehen in JavaScript einige vordefinierte Klassen zur Verfügung. Dazu gehört die Klasse Date, die einen einfachen Zugriff auf Datum und Zeit erlaubt. Ein Beispiel finden Sie in »Kontrollstrukturen in JavaScript« (S. 131):

- `date = new Date()`
  Erzeugt ein Objekt mit aktuellem Datum und aktueller Zeit.
- `date.getHours()`
  Ermittelt die Stunde (0..23).
- `date.getDate()`
  Ermittelt den Tag des Monats.
- `date.getMonth()`
  Ermittelt den Monat, wobei gilt: Jan=0, Feb=1, ... , Dez=11.

Basistext

- date.getDay()
  Ermittelt den Wochentag, wobei gilt: So=0, Mo=1, Di=2, Mi=3, Do=4, Fr=5, Sa=6.

In »Einfache JavaScript-Elemente« (S. 127) haben Sie bereits Zeichenketten bzw. Strings in der Form var name = "Marie"; kennengelernt. Hierbei handelt es sich um den einfachen Datentyp String. Die gleiche Variable kann auch wie folgt vereinbart werden:

Klasse String

```
var name = new String ("Marie");
```

Hier handelt es sich um ein Objekt der vordefinierten Klasse String. Auf jeden String können Sie die folgenden Attribute und Methoden der Klasse String anwenden, da JavaScript bei einfachen Strings eine automatische Typkonvertierung in String-Objekte durchführt:

- laenge = nachname.length;
  Ermittelt die Anzahl Zeichen in dem String-Objekt nachname
- i = nachname.indexOf('a');
  Stellt fest, an welcher Position der Buchstabe 'a' im String nachname vorkommt. Wird das Zeichen nicht gefunden, gibt die Methode -1 zurück. Statt eines einzelnen Zeichens kann auch nach einer Zeichenkette gesucht werden.
- last = nachname.charAt(nachname.length-1);
  Holt das letzte Zeichen aus dem String.

Umgekehrt können Sie auch auf String-Objekte den +-Operator anwenden, da JavaScript in diesem Fall eine automatische Typkonvertierung vom String-Objekt in den einfachen String durchführt:

```
var s1 = new String("Scheiben");
var s2 = new String("wischer");
s1 = s1 + s2;
```

3.7 JavaScript im Überblick *

Hier finden Sie zum schnellen Nachschlagen die JavaScript-Elemente, die in dieser Gruppierung eingeführt wurden. Elemente, die in »JavaScript-Sprachelemente« (S. 126) enthalten sind, werden *nicht* wiederholt.

Box

3 JavaScript *

JavaScript aktivieren
- **Internet Explorer**: Extras/Internetoptionen/Sicherheit/ Lokales Intranet/Stufe anpassen/Scripting/Active Scripting. Analog können Sie JavaScript für die Webinhaltszone Internet aktivieren.
- **Firefox**: Extras/Einstellungen/Inhalt/JavaScript aktivieren.
- **Opera**: Extras/Einstellungen/Erweitert/Inhalte/JavaScript aktivieren.

JavaScript einfügen
- `<head>`
  ```
  <script type="text/javascript">
  <!--
  ... JavaScript-Funktionen...
  //-->
  </script>
  ...
  </head>
  ```
- `<body>`
  ```
  <script type="text/javascript">
  <!--
  ... JavaScript-Code...
  //-->
  </script>
  ...
  </body>
  ```

externe js-Datei
- `<script type="text/javascript" src="Dateiname.js"></script>`

DOM *(Document Object Model)*

window
- `alert()`: Mitteilungsfenster
- `confirm()`: Bestätigungsfenster

document
- `document.write("text1", "text2")`: Browserausgabe
- `document.getElementById("id1")`: Zugriff auf XHTML-Element mit id="id1"

XHTML-Element
- `el.className`: Name der CSS-Klasse
- `el.innerHTML`: HTML-Code innerhalb des XHTML-Elements (nicht W3C-konform)

forms[]
- `document.forms[0]`: 1. Formular im Dokument
- `document.form1`: Formular mit dem Namen `form1`

elements[]
- `document.forms[0].elements[0]`: 1. Element im 1. Formular
- `document.forms[0].field1`: Element mit dem Namen `field1`
- `document.forms[0].elements[0].value`: Aktueller Wert des Elements

Box

3.7 JavaScript im Überblick *

- `document.images[0]`: 1. Bild im Dokument — `images[]`
- `document.bild1`: Bild mit dem Namen `bild1`
- `document.bild1.src`: Dateiname des Bildes `bild1`

- `bild2 = new Image();`: unsichtbares Bild — Image-Objekt
- `bild2.heigth`: Höhe des Bildes
- `bild2.weight`: Breite des Bildes
- `bild2.src`: Dateiname des Bildes

- `navigator.appName`: Anwendungsname des Browsers — navigator
- `navigator.appVersion`: Version und Betriebssystemversion
- `navigator.language`: Eingestellte Sprache
- `navigator.platform`: Betriebssystem

Event-Handler

- `onload`: Wenn das Dokument vollständig geladen ist — window-Objekt
- `onunload`: Wenn der Browser das aktuelle Dokument verlässt

- `onclick` — Elemente
- `ondblclick`
- `onmouseout`
- `onmouseover`
- `onmousedown`
- `onmouseup`

- `onsubmit`: Wird vor dem Senden des Inhalts aufgerufen — Form-Objekt
- `onreset`: Wird vor dem Zurücksetzen aufgerufen

- `<img onmouseout="this.src='bild.jpg';"` — *Rollover*
  `onmouseover="this.src='ersatzbild.jpg';"`
  `src="bild.jpg" />`
- `<img onmouseover="document.images[1].src=`
  `'ersatzbild.jpg';"`
  `onmouseout="document.images[1].src='bild.jpg';"`
  `src="bild.jpg" />`

Formular prüfen

```
<script type="text/javascript"><!--
  function check(self)
  {
    if (self.beliebig.value == "")
      return false;
    return true;
  }
//--></script>
```
— Referenz this

Box

```
...
<form action="" onsubmit="return check(this)">
  Inhalt <input type="text" name="beliebig" />
  <input type="submit" value="Prüfen" />
</form>
```

4 XML *

XML bedeutet *EXtensible Markup Language.* Es ist eine Auszeichnungssprache, die eine gewisse Ähnlichkeit mit HTML besitzt. XML wurde jedoch *nicht* dazu entworfen, um Websites zu erstellen, sondern um Daten zu beschreiben. Im Gegensatz zu HTML sind die Markierungen *(tags)* nicht vorgegeben, sondern müssen selbst definiert werden. — Was ist XML?

Sie sollten die Grundlagen von XHTML und CSS kennen (»XHTML« (S. 1) und »CSS« (S. 43)). — Was Sie wissen sollten

Diese Gruppierung führt Sie in die Techniken ein, die sich unter der Bezeichnung XML zusammenfassen lassen. Nach dem erfolgreichen Durcharbeiten können Sie einfache XML-Anwendungen erstellen. Als Fallbeispiel wird in den folgenden Bausteinen Schritt für Schritt ein Adressbuch entwickelt: — Was Sie lernen

- »Was ist XML?« (S. 148)
- »XML-Dokument« (S. 150)
- »DTD – Teil 1« (S. 156)
- »DTD – Teil 2« (S. 160)
- »XML-Schema – Teil 1« (S. 165)
- »XML-Schema – Teil 2« (S. 171)
- »XSLT-Stylesheet – Teil 1« (S. 179)
- » XSLT-Stylesheet – Teil 2« (S. 187)
- Zum Nachschlagen: »XML im Überblick« (S. 193)

Damit Sie mit XML arbeiten können, benötigen Sie nur einen Browser und einen einfachen Texteditor. Als Browser wird der Firefox oder der Internet Explorer empfohlen. Empfehlenswerter als ein einfacher Editor ist ein XML-Editor, mit dem man Fehler viel schneller finden kann. Ein komfortabler XML-Editor ist beispielsweise der XMLSpy-Editor (http://www.altova.com/). Er kann für 30 Tage kostenlos benutzt werden. — Was Sie brauchen

Verwendete und weiterführende Literatur: — Literatur

/St.Laurent, Fitzgerald 06/, /Herold 02/, /Vonhoegen 05/, /Evan 06/.

Gruppierung

4.1 Was ist XML? *

XML ist eine Auszeichnungssprache mit frei wählbaren Markierungen *(tags)*. Ein syntaktisch korrektes XML-Dokument ist wohlgeformt. Die Datenstruktur für ein XML-Dokument wird durch DTDs oder XML-Schemata beschrieben. Entspricht das XML-Dokument der vorgegebenen Struktur, dann ist es gültig. XML-Dokumente können mit XSLT-Stylesheets in veränderte XML-Dokumente, HTML oder Text transformiert werden.

Unter dem Begriff XML fasst man eine ganze Reihe von Techniken zusammen. Außer XML selbst gehören dazu DTDs, XML-Schemata und XSLT-*Stylesheets*.

XML   **XML** benutzt analog zu XHTML Markierungen *(tags)* in spitzen Klammern zur Auszeichnung von Dokumenten. Im Gegensatz zu XHTML können in einem XML-Dokument beliebige Markierungen verwendet werden. Eine Überschrift wird in XHTML beispielsweise mit `<h2>Titel</h2>` ausgezeichnet. In XML könnte man schreiben: `<headline>Titel</headline>`. Der wesentliche Unterschied zwischen XHTML und XML ist der, dass für XHTML im W3C-Standard definiert ist, welche Elemente verwendet werden dürfen, während dies bei XML vollkommen in der Hand des Entwicklers liegt. Gerade diese Eigenschaft macht die Mächtigkeit der Sprache aus.

DTD   Während in der XHTML-Syntax festgelegt ist, welche Markierungen vorkommen und wie sie ineinander geschachtelt sein dürfen, kann dies in XML vom Entwickler selbst definiert werden. Diese Angaben werden in der **DTD** *(Document Type Definition)* festgelegt. Hier lässt sich beispielsweise angeben, wie die Elemente ineinander geschachtelt sein müssen, ob Wiederholungen auftreten und ob Elemente optional sind.

XML-Schema   Eine Alternative zur DTD ist das **XML-Schema**. Es legt ebenfalls fest, wie ein XML-Dokument aufgebaut sein soll. Im Gegensatz zu den DTDs ermöglicht es, Datentypen zu definieren. Außerdem ist ein XML-Schema selbst ein XML-Dokument.

Basistext

XML-Parser sind Programme, die ein XML-Dokument lesen und analysieren. Zusammen mit der Spezifikation der Sprache XML selbst wurden auch die Anforderungen an einen **XML-Parser** definiert. Es werden zwei Stufen der »Korrektheit« unterschieden:

- Ein XML-Dokument ist **wohlgeformt** *(well formed)*, wenn es die syntaktischen Regeln von XML einhält. Dazu gehört beispielsweise, dass zu jeder öffnenden Markierung eine schließende Markierung vorhanden sein muss.
- Ein XML-Dokument ist **gültig** bzw. valide *(valid)*, wenn seine Struktur der zugehörigen DTD-Datei oder alternativ dem referenzierten XML-Schema entspricht. Ein gültiges Dokument ist immer wohlgeformt.

XML-Parser

Die Prüfung auf Gültigkeit bietet eine erhebliche Vereinfachung bei der Entwicklung von XML-basierten Anwendungen. Wenn ein gültiges XML-Dokument vorliegt, dann kann sich das benutzende Programm darauf verlassen, dass es bestimmte Elemente in einer definierten Reihenfolge vorfindet. Dadurch wird die Fehlerbehandlung wesentlich vereinfacht. XML-Entwicklungsumgebungen (z.B. XMLSpy) enthalten Parser, um die Prüfung auf Wohlgeformtheit und Gültigkeit sehr einfach durchzuführen.

XSLT *(Extensible Stylesheet Language Transformations)* ermöglicht es, ein XML-Dokument in ein verändertes Ergebnisdokument zu transformieren. Diese beiden Dokumente können beliebig stark voneinander abweichen. Damit kann man XML-Daten, die aus einer Anwendung exportiert wurden, für den Import in eine andere Anwendung aufbereiten. Ebenso ist es möglich, XML-Dokumente in HTML oder in ein einfaches Textformat zu transformieren. XSLT ist ein Teil von XSL *(Extensible Stylesheet Language)*. Weitere Komponenten von XSL sind *XML Path Language XPath* und *XSL Formatting Objects*.

XSLT

XML ist heute die Standardsprache für den Austausch von Daten zwischen verschiedenen Anwendungen. XML ermöglicht es, dass inkompatible Anwendungen und Datenbanken einfach ihre Daten austauschen können und dass dieser Austausch auch über das Internet möglich ist. Es gibt bereits eine ganze Reihe von Austauschformaten, die auf XML

Einsatz

Basistext

basieren, z.B. XMI *(XML Metadata Interchange)*. Mit Hilfe von XML können auch neue Sprachen definiert werden. Beispielsweise wurde der Nachfolger von HTML – XHTML – mit Hilfe von XML definiert. Daher ist jedes XHTML-Dokument auch ein XML-Dokument. Auch XML-Schemata und XSLT-*Stylesheets* sind mit XML definiert.

Versionen
1998 wurde vom **W3C** die Version 1.0 der XML-Spezifikation (http://www.w3.org/TR/REC-xml) verabschiedet, die bis auf Fehlerkorrekturen einige Jahre unverändert blieb. Im Jahr 2004 erschien die Version 1.1 (http://www.w3.org/TR/xml11). Die Änderungen sind geringfügig, jedoch ist die Version 1.1 nicht kompatibel zur Version 1.0. Da bereits sehr viele Anwendungen die Version 1.0 verwenden, besitzt die Version 1.1 zurzeit kaum praktische Bedeutung. Für XML-Schemata wurde 2001 eine Empfehlung des W3C verabschiedet. Die **W3C-Empfehlung** für XSLT wurde 1999 verabschiedet.

4.2 XML-Dokument *

Ein XML-Dokument beginnt immer mit einer XML-Deklaration und besteht aus einer Baumstruktur von Elementen. Es sind einfache Elemente, strukturierte Elemente und leere Elemente möglich. Zu jedem Element können beliebig viele Attribute angegeben werden. Element- und Attributnamen müssen nach festgelegten Regeln gebildet werden. Trotz der sehr einfachen Syntax müssen XML-Dokumente einige strenge Syntaxvorschriften erfüllen. Dazu gehören: Unterscheidung von Klein-/Großschreibung, jede Anfangsmarkierung muss mit einer Endemarkierung abschließen, genau ein Wurzelelement vorhanden, in dem alle weiteren Elemente korrekt geschachtelt sind, sowie Attributwerte immer in Anführungszeichen angeben.

Fallbeispiel
xml/
adressen.html

Wenn Sie die Daten aus einem Adressbuch in Ihrem Browser anzeigen wollen, dann könnte dies als XHTML-Dokument wie folgt aussehen:

```
<?xml version ="1.0" encoding="UTF-8" ?>
<!DOCTYPE html PUBLIC "-//W3C//DTD XHTML 1.1//EN"
  "xhtml11.dtd">
```

Basistext

4.2 XML-Dokument *

```
<html xmlns="http://www.w3.org/1999/xhtml" xml:lang="de">
<head>
<title>Adressbuch</title>
</head>
<body>
<p>
  Marie Risser<br />
  Kastanienweg 48<br />
  <b>1234 Klein-Winkelshausen</b><br />
  marie@mrisser.de
</p>
<p>
  Helen Schmidt<br />
  Rosenstraße 34<br />
  <b>2424 Groß-Winkelshausen</b><br />
  helen@schmidt4711.de
</p>
</body>
</html>
```

HTML bzw. XHTML geben nicht nur die zu verwendenden Elemente vor, sondern diese Markierungen werden von den Browsern nach einem vorgegebenen Schema interpretiert. In XML legen Sie selbst fest, wie die Markierungen benannt werden. Außerdem definiert ein XML-Dokument die reinen Daten, ohne sich um deren optische Darstellung zu kümmern.

Von HTML ... zu XML

Als XML-Dokument könnte das Adressbuch wie folgt aussehen:

Fallbeispiel
xml/
adressen.xml

```
<?xml version ="1.0" encoding="UTF-8" ?>
<adressbuch>
<!-- Einfaches Adressbuch -->
  <adresse>
     <vorname>Marie</vorname>
     <nachname>Risser</nachname>
     <strasse>Kastanienweg 48</strasse>
     <plz>12340</plz>
     <ort>Klein-Winkelshausen</ort>
     <email>marie@mrisser.de</email>
  </adresse>
  <adresse>
     <vorname>Helen</vorname>
     <nachname>Schmidt</nachname>
     <strasse>Rosenstraße 34</strasse>
     <plz>24024</plz>
     <ort>Groß-Winkelshausen</ort>
     <email>helen@schmidt4711.de</email>
  </adresse>
</adressbuch>
```

Basistext

Wenn Sie einen neueren Browser verwenden, dann können Sie die XML-Datei direkt ausführen. Der Internet Explorer (Version 6) und der Firefox (Version 2) zeigen die Baumstruktur des XML-Dokuments an (Abb. 4.2-1), weil diese Browser einen integrierten XML-Parser besitzen.

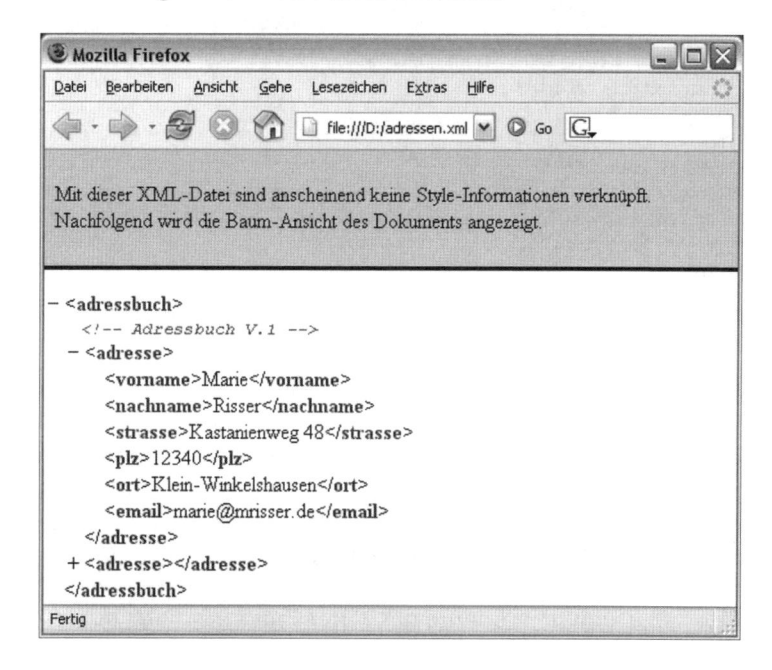

Abb. 4.2-1: Darstellung des XML-Dokuments als Baumstruktur.

XML-Deklaration

Jedes **XML-Dokument** beginnt mit einer **XML-Deklaration**, die mindestens die verwendete Version der XML-Spezifikation nennen muss. Diese Angabe bestimmt, welche XML-Spezifikation das vorliegende XML-Dokument erfüllen muss:

```
<?xml version ="1.0" ?>
```

Da XML-Dokumente Texte enthalten, sollte außerdem festgelegt werden, *wie* Zeichen codiert werden. Häufig verwendete Codierungen sind ISO-8859-1 (auch Latin 1 genannt) und UTF-8 *(8-bit Unicode Transformation Format)* (siehe »XHTML-Dokument« (S. 5)). Wird kein Zeichensatz angegeben, dann wird UTF-8 als Vorgabe verwendet:

```
<?xml version="1.0" encoding="UTF-8"?>
```

Basistext

Elemente

XML-Dokumente bestehen aus Elementen. Ein **Element** besteht aus einer Anfangsmarkierung, dem eigentlichen Elementinhalt und einer Endemarkierung. Eine PLZ wird beispielsweise durch das Element `<plz>12340</plz>` spezifiziert. Der Inhalt dieses Elements ist die Zeichenfolge 12340, die durch Anfangs- und Endemarkierung geklammert wird. Daher werden Elemente auch als **Container** bezeichnet.

Für die Elementnamen gibt es einige Vorschriften:

- Der Name muss mit einem Buchstaben, einem Unterstrich oder einem Doppelpunkt beginnen.
- Danach dürfen als zusätzliche Zeichen Ziffern, Bindestrich und Punkt verwendet werden.
- Den Doppelpunkt sollten Sie möglichst nicht verwenden, weil er das Namensraum-Präfix vom Elementnamen trennt. Namensräume ermöglichen es, den gleichen Elementnamen für unterschiedliche Elemente zu verwenden. Sie werden in dieser Einführung nicht weiter behandelt.
- Die Zeichenfolge »xml« ist reserviert und darf nicht am Anfang eines Namens verwendet werden.
- Die Länge eines Namens ist nicht begrenzt.
- Groß- und Kleinschreibung werden unterschieden.

Bei einfachen Elementen besteht der Inhalt aus einer Zeichenkette.

Außer den einfachen Elementen können auch strukturierte Elemente definiert werden, die selbst wieder Elemente enthalten, die sowohl einfache als auch strukturierte Elemente sein können. Diese Elemente müssen korrekt ineinander geschachtelt sein.

Strukturiertes Element mit zwei einfachen Elementen:

```
<name>
  <vorname>Marie</vorname>
  <nachname>Risser</nachname>
</name>
```

Neben Elementen mit Inhalt gibt es auch leere Elemente. Beispielsweise könnte eine Adresse um die Angabe `<beruflich></beruflich>` erweitert werden. Zwischen Anfangs-

Elemente

Elementname

einfache Elemente

strukturierte Elemente

Beispiel

leere Elemente

Basistext

und Endemarkierung steht keine Information. Dieses Element sagt aus, dass es sich bei einer Adresse um einen beruflichen Kontakt handelt. Ein Inhalt ist hier *nicht* notwendig. Für inhaltslose Elemente wird im Allgemeinen eine Kurzform verwendet, z.B. <beruflich/>.

Wurzelelement

Jedes XML-Dokument besitzt ein **Wurzelelement**. Das ist dasjenige Element, das alle anderen Elemente enthält. Bei dem obigen Adressbuch ist adressbuch das Wurzelelement. Jedes XML-Dokument bildet daher eine Baumstruktur von Elementen.

Attribute

Jedes einfache oder strukturierte Element in einem XML-Dokument – auch ein leeres Element – kann beliebig viele **Attribute** enthalten. Sie werden in der Anfangsmarkierung durch Name-Wert-Paare angegeben. Beispielsweise könnte zu einer Adresse angegeben werden, wann sie ins Adressbuch eingetragen wurde. Attributwerte sind Zeichenketten, die in doppelten oder einfachen Anführungszeichen stehen.

Attributname

Für die Bildung von Attributnamen gelten die gleichen Vorschriften wie für Elementnamen. Innerhalb einer Markierung muss jeder Attributname eindeutig sein. Es ist jedoch erlaubt, den gleichen Attributnamen in verschiedenen Elementen zu verwenden.

mehrere Attribute

Werden in einer Anfangsmarkierung mehrere Attribute (Name-Wert-Paare) aufgeführt, dann müssen sie durch ein Leerzeichen getrennt werden. Die Reihenfolge ist beliebig.

Beispiele

Elemente mit Attributen:

```
<adresse erfasst_am="2005-07-17"
         aktualisiert_am="2005-10-11">
   ...
</adresse>
<beruflich kunde="ja"/>
```

Elemente oder Attribute?

Attribute sind dafür gedacht, Informationen über Elemente anzugeben. In der Praxis kann eine Information oft sowohl als Unterelement eines Elements als auch durch ein Attribut des Elements dargestellt werden. Will man eine grobe Faustregel für die Benutzung haben, sollte man Elementen den Vorzug geben. Der Zugriff auf Elemente ist technisch etwas einfacher. Außerdem können für Elemente jederzeit Unterelemente definiert werden. Auch wenn die XML-Daten mit CSS formatiert werden sollen, sind Elemente vorzuziehen.

Kommentare werden analog zu XHTML definiert. Sie dürfen an jeder beliebigen Stelle des XML-Dokuments vorkommen, jedoch *nicht* vor der XML-Deklaration und innerhalb einer Markierung. Kommentare dürfen sich auch über mehrere Zeilen erstrecken. Die Zeichenfolge »--« darf im Kommentar nicht verwendet werden:

Kommentare

```
<!-- Dies ist ein Kommentar -->
```

Hier finden Sie das Wichtigste zur XML-Syntax noch einmal im Überblick:

Syntax

- XML unterscheidet zwischen Groß- und Kleinschreibung.
- In XML muss zu jeder Anfangsmarkierung eine Endemarkierung existieren.
- Bei inhaltslosen Elementen kann statt `<tag></tag>` die Kurzform `<tag/>` verwendet werden.
- Jedes XML-Dokument muss ein Wurzelelement besitzen, das alle anderen Elemente enthält.
- Alle Elemente müssen korrekt ineinander geschachtelt sein.
- Jedes Element kann beliebig viele Attribute als Name-Wert-Paare besitzen.
- Attributwerte müssen immer in Anführungszeichen stehen.

Weil die Zeichen `<`, `>`, `&`, `"` und `'` zur Auszeichnung von XML-Dokumenten verwendet werden, bietet XML dafür Ersatzdarstellungen an, wenn sie innerhalb von Zeichenketten benötigt werden:

Markup-Zeichen

- `&amp;` für das kaufmännische Und & *(ampersand)*
- `&apos;` für das einfache Anführungszeichen ' *(apostrophe)*
- `&quot;` für das doppelte Anführungszeichen " *(quotation mark)*
- `&lt;` für das Kleiner-als-Zeichen < *(less than)*
- `&gt;` für das Größer-als-Zeichen > *(greater than)*

Basistext

Fallbeispiel
xml/
adressen1.xml

Das Beispiel adressen.xml wird um Attribute und ein leeres Element erweitert:

```xml
<?xml version="1.0" encoding="UTF-8" ?>
<!-- Adressbuch mit Attributen   -->
<adressbuch>
  <adresse erfasst_am="2006-07-17"
           aktualisiert_am="2006-09-17">
    <vorname>Marie</vorname>
    <nachname>Risser</nachname>
    <strasse>Kastanienweg 48</strasse>
    <plz>1234</plz>
    <ort>Klein-Winkelshausen</ort>
    <email>marie@mrisser.de</email>
  </adresse>
  <adresse>
    <vorname>Helen</vorname>
    <nachname>Schmidt</nachname>
    <strasse>Rosenstraße 34</strasse>
    <plz>2424</plz>
    <ort>Groß-Winkelshausen</ort>
    <email>helen@schmidt4711.de</email>
    <beruflich/>
  </adresse>
</adressbuch>
```

Führen Sie die Datei adressen1.xml in einem neueren Browser aus. Ergänzen Sie jedes Element adresse um das Element bemerkung, das zusätzlich das Attribut aktualisiert_am besitzt. Wählen Sie geeignete Daten. Prüfen Sie, ob das geänderte XML-Dokument wohlgeformt ist.

4.3 DTD – Teil 1 *

Die DTD definiert die gültige Struktur für XML-Dokumente. Hier wird festgelegt, wie Elemente und Attribute verwendet werden dürfen. Jedes Element wird durch <!ELEMENT Elementname Inhaltsmodell> **beschrieben. Für einfache Elemente steht nur der Datentyp #PCDATA zur Verfügung. Strukturierte Elemente können eine Sequenz bilden, optionale Elemente enthalten oder eine Iteration bilden. Im XML-Dokument wird mit der Dokumenttyp-Deklaration auf die DTD verwiesen.**

Basistext

4.3 DTD - Teil 1 *

Die **DTD** *(Document Type Definition)* legt fest, wie ein XML-Dokument aufgebaut sein muss. Eine DTD kann entweder innerhalb des XML-Dokuments oder in einer externen Datei definiert werden. Eine DTD definiert sozusagen die Grammatik-Regeln für ein XML-Dokument. Entspricht ein XML-Dokument diesen Regeln, dann ist es gültig, ansonsten ungültig.

Für das Adressbuch kann eine DTD folgendermaßen aussehen:

Fallbeispiel dtd/adressen1.dtd

```
<!ELEMENT adressbuch (adresse+)>
<!ELEMENT adresse (vorname?, nachname, strasse, plz, ort,
                   email?, beruflich?)>
<!ELEMENT vorname (#PCDATA)>
<!ELEMENT nachname (#PCDATA)>
<!ELEMENT strasse (#PCDATA)>
<!ELEMENT plz (#PCDATA)>
<!ELEMENT ort (#PCDATA)>
<!ELEMENT email (#PCDATA)>
<!ELEMENT beruflich EMPTY>
```

Kommentare werden in einer DTD genau wie in einem XML-Dokument angegeben:

Kommentare

```
<!-- Das ist ein Kommentar -->
```

Jedes Element des XML-Dokuments muss in der Dokumenttyp-Definition durch `<!ELEMENT Elementname Inhaltsmodell>` beschrieben werden. Tab. 4.3-1 zeigt die in dieser Einführung verwendeten Inhaltsmodelle der Elemente einer DTD im Überblick.

Elemente

Inhaltsmodell	Erklärung
(#PCDATA)	Das Element enthält nur Zeichenketten.
EMPTY	Das Element besitzt keinen Inhalt.
Struktur	Das Element besteht aus weiteren Elementen.

Tab. 4.3-1: Inhaltsmodelle einer DTD.

Die Definition `<!ELEMENT vorname (#PCDATA)>` sagt aus, dass es sich um ein einfaches Element vom Datentyp #PCDATA handelt. PCDATA steht für »*parsed character data*« und bedeutet, dass dieses Element nur reinen Text ohne weitere Mar-

#PCDATA

Basistext

kierungen enthalten und nicht aus weiteren Elementen bestehen darf. Die Angabe »#« sagt aus, dass es sich um ein vordefiniertes Schlüsselwort handelt. #PCDATA ist der einzige Datentyp, der in einer DTD für die Definition einfacher Elemente zur Verfügung steht.

leere Elemente

In einer DTD kann auch festgelegt werden, dass ein Element keinen Inhalt besitzt. Es wird durch EMPTY gekennzeichnet. Beispielsweise wird in der DTD definiert, dass es sich bei beruflich um ein leeres Element handelt:

```
<!ELEMENT beruflich EMPTY>
```

Iteration

Die Angabe `<!ELEMENT adressbuch (adresse+)>` sagt aus, dass ein Adressbuch aus mehreren Adressen bestehen kann, jedoch mindestens ein Element enthält. Soll auch ein leeres Adressbuch, d.h. ohne Adresse, erlaubt sein, so schreibt man:

```
<!ELEMENT adressbuch (adresse*)>
```

Sequenz, optionale Elemente

Jede Adresse besteht aus einer Sequenz von Elementen, die durch `<!ELEMENT adresse (vorname?, nachname, strasse, plz, ort, email?)>` beschrieben wird. Die hier vorgegebene Reihenfolge muss im XML-Dokument eingehalten werden. Sind dort die Elemente in anderer Reihenfolge aufgeführt, dann ist das XML-Dokument nicht gültig. Das Fragezeichen nach vorname und email gibt an, dass diese Elemente optional sind. Elemente ohne Kennzeichnung sind Pflichtelemente in der Sequenz. Fehlen sie im XML-Dokument, dann ist es ungültig.

Fallbeispiel dtd/ adressen1.xml

Das folgende XML-Dokument referenziert die oben eingeführte DTD:

```
<?xml version ="1.0" encoding="UTF-8" ?>
<!DOCTYPE adressbuch SYSTEM "adressen1.dtd">
<adressbuch>
  <adresse>
    <vorname>Marie</vorname>
    <nachname>Risser</nachname>
    <strasse>Kastanienweg 48</strasse>
    <plz>1234</plz>
    <ort>Klein-Winkelshausen</ort>
    <email>marie@mrisser.de</email>
  </adresse>
```

Basistext

```
    <adresse>
      <vorname>Helen</vorname>
      <nachname>Schmidt</nachname>
      <strasse>Rosenstraße 34</strasse>
      <plz>2424</plz>
      <ort>Groß-Winkelshausen</ort>
      <email>helen@schmidt4711.de</email>
      <beruflich/>
    </adresse>
</adressbuch>
```

Die Zeile `<!DOCTYPE adressbuch SYSTEM "adressen.dtd">` wird als **Dokumenttyp-Deklaration** bezeichnet. Sie verweist im XML-Dokument auf die DTD, die in der Datei `adressen1.dtd` enthalten ist. Stimmt der hier angegebene Elementname (`adressbuch`) nicht mit dem Namen des Wurzelelements überein, dann ist das XML-Dokument bereits ungültig. Die DOCTYPE-Deklaration muss nach der XML-Deklaration und vor dem ersten Element stehen.

Dokumenttyp-Deklaration extern

Die Angabe `SYSTEM` sagt aus, dass es sich um eine private DTD handelt. Die darauf folgende URL gibt an, wo sich diese DTD befindet. Eine private DTD ist nicht öffentlich zugänglich. Mit `PUBLIC` wird eine öffentliche DTD gekennzeichnet, die für die allgemeine Verwendung zur Verfügung steht.

SYSTEM, PUBLIC

Beim Erstellen von XHTML-Dokumenten, die mit dem Validator geprüft werden, haben Sie bereits mit einer öffentlichen DTD gearbeitet. Sie wird wie folgt in dem XHTML-Dokument referenziert:

DTD für XHTML

```
<!DOCTYPE html PUBLIC "-//W3C//DTD XHTML 1.1//EN"
"xhtml11.dtd">
```

Hieran sieht man, wie mächtig eine DTD ist, denn die gültigen Strukturen *aller* XHTML-Dokumente können durch diese eine DTD spezifiziert werden.

Es ist auch möglich, die DTD direkt in der Dokumenttyp-Deklaration anzugeben:

Dokumenttyp-Deklaration intern

```
<!DOCTYPE adressbuch [...DTD... ]>
```

Für das Adressbuch ergibt sich folgende interne Dokumenttyp-Deklaration:

Beispiel

Basistext

```
<!DOCTYPE adressbuch [
<!ELEMENT adressbuch (adresse+)>
<!ELEMENT adresse (vorname?, nachname, strasse, plz, ort,
                   email?, beruflich?)>
<!ELEMENT vorname (#PCDATA)>
...
<!ELEMENT email (#PCDATA)>
<!ELEMENT beruflich EMPTY>
]>

<adressbuch>
   <adresse> ... </adresse>
   <adresse> ... </adresse>
</adressbuch>
```

Erweitern Sie das XML-Dokument und die zugehörige DTD um die optionalen Elemente titel und telefon sowie das optionale leere Element istFreund. Prüfen Sie, ob ein gültiges XML-Dokument vorliegt.

4.4 DTD – Teil 2 *

In einer DTD kann festgelegt werden, dass ein strukturiertes Element mehrere alternative Inhalte annehmen kann. Durch Kombination aller Operatoren können komplexe Strukturen entstehen. Auch die Attribute von Elementen werden in der DTD definiert. Als Attributtypen stehen beispielsweise CDATA und Aufzählungstypen zur Verfügung. Außerdem können für Attribute sogenannte Vorgabedeklarationen definiert werden. Hier wird festgelegt, ob es optionale oder Pflichtattribute sind oder ob der Attributwert vorbelegt ist.

Elemente definieren

Alternativen   Man kann definieren, dass ein Element mehrere alternative Inhalte annehmen kann. In runden Klammern werden alle Alternativen aufgezählt und durch den senkrechten Strich voneinander getrennt. Bei jeder Alternative handelt es sich um ein Element, das in der DTD definiert werden muss:

```
<!ELEMENT element (element1 | element2)>
```

Basistext

Beispielsweise kann ein Element telefon definiert werden, das entweder die Nummer eines Handys oder eines Festnetzanschlusses enthält:

Beispiel

```
<!ELEMENT telefon (mobil | festnetz)>
<!ELEMENT mobil (#PCDATA) >
<!ELEMENT festnetz (#PCDATA)>
```

Gültige XML-Elemente sind beispielsweise:

```
<telefon>
  <mobil>0170/123456</mobil>
</telefon>
...
<telefon>
  <festnetz>022222/343434</festnetz>
</telefon>
```

Soll eine Telefonliste definiert werden, die sowohl mobile als auch Festnetz-Anschlüsse enthält (evtl. auch keinen!), kann die DTD wie folgt erweitert werden:

```
<!ELEMENT telefonliste (telefon*)>
```

Sie definiert folgenden validen XML-Ausschnitt:

```
<telefonliste>
  <telefon>
    <mobil>0170/123456</mobil>
  </telefon>
  <telefon>
    <festnetz>022222/343434</festnetz>
  </telefon>
  <telefon>
    <festnetz>02345/565656</festnetz>
  </telefon>
</telefonliste>
```

Tab. 4.4-1 zeigt, welche Operatoren in einer DTD für die Definition von strukturierten Elementen verwendet werden können. Durch eine geschickte Kombination lassen sich sehr komplexe Strukturen definieren.

Attribute definieren

Für ein Element können beliebig viele Attribute definiert werden. Sie werden nacheinander in der Attributliste aufgeführt, wobei die Reihenfolge keine Bedeutung hat. Das bedeutet, dass die Attribute im XML-Dokument in anderer Rei-

Attributliste

Basistext

Operator	Erklärung
`<!ELEMENT e1 (e2, e3)>`	Element e1 besteht aus den Elementen e2 und e3 in dieser Reihenfolge.
`<!ELEMENT e1 (e2+)>`	Element e1 besteht aus mehreren Elementen e2, jedoch mindestens aus einem.
`<!ELEMENT e1 (e2*)>`	Element e1 besteht aus mehreren Elementen e2, eventuell auch aus keinem.
`<!ELEMENT e1 (e2?)>`	Element e1 besteht aus keinem oder einem Element e2.
`<!ELEMENT e1 (e2|e3)>`	Element e1 besteht entweder aus dem Element e2 oder dem Element e3.

Tab. 4.4-1: Operatoren für strukturierte Elemente in einer DTD.

henfolge vorkommen dürfen als in der Attributliste der DTD. Die Listendefinition kann sowohl vor als auch nach dem Element stehen, zu dem die Attribute gehören. Es gilt folgende Syntax:

```
<!ATTLIST Elementname
         Attributname1 Attributtyp1 Vorgabedeklaration1
         Attributname2 Attributtyp2 Vorgabedeklaration2
>
```

Beispiel

Das Element adresse besitzt die optionalen Attribute erfasst_am und aktualisiert_am:

```
XML: <adresse erfasst_am = "2006-07-17"
              aktualisiert_am = "2006-09-17" >

DTD: <!ATTLIST adresse erfasst_am CDATA #IMPLIED
                       aktualisiert_am CDATA #IMPLIED >
```

Attributtypen In einer DTD können zehn verschiedene Attributtypen angegeben werden, von denen in dieser Einführung nur zwei verwendet werden: CDATA und Aufzählungstyp.

CDATA Die Angabe CDATA beschreibt den Typ des Attributs und sagt aus, dass der Attributwert eine Zeichenfolge enthält.

Aufzählung In einer Aufzählung werden alle Werte aufgeführt, von denen das Attribut genau einen annehmen kann.

Basistext

Folgende Deklaration definiert für das Element adresse das Attribut kontakt, das genau einen der aufgeführten Werte annehmen muss.

Beispiel Aufzählung

DTD: `<!ATTLIST adresse kontakt (freund | verein | beruf ) #REQUIRED >`

XML: `<adresse kontakt="freund">`

Für die Vorgabedeklaration stehen vier Angaben zur Verfügung, von denen hier drei verwendet werden: #IMPLIED, #REQUIRED und ein Attributwert.

Vorgabedeklaration

Die Vorgabedeklaration #IMPLIED definiert ein optionales Attribut. Für das zugehörige Element im XML-Dokument kann ein Attribut angegeben werden oder es kann fehlen.

#IMPLIED

Die Vorgabedeklaration #REQUIRED definiert ein Pflichtattribut. Das entsprechende Element im XML-Dokument muss dieses Attribut besitzen. Andernfalls ergibt bei der Überprüfung *kein* valides XML-Dokument.

#REQUIRED

Als Vorgabedeklaration kann auch ein Attributwert angegeben werden. Dann nimmt das Attribut im XML-Dokument diesen Wert an, wenn im XML-Dokument kein Wert angegeben wird. Das Attribut im XML-Dokument besitzt immer einen Wert – entweder den in der DTD vorgegebenen oder den im XML-Dokument eingetragenen. Daher entfällt die Angabe #IMPLIED bzw. #REQUIRED.

Attributwert

Im Adressbuch kann man vermerken, in welcher Sprache die Kontaktdaten erfasst sind. Das Attribut sprache sagt hier aus, dass als Voreinstellung die deutsche Sprache gilt:

Beispiel

DTD: `<!ATTLIST adresse sprache CDATA "deutsch" >`

XML: `<adresse sprache="englisch"> ...< /adresse>`

Tab. 4.4-2 zeigt die in dieser Einführung verwendeten Vorgabedeklarationen für Attribute im Überblick.

Basistext

Deklaration	Erklärung
"Attributwert"	Wert, den das Attribut erhält, wenn im XML-Dokument kein Wert angegeben wird.
#IMPLIED	Die Angabe des Attributwerts ist optional und es ist keine Voreinstellung angegeben.
#REQUIRED	Das Attribut muss im XML-Dokument einen Wert erhalten und darf keine Voreinstellung besitzen.

Tab. 4.4-2: Vorgabedeklaration in einer DTD.

Fallbeispiel
dtd/
adressen2.dtd

Mit den eingeführten Sprachkonzepten können Sie die DTD beispielsweise wie folgt erweitern:

```
<!ELEMENT adressbuch (adresse+)>
<!ELEMENT adresse (vorname?, nachname, strasse, plz, ort,
         email?, beruflich?, telefonliste)>
<!ELEMENT vorname (#PCDATA)>
<!ELEMENT nachname (#PCDATA)>
<!ELEMENT strasse (#PCDATA)>
<!ELEMENT plz (#PCDATA)>
<!ELEMENT ort (#PCDATA)>
<!ELEMENT email (#PCDATA)>
<!ELEMENT beruflich EMPTY>

<!ELEMENT telefonliste (telefon*)>
<!ELEMENT telefon (mobil | festnetz)>
<!ELEMENT mobil (#PCDATA) >
<!ELEMENT festnetz (#PCDATA)>

<!ATTLIST adresse
   erfasst_am CDATA #IMPLIED
   aktualisiert_am CDATA #IMPLIED>
<!ATTLIST adresse
   kontakt (freund | verein | beruf ) #REQUIRED>
<!ATTLIST adresse sprache CDATA "deutsch">
```

dtd/
adressen2.xml

Das folgende XML-Dokument verwendet die oben eingeführte DTD:

```
<?xml version="1.0" encoding="UTF-8" ?>
<!DOCTYPE adressbuch SYSTEM "adressen2.dtd">
<adressbuch>
  <adresse erfasst_am="2006-07-17"
           aktualisiert_am="2006-09-17"
           kontakt="freund">
    <vorname>Marie</vorname>
    <nachname>Risser</nachname>
    <strasse>Kastanienweg 48</strasse>
    <plz>12340</plz>
    <ort>Klein-Winkelshausen</ort>
```

Basistext

```xml
    <email>marie@mrisser.de</email>
    <telefonliste>
      <telefon>
        <mobil>0170/123456</mobil>
      </telefon>
      <telefon>
        <festnetz>022222/343434</festnetz>
      </telefon>
    </telefonliste>
  </adresse>

  <adresse kontakt="beruf">
    <vorname>Helen</vorname>
    <nachname>Schmidt</nachname>
    <strasse>Rosenstraße 34</strasse>
    <plz>24024</plz>
    <ort>Groß-Winkelshausen</ort>
    <email>helen@schmidt4711.de</email>
    <beruflich/>
    <telefonliste>
      <telefon>
        <festnetz>02345/565656</festnetz>
      </telefon>
      <telefon>
        <festnetz>02345/565657</festnetz>
      </telefon>
    </telefonliste>
  </adresse>
</adressbuch>
```

Führen Sie das XML-Dokument mit XMLSpy aus. Was wird im Browser für das Attribut sprache angezeigt?

4.5 XML-Schema – Teil 1 **

Ein XML-Schema wird verwendet, um die gültige Struktur eines XML-Dokuments zu beschreiben und verwendet selbst XML-Syntax. Es wird in eine separate Datei geschrieben, die im XML-Dokument referenziert wird. Für Elemente können Typen definiert werden. Als einfache Typen stehen eine Reihe von Standardtypen zur Verfügung. Weiterhin können anonyme und benannte komplexe Datentypen gebildet werden. Besteht ein Element aus Teilelementen, kann deren Häufigkeit definiert werden. Leere Elemente müssen im Schema als komplexe Datentypen angegeben werden.

Basistext

Ein **XML-Schema** legt fest, wie ein XML-Dokument aufgebaut sein muss. Im Unterschied zur DTD ist ein Schema selbst ein XML-Dokument, das auf Wohlgeformtheit geprüft werden kann. Es wird in eine separate Datei mit der Dateiendung .xsd geschrieben.

Aufbau Da ein XML-Schema ein XML-Dokument ist, beginnt es mit der XML-Deklaration, die die XML-Version und den Zeichensatz definiert. Das Wurzelelement eines Schemas ist immer `<xs:schema>`. An dieser Auszeichnung erkennt der Parser, dass es sich nicht um ein »normales« XML-Dokument, sondern um ein Schema handelt. Ein XML-Schema besitzt somit folgenden Aufbau:

```
<?xml version="1.0" encoding="UTF-8"?>
<xs:schema xmlns:xs="http://www.w3.org/2001/XMLSchema">
...
</xs:schema>
```

Namensraum Das Attribut xmlns (XML namespace) ermöglicht die Deklaration von Namensräumen. Auf den Attributnamen folgen ein Doppelpunkt und dann ein beliebiges Kürzel für den Namensraum, z.B xmlns:xs. Allen Elementen, die in einem Namensraum definiert sind, wird dieses Kürzel als Präfix hinzugefügt. Dadurch kann der gleiche Elementname mehrfach verwendet werden und besitzt in Abhängigkeit vom jeweiligen Namensraum eine unterschiedliche Bedeutung.

Präfix xs Im Wurzelelement des XML-Schemas wird als Präfix xs verwendet. Das Präfix ist prinzipiell frei wählbar. Häufig wird für XML-Schemata auch das Präfix xsd verwendet. Wichtig ist, dass eine korrekte URL-Referenz angegeben wird. Für ein XML-Schema muss die URL http://www.w3.org/2001/XMLSchema lauten.

Schema referenzieren Im XML-Dokument teilt die folgende Angabe dem XML-Prozessor mit, wo sich das Schema befindet, das für die Validierung verwendet werden soll:

```
<adressbuch xmlns:xsi=
            "http://www.w3.org/2001/XMLSchema-instance"
            xsi:noNamespaceSchemaLocation="adressen.xsd">
   ...
</adressbuch>
```

Basistext

Die Angabe adressbuch kennzeichnet das Wurzelelement des XML-Dokuments und "adressen.xsd" gibt den aktuellen Dateinamen einschließlich des kompletten Pfades für das XML-Schema an. In diesem Fall liegt die XSD-Datei im gleichen Verzeichnis wie das XML-Dokument, das sie referenziert.

Jedes Element, das im XML-Dokument verwendet wird, muss im XML-Schema deklariert werden. Es werden einfache und komplexe Elemente unterschieden. Jedes Element wird in der folgenden Syntax beschrieben:

Elemente

```
<xs:element name="elementname" .... >
```

Einfache Elemente dürfen weder andere Elemente noch Attribute enthalten.

einfache Elemente

Hier wird das Element vorname vom Typ String deklariert:

Beispiel

```
<xs:element name="vorname" type="xs:string" />
```

XML-Schemata geben eine breite Palette von Standardtypen vor, die ebenfalls mit dem Präfix xs beginnen. Dazu gehören:

Standardtypen

- xs:string für Zeichenketten.
- xs:decimal für dezimale Zahlen beliebiger Genauigkeit, wobei die Ziffern nach dem Dezimalzeichen einschließlich dieses Zeichens entfallen können.
- xs:integer für ganze Zahlen beliebiger Größe.
- xs:float für Gleitkommazahlen (einfacher Genauigkeit).
- xs:boolean für logische Werte true und false.
- xs:date für ein Kalenderdatum in dem Format jjjj-mm-dd.

Komplexe Elemente bestehen im Allgemeinen aus mehreren Elementen. Auch wenn ein Element ein Attribut enthält, muss es im XML-Schema als komplexes Element deklariert werden. Beispielsweise bildet eine Adresse ein komplexes Element. Dies wird durch das Element <xs:complexType> ausgedrückt. Die darin geschachtelte Markierung <xs:sequence> fordert, dass die enthaltenen Elemente genau in der vorgegebenen Reihenfolge vorliegen müssen. Verwenden Sie <xs:sequence> zunächst wie hier angegeben. Eine detailliertere Erklärung finden Sie in »XML-Schema – Teil 2« (S. 171).

komplexe Elemente

Basistext

Beispiel

```
<xs:element name="adresse">
  <xs:complexType>
    <xs:sequence>
      <xs:element name="vorname" type="xs:string"/>
      <xs:element name="nachname" type="xs:string"/>
      ...
    </xs:sequence>
  </xs:complexType>
</xs:element>
```

komplexer Datentyp

Für komplexe Elemente kann auch ein neuer Typ definiert und dem Element zugewiesen werden. Diese Form besitzt den Vorteil, dass ein komplexer Datentyp einmal definiert und dann beliebig oft referenziert werden kann. Man spricht auch von **benannten Datentypen**, während Typen ohne Namen als **anonyme Typen** bezeichnet werden. XML-Schemata mit benannten komplexen Datentypen führen im Allgemeinen zu einer übersichtlicheren Darstellung. Daher sollten Sie diese Form der Schema-Definition bevorzugen.

Beispiel

Für den Datentyp der Adresse ergibt sich folgende Deklaration:

```
<xs:complexType name="adresseType">
  <xs:sequence>
    <xs:element name="vorname" type="xs:string"/>
    <xs:element name="nachname" type="xs:string"/>
    ...
  </xs:sequence>
</xs:complexType>
```

Dieser Typ wird wie folgt verwendet:

```
<xs:element name="adresse" type="adresseType"/>
```

Häufigkeit von Elementen

Mit minOccurs kann man in einem XML-Schema festlegen, wie oft ein Element mindestens vorkommen muss. Als Voreinstellung gilt der Wert 1. Es bildet das Gegenstück zu maxOccurs, das die maximale Anzahl von Elementen festlegt. Auch hier gilt als Voreinstellung der Wert 1.

Beispiel

Ein Adressbuch soll mindestens eine und kann beliebig viele Adressen enthalten. Dies wird im XML-Schema durch folgende Angabe definiert:

Basistext

```xml
<xs:complexType name="Adressbuch">
  <xs:sequence>
    <xs:element name="adresse" type="adresseType"
                maxOccurs="unbounded"/>
  </xs:sequence>
</xs:complexType>
```

Auch leere Elemente werden in einem XML-Schema als komplexe Elemente definiert. Analog zu den Elementen mit Inhalt kann deren Häufigkeit angegeben werden.

leere Elemente

Beispielsweise wird ein optionales leeres Element `<beruflich/>` in einem Element vom Typ `adressType` wie folgt definiert:

Beispiel

```xml
<xs:complexType name="adresseType">
  <xs:sequence>
   ...
    <xs:element name="beruflich" minOccurs="0">
       <xs:complexType />
    </xs:element>
  </xs:sequence>
</xs:complexType>
```

Es wird ein Schema für folgendes XML-Dokument entwickelt:

Fallbeispiel schema/ adressen1.xml

```xml
<?xml version ="1.0" encoding="UTF-8" ?>
<!-- Adressbuch V. 1  -->
<adressbuch xmlns:xsi=
            "http://www.w3.org/2001/XMLSchema-instance"
            xsi:noNamespaceSchemaLocation="adressen1.xsd">
<adresse>
  <vorname>Marie</vorname>
  <nachname>Risser</nachname>
  <strasse>Kastanienweg 48</strasse>
  <plz>12340</plz>
  <ort>Klein-Winkelshausen</ort>
  <email>marie@mrisser.de</email>
</adresse>
<adresse>
  <vorname>Helen</vorname>
  <nachname>Schmidt</nachname>
  <strasse>Rosenstraße 34</strasse>
  <plz>24024</plz>
  <ort>Groß-Winkelshausen</ort>
  <email>helen@schmidt4711.de</email>
  <beruflich/>
</adresse>
</adressbuch>
```

Basistext

schema/
adressen1.xsd

XML-Schema für das Adressbuch:

```xml
<?xml version="1.0" encoding="UTF-8" ?>
<xs:schema xmlns:xs="http://www.w3.org/2001/XMLSchema">

<xs:complexType name="adresseType">
  <xs:sequence>
    <xs:element name="vorname" type="xs:string"
                minOccurs="0"/>
    <xs:element name="nachname" type="xs:string"/>
    <xs:element name="strasse" type="xs:string"/>
    <xs:element name="plz" type="xs:string"/>
    <xs:element name="ort" type="xs:string"/>
    <xs:element name="email" type="xs:string"
                minOccurs="0"/>
    <xs:element name="beruflich" minOccurs="0">
      <xs:complexType />
    </xs:element>
  </xs:sequence>
</xs:complexType>

<xs:complexType name="adressbuchType">
  <xs:sequence>
    <xs:element name="adresse" type="adresseType"
                maxOccurs="unbounded"/>
  </xs:sequence>
</xs:complexType>

<xs:element name="adressbuch" type="adressbuchType"/>
</xs:schema>
```

Prüfen Sie die XML-Datei adressen1.xml auf Wohlgeformtheit und Gültigkeit. Was passiert, wenn das Element <beruflich> im XML-Dokument einen Inhalt erhält? Lassen Sie die Angabe <xs:complexType /> bei der Schema-Definition des leeren Elements weg. Was passiert?

Ändern Sie das XML-Schema adressen1.xsd so ab, damit sich mit folgenden Änderungen noch eine gültige Validierung ergibt: keine Adresse vorhanden, optionaler Vorname, maximal 2 Vornamen, beliebig viele E-Mail-Adressen, zusätzlich eine optionale Telefonnummer und Erweiterung der Adresse um das Land.

Basistext

4.6 XML-Schema – Teil 2 **

In einem komplexen Element können die Kompositoren `<xs:sequence>`, `<xs:all>` und `<xs:choice>` definieren, ob die enthaltenen Elemente in fester oder beliebiger Reihenfolge vorkommen oder ob sie eine Auswahl bilden. Mithilfe von Einschränkungen und Facetten können neue (einfache) Datentypen definiert, Längen und Wertebereiche für Datentypen festgelegt oder Aufzählungstypen definiert werden. Ein XML-Schema kann außerdem festlegen, welche Attribute zulässig sind, welche Datentypen für Attribute erlaubt sind und ob Attribute optional oder verpflichtend sind. Sowohl für Elemente als auch für Attribute können Voreinstellungen definiert werden.

Elemente definieren

Bei den bisher eingeführten Schemata wurde innerhalb von komplexen Strukturen die Angabe `<xs:sequence>` verwendet. In XML-Schemata sind noch weitere Kompositoren möglich. Insgesamt stehen zur Verfügung:

Kompositoren

- `<xs:sequence>`
- `<xs:choice>`
- `<xs:all>`

Mit dem Kompositor `<xs:sequence>` können Sie definieren, dass die Elemente in einer komplexen Struktur nur in der festgelegten Reihenfolge stehen dürfen.

festgelegte Reihenfolge

Vorname und Nachname sollen im XML-Dokument in dieser Reihenfolge stehen:

Beispiel Struktur

```
<xs:complexType name="adresseType">
  <xs:sequence>
    <xs:element name="vorname" type="xs:string"/>
    <xs:element name="nachname" type="xs:string"/>
  </xs:sequence>
</xs:complexType>
```

Basistext

Beispiel Iteration — Auch für die einzelnen Adressen in einem Adressbuch wird der Kompositor `<xs:sequence>` verwendet, da diese Daten ebenfalls in einer festgelegten Reihenfolge stehen müssen:

```xml
<xs:complexType name="adressbuchType">
  <xs:sequence>
    <xs:element name="adresse" type="adresseType"
                maxOccurs="unbounded"/>
  </xs:sequence>
</xs:complexType>
```

Alternativen — Der Kompositor `<xs:choice>` ist zu verwenden, wenn mehrere Alternativen zur Wahl stehen.

Beispiel — Beispielsweise besteht ein Element vom Typ `telefonType` entweder aus dem Element `mobil` oder aus dem Element `festnetz`:

```xml
<xs:complexType name="telefonType">
  <xs:choice>
    <xs:element name="mobil" type="xs:string"/>
    <xs:element name="festnetz" type="xs:string"/>
  </xs:choice>
</xs:complexType>
```

beliebige Reihenfolge — Mit dem Kompositor `<xs:all>` können Sie definieren, dass die Elemente in einer komplexen Struktur in beliebiger Reihenfolge stehen dürfen. Jedes enthaltene Element darf nur einmal vorkommen.

Beispiel

```xml
<xs:complexType name="personType">
  <xs:all>
    <xs:element name="vorname" type="xs:string"/>
    <xs:element name="nachname" type="xs:string"/>
  </xs:all>
</xs:complexType>
```

Voreinstellungen für Elemente — Für einfache Elemente kann zusätzlich zum Elementtyp eine Voreinstellung definiert werden. Dieser Wert wird verwendet, wenn im XML-Dokument kein Wert angegeben wird.

Beispiel — Beispielsweise kann die Adresse um das Element `land` erweitert werden, das mit Deutschland vorbelegt wird, weil dies für die meisten Adressen zutrifft:

```xml
<xs:element name="land" type="xs:string"
 default="Deutschland" />
```

Basistext

Einfache Datentypen

Außer den vorgegebenen Standardtypen und den komplexen Typen können einfache Typen definiert werden. Elemente vom einfachen Datentyp dürfen weder Kindelemente noch Attribute besitzen. Einfache Typen werden wie komplexe Typen bei der Deklaration der Elemente referenziert.

Einfache Typen werden mithilfe von Einschränkungen *(restrictions)* aus den Standardtypen abgeleitet. Auch der Standardtyp integer wird aus dem Standardtyp decimal durch eine Einschränkung abgeleitet, indem die Anzahl der zulässigen Nachkommastellen auf Null gesetzt werden.

Einschränkungen

Beispielsweise kann ein Typ plzType auf der Basis ganzer Zahlen definiert werden:

Beispiel

```
<xs:simpleType name="plzType">
  <xs:restriction base="xs:integer" >
  </xs:restriction>
</xs:simpleType>
```

Und so wird der Typ im Element referenziert:

```
<xs:element name="plz" type="plzType"/>
```

Einschränkungen bieten noch mehr Möglichkeiten. Man kann damit beispielsweise den Wertebereich für numerische Elemente festlegen.

Wertebereich festlegen

Hier wird für den Typ ageType der Wertebereich auf 1 bis 99 eingeschränkt:

Beispiel

```
<xs:simpleType name="ageType">
  <xs:restriction base="xs:integer">
    <xs:minInclusive value="1"/>
    <xs:maxInclusive value="99"/>
  </xs:restriction>
</xs:simpleType>
```

Für Elemente vom Typ <xs:string> kann man die minimale und maximale Länge definieren.

Länge festlegen

Ein Element vom Typ passwortType muss mindestens sechs und darf höchstens 20 Zeichen enthalten:

Beispiel

Basistext

```
<xs:simpleType name="passwortType">
  <xs:restriction base="xs:string" >
    <xs:minLength value="6" />
    <xs:maxLength value="20" />
  </xs:restriction>
</xs:simpleType>
```

Aufzählung Mithilfe der Angabe `<xs:enumeration>` kann man festlegen, dass ein Element nur konkrete Werte annehmen darf.

Beispiel Das folgende Schema definiert einen Typ `kontaktType` mit den aufgeführten Werten:

```
<xs:simpleType name="kontaktType">
  <xs:restriction base="xs:string">
    <xs:enumeration value="freund"/>
    <xs:enumeration value="verein"/>
    <xs:enumeration value="beruf"/>
  </xs:restriction>
</xs:simpleType>
```

Facetten Die eingeführten Eigenschaften werden auch als einschränkende **Facetten** bezeichnet. Sie können jeweils für die angegebenen Datentypen verwendet werden:

- `xs:string` - `minLength, maxLength, enumeration`
- `xs:decimal` - `minInclusive, maxInclusive, enumeration`
- `xs:integer` - `minInclusive, maxInclusive, enumeration`
- `xs:float` - `minInclusive, maxInclusive, enumeration`
- `xs:date` - `minInclusive, maxInclusive, enumeration`

Attribute definieren

Attribute In einem XML-Schema können wie in einer DTD Attribute deklariert werden. Besitzt ein Element Attribute, muss es im XML-Schema als komplexes Element spezifiziert werden. Das gilt auch dann, wenn das Element selbst keine Kindelemente, sondern nur Attribute enthält. Für ein Element können beliebig viele Attribute definiert werden. Sie werden nacheinander aufgeführt, wobei die Reihenfolge keine Rolle spielt. Das bedeutet, dass die Attribute im XML-Dokument in anderer Reihenfolge vorkommen dürfen als im XML-Schema. Sie werden nach folgendem Schema definiert:

Basistext

```
<xs:complexType name="...">
  <xs:sequence>
    ...
  </xs:sequence>
  <xs:attribute name="name1" type="..." use="..."/>
  <xs:attribute name="name2" type="..." use="..."/>
</xs:complexType>
```

Als Attributwerte sind nur einfache Datentypen zulässig, d.h. die Standardtypen oder die `simpleTypes`, die oben eingeführt wurden. Attribute können keine komplexen Strukturen bilden.

Attributtypen

Man kann mit `use="optional"` angeben, dass ein Attribut optional ist. Pflichtattribute müssen mit `use="required"` definiert werden. Erfolgt keine dieser Angaben, dann handelt es sich um ein optionales Attribut.

use

Bei folgendem Ausschnitt aus einem XML-Dokument besitzt das strukturierte Element `adresse` die optionalen Attribute `erfasst_am` und `aktualisiert_am`:

Beispiel

```
<adresse erfasst_am="2005-07-17"
         aktualisiert_am="2006-09-17">
  <vorname>Marie</vorname>
  ...
</adresse>
```

Dieser XML-Ausschnitt wird durch folgendes Schema definiert:

```
<xs:element name="adresse">
  <xs:complexType>
    <xs:sequence>
      <xs:element name="vorname" type="xs:string"/>
      ...
    </xs:sequence>
    <xs:attribute name="erfasst_am" type="xs:date"/>
    <xs:attribute name="aktualisiert_am" type="xs:date"/>
  </xs:complexType>
</xs:element>
```

Analog zu Elementen können auch für Attribute Voreinstellungen definiert werden. Wird dem Attribut im XML-Dokument kein Wert zugewiesen, dann gilt die Voreinstellung.

Voreinstellungen für Attribute

Hier wird im XML-Schema beispielsweise festgelegt, dass für das optionale Attribut `sprache` die Voreinstellung `deutsch` gilt:

Beispiel

Basistext

```xml
<xs:complexType name="adresseType">
  <xs:sequence>
    <xs:element name="vorname" type="xs:string"
                minOccurs="0"/>
    ...
  </xs:sequence>
  ...
  <xs:attribute name="sprache" type="xs:string"
                default="deutsch"/>
</xs:complexType>
```

Ist im XML-Dokument kein Wert angegeben, gilt diese Voreinstellung. Ebenso kann der voreingestellte Wert überschrieben werden. Gültige XML-Elemente sind:

- `<adresse sprache="englisch">`... `</adresse>`
- `<adresse>`... `</adresse>` : hier gilt per Voreinstellung sprache="deutsch"

Fallbeispiel

Das Adressbuch wird um komplexe Elemente, mehrere Attribute und selbst definierte einfache Typen erweitert.

schema/ adressen2.xml

In dem XML-Dokument wird das komplexe Element telefonliste hinzugefügt und das Element adresse erhält mehrere Attribute:

```xml
<?xml version="1.0" encoding="UTF-8" ?>
<!-- Adressbuch V. 2 -->
<adressbuch xmlns:xsi=
            "http://www.w3.org/2001/XMLSchema-instance"
            xsi:noNamespaceSchemaLocation="adressen2.xsd">
<adresse erfasst_am="2006-07-17"
         aktualisiert_am="2006-09-17"
         kontakt="freund">
  <vorname>Marie</vorname>
  <nachname>Risser</nachname>
  <strasse>Kastanienweg 48</strasse>
  <plz>12340</plz>
  <ort>Klein-Winkelshausen</ort>
  <email>marie@mrisser.de</email>
  <telefonliste>
    <telefon>
      <mobil>0170/123456</mobil>
    </telefon>
    <telefon>
      <festnetz>022222/343434</festnetz>
    </telefon>
  </telefonliste>
</adresse>
```

Basistext

```xml
<adresse kontakt="beruf">
  <vorname>Helen</vorname>
  <nachname>Schmidt</nachname>
  <strasse>Rosenstraße 34</strasse>
  <plz>24024</plz>
  <ort>Groß-Winkelshausen</ort>
  <email>helen@schmidt4711.de</email>
  <telefonliste>
    <telefon>
      <festnetz>02345/565656</festnetz>
    </telefon>
    <telefon>
      <festnetz>02345/565657</festnetz>
    </telefon>
  </telefonliste>
</adresse>
</adressbuch>
```

Und so wird das Schema definiert, zu dem das obige XML-Dokument gültig ist:

schema/
adressen2.xsd

```xml
<?xml version="1.0" encoding="UTF-8" ?>
<xs:schema xmlns:xs="http://www.w3.org/2001/XMLSchema">

<xs:simpleType name="plzType">
  <xs:restriction base="xs:string" >
    <xs:minLength value="5" />
    <xs:maxLength value="5" />
  </xs:restriction>
</xs:simpleType>

<xs:simpleType name="kontaktType">
  <xs:restriction base="xs:string">
    <xs:enumeration value="freund"/>
    <xs:enumeration value="verein"/>
    <xs:enumeration value="beruf"/>
  </xs:restriction>
</xs:simpleType>

<xs:complexType name="telefonType">
  <xs:choice>
    <xs:element name="mobil" type="xs:string"/>
    <xs:element name="festnetz" type="xs:string"/>
  </xs:choice>
</xs:complexType>

<xs:complexType name="telefonlisteType">
  <xs:sequence>
    <xs:element name="telefon" type="telefonType"
        minOccurs="0" maxOccurs="unbounded"/>
  </xs:sequence>
</xs:complexType>
```

Basistext

```xml
<xs:complexType name="adresseType">
  <xs:sequence>
    <xs:element name="vorname" type="xs:string"
                minOccurs="0"/>
    <xs:element name="nachname" type="xs:string"/>
    <xs:element name="strasse" type="xs:string"/>
    <xs:element name="plz" type="plzType"/>
    <xs:element name="ort" type="xs:string"/>
    <xs:element name="email" type="xs:string"
                minOccurs="0"/>
    <xs:element name="telefonliste"
                type="telefonlisteType"/>
  </xs:sequence>
  <xs:attribute name="erfasst_am" type="xs:date"
                use="optional"/>
  <xs:attribute name="aktualisiert_am" type="xs:date"
                use="optional"/>
  <xs:attribute name="kontakt" type="kontaktType"
                use="required"/>
  <xs:attribute name="sprache" type="xs:string"
                default="deutsch"/>
</xs:complexType>

<xs:complexType name="adressbuchType">
  <xs:sequence>
    <xs:element name="adresse" type="adresseType"
                maxOccurs="unbounded"/>
  </xs:sequence>
</xs:complexType>

<xs:element name="adressbuch" type="adressbuchType"/>
</xs:schema>
```

Prüfen Sie die XML-Datei adressen2.xml auf Wohlgeformtheit und Gültigkeit. Was wird im Browser für das Attribut sprache angezeigt?

Schema vs. DTD

XML-Schemata dienen einem ganz ähnlichen Zweck wie DTDs. Sie besitzen aber eine Reihe von Vorteilen und werden wohl die DTDs zukünftig ersetzen. Der größte Vorteil besteht darin, dass XML-Schemata selbst XML-Dokumente sind, die entsprechend auf Wohlgeformtheit geprüft werden können. Sie können genauso verarbeitet werden wie alle XML-Dokumente. Außerdem bieten XML-Schemata die Möglichkeit, Datentypen für Elemente und Attribute zu definieren sowie Wertebereiche und Muster für Zeichenfolgen zu spezifizieren. Diese Eigenschaften sind besonders wichtig, wenn es um die Kommunikation zwischen Anwendungen geht.

Basistext

4.7 XSLT-Stylesheet – Teil 1 **

XSLT ermöglicht es, ein XML-Dokument in ein anderes XML-Dokument umzuwandeln oder XML-Inhalte in HTML, XHTML oder in ein beliebiges Textformat zu wandeln. Die Transformation wird von einem XSLT-Prozessor ausgeführt. Ein XSLT-*Stylesheet* ist ein XML-Dokument. Das Wurzelelement ist `<xsl:stylesheet>`**, das alle weiteren Elemente enthält. Dazu gehören** `<xsl:template>`**,** `<xsl:apply-templates>` **und** `<xsl:value-of>`**. Bei der Verarbeitung eines *Stylesheets* werden *Pull Processing* und *Push Processing* unterschieden. In ein XSLT-*Stylesheet* können auch CSS-*Stylesheets* eingebunden werden.**

XSLT ist eine Sprache, mit der festgelegt werden kann, wie ein XML-Dokument in ein anderes XML-Dokument oder wie XML-Inhalte in HTML, XHTML oder in ein Textformat transformiert werden. Hierbei können das ursprüngliche XML-Dokument und das erzeugte Dokument beliebig stark voneinander abweichen. Die Transformation in ein anderes XML-Dokument wird benötigt, um Daten zwischen verschiedenen Anwendungen auszutauschen und für die Präsentation im Browser. XSLT ist die Kurzform für *XSL Transformations*. XSL bedeutet *EXtensible Stylesheet Language*. Die Transformationsvorschrift wird analog zu CSS *(Cascading Stylesheets)* als XSLT-*Stylesheet* bezeichnet.

XSLT

Um Transformationen durchzuführen, ist ein **XSLT-Prozessor** notwendig. Er liest das **XSLT-Stylesheet** und das XML-Dokument, führt die Anweisungen des *Stylesheets* aus und erzeugt das Ergebnisdokument (Abb. 4.7-1). XML-Entwicklungsumgebungen wie der XMLSpy besitzen einen integrierten XSLT-Prozessor. Auch moderne Browser können XML-Dokumente mithilfe eines *Stylesheets* direkt in HTML bzw. XHTML wandeln und anzeigen. Man spricht in diesem Fall von einer clientseitigen Transformation. Das Gegenstück dazu ist die serverseitige Transformation. Damit ein XML-Dokument mit einem XSLT-*Stylesheet* transformiert werden kann, muss es wohlgeformt sein, aber nicht unbedingt gültig. Transformationsanweisungen für den Prozessor beginnen im Allgemeinen mit xsl. Die anderen Inhalte in einem

XSLT-Prozessor

Basistext

XSLT-*Stylesheet* (z.B. HTML-Code oder Texte) werden im Allgemeinen unverändert in das Ergebnisdokument übernommen.

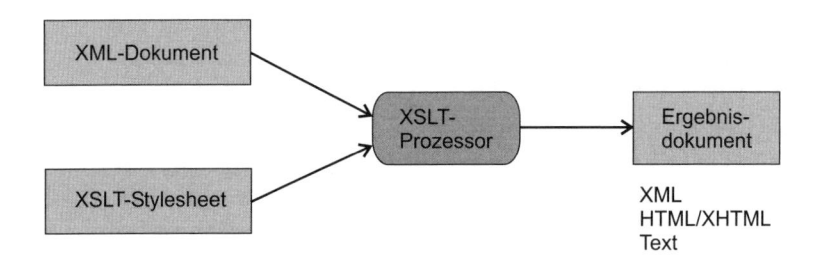

Abb. 4.7-1: Der XSLT-Prozessor erzeugt ein Ergebnisdokument, das XML, HTML oder Text enthalten kann (in Anlehnung an /Vonhoegen 05/).

XSLT-*Stylesheet* deklarieren

Ein XSLT-*Stylesheet* ist ein XML-Dokument. Daher beginnt es mit einer XML-Deklaration. Anschließend wird das Wurzelelement <xsl:stylesheet> angegeben, das alle weiteren Elemente enthält. Für das stylesheet-Element müssen die XSLT-Version und der Namensraum definiert werden. Als Voreinstellung wird das Präfix xsl verwendet. Es sind jedoch auch andere Kürzel erlaubt. Eine korrekte Deklaration sieht wie folgt aus:

```
<?xml version="1.0" encoding="UTF-8" ?>
<xsl:stylesheet version="1.0"
  xmlns:xsl="http://www.w3.org/1999/XSL/Transform">
  ...
</xsl:stylesheet>
```

XSLT-*Stylesheet* referenzieren

XSLT-*Stylesheets* werden wie folgt in der XML-Datei referenziert:

```
<?xml-stylesheet type="text/xsl" href="adressen1.xsl" ?>
```

Template-Regel

XSLT ist eine beschreibende Sprache, die eine Reihe von Transformationsvorschriften für die Elemente eines XML-Dokuments enthält. Diese Transformationsvorschriften werden als **Template-Regeln** bezeichnet und durch das Element <xsl:template> beschrieben. Es handelt sich um ein sogenanntes *Top-Level*-Element, das einmal oder auch mehrmals innerhalb des stylesheet-Elements stehen darf. Das Attribut match legt fest, für welche Elemente diese *Template*-Regel angewendet werden kann.

Bevor der XSLT-Prozessor mit der Transformation beginnt, erstellt er unter anderem für das XML-Dokument eine interne Baumstruktur. Die Transformation beginnt mit dem Wurzelknoten des XML-Baums, der zu diesem Zeitpunkt den aktuellen Kontextknoten bildet. Der Prozessor sucht nach einer *Template*-Regel, die für diesen Knoten definiert ist und wendet sie an. Wird er nicht fündig, dann wird im Allgemeinen eine **eingebaute Template-Regel** angewendet. Danach arbeitet der Prozessor den XML-Baum ab, wobei der gerade bearbeitete Knoten stets der aktuelle Kontextknoten ist. Zu jedem Kontextknoten sucht er eine *Template*-Regel, die zu diesem Knoten passt und wendet sie an.

Arbeitsweise des XSLT-Prozessors

Die *Template*-Regel erzeugt den Rahmen des zu erstellenden XHTML-Dokuments und eine Überschrift:

Beispiel

```
<xsl:template match="/">
<html>
<head>
  <title>Adressbuch</title>
</head>
<body>
  <h3>Adressliste</h3>
  <xsl:apply-templates />
</body>
</html>
</xsl:template>
```

Das Suchmuster match="/" in einer *Template*-Regel definiert, dass der XSLT-Prozessor diese Regel anwenden soll, wenn er den Wurzelknoten vor sich hat.

Suchmuster match="/"

Innerhalb der obigen *Template*-Regel steht die XSLT-Anweisung <xsl:apply-templates />. Sie weist den Prozessor an, alle Kindknoten des aktuellen Kontextknotens auszuwählen. Jeder ausgewählte Kindknoten wird zum neuen Kontextknoten, für den eine geeignete *Template*-Regel gesucht und angewendet wird. Besitzt der neue Kontextknoten ebenfalls Kindknoten, so wird dieser Prozess entsprechend weitergeführt. Auf diese Weise wird der ganze XML-Baum traversiert.

apply-templates für alle Kindknoten

Basistext

4 XML *

eingebaute Template-Regel

Wie oben bereits angesprochen, führt der XSLT-Prozessor eine eingebaute *Template*-Regel *(built-in template)* aus, wenn er für das Wurzelelement keine Regel findet:

```
<xsl:template match="*|/">
  <xsl:apply-templates />
</xsl:template>
```

Suchmuster match= "element"

Enthält eine *Template*-Regel das Suchmuster match="element", dann bedeutet dies, dass der XSLT-Prozessor diese Regel anwenden soll, wenn ein Element mit Namen element zum Kontextknoten wird.

Beispiel

Die folgende *Template*-Regel passt für Elemente mit dem Namen adresse:

```
<xsl:template match="adresse">
  <p><xsl:value-of select="." /></p>
</xsl:template>
```

value-of

Das Element value-of ermöglicht es, auf den Wert eines XML-Elements zuzugreifen. Die Angabe select="." bedeutet, dass es die Inhalte des Elements adresse ausgibt. Da dieses Element weitere Elemente enthält, werden deren jeweilige Werte einfach alle in einer Zeichenkette aneinandergehängt.

Fallbeispiel xslt/ adressen1.xml

Das folgende XML-Dokument wird mit XSLT-*Stylesheets* für die Anzeige im Browser aufbereitet:

```
<?xml version="1.0" encoding="UTF-8" ?>
<?xml-stylesheet type="text/xsl" href="adressen1a.xsl" ?>

<adressbuch xmlns:xsi=
         "http://www.w3.org/2001/XMLSchema-instance"
         xsi:noNamespaceSchemaLocation="adressen1.xsd">
<adresse erfasst_am="2006-07-17">
  <vorname>Marie</vorname>
  <nachname>Risser</nachname>
  <strasse>Kastanienweg 48</strasse>
  <plz>12340</plz>
  <ort>Klein-Winkelshausen</ort>
  <email>marie@mrisser.de</email>
</adresse>
<adresse>
  <vorname>Helen</vorname>
  <nachname>Schmidt</nachname>
  <strasse>Rosenstraße 34</strasse>
  <plz>24024</plz>
  <ort>Groß-Winkelshausen</ort>
```

Basistext

```
    <email>helen@schmidt4711.de</email>
    <beruflich/>
  </adresse>
</adressbuch>
```

Dieses XSLT-*Stylesheet* transformiert die Datei adressen1 .xml in die HTML-Ausgabe der Abb. 4.7-2:

xslt/
adressen1a.xsl

```
<?xml version="1.0" encoding="UTF-8" ?>
<xsl:stylesheet version="1.0"
     xmlns:xsl="http://www.w3.org/1999/XSL/Transform">

<xsl:template match="/">
<html>
<head>
  <title>Adressbuch</title>
</head>
<body>
  <h3>Adressliste</h3>
  <xsl:apply-templates />
</body>
</html>
</xsl:template>

<xsl:template match="adresse">
  <p>
    <xsl:value-of select="." />
  </p>
</xsl:template>

</xsl:stylesheet>
```

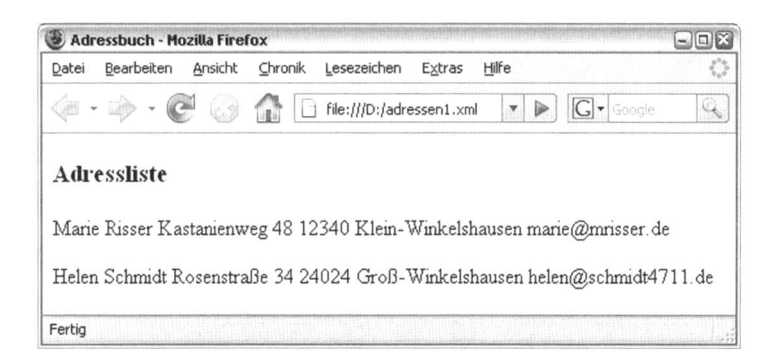

Abb. 4.7-2: Transformation des XML-Dokuments adressen1.xml *mit dem Stylesheet* adressen1a.xsl.

Entfernen Sie in der Datei adressen1a.xsl die *Template*-Regel für das Wurzelelement. Was passiert? Entfernen Sie das Element <xsl:apply-templates />. Was passiert?

Basistext

value-of — Das Element `value-of` ermöglicht es auch, auf die einzelnen Elemente eines komplexen Elements zuzugreifen und deren Werte auszugeben. Analog kann auf Attribute eines Elements zugegriffen werden, wobei der Attributname durch das Präfix »@« gekennzeichnet ist.

Beispiel — Das Element `vorname` und das Attribut `erfasst_am` werden ausgegeben:

```
<xsl:template match="adresse">
  <xsl:value-of select="vorname"/>
  <xsl:value-of select="@erfasst_am"/>
  ....
</xsl:template>
```

apply-templates für Zielknoten — Beim Beispiel `adressen1a.xsl` wurde die allgemeine Anweisung `<xsl:apply-templates/>` verwendet, die den XSLT-Prozessor anweist, den kompletten XML-Baum zu durchlaufen. Bei umfangreichen XML-Bäumen, bei denen nur ein Teil der Daten transformiert werden soll, kann es effizienter sein, die Zielknoten genauer vorzugeben. Dies kann mithilfe des select-Attributs geschehen. Als Attributwert wird das Element angegeben, das zu verarbeiten ist. Auch Pfadangaben sind möglich.

Beispiel — Beispielsweise werden im Kontextknoten `adresse` nur Zielknoten mit den Namen `beruflich` ausgewählt. Der selektierte Knoten ist ein Kindknoten von `adresse`. Da dieses Element leer ist, kann dessen Wert nicht wie bei den anderen Elemente mit `<xsl:value-of...>` ausgegeben werden. Stattdessen wird durch das *Template* ein Text ausgegeben, wenn das Element vorhanden ist:

```
<xsl:template match="adresse">
  <p>
    <xsl:value-of select="vorname"/>
    ...
    <xsl:apply-templates select="beruflich"/>
  </p>
</xsl:template>

<xsl:template match="beruflich">
  beruflicher Kontakt<br />
</xsl:template>
```

Dieses XSLT-*Stylesheet* transformiert die Datei adressen1 .xml in die HTML-Ausgabe der Abb. 4.7-3. Die XSLT-Markierung `<xsl:apply-templates select="adressbuch/adresse"/>` gibt vor, dass das Element adresse innerhalb des Elements adressbuch zu verarbeiten ist:

Fallbeispiel xslt/ adressen1b.xsl

```
<?xml version="1.0" encoding="UTF-8" ?>
<xsl:stylesheet version="1.0"
    xmlns:xsl="http://www.w3.org/1999/XSL/Transform">
<xsl:template match="/">
<html>
<head>
  <title>Adressbuch</title>
</head>
<body>
  <h3>Adressliste</h3>
  <xsl:apply-templates select="adressbuch/adresse" />
</body>
</html>
</xsl:template>
<xsl:template match="adresse">
  <p>
    <xsl:value-of select="vorname"/> 
    <xsl:value-of select="nachname"/><br />
    <xsl:value-of select="strasse"/><br />
    <strong><xsl:value-of select="plz"/> 
    <xsl:value-of select="ort"/></strong><br/>
    <xsl:value-of select="email"/><br/>
    <xsl:apply-templates select="beruflich"/>
    erfasst am: <xsl:value-of select="@erfasst_am"/>
  </p>
</xsl:template>
<xsl:template match="beruflich">
  beruflicher Kontakt<br />
</xsl:template>
</xsl:stylesheet>
```

Zur Gestaltung der Ausgabe können Sie in XSLT-*Stylesheets* zusätzlich CSS-*Stylesheets* einbinden (siehe »CSS« (S. 43)):

CSS einbinden

```
<xsl:template match="/">
<html>
<head>
<title>Adressbuch</title>
<style type="text/css">
  body { font-family:Verdana, sans-serif;
         font-size:small;
         background-color:#eeeeee;
         color:navy;
  }
</style>
</head>
```

Basistext

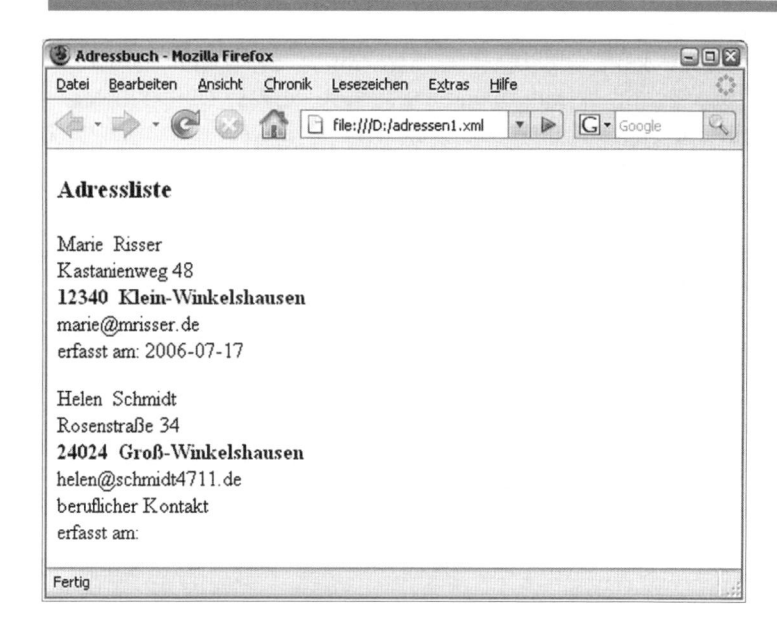

Abb. 4.7-3: Transformation des XML-Dokuments adressen1.xml *mit dem Stylesheet* adressen1b.xsl.

```
<body>
<h3>E-Mail-Liste</h3>
<xsl:apply-templates />
</body>
</html>
</xsl:template>
```

Führen Sie die XML-Datei adressen1.xml mit dem *Stylesheet* adressen1b.xsl im Browser aus. Ändern Sie die Formatierung für das XSLT-*Stylesheet* so ab, dass eine E-Mail-Liste mit Vorname, Nachname und E-Mail erstellt wird. Verwenden Sie zusätzlich entsprechende CSS-Stilregeln.

Ändern Sie das XSLT-*Stylesheet* so, dass die Daten in einer Tabelle angezeigt werden. Wählen Sie für die Tabelle geeignete Farben.

Pull vs. Push Processing

Beim XSLT-*Stylesheet* adressen1b.xsl wurden die Daten der Kindelemente von adresse überwiegend mithilfe von value-of verarbeitet. Sie wurden sozusagen in das *Template* von adresse hineingezogen *(Pull Processing)*. Alternativ kann die Verarbeitung der Kindelemente an andere *Templates* abgestoßen werden *(Push Processing)*.

Basistext

Beim folgenden *Stylesheet*-Ausschnitt erhält jedes Element eine eigene *Template*-Regel *(Push Processing)*:

Beispiel

```
<xsl:template match="adresse">
  <p>
    <xsl:apply-templates select="vorname"/> 
    <xsl:apply-templates select="nachname"/><br />
    ...
  </p>
</xsl:template>

<xsl:template match="vorname">
  <xsl:value-of select="."/>
</xsl:template>

<xsl:template match="nachname">
  <xsl:value-of select="."/>
</xsl:template>
...
```

Ändern Sie das XSLT-*Stylesheet* `adressen1b.xsl` so ab, dass es komplett mit *Push Processing* arbeitet.

4.8 XSLT-Stylesheet – Teil 2 **

XSLT-*Stylesheets* ermöglichen mit dem Element `xsl:if` **eine bedingte Ausführung von Templates. Mit den Elementen** `xsl:choose,` `xsl:when` **und** `xsl:otherwise` **können mehrere Ausführungsalternativen spezifiziert werden. Mithilfe von Attributwert-Templates kann man den ausgegebenen XHTML-Code bei der Erzeugung des Ergebnisdokuments verändern.**

Mit der Markierung `<xsl:if>` können Sie die Ausführung durch den XSLT-Prozessor an eine Bedingung knüpfen. Diese Bedingung wird mit dem Attribut `test` definiert. Der darauf folgende Ausdruck muss einen logischen Wert ergeben. Mit der Bedingung kann man beispielsweise Attributwerte (`@attribute`) und Elementwerte (`element`) überprüfen.

bedingte Ausführung

Bei der folgenden *Template*-Regel wird geprüft, ob das Attribut einen Wert besitzt. Nur im positiven Fall erfolgt eine Ausgabe:

Beispiel Attribute prüfen

Basistext

```
<xsl:template match="adresse">
  ...
  <xsl:if test="@erfasst_am != ''">
    erfasst am: <xsl:value-of select="@erfasst_am"/>
  </xsl:if>
</xsl:template>
```

Beispiel Elemente prüfen

Die folgende *Template*-Regel kennzeichnet alle Personen mit dem Nachnamen Schmidt als VIP:

```
<xsl:template match="adresse">
  ...
  <xsl:if test="nachname = 'Schmidt'">
    VIP<br />
  </xsl:if>
</xsl:template>
```

Ändern Sie das XSLT-*Stylesheet* adressen1b.xsl im Wissensbaustein »XSLT-Stylesheet – Teil 1« (S. 179) so ab, dass der Text »erfasst am« nur zusammen mit einem vorhandenen Attributwert ausgegeben wird.

alternative Ausführung

Mit `<xsl:if>` kann nur eine einzige Bedingung geprüft werden. Ist unter mehreren alternativen Ausführungen eine zu wählen, dann müssen die Markierungen `<xsl:choose>` und `<xsl:when>` verwendet werden. Analog zu `<xsl:if>` erwartet jede Markierung `<xsl:when>` das Attribut test, das eine Bedingung enthält. Die letzte Alternative kann durch die Markierung `<xsl:otherwise>` formuliert werden. Es ergibt sich folgender Aufbau:

```
<xsl:choose>
  <xsl:when test="...">
    ...
  </xsl:when>
  <xsl:when test="...">
    ...
  </xsl:when>

  <xsl:otherwise>
    ...
  </xsl:otherwise>
</xsl:choose>
```

Es können mehrere Testbedingungen gleichzeitig zutreffen. Ausgeführt wird jedoch immer nur die *erste* Alternative, die die Bedingung erfüllt. Daher ist die Reihenfolge der Alternativen von Bedeutung.

Basistext

4.8 XSLT-Stylesheet - Teil 2 **

Die folgende *Template*-Regel soll für alle Adressen den Vor- und Nachnamen ausgeben. Je nach Art des Kontakts sind sie mit (Freund) oder (beruflicher Kontakt) zu kennzeichnen. Für Freunde sollen alle Handy-Nummern und für berufliche Kontakte alle Telefonnummern (mobil, festnetz) ausgegeben werden:

Beispiel

```
<xsl:template match="adresse">
  <xsl:choose>
    <xsl:when test="@kontakt='freund'">
      <p>
        <xsl:value-of select="vorname"/> 
        <xsl:value-of select="nachname"/> (Freund)<br />
        <xsl:apply-templates
            select="telefonliste/telefon/mobil"/>
      </p>
    </xsl:when>
    <xsl:when test="@kontakt='beruf'">
      <p>
        <xsl:value-of select="vorname"/> 
        <xsl:value-of select="nachname"/>
          (beruflicher Kontakt)<br />
        <xsl:apply-templates
            select="/telefonliste/telefon/mobil"/>
        <xsl:apply-templates
            select="/telefonliste/telefon/festnetz"/>
      </p>
    </xsl:when>
  </xsl:choose>
</xsl:template>
```

Das folgende XML-Dokument wird mit XSLT-*Stylesheets* für die Anzeige im Browser aufbereitet:

Fallbeispiel
xslt/
adressen2.xml

```
<?xml version="1.0" encoding="UTF-8" ?>
<?xml-stylesheet type="text/xsl" href="adressen2.xsl" ?>
<adressbuch xmlns:xsi=
          "http://www.w3.org/2001/XMLSchema-instance"
          xsi:noNamespaceSchemaLocation="adressen2.xsd">
<adresse erfasst_am="2006-07-17"
         aktualisiert_am="2006-09-17"
         kontakt="freund">
  <vorname>Marie</vorname>
  <nachname>Risser</nachname>
  <strasse>Kastanienweg 48</strasse>
  <plz>12340</plz>
  <ort>Klein-Winkelshausen</ort>
  <email>marie@mrisser.de</email>
  <telefonliste>
    <telefon>
      <mobil>0170/123456</mobil>
```

Basistext

```
      </telefon>
      <telefon>
        <festnetz>022222/343434</festnetz>
      </telefon>
    </telefonliste>
  </adresse>
  <adresse kontakt="beruf">
    <vorname>Helen</vorname>
    <nachname>Schmidt</nachname>
    <strasse>Rosenstraße 34</strasse>
    <plz>24024</plz>
    <ort>Groß-Winkelshausen</ort>
    <email>helen@schmidt4711.de</email>
    <telefonliste>
      <telefon>
        <festnetz>02345/565656</festnetz>
      </telefon>
      <telefon>
        <festnetz>02345/565657</festnetz>
      </telefon>
    </telefonliste>
  </adresse>
</adressbuch>
```

xslt/adressen2.xsl

Dieses XSLT-Stylesheet transformiert die Datei `adressen2.xml` in die XHTML-Ausgabe der Abb. 4.8-1:

```
<?xml version="1.0" encoding="UTF-8"?>
<xsl:stylesheet version="1.0"
    xmlns:xsl="http://www.w3.org/1999/XSL/Transform" >

<xsl:template match="/">
<html>
<head>
  <title>Adressbuch</title>
</head>
<body>
  <h3>Telefonliste</h3>
  <xsl:apply-templates select="adressbuch/adresse" />
</body>
</html>
</xsl:template>

<xsl:template match="adresse">
  <xsl:choose>
    <xsl:when test="@kontakt='freund'">
      <p>
        <xsl:value-of select="vorname"/> 
        <xsl:value-of select="nachname"/> (Freund)<br />
        <xsl:apply-templates
            select="telefonliste/telefon/mobil"/>
      </p>
    </xsl:when>
```

```
            <xsl:when test="@kontakt='beruf'">
              <p>
                <xsl:value-of select="vorname"/> 
                <xsl:value-of select="nachname"/>
                    (beruflicher Kontakt) <br />
                <xsl:if test="nachname = 'Schmidt'">
                   VIP <br />
                </xsl:if>
                <xsl:if test="@erfasst_am != ''">
                   erfasst am: <xsl:value-of select="@erfasst_am" />
                </xsl:if>
                <xsl:apply-templates
                       select="telefonliste/telefon/mobil"/>
                <xsl:apply-templates
                       select="telefonliste/telefon/festnetz"/>
              </p>
            </xsl:when>
         </xsl:choose>
     </xsl:template>
     <xsl:template match="festnetz">
         <xsl:value-of select="."/> <br />
     </xsl:template>
     <xsl:template match="mobil">
         <xsl:value-of select="."/> <br />
     </xsl:template>
</xsl:stylesheet>
```

Telefonliste

Marie Risser (Freund)
0170/123456

Helen Schmidt (beruflicher Kontakt)
VIP
02345/565656
02345/565657

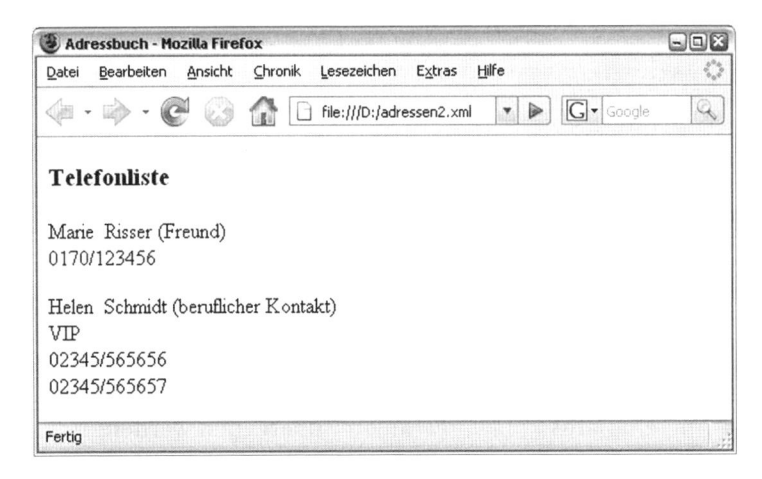

Abb. 4.8-1: Transformation des XML-Dokuments adressen2.xml *mit dem Stylesheet* adressen2.xsl.

Führen Sie die XML-Datei adressen2.xml mit dem eingebundenen *Stylesheet* im Browser aus. Fügen Sie weitere Adressen in das XML-Dokument ein und erstellen Sie ein XSLT-*Stylesheet*, das eine Adressliste aller Freunde ausgibt.

Basistext

4 XML *

Attributwert-Templates

In den bisher eingeführten XSLT-*Stylesheets* wurde einige XHTML-Elemente verwendet, die vom XSLT-Prozessor unverändert ins Ergebnisdokument ausgegeben wurden. Sie werden **literale Ergebniselemente** genannt. Es ist jedoch möglich, dass diese XHTML-Elemente Attribute besitzen, die erst während der Ausführung durch den XSLT-Prozessor einen Wert erhalten. Man spricht dann von **Attributwert-Templates**. Sie werden in geschweifte Klammern eingeschlossen, damit sie vom Prozessor erkannt werden. Mithilfe von Attributwert-*Templates* kann man beispielsweise Bilder einbinden, deren Namen ganz oder teilweise im XML-Dokument stehen.

Beispiel Bilder einbinden

Die folgende *Template*-Regel geht davon aus, dass es zu jedem Nachnamen eine gleichnamige jpg-Datei gibt und gibt das Bild unter der Adresse aus. Wenn der Prozessor eine Adresse transformiert, dann ersetzt er den Elementnamen in geschweiften Klammern durch den aktuellen Wert, in diesem Fall also dem Nachnamen. Existiert kein Bild zu einer Adresse, dann wird ein Platzhalter für das fehlende Bild im Browser angezeigt:

```
<xsl:template match="adresse">
  <xsl:value-of select="nachname"/>
  <p><img src="{nachname}.jpg"/></p>
</xsl:template>
```

Erweitern Sie die Adressliste mit Bildern und geben Sie jedes Bild unter der jeweiligen Adresse aus.

weitere Elemente

XSLT-*Stylesheets* bieten noch viel mehr Elemente, um den Transformationsprozess zu steuern. Dazu gehören beispielsweise:

- Daten können gruppiert, sortiert und nummeriert werden.
- An Templates können Parameter übergeben werden.
- Es können Variablen deklariert werden.
- Es können neue Elemente und Attribute, die im ursprünglichen XML-Dokument nicht vorhanden sind, hinzugefügt werden.
- Es werden eine Reihe von Funktionen angeboten.
- Stehen mehrere *Templates* zueinander in Konflikt, dann treten festgelegte Prioritätsregeln in Kraft.

Basistext

4.9 XML im Überblick *

XML-Dokument

- `<?xml version="1.0" encoding="UTF-8" ?>`   XML-Deklaration
- Kommentare werden analog zu HTML definiert.   Kommentare
- `<!-- Kommentar -->`

- einfache Elemente: `<element1>wert</element1>`   Elemente
- leere Elemente: `<element2/>`
- strukturierte Elemente:
  ```
  <element1>
    <element2>wert1</element2>
    <element3>wert2</element3>
  </element1>
  ```

- Jedes Element kann Attribute enthalten: Attribute
  - ```
    <element1 attribut1="wert1" attribut2="wert2">
      Elementinhalt
    </element1>
    ```
  - `<element2 attribut="wert"/>`

- Wohlgeformt *(wellformed)*: XML-Dokument hält alle syntaktischen Regeln ein.   Korrektheit
- Gültig *(valid)*: XML-Dokument entspricht der DTD oder dem XML-Schema.

- `&amp;` für das kaufmännische Und & *(ampersand)*   *Markup-Zeichen*
- `&quot;` für das obere Anführungszeichen " *(quotation mark)*
- `&lt;` für das Kleiner-als-Zeichen < *(less than)*
- `&gt;` für das Größer-als-Zeichen > *(greater than)*

DTD

- Steht im XML-Dokument nach der XML-Deklaration und vor dem ersten Element.   Dokumenttyp-Deklaration
  - SYSTEM: private DTD
  - PUBLIC: öffentliche DTD

- `<!DOCTYPE wurzelelement SYSTEM "datei.dtd">`   extern

- ```
  <!DOCTYPE wurzelelelement [
    ...DTD...
  ]>
  ```
      intern

Box

Elemente
```
<!ELEMENT element1 Inhaltsmodell1>
<!ELEMENT element2 Inhaltsmodell2>
...
```

Inhaltsmodell	Erklärung
(#PCDATA)	Das Element enthält nur Zeichenketten.
EMPTY	Das Element besitzt keinen Inhalt.
Struktur	Das Element besteht aus weiteren Elementen.

Tab. 4.9-1: Inhaltsmodelle.

Operator	Erklärung
`<!ELEMENT e1 (e2, e3)>`	Element e1 besteht aus den Elementen e2 und e3 in dieser Reihenfolge.
`<!ELEMENT e1 (e2+)>`	Element e1 besteht aus mehreren Elementen e2, jedoch mindestens aus einem.
`<!ELEMENT e1 (e2*)>`	Element e1 besteht aus mehreren Elementen e2, eventuell auch aus keinem.
`<!ELEMENT e1 (e2?)>`	Element e1 besteht aus keinem oder einem Element e2.
`<!ELEMENT e1 (e2|e3)>`	Element e1 besteht entweder aus dem Element e2 oder dem Element e3.

Tab. 4.9-2: Operatoren für strukturierte Elemente einer DTD.

Attribute
```
<!ATTLIST element attribut1 Typ1 Vorgabedeklaration1
                  attribut2 Typ2 Vorgabedeklaration2
>
```

Attributtypen
- CDATA: Attributwert besteht aus Zeichen
- (wert1 | wert2 | wert3): Attributwert ist einer der angegebenen Werte

Vorgabedeklaration
- Optionales Attribut:
  ```
  <!ATTLIST element1 optionalesAttribut CDATA #IMPLIED>
  ```
- Pflichtattribut:
  ```
  <!ATTLIST element2 pflichtattribut CDATA #REQUIRED>
  ```
- Attributwert:
  ```
  <!ATTLIST element3 attribut CDATA "Attributwert">
  ```

Box

XML-Schema

- xs, xsd oder beliebig wählbar Präfix
- XMLSpy unterstützt xs
- XSD-Datei: Aufbau
  ```
  <?xml version="1.0" encoding="UTF-8" ?>
  <xs:schema xmlns:xs="http://www.w3.org/2001/XMLSchema">
  ...
  </xs:schema>
  ```
- XML-Datei: Schema referenzieren
  ```
  <wurzelelement
    xmlns:xsi="http://www.w3.org/2001/XMLSchema-instance"
    xsi:noNamespaceSchemaLocation="Pfad\datei.xsd">
  ...
  </wurzelelement>
  ```
- Einfache Elemente Elemente
- Komplexe Elemente mit anonymem Datentyp
- Komplexe Elemente mit benanntem Datentyp

- `<xs:element name="element1" type="xs:string" />` einfache Elemente
- ```
  <xs:element name="element1">
    <xs:complexType />
  </xs:element>
  ```
  leere Elemente

- xs:string für Zeichenketten einige Standardtypen
- xs:decimal für dezimale Zahlen beliebiger Genauigkeit, wobei die Ziffern nach dem Dezimalzeichen einschließlich dieses Zeichens entfallen können
- xs:integer für ganze Zahlen beliebiger Größe
- xs:float für Gleitkommazahlen (einfacher Genauigkeit)
- xs:boolean für logische Werte true und false
- xs:date für ein Kalenderdatum in dem Format jjjj-mm-dd

- ```
  <xs:element name="element1" >
    <xs:complexType>
    ...
    </xs:complexType>
  </xs:element>
  ```
  komplexe Elemente

- ```
  <xs:complexType="elementType">
  ...
  </xs:complexType>
  ...
  <xs:element name="element1" type="elementType">
  ```
  benannte Datentypen

Box
  ```

Kompositoren	■ Festgelegte Reihenfolge: `<xs:sequence>` ■ Alternativen: `<xs:choice>` ■ Beliebige Reihenfolge: `<xs:all>`
festgelegte Reihenfolge	■ ```<xs:complexType name="elementType"> <xs:sequence> <xs:element name="element1" type="xs:string"/> <xs:element name="element2" type="xs:string"/> </xs:sequence> </xs:complexType>```
Alternativen	■ ```<xs:complexType name="elementType"> <xs:choice> <xs:element name="alternative1" type="xs:string"/> <xs:element name="alternative2" type="xs:string"/> </xs:choice> </xs:complexType>```
beliebige Reihenfolge	■ ```<xs:complexType name="personType"> <xs:all> <xs:element name="element1" type="xs:string"/> <xs:element name="element2" type="xs:string"/> </xs:all> </xs:complexType>```
Voreinstellung	■ `<xs:element name="element1" type="xs:string" default="wert"/>`

Häufigkeit von Elementen	■ optionales Element:
	`<xs:element name="element1" type="xs:string" minOccurs="0"/>`
	■ 0 bis 2 Elemente:
	`<xs:element name="element2" type="xs:string" minOccurs="0" maxOccurs="2"/>`
	■ 1 bis beliebig viele Elemente:
	`<xs:element name="element3" type="xs:string" maxOccurs="unbounded"/>`
	■ 0 bis beliebig viele Elemente:
	`<xs:element name="element4" type="xs:string" minOccurs="0" maxOccurs="unbounded"/>`

Attribute	■ ```<xs:complexType name="elementType"> ... <xs:attribute name="attribut1" type="xs:string" /> <xs:attribute name="attribut2" type="xs:string" /> </xs:complexType>```
Attributtypen	■ Standardtypen ■ Selbstdefinierte einfache Typen (`simpleType`)

Box

- ```
  <xs:attribute name="attribut1" type="xs:string"
     default="wert"/>
  ```
  Voreinstellung

- ```
  <xs:simpleType name="Typ">
     <xs:restriction base="xs:integer">
     </xs:restriction>
  </xs:simpleType>
  ```
  einfacher Datentyp

- ```
  <xs:simpleType name="Typ">
     <xs:restriction base="xs:string">
       <xs:minLength value="Zahl1"/>
       <xs:maxLength value="Zahl2"/>
     </xs:restriction>
  </xs:simpleType>
  ```
  Längenbeschränkung

- ```
  <xs:simpleType name="Typ">
     <xs:restriction base="xs:integer">
       <xs:minInclusive value="Zahl1"/>
       <xs:maxInclusive value="Zahl2"/>
     </xs:restriction>
  </xs:simpleType>
  ```
  Wertebereich

- ```
  <xs:simpleType name="Typ">
     <xs:restriction base="xs:string">
       <xs:enumeration value="Wert1"/>
       <xs:enumeration value="Wert2"/>
     </xs:restriction>
  </xs:simpleType>
  ```
  Aufzählung

- xs:string - minLength, maxLength, enumeration
- xs:decimal - minInclusive, maxInclusive, enumeration
- xs:integer - minInclusive, maxInclusive, enumeration
- xs:float - minInclusive, maxInclusive, enumeration
- xs:date - minInclusive, maxInclusive, enumeration

Facetten

XSLT-*Stylesheet*

- XSL-Datei:
  ```
  <?xml version="1.0" encoding="UTF-8" ?>
  <xsl:stylesheet version="1.0"
       xmlns:xsl="http://www.w3.org/1999/XSL/Transform">
    ...
  </xsl:stylesheet>
  ```
  Aufbau

- XML-Datei:
  ```
  <?xml-stylesheet type="text/xsl" href="datei1.xsl"?>
  ```
  Stylesheet referenzieren

Box
  ```

4 XML *

Template-Regel definieren	■ Wurzelelement:
	`<xsl:template match="/">` ... `</xsl:template>`
	■ Element x:
	`<xsl:template match="x">` ...`</xsl:template>`

Werte ausgeben	■ Element: `<xsl:value-of select="element1"/>` ■ Attribut: `<xsl:value-of select="@attribut1"/>`

Template-Regeln anwenden	■ Alle Kindknoten des aktuellen Kontextknotens auswählen:
	`<xsl:apply-templates />`
	■ Zielknoten auswählen:
	`<xsl:apply-templates select="x"/>`

Template-Strategien	■ *Pull Processing*: Verarbeitung der Kindelemente wird in die *Template*-Regel des Elternelements hineingezogen ■ *Push Processing*: Verarbeitung der Kindelemente wird an andere *Template*-Regeln delegiert

bedingte Ausführung	■ `<xsl:template match="element">`
	    ...
	    `<xsl:if test="Bedingung">`
	        ...
	    `</xsl:if>`
	`</xsl:template>`

alternative Ausführung	■ `<xsl:choose>`
	    `<xsl:when test="...">`
	        ...
	    `</xsl:when>`
	    `<xsl:when test="...">`
	        ...
	    `</xsl:when>`
	    `<xsl:otherwise>`
	        ...
	    `</xsl:otherwise>`
	`</xsl:choose>`

Attributwert-*Templates*	■ `<xsl:template match="element1">`
	    `<xsl:value-of select="element2"/>`
	    `<p><img src="{element2}.jpg"/></p>`
	`</xsl:template>`

Box

5 PHP *

Was ist PHP?

PHP bedeutet *PHP: Hypertext Preprocessor* und ist eine serverseitige Skriptsprache, die Ähnlichkeiten zu C und Perl besitzt und in XHTML-Dokumente eingebettet werden kann. PHP-Programme können nicht direkt von einem Browser ausgeführt werden, sondern benötigen eine PHP-*Engine* und einen Webserver.

Was Sie wissen sollten

Sie sollten die Grundlagen von XHTML und CSS kennen, wie sie beispielsweise in den Gruppierungen »XHTML« (S. 1) und »CSS« (S. 43) vermittelt werden. Außerdem sollten Sie Grundkenntnisse in der strukturierten Programmierung und ein Grundverständnis der Objektorientierung besitzen.

Was Sie lernen

In dieser Einführung lernen Sie anhand einfacher Beispiele die Grundlagen von PHP kennen. Nach erfolgreichem Durcharbeiten können Sie Ihre Website um ein Gästebuch erweitern und auf die relationale Datenbank MySQL zugreifen.

- »Was ist PHP?« (S. 200)
- »Erstes PHP-Skript« (S. 202)
- »Formulare mit PHP verarbeiten« (S. 205)
- »Formulare mit PHP validieren« (S. 208)
- »PHP-Sprachelemente« (S. 212)
- »Dateiverarbeitung mit PHP« (S. 232)
- »PHP-Gästebuch« (S. 234)
- »SQL in PHP verwenden« (S. 238)
- »PHP-Gästebuch mit MySQL« (S. 241)
- Zum Nachschlagen: »PHP im Überblick« (S. 246)

Was Sie brauchen

Damit Sie mit PHP arbeiten können, benötigen Sie außer einem Editor und einem Browser einen **Webserver**, z.B. den Apache-Webserver und die PHP-*Engine*. XAMPP (http://www.apachefriends.org/de/xampp-windows.html) bietet eine einfach zu bedienende Entwicklungsumgebung, die diese Komponenten enthält. Die entsprechenden Installationsanleitungen finden Sie im kostenlosen Online-Kurs.

Literatur

Verwendete und weiterführende Literatur:

/Lerdorf et al. 06/, /Zandstra 04/, /Hirte et al. 06/ und auch /Goldmann, Schraudolph 06/. Eine gute Referenz – auch

Gruppierung

für Programmieranfänger – ist die Website PHPBox (http://www.phpbox.de/). Sie enthält mehrere Tutorials, die auch die MySQL-Anbindung erklären. Zum Nachschlagen und für fortgeschrittene PHP-Entwickler empfiehlt sich das offizielle PHP-Handbuch (http://www.php.net/manual).

5.1 Was ist PHP? *

PHP ist eine serverseitige Skriptsprache, die sehr einfach erlernbar ist. Die aktuelle Version ist PHP 5, die eine objektorientierte Entwicklung ermöglicht. Eine PHP-Datei wird immer auf einem Webserver ausgeführt. Er erzeugt eine HTML-Datei, die zum Browser geschickt und dort angezeigt wird.

PHP bedeutet *PHP: Hypertext Preprocessor* und ist eine serverseitige Skriptsprache. Sie besitzt den Vorteil, dass sie sehr einfach erlernbar ist. Dies hat mit Sicherheit dazu beigetragen, dass **PHP** heute die am meisten eingesetzte serverseitige Skriptsprache ist. Ein Ziel von PHP ist es, die Arbeit mit Datenbanken zu erleichtern. Insbesondere wird die Anbindung an die Datenbank **MySQL** optimal unterstützt. Ursprünglich für Linux-Computer und den Apache-Webserver konzipiert, läuft PHP heute problemlos auf jeder Unix-, Linux- oder Windows-Plattform.

PHP verarbeiten — Im Gegensatz zu XHTML-Dateien können PHP-Dateien *nicht* von einem Webbrowser interpretiert werden, sondern benötigen einen Webserver. Fordert ein Browser eine PHP-Seite an, dann wird sie auf dem Webserver von der PHP-*Engine* geparst. Der in der Datei enthaltene PHP-Code wird zunächst in einen Bytecode übersetzt, dann interpretiert und ausgeführt. Als Ergebnis wird eine HTML-Datei an den Browser geschickt, die keinen PHP-Code mehr enthält. Der Benutzer erhält also nur die Ergebnisse seiner **Anfrage**. Sämtliche Programmabläufe, die zur Generierung der gewünschten Daten führen, laufen auf dem Server ab. Die Webseite, die der Benutzer als Ergebnis seiner Anfrage erhält, wird als dynamisch bezeichnet, da sie erst erzeugt wird, wenn jemand sie anfordert. Zur Erzeugung der Ergebnisseite können in der PHP-Datei zum Beispiel Datenbankabfragen oder Berechnun-

Basistext

5.1 Was ist PHP? *

gen mit Werten, die der Benutzer mit der Anfrage gesendet hat, durchgeführt werden.

PHP kann auf verschiedene Arten mit diversen Webservern zusammenarbeiten. Eine weit verbreitete Art ist, PHP als **Servermodul** mit dem Apache-Webserver auszuführen. Dieses Modul wird mit dem Webserver gestartet und für alle PHP-Übersetzungen benutzt. Die Ausführung ist schneller als bei der alternativen CGI-Version, bei der PHP als CGI-Skript ausgeführt wird. Hier wird bei jeder Anfrage für eine PHP-Datei ein externer Prozess gestartet, was wesentlicher langsamer ist. Die CGI-Version besitzt jedoch den Vorteil etwas sicherer als die Servermodul-Version zu sein und ermöglicht es, die Ressourcen eines Benutzers besser zu kontrollieren.

Servermodul vs. CGI

Ursprünglich wurde PHP für die Entwicklung von kleinen und mittleren Websites konzipiert. Die Technik wurde im Laufe der Zeit jedoch intensiv weiterentwickelt und wird heute auch für die Entwicklung großer Websites und Web-Anwendungen eingesetzt. Im Jahr 1994 hat Rasmus Lerdorf die erste Version des heutigen PHP unter dem Namen PHP/FI veröffentlicht. In den folgenden Jahren haben Web-Entwickler in der ganzen Welt ihren Beitrag zur Weiterentwicklung von PHP/FI geleistet. Im Jahr 1997 waren bereits mehr als 50.000 Websites mit PHP programmiert. Mit Hilfe von Zeev Zuraski und Andi Gutmans wurde 1998 PHP 3 veröffentlicht, das einen komplett neu entwickelten Parser enthielt.

Versionen

Seit 2000 gibt es die Version PHP 4, mit deren Hilfe wesentlich effizientere Anwendungen erstellt werden können. Diese Performance-Verbesserung wurde durch das *Redesign* der *PHP Scripting Engine (Zend Engine)* erreicht, das von der Arbeitsgruppe um Andi Gutmans und Zeev Suraski durchgeführt wurde. PHP 4 enthält einige objektorientierte Konzepte, die aber noch nicht ausgereift sind.

PHP 4

Die neueste Version ist PHP 5, die mit der *Zend Engine* 2 einige grundlegende Verbesserungen bietet. Dazu gehören die stark verbesserte Unterstützung der objektorientierten Programmierung und die effektivere Anbindung an die Datenbank MySQL.

PHP 5

Installieren Sie die Entwicklungsumgebung XAMPP auf Ihrem Computer.

Basistext

5.2 Erstes PHP-Skript *

Eine PHP-Datei besitzt die Endung .php. Diese Datei kann XHTML-Elemente und PHP-Anweisungen innerhalb von Codeblöcken enthalten. Bei Codeblöcken werden mehrere Markierungen angeboten. Empfohlen wird die Standard-Markierung. Das Verhalten der PHP-*Engine* kann über die Konfigurationsdatei gesteuert werden.

Codeblöcke

PHP-Anweisungen können in ein XHTML-Dokument eingefügt oder in eine separate Datei geschrieben werden. Diese Anweisungen müssen immer in einem **Codeblock** stehen, der mit Anfangs- und Endemarkierungen geklammert ist. Gültige PHP-Codeblöcke sind:

- `<?php ... ?>`: Standard-Markierung, die offiziell unterstützt wird.
- `<? ... ?>`: Kurzform der Standard-Markierung, die standardmäßig aktiviert ist.
- `<script language="PHP"> ... </script>`: Ebenfalls immer verfügbar.
- `<% ... %>`: ASP-Markierung als Alternative zu den obigen Markierungen, die standardmäßig deaktiviert ist.

Es wird empfohlen, die Standard-Markierung zu verwenden, denn bei einer Portierung der PHP-Anwendung auf andere Server haben Sie dann die Sicherheit, dass diese Markierung unterstützt wird. Außerdem überschneidet sich die Kurzform mit XML-Konventionen, denn die Zeichenfolge »<?« wird von XML-Parsern als Beginn einer Deklaration (z.B. `<?xml version="1.0"?>`) erkannt (siehe »XML« (S. 147)). Wenn Sie PHP in XML oder XHTML einbinden wollen, dann müssen Sie `<?php ... ?>` verwenden, um keine Parserfehler aufgrund vermischter Standards zu erhalten. Die ASP-Markierung besitzt wie die Kurzform den Nachteil, dass sie deaktiviert werden kann. Daher ist auch diese Form nicht empfehlenswert.

.php

PHP-Dateien besitzen standardmäßig die Endung .php. Daran erkennt der Webserver, dass diese Datei von der PHP-*Engine* ausgeführt werden muss. Eine PHP-Datei kann mehrere Codeblöcke enthalten. Es ist möglich, dass eine Datei, die nur XHTML-Code enthält, die Endung .php besitzt.

Basistext

XHTML-Code in einer PHP-Datei wird stets unverändert an den Browser zurückgegeben.

Wenn Sie eine XHTML-Datei mit der Endung .php versehen, kann die Anweisung `<?xml version="1.0"?>` bei entsprechender Konfiguration aus den oben genannten Gründen zu einem Fehler führen.

Body Mass Index (BMI)
Als durchgängiges Beispiel wird für die Einführung von Web-Techniken die Berechnung des *Body Mass Index* (BMI) verwendet. Der BMI ist zurzeit die anerkannte Methode, um Über- oder Untergewicht festzustellen. Er wird berechnet nach der Formel: Gewicht [kg] / (Größe [m]* Größe [m]). Der BMI gilt gleichermaßen für Frauen und Männer. Das Idealgewicht liegt bei einem BMI zwischen 20 und 24 vor. Ein BMI zwischen 25 und 30 zeigt ein leichtes Übergewicht, ein BMI über 30 zeigt Fettsucht an. Ein BMI unter 18 gilt als Untergewicht.

Fallbeispiel

Das folgende PHP-Skript berechnet für fest einprogrammierte Werte von Gewicht und Größe den BMI (Abb. 5.2-1). Die Datei enthält nur einen PHP-Codeblock, der mit `<?php ... ?>` geklammert ist:

Fallbeispiel bmi1.php

```
<?php
print "<h3>BMI berechnen</h3>";
$weight = 61;
$height = 1.68;
$bmi = $weight/ ($height * $height);

print "<p>Ihr Gewicht von $weight kg und Ihre Größe von
       $height m ergeben einen Body Mass Index (BMI) von
       $bmi </p>";
print "<p>Ideal ist ein BMI zwischen 20 und 24</p>";
?>
```

Um ein PHP-Skript (z.B. bmi1.php) auszuführen, müssen Sie die Datei im Verzeichnis htdocs des Webservers speichern. Bei Verwendung von XAMPP ist dies beispielsweise pfad/xampp/htdocs. Starten Sie den Webserver und geben Sie im Browser die URL http://localhost/bmi1.php ein.

PHP-Skript ausführen

Führen Sie das Beispiel bmi1.php über den Webserver aus. Berechnen Sie dann Ihren persönlichen BMI. Lassen Sie sich im

Basistext

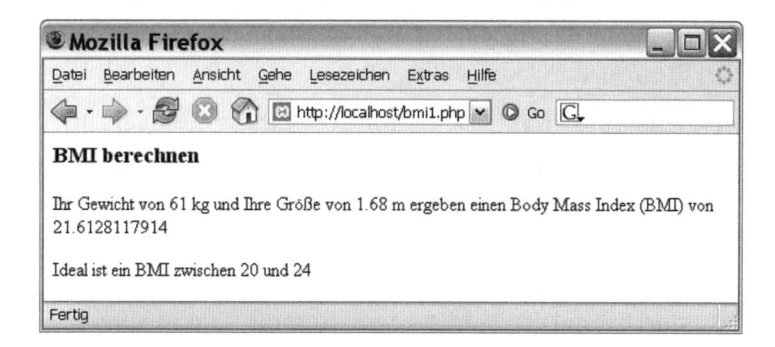

Abb. 5.2-1: Diese Ausgabe wird von dem PHP-Programm `bmi1.php` *erzeugt.*

Browser den Quellcode des generierten HTML-Dokuments anzeigen.

PHP-Ausgabe

Außer den oben eingeführten Markierungen für Anweisungen bietet PHP folgende Markierungen für die Browserausgabe:

- `<?= $var ?>`: Kurzform für `<? print $var; ?>`
- `<%= $var %>`: Kurzform für `<% print $var; %>`

Sie besitzen den Vorteil, dass sie innerhalb von XHTML-Code einfach angegeben werden können. Ihr Nachteil ist, dass sie wie die entsprechenden Markierungen für die Codeblöcke deaktiviert werden können.

PHP konfigurieren

Die Konfigurationsdatei `php.ini` steuert das Verhalten der PHP-*Engine*. Bei Verwendung von XAMPP unter Windows finden Sie diese Datei beispielsweise im Verzeichnis `pfad/xampp/apache/bin`. Bei der Installation des PHP-Systems sind bestimmte Konfigurationen voreingestellt, die vom Programmierer verändert werden können. Mit der Einstellung `short_open_tag = On` (Voreinstellung) können Sie die Kurzform `<? ..: ?>` zulassen und mit `short_open_tag = Off` verbieten. Analog wirkt sich die Einstellung `asp_tags` auf die Gültigkeit der Markierung `<% ... %>` aus (Voreinstellung: `asp_tags = Off`).

Fallbeispiel `bmi1a.php`

Das folgende PHP-Skript verwendet die Kurzform für die Browserausgabe:

```
<?php
print "<h3>BMI berechnen</h3>";
```

Basistext

```
$weight = 61;
$height = 1.68;
?>
<p> Ihr Gewicht von <?= $weight ?> kg und Ihre Größe von
    <?= $height ?> m ergeben einen Body Mass Index (BMI) von
    <?= $weight/ ($height * $height) ?>
</p>
<p>Ideal ist ein BMI zwischen 20 und 24</p>
```

Führen Sie das Beispiel bmi1a.php über den Webserver aus. Deaktivieren Sie die Kurzform der PHP-Markierung in der Konfigurationsdatei und starten Sie den Webserver neu. Führen Sie das Beispiel erneut aus und prüfen Sie das Ergebnis. Was stellen Sie fest?

5.3 Formulare mit PHP verarbeiten *

Daten, die in einem XHTML-Formular eingegeben werden, stehen (bei entsprechender Einstellung in der Konfigurationsdatei) im PHP-Skript in superglobalen Variablen zur Verfügung. In $_POST stehen Werte, die mit method="post", und in $_GET Werte, die mit method="get" übergeben werden.

Das Skript zur Berechnung des BMI wird so erweitert, dass es für beliebige Werte von Gewicht und Größe arbeitet. Diese Eingaben erfolgen in einem Formular in einer XHTML-Datei (Abb. 5.3-1). Durch Klicken auf die Schaltfläche werden sie an das PHP-Skript übergeben.

Formulardaten übergeben

XHTML-Dokument mit dem enthaltenen Formular:

Fallbeispiel
bmi2/
index.html

```
<html>
...
<form action="bmi2.php" method="post">
  <p>
    Gewicht in kg <input name="weight" size="10"
                         type="text" /> <br />
    Größe in m <input name="height" size="10"
                       type="text" /> <br />
    <input name="Abschicken" type="submit"
           value="BMI berechnen" />
    <input name="Abbrechen" type="reset"
           value="Abbrechen" />
  </p>
```

Basistext

```
</form>
...
</html>
```

Das Attribut `action="bmi2.php"` spezifiziert das PHP-Skript, das die Eingaben weiterverarbeitet. In diesem Fall muss das aufgerufene Skript im gleichen Verzeichnis liegen wie die Datei, die dieses Formular enthält. Das Attribut `method="post"` gibt an, *wie* die Daten übergeben werden. Anstelle von `post` kann auch `get` verwendet werden.

Abb. 5.3-1: Eingabeformular für die Berechnung des BMI.

get
Wenn Sie beim form-Element den Attributwert `method="get"` wählen, dann werden die Eingabedaten des Formulars als Parameter an die Adresse angehängt, d.h. sie werden in der URL übergeben. Für obiges Programm ergibt sich beispielsweise folgende URL:

```
http://localhost/bmi2/bmi2.php?weight=100&height=1.8&
Abschicken=BMI+berechnen
```

Nachteile dieser Methode sind, dass die übergebenen Daten sichtbar sind und die Menge der übertragenen Daten begrenzt ist. Somit sind Passwörter in der Adresszeile des Browsers sichtbar und übertragene Daten können verloren gehen. Fehlt das Attribut `method`, dann gilt `get` als Voreinstellung.

post
Bei `method="post"` werden die Formulardaten als Teil der **Anfrage** an den Webserver geschickt. Sie sind in der Adresszeile *nicht* sichtbar. Außerdem können größere Datenmengen übertragen werden.

Basistext

Das **W3C** empfiehlt die POST-Methode immer dann zu verwenden, wenn die Daten von dem auswertenden Programm weiterverarbeitet werden (z.B. Speichern in einer Datenbank). Die GET-Methode soll dagegen für Ablaufsteuerungen (z.B. für eine Suche) verwendet werden.

post vs. get

Damit Daten aus dem Formular übernommen werden, müssen sie in PHP-Variablen gewandelt werden. Das kann folgendermaßen geschehen:

Daten übergeben

- `$height = $_GET['height'];` wenn die Daten mit `method="get"` übergeben wurden,
- `$height = $_POST['height'];` wenn die Daten mit `method="post"` übergeben wurden.

Hier sehen Sie das aufgerufene PHP-Skript:

Fallbeispiel bmi2/ bmi2.php

```
<?php
print "<h3>BMI berechnen</h3>";
$height = $_POST['height'];
$weight = $_POST ['weight'];
$bmi = $weight/ ($height * $height);
print "<p> Ihr Gewicht von $weight kg und Ihre Größe von
       $height m ergeben einen Body Mass Index (BMI) von
       $bmi </p>";
print ("<p>Ideal ist ein BMI zwischen 20 und 24</p>");
?>
```

Führen Sie das Beispiel bmi2 über den Webserver aus. Betrachten Sie die Adresszeile des Browsers. Verändern Sie die Übergabemethode in get. Welche Veränderung stellen Sie fest? Ändern Sie den Namen der Datei index.html in index.php. Was passiert?

Um Zugriffe auf Formularfelder zu verstehen, müssen Sie sich mit dem Konzept der superglobalen Variablen von PHP auseinandersetzen. **Superglobale Variablen** sind Arrays, die in PHP vordefiniert sind und automatisch mit Werten gefüllt werden. Sie stehen in jedem Gültigkeitsbereich zur Verfügung, d.h. man kann aus jeder Funktion darauf zugreifen. PHP bietet eine Reihe von superglobalen Variablen an, von denen hier zwei benutzt werden:

superglobale Variablen

- `$_GET` : Enthält Werte, die dem PHP-Skript durch die HTTP-GET-Methode übermittelt werden.
- `$_POST` : Enthält Werte, die dem PHP-Skript durch die HTTP-POST-Methode übermittelt werden.

Basistext

In der Datei php.ini kann der Zugriff auf Formularfelder konfiguriert werden. Wenn Sie in dieser Datei die Einstellung register_globals = On eingestellt haben, dann stehen alle übergebenen Daten in der globalen Symboltabelle zur Verfügung. Sie können in Ihrem PHP-Skript dann direkt auf alle übermittelten Parameter – z.B. Formularfelder – zugreifen. Im Fallbeispiel bmi2 würden der PHP-Datei bmi2.php dann automatisch die Variablen $height und $weight zur Verfügung stehen. Dadurch ist es nicht notwendig, die superglobalen Variablen zu verwenden. Wenn Sie die Einstellung in register_globals = Off ändern, führt der direkte Zugriff auf Formularfelder bei der Ausführung Ihres Skripts zu Fehlern. Da der Zugriff über die globale Symboltabelle ein **Sicherheitsrisiko** darstellt, gilt die Empfehlung mit der Einstellung register_globals = Off zu arbeiten und alle Skripte so zu schreiben, dass sie ohne globalen Zugriff funktionieren.

Löschen Sie in der Datei bmi2.php die beiden Zeilen, in denen auf $_POST zugegriffen wird. Wählen Sie in der Datei php.ini auf Ihrem Computer die Einstellung register_globals = On und führen Sie das Fallbeispiel bmi2 aus. Was stellen Sie fest? Ändern Sie dann die Einstellung in register_globals = Off und führen Sie das Beispiel erneut aus. Starten Sie nach jeder Änderung den Webserver neu.

5.4 Formulare mit PHP validieren *

Daten, die in einem Formular eingegeben werden, müssen im Allgemeinen vor einer Weiterverarbeitung überprüft werden. Dazu gehören die Prüfungen, ob ein Feld Daten enthält und ob ein Feld eine Zeichenkette enthält, die sich in eine korrekte Zahl wandeln lässt. Numerische Strings werden implizit in Zahlen konvertiert. Teilaufgaben sollen durch Funktionen realisiert und möglichst in einer separaten Datei stehen, die beispielsweise mit include **oder** include_once **eingebunden werden kann.**

Bevor Daten, die in Formularen eingegeben werden, weiterverarbeitet werden, sollten sie überprüft werden. Die wichtigste Prüfung ist natürlich, ob überhaupt Daten vorliegen. Wird mit eingegebenen Zahlen gerechnet, so sollte geprüft werden, ob korrekte Zahlen (z.B. Gleitpunktzahlen) eingegeben wurden.

Viele Eingabefehler (z.B. ob Eingabe vorhanden ist) können bereits clientseitig mit JavaScript abgefangen werden. Doch muss man bedenken, dass JavaScript im Browser deaktiviert werden kann und dass dann Eingabefehler zu schwerwiegendem Fehlverhalten der Anwendung führen können. Daher gilt es als guter Stil auch typische JavaScript-Prüfungen serverseitig durchzuführen. Darüberhinaus gibt es natürlich noch weitere Prüfungen, bei denen ein Zugriff auf den Server notwendig ist und die immer serverseitig durchgeführt werden müssen. *(client- oder serverseitig prüfen?)*

Mit `if (isset ($_POST['key']))` prüft man, ob ein Parameter übermittelt wurde. Eine erweiterte Prüfung kann mit der PHP-Funktion `empty($_POST['key'])` durchgeführt werden. Sie liefert das Ergebnis `true`, wenn das Eingabefeld leer ist oder nicht übermittelt wurde: *(Eingabe vorhanden?)*

```
if (! empty($_POST['key']))
{
   // Es liegen Daten vor
}
```

Alle Daten, die ein Benutzer in ein XHTML-Formular eingibt, werden als Zeichenketten behandelt. Erwartet das PHP-Programm Zahlen, mit denen gerechnet werden soll, dann muss überprüft werden, ob überhaupt Zahlen eingegeben wurden. Dazu kombiniert man mehrere Prüfungen. Als Erstes wird mit `if (isset($_POST['key'])` geprüft, ob das Formularfeld übermittelt wurde. Als zweiter Schritt wird die vordefinierte Funktion `is_numeric()` benutzt. Sie gibt den Wert `true` zurück, wenn eine Zahl oder ein numerischer String vorliegt, in allen anderen Fällen `false`. In dem Fall, dass kein Wert eingegeben wurde, liefert die Funktion ebenfalls `false`. Daher kann man hier auf die zusätzliche Prüfung, ob überhaupt ein Parameter übermittelt wurde, verzichten. Die folgende Funktion `valid()` prüft, ob Daten übermittelt werden und ob es sich um numerische Daten handelt: *(korrekte Zahl?)*

Basistext

```php
function valid ($form)
{
  if ( isset($_POST[$form]) && is_numeric($_POST[$form]))
    return true;
  else
    return false;
}
?>
```

Zahlen konvertieren

Wenn in einem Eingabefeld Zeichenketten eingegeben wurden, die Zahlen darstellen, dann müssen sie in PHP *nicht* explizit konvertiert werden, sondern es erfolgt in diesem Fall eine **implizite Konvertierung** . Beispielsweise würde auch die Zuweisung $var = 3 + "3"; der Variablen $var den Wert 6 zuweisen.

Fallbeispiel bmi3/ bmi3.php

Das Programm zur BMI-Berechnung wird so erweitert, dass fehlerhafte Eingaben abgefangen werden und der Benutzer eine verständliche Fehlermeldung erhält:

```php
<?php
function valid ($form)
{
  if ( isset($_POST[$form]) && is_numeric($_POST[$form]))
    return true;
  else
    return false;
}

print "<h3>BMI berechnen</h3>";

if ( valid ("height") && valid ("weight") )
{
  $height = $_POST['height'];
  $weight = $_POST ['weight'];

  $bmi = $weight/ ($height * $height);
  print "<p> Ihr Gewicht von $weight kg und Ihre Größe von
         $height m ergeben einen Body Mass Index (BMI) von
         $bmi </p>";
  print "<p>Ideal ist ein BMI zwischen 20 und 24</p>";
}
else
{
  print "<p>Sie müssen in beiden Feldern ganze Zahlen
         oder Gleitpunktzahlen eingeben, damit der BMI
         berechnet werden kann.</p>";
  print "<a href ='index.html'> Zurück zum Formular </a>";
}
?>
```

Basistext

Dateien inkludieren

Wann immer möglich sollte PHP-Code in Funktionen ausgelagert werden, die dann optimal wiederverwendet werden können. Noch besser ist es, diese Funktionen in separate Dateien auszulagern, statt sie mehrmals zu kopieren. Dann muss man die Funktion bei späteren Erweiterungen und Fehlerkorrekturen nur *einmal* ändern. Mit include können Sie Dateien in Ihre PHP-Datei einbinden. Diese Dateien werden zur Ausführungszeit eingefügt. Wichtig ist, dass PHP-Code in der inkludierten Datei innerhalb von PHP-Codeblöcken steht, da er sonst nicht geparst wird. Alle globalen Variablen der inkludierten Datei sind in der einbindenden Datei direkt verfügbar. Bei include handelt es sich analog zu print (vgl. »Einfache PHP-Elemente« (S. 212)) um ein Sprachkonstrukt. Daher dürfen die runden Klammern auch weggelassen werden. Für inkludierte Dateien kann man ebenfalls die Dateiendung .php verwenden. Um sie sofort zu erkennen, wird empfohlen, sie mit einer speziellen Endung zu versehen. Häufig verwendet man .inc.php.

include

Die folgende PHP-Datei inkludiert zwei PHP-Dateien:

Beispiel

```
<?php
include ("prog1.inc.php");
include "prog2.inc.php";
...
?>
```

Die Verwendung von include kann zu einem Problem führen. Wird include in einer PHP-Anwendung mehrmals für die gleiche Datei aufgerufen, dann wird diese Datei mehrmals eingebunden. Dies kann dazu führen, dass die gleichen Funktionen und Klassen mehrmals deklariert werden. Daher ist es bei größeren Projekten besser, das Sprachkonstrukt include_once zu verwenden, bei dem jede Datei maximal einmal eingebunden wird.

include_once

Zum Einbinden von Dateien bietet PHP außerdem das Sprachkonstrukt require. Es verhält sich analog zu include, besitzt jedoch einen wichtigen Unterschied: Existiert die einzubindende Datei nicht, dann bricht die Ausführung des Skripts ab. Bei include wird lediglich eine Warnung ausge-

require

Basistext

geben und dann die Verarbeitung des Skripts fortgesetzt. Analog zu include_once gibt es auch das Sprachkonstrukt require_once.

Führen Sie das Skript zur Berechnung des BMI aus. Was passiert, wenn Sie ein Formularfeld leer lassen oder Buchstaben eingeben? Erweitern Sie das Beispiel um eine weitere Funktion, die für Gewicht und Größe prüft, ob plausible Daten eingegeben wurden (z.B. 0 < Größe < 2.5 m). Lagern Sie alle Prüfungen in separate Dateien aus. Testen Sie die unterschiedliche Wirkung von include und require.

5.5 PHP-Sprachelemente *

Diese Gruppierung führt Sie anhand von Beispielen in die wichtigsten Sprachelemente von PHP ein, die Sie für die Bearbeitung der Beispiele benötigen:

- »Einfache PHP-Elemente« (S. 212)
- »Operatoren in PHP« (S. 215)
- »Kontrollstrukturen in PHP« (S. 217)
- »Felder in PHP« (S. 219)
- »Funktionen in PHP« (S. 222)
- »Klassen in PHP« (S. 228)

5.5.1 Einfache PHP-Elemente *

Variablen beginnen in PHP mit einem $-Zeichen und müssen nicht deklariert werden, da PHP keine typstrenge Sprache ist. Die Sprache verwendet jedoch implizite Datentypen. Dazu gehören: Integer, Double, String **und** Boolean. **Zeichenketten gibt es in zwei Varianten (**"string1" **und** 'string2'**), die sich bei der Ausgabe unterschiedlich auswirken. Mit** print **können innerhalb eines PHP-Codeblocks Ausgaben im Browser erfolgen.**

Kommentare Bei den Kommentaren werden ein- und mehrzeilige Kommentare unterschieden. Sie müssen innerhalb eines Codeblocks stehen und werden von der PHP-*Engine* nicht geparst. Außerhalb von Codeblöcken werden XHTML-Kommentare verwendet:

Basistext

```
// ein einzeiliger Kommentar
# noch ein einzeiliger Kommentar
/* ein mehrzeiliger
   Kommentar */
```

Variablen beginnen immer mit einem $-Zeichen und können an jeder beliebigen Stelle in einem PHP-Programm stehen. PHP gehört nicht zu den typstrengen Programmiersprachen. Variablen benötigen keine explizite Deklaration und werden durch ihre Verwendung automatisch deklariert. Der Typ der Variablen ergibt sich *implizit* aus dem zugewiesenen Wert. Beispielsweise kann eine Variable zuerst einen String (String-Variable) und dann eine ganze Zahl (Integer-Variable) aufnehmen.

Variablen

Obwohl die Typen nicht explizit angegeben werden, unterscheidet PHP folgende Datentypen :

Datentypen

- Integer-Variable: `$weight = 61;`
- Double-Variable: `$height = 1.7;`
- String-Variable: `$name = "Marie";`
- Auch eine String-Variable: `$surname = 'Risser';`
- Boolean-Variable: `$istGesund = true;`

Außerdem gibt es die Datentypen `Array` und `Object`.

Die fehlende Typ-Deklaration kann leicht zu Programmierfehlern führen, wenn der Programmierer einen anderen Datentyp voraussetzt als die Variable tatsächlich besitzt. In typstrengen Programmiersprachen führt dies zu einem Fehler bei der Compilierung, in PHP wird dieser Fehler erst bei der Programmausführung sichtbar.

In PHP dürfen die Namen von Bezeichnern nur Buchstaben, Ziffern und Unterstriche (_) enthalten und müssen mit einem Buchstaben oder Unterstrich beginnen. Bei Variablen- und Konstantennamen ist die Groß-/Kleinschreibung signifikant, bei Funktions- und Klassennamen jedoch *nicht*.

Bezeichner

Gültige Variablennamen sind beispielsweise:

Beispiel

○ $i
○ $vorname2
○ $ist_gesund
○ $_fehler

Basistext

Konstanten — Konstanten kann man mit der Funktion `define()` definieren. Der Wert muss eine Zahl oder ein String sein. Konstanten werden ohne Angabe des $-Zeichens verwendet. Im Gegensatz zu Variablen sind Konstanten global gültig. Wie in anderen Programmiersprachen gilt es als guter Stil, Konstantennamen mit Großbuchstaben zu schreiben.

Beispiel — So werden Konstanten definiert und verwendet:

```
define ("KONSTANTE", 100);
$var = KONSTANTE * $var2;
```

Ausdrücke — Sie können in PHP Ausdrücke bilden, wie Sie es aus anderen Sprachen gewohnt sind.

Beispiel — Einfache PHP-Ausdrücke:

```
$fahrenheit = $celsius * (9/5) + 32;
$bmi = $weight / ($height * $height);
```

Strings — Strings können sowohl mit doppelten als auch mit einfachen Anführungszeichen angegeben werden. Strings mit doppelten Anführungszeichen werden geparst, Strings in einfachen Anführungszeichen nicht. Das bedeutet: Wenn in einem String mit doppelten Anführungszeichen eine Variable vorkommt, dann wird deren Wert eingesetzt. Außerdem werden in Strings mit doppelten Anführungszeichen *Escape*-Zeichen erkannt und interpretiert. Strings in einfachen Anführungszeichen bleiben unverändert.

Beispiele
- `"Ihr Gewicht ist $weight kg";`
  wird für `$weight = 61` interpretiert als: `Ihr Gewicht ist 61 kg`
- `'Ihr Gewicht ist $weight kg';`
  wird dagegen immer interpretiert als: `Ihr Gewicht ist $weight kg`
- `"<table width=\"600\">"`
  wird interpretiert als: `<table width="600">`

Escape-Zeichen — Hier einige häufig benötigte *Escape*-Zeichen *(escape sequence)*:

- `\n` für eine neue Zeile,
- `\"` für das Anführungszeichen "

Basistext

- \\ für den Backslash \
- \$ für das $-Zeichen

Die Ausgabe im Browser kann in PHP mit der Anweisung `print()` erfolgen. Sie gibt einen String aus, der in einfachen oder doppelten Anführungszeichen stehen kann. Bei `print` handelt es sich nicht um eine Funktion, sondern um ein Sprachkonstrukt für die Ausgabe von Daten. Daher dürfen die runden Klammern auch weggelassen werden. Die ausgegebenen Zeichenketten dürfen sich auch über mehrere Zeilen erstrecken.

Ausgabe

```
print ("Ihr Gewicht ist $weight kg");
print "Ihr Gewicht ist $weight kg";
print $weight;
```

Beispiele

Mit dem Sprachkonstrukt `print` kann man außer Texten auch XHTML-Code ausgeben. Attribute in Anführungszeichen können mit *Escape*-Zeichen maskiert werden. Weitere Möglichkeiten bestehen darin, einfache und doppelte Anführungszeichen zu kombinieren, wobei die korrekte Schachtelung wichtig ist.

Ausgabe von XHTML

Die folgenden Beispiele geben einen XHTML-Ausschnitt korrekt aus:

Beispiele

```
print "<table width=\"600\">";
print "<table width='600'>";
print '<table width="600">';
```

Erstellen Sie ein PHP-Skript, um mit den eingeführten Sprachelementen zu experimentieren und lassen Sie das Skript vom Webserver ausführen.

5.5.2 Operatoren in PHP *

Analog zu anderen Programmiersprachen bietet PHP arithmetische Operatoren, Verkettungsoperatoren, Zuweisungsoperatoren, Vergleichsoperatoren und logische Operatoren.

PHP bietet die in Programmiersprachen üblichen arithmetischen Operatoren: +, -, *, / und % (Modulo-Operator).

arithmetische Operatoren

Basistext

Verkettungsoperator — Um Zeichenketten zu konkatenieren verwenden Sie in PHP das Zeichen ».«. "Fitness"."-"."Tipps" ergibt die Zeichenkette "Fitness-Tipps".

Zuweisungsoperator — Außer der einfachen Zuweisung sind zusammengesetzte Zuweisungsoperatoren möglich:

- $a += $b; entspricht $a = $a + $b;
- $a -= $b; entspricht $a = $a - $b;
- $a *= $b; entspricht $a = $a * $b;
- $a /= $b; entspricht $a = $a / $b;
- $a %= $b; entspricht $a = $a % $b;
- $a .= "beta"; entspricht $a = $a."beta";

Zusätzlich existieren die üblichen Kurzformen zum Inkrementieren und Dekrementieren:

- $i++; entspricht $i += 1; bzw. $i = $i + 1;
- $i--; entspricht $i -= 1; bzw. $i = $i - 1;

Vergleichsoperator — Zur Formulierung von Bedingungen bietet PHP die in Programmiersprachen üblichen Vergleichsoperatoren:
==, !=, <, <=, >, >=.

- Zusätzlich enthält es den Operator ===, der prüft, ob Wert und Typ gleich sind.
  - "7"===7 ergibt false, weil links eine Zeichenkette und rechts eine Zahl steht.
  - "7"==7 ergibt true, weil sowohl die Zeichenkette als auch die Zahl den Wert 7 besitzen.
  - Bei Objekten prüft der Operator ===, ob beide Referenzen auf dasselbe Objekt weisen.

logische Operatoren

- if ($a || $b) bzw. if ($a or $b): Bedingung ist erfüllt, wenn $a oder $b true ist (auch beide)
- if ($a xor $b): Bedingung ist erfüllt, wenn entweder $a oder $b true ist (nicht beide).
- if ($a && $b) bzw. if ($a and $b): Bedingung ist erfüllt, wenn $a und $b true sind.
- if (! $a): Bedingung ist erfüllt, wenn $a nicht true ist.

Die unterschiedlichen Operatoren für die Und- und die Oder-Verknüpfung besitzen bei der Auswertung von Ausdrücken eine unterschiedliche Rangfolge.

Basistext

5.5.3 Kontrollstrukturen in PHP *

PHP bietet die üblichen Kontrollstrukturen für die Programmierung der Auswahl (if...else), der Mehrfachauswahl (switch...case) und für Schleifen (for, while, do-while).

Die Kontrollstrukturen für die Auswahl und Schleifen werden hier anhand von einfachen Beispielen kurz vorgestellt.

Auswahl

If-Anweisungen können wie folgt formuliert werden. Wird in Abhängigkeit von einer Bedingung nur eine einzige Anweisung ausgeführt, dann dürfen die geschweiften Klammern fehlen.

if-Anweisung

```
if (($zchn >= "0") && ($zchn <= "9"))
{
  print "Ziffer";
  print "<br />";
}
if (($zchn >= "0") && ($zchn <= "9"))
{
  print "Ziffer <br />";
}
else
{
  print "keine Ziffer";
}
```

Beispiele

Folgt in einem else-Teil eine erneute Anfrage, so kann dies wie folgt formuliert werden. Alternativ zu elseif kann man auch else if schreiben.

elseif

```
if (($zchn >= "1") && ($zchn <= "9"))
{
  print "Ziffer 1..9";
}
elseif ($zchn == "0")
{
  print "Ziffer 0";
}
  else
  {
    print "keine Ziffer";
  }
```

Beispiel

Basistext

5 PHP *

switch-Anweisung — Auch eine switch-Anweisung steht in PHP zur Verfügung. Anstelle einer Variablen (hier $wochentag) kann auch ein Ausdruck angegeben werden.

Beispiel
```
switch ($wochentag)
{
   case ("samstag"): print "Endlich Samstag"; break;
   case ("freitag"): print "Bald ist Wochenende"; break;
   default: print "Frohes Schaffen";
}
```

Schleifen

PHP verfügt auch über die üblichen Schleifenkonstrukte. Die geschweiften Klammern werden analog zur if-Anweisung verwendet.

Beispiele for-Schleife
```
for ($celsius = 37; $celsius <= 40; $celsius++)
{
   $fahrenheit = (( $celsius * 9 ) / 5 ) + 32;
   print "$celsius :   $fahrenheit <br/>";
}
```

while-Schleife
```
$celsius = 0;
while ($celsius <= 40)
{
   $fahrenheit = (( $celsius * 9 ) / 5 ) + 32;
   print "$celsius :   $fahrenheit <br/>";
   $celsius = $celsius + 10;
}
```

do-while-Schleife
```
$celsius = 0;
do
{
   $fahrenheit = (( $celsius * 9 ) / 5 ) + 32;
   print "$celsius :   $fahrenheit <br>";
   $celsius = $celsius + 10;
} while ($celsius <= 40);
```

Außerdem bietet PHP die foreach-Schleife an, die in »Felder in PHP« (S. 219) eingeführt wird.

Erstellen Sie ein PHP-Skript mit einem Celsius-Fahrenheit-Konverter, der mit festen Werten für Untergrenze und Obergrenze arbeitet. Geben Sie das Ergebnis in einer Tabelle aus.

Basistext

5.5.4 Felder in PHP *

Felder können mit dem Konstrukt `array()` **erzeugt werden. Außer über den Index kann ein Feld sehr bequem mit dem Identifizierer gefüllt werden. In einem Feld können Elemente unterschiedlichen Typs gespeichert werden. Felder können dynamisch erweitert werden, wobei aber keine durchgehende Besetzung aller »leeren« Positionen stattfindet. Die Funktion** `count()` **ermittelt die Feldgröße. Felder können sehr einfach mit der foreach-Anweisung traversiert werden. Eine Sonderform ist das assoziative Feld, bei dem die Indizierung über Strings erfolgt (Hash-Tabelle). Intern werden in PHP alle Felder als Hash-Tabellen realisiert.**

Ein Feld bzw. ein Array *(array)* wird mit den Zahlen 0, 1, 2 ... indiziert. Es kann mit dem `array()`-Konstrukt definiert werden. — numerisch indiziertes Feld

Das Feld besitzt an der Indexposition 0 den Wert "Stefan" und an der Indexposition 1 den Wert "Andreas" : — Beispiel

```
$names = array ("Stefan", "Andreas");
```

In PHP kann ein Feld sehr bequem mit dem Identifizierer [] gefüllt werden. Der Index des neuen Elements ist um 1 größer als der bisher größte Index. Existiert das Feld noch nicht, so wird es durch diese Anweisung erzeugt und erhält den angegebenen Wert. — Identifizierer

Die Anweisung fügt zu den Namen Stefan und Andreas den Namen Markus hinzu: — Beispiel

```
$names[] = "Markus";
```

Man kann die Indexpositionen auch explizit ansprechen. — Index

Die Anweisung ändert das Element an der Position 2, d.h. der dritte Name "Markus" wird durch "Ina" ersetzt: — Beispiel

```
$names[2] = "Ina";
```

Man kann Felder in PHP dynamisch erweitern, indem man einer beliebigen freien Indexposition einen Wert zuweist. — dynamisch erweitern

Basistext

Das bedeutet jedoch *nicht*, dass die dazwischenliegenden Indexpositionen automatisch zum Feld hinzukommen, sondern der Array wird nur um ein einziges Element an der jeweiligen Position erweitert. An den dazwischenliegenden Indexpositionen gibt es somit keine Elemente. Der Grund dafür liegt darin, dass PHP Felder intern als Hash-Tabellen realisiert (siehe unten) und daher der Index bzw. der Hash-Schlüssel beliebig gewählt werden kann.

Beispiel
Sind die Indexpositionen 0 bis 2 belegt, so wird das Feld durch die Zuweisung:

```
$names[11] = "Alex";
```

nur um ein einziges Elemente erweitert. An den Indexpositionen 3 bis 10 gibt es somit keine Elemente.

Feldlänge
Mit der Funktion count() können Sie die Anzahl der Elemente in einem Array ermitteln.

Beispiel

```
$length = count ($names);
```

Feld durchlaufen
Felder können sehr bequem mit der foreach-Schleife durchlaufen werden. Die foreach-Schleife muss vor allem bei Feldern gewählt werden, bei denen nicht jede Indexposition durchgehend von 0 bis n besetzt ist. Bei durchgehend besetzten Feldern kann alternativ die for-Schleife zum Traversieren eines Feldes gewählt werden. Diese Anweisung besitzt den Vorteil, dass ein Feld in beliebiger Richtung durchlaufen werden kann.

Beispiele
Die foreach-Schleife gibt alle Elemente des Felds $names aus und ignoriert »Lücken«:

```
foreach ($names as $name)
{
  print "$name <br />";
};
```

Die for-Schleife gibt das Feld in umgekehrter Reihenfolge aus:

```
$numbers = array (2, 4, 6, 8);
for ($i = count($numbers) - 1; $i >= 0; $i--)
{
  print "$numbers[$i] <br />";
};
```

Basistext

5.5 PHP-Sprachelemente *

Da PHP eine Programmiersprache ohne Typisierung ist, kann ein Feld eine Mischung verschiedener Datentypen aufnehmen.

verschiedene Typen im Feld

Das Feld enthält Strings, Zahlen und boolesche Werte:

Beispiel

```
$student = array ("Stefan", "Müller", 23, true);
```

Eine Sonderform ist das assoziative Feld *(associative array)*, das in PHP die Hash-Tabelle realisiert. Hier erfolgt die Indizierung nicht über Zahlen, sondern über Zeichenketten. Das assoziative Feld kann ebenfalls mit dem array()-Konstrukt definiert werden. Der Zugriff auf die Elemente erfolgt wie beim numerischen Feld über die Indexposition, die in doppelten oder einfachen Anführungszeichen angegeben wird.

assoziatives Feld

Das Feld enthält beispielsweise den Wert "01234/56789" an der Indexposition "Stefan":

Beispiel

```
$telefonbuch = array("Stefan" => "01234/56789",
                     "Andreas" => "01111/2323",
                     "Ina" => "01234/98765" );
```

Um ein Element dieses Feldes auszugeben, schreiben Sie:

```
print $telefonbuch ["Stefan"];
```

In PHP können Sie bei ein und demselben Feld eine Mischung aus numerischen Indizes und String-Indizes verwenden, da intern alle Felder als assoziative Arrays realisiert werden. Dies gilt aber als schlechter Stil und sollte vermieden werden.

Um ein assoziatives Feld zu durchlaufen, müssen Sie die foreach-Anweisung wie folgt modifizieren:

assoziatives Feld durchlaufen

```
foreach ($feldname as $key=>$value).
```

Die foreach-Anweisung gibt jede Zeile im Format »Stefan: 01234/56789« aus:

Beispiel

```
foreach ($telefonbuch as $key=>$value)
{
   print "$key: $value <br />";
};
```

Basistext

komplexe Felder
Bei den Elementen eines Feldes muss es sich nicht um einfache Datentypen handeln, sondern es können Objekte oder selbst wieder Felder sein.

Erstellen Sie ein PHP-Skript und binden Sie die eingeführten Felder ein. Füllen Sie die Felder auf verschiedene Arten und geben Sie den Inhalt zu Kontrollzwecken aus.

5.5.5 Funktionen in PHP *

Teilprobleme werden durch Funktionen realisiert, die Eingabe- und Rückgabeparameter besitzen können. Parameter können sowohl *call by value* als auch *call by reference* übergeben werden. Globale Variablen in einer Funktion müssen mit `global` **gekennzeichnet werden. PHP bietet eine Fülle vorgefertigter Funktionen an. Beispielsweise liefert die Funktion** `time()` **den aktuellen Zeitstempel, der mit der Funktion** `date()` **formatiert wird. Zur Verarbeitung von Strings dienen u.a.** `str_replace()`, `strlen()` **und** `strcmp()`. **Für die Prüfung von Eingaben können** `isset()`, `empty()` **und** `is_numeric()` **verwendet werden.**

Funktionen programmieren

Funktion ohne Parameter
Im einfachsten Fall besitzt eine Funktion weder Eingabe- noch Ausgabeparameter.

Beispiel
```
function bmi1()
{
  $bmi = 61.5 / (1.68 * 1.68);
  $message =
    "1: Der BMI für 61.5 Kg und 1.68 m ist $bmi";
  print $message;
}
```
Diese Funktion wird wie folgt aufgerufen: `bmi1()`;

lokale Variablen
Die Variablen `$bmi` und `$message` der Funktion `bmi1()` sind lokale Variablen der Funktion, die außerhalb nicht sichtbar sind.

Eingabeparameter
Benötigt die Funktion Eingabeparameter, dann müssen Sie diese in den Klammern aufführen. Mehrere Parameter wer-

Basistext

den durch Kommata getrennt. Die Parameterübergabe erfolgt mittels *call by value*, d.h. es werden Kopien an die Funktion übergeben und die Funktion arbeitet mit diesen Kopien. Werden diese Parameter in der Funktion geändert, so sind die Änderungen außerhalb der Funktion nicht sichtbar. Beim Aufruf einer Funktion mit *call by value*-Parametern können als aktuelle Parameter Konstanten, Variablen oder Ausdrücke verwendet werden.

Beispiel

```
function bmi2($weight, $height)
{
  $bmi = $weight / ($height * $height);
  $message =
    "2: Der BMI für $weight Kg und $height m ist $bmi";
  print $message;
}
```

Der Aufruf kann beispielsweise lauten: `bmi2(61.5, 1.68);`

Eine Funktion kann auch einen Ergebniswert bzw. einen Ausgabeparameter zurückliefern. Dies wird durch die return-Anweisung angegeben. Statt einer einfachen Variablen kann auch ein Ausdruck angegeben werden (z.B. `return 2 * wert;`).

Ausgabeparameter

Beispiel

```
function bmi3($weight, $height)
{
  $bmi = $weight / ($height * $height);
  return $bmi;
}
```

Diese Funktion kann so aufgerufen werden:

`$result = bmi3 (61.5, 1.68);`

Parameter einer Funktion können in PHP auch durch *call by reference* übergeben werden. In diesem Fall wird eine Referenz auf die Variable übergeben. Dazu wird vor dem Parameter das &-Zeichen angegeben, z.B. `&$number1` statt `$number1`. Alle Änderungen dieses Parameters innerhalb der Funktion sind auch außerhalb wirksam. Im Gegensatz zu einer Sprache wie beispielsweise Java kann dieses Parameterkonzept verwendet werden, um Ausgabeparameter an das aufrufende Programm zurückzugeben. Beim Aufruf einer Funktion mit Referenzparametern müssen die aktuellen Parameter immer Variablen sein.

Parameter als Referenzen

Basistext

Beispiel

Die Funktion vertauscht die beiden Variablen $num1 und $num2:

```
function swap (&$number1, &$number2)
{
  $help = $number1;
  $number1 = $number2;
  $number2 = $help;
}
```

Der Aufruf lautet: swap ($num1, $num2);

globale Variablen

Innerhalb einer Funktion können Sie *nicht* auf außerhalb deklarierte Variablen zugreifen. Falls Sie das doch tun, wie in der folgenden Funktion, dann werden nicht die globalen Variablen verwendet, sondern in der Funktion werden lokale – undefinierte – Variablen angelegt. Die Verwendung globaler Variablen gilt als schlechter Programmierstil. Wenn es trotzdem aus irgendeinem Grund nötig ist, müssen sie mit global $variable; gekennzeichnet werden.

Beispiele

Die lokalen Variablen $height und $weight sind undefiniert und führen zu einer Division durch Null:

```
$weight = 60;  $height = 1.85;
function bmi4a()
{
  $bmi = $weight / ($height * $height);
  $message =
    "4: Der BMI für $weight Kg und $height m ist $bmi";
  print $message;
}
bmi4a();
```

Für Gewicht und Größe werden globale Variablen verwendet:

```
$weight = 60;  $height = 1.85;
function bmi4b()
{
  global $weight;
  global $height;
  $bmi = $weight / ($height * $height);
  $message =
    "4: Der BMI für $weight Kg und $height m ist $bmi";
  print $message;
}
bmi4b();
```

Basistext

Fügen Sie obige Code-Abschnitte zu einem PHP-Skript zusammen und führen Sie es aus.

Vorhandene Funktionen benutzen

PHP bietet eine Fülle vorgefertigter Funktionen an, die dem Programmierer die Arbeit erleichtern.

Die Funktion `time()` liefert den aktuellen Zeitstempel. Das Ergebnis der Funktion ist ein Integerwert und gibt die Anzahl der Sekunden an, die seit dem 1.1.1970 um 00:00:00 Uhr nach Greenwich-Zeit (GMT) vergangen sind. Diese Form des Zeitstempels ist zwar für Menschen nicht besonders praktisch, aber ideal für die Arbeit von Computern. Beispielsweise können Sie beim Erfassen von Datensätzen jeden Eintrag um einen Zeitstempel ergänzen und später durch einfachen Vergleich von ganzen Zahlen die Einträge sortieren.

Zeitstempel

```
$timestamp = time();
print $timestamp;
```

Beispiel

Die Funktion `date()` formatiert einen Zeitstempel und bringt ihn in eine für Menschen besser lesbare Form. Sie ist wie folgt deklariert:

Datum/Zeit formatieren

```
string date (string format, int timestamp)
```

Fehlt der Parameter `timestamp`, dann wird die aktuelle Systemzeit verwendet. Im Parameter `format` wird angegeben, welche Detailinformationen der Zeit (z.B. Monat) benötigt werden und welches Format (z.B. Monat als Zahl) gewünscht ist. PHP unterstützt zahlreiche Formate, von denen hier nur einige genannt werden:

- j: Tag des Monats ohne führende Null
- n: Monat als Zahl ohne führende Null
- Y: Jahr als vierstellige Zahl
- G: Stunden im 24-Stunden-Format ohne führende Null
- i: Minuten (zweistellig mit führender Null)
- s: Sekunden (zweistellig mit führender Null)

Basistext

Beispiel

Mit diesen Anweisungen kann man Datum und Zeit ausgeben:

```
$timestamp = time();
$todayDate = date ("j.n.Y", $timestamp);
$todayTime = date ("G:i:s", $timestamp);
print "Heute ist der $todayDate und es ist $todayTime Uhr";
```

Klammern Sie obigen Code-Abschnitt mit <?php und ?> und führen Sie ihn aus. Angezeigt wird die aktuelle Zeit Ihres Computers, z.B.:

```
Heute ist der 20.2.2007 und es ist 11:35:16 Uhr
```

Strings verändern

PHP bietet die Funktion str_replace() an, um Zeichenfolgen innerhalb eines Strings zu ersetzen. Beispielsweise ersetzt die Anweisung

```
$brief = str_replace ("muß", "muss", $brief);
```

in der Variablen $brief jedes Vorkommen von »muß« durch »muss«.

Allgemein lautet die Syntax:

```
string str_replace (string alt, string neu,
                    string zeichenfolge);
```

Die Funktion kann auch verwendet werden, um bestimmte Zeichenfolgen in einem String zu löschen. Sie werden in diesem Fall durch den leeren String ersetzt. Die folgende Anweisung löscht die Zeichenfolge »heute« in der Variablen $brief:

```
$brief = str_replace ("heute", "", $brief);
```

weitere String-Funktionen

Weitere String-Funktionen, die PHP zur Verfügung stellt:

- ■ $len = strlen ($name);
  Ermittelt die Länge der Zeichenkette $name.
- ■ $result = strcmp ($name1, $name2);
  Vergleicht die beiden Strings $name1 und $name2. Gilt $name1 < $name2, dann wird ein Wert kleiner Null zurückgegeben. Ist $name1 > $name2, gibt die Funktion einen Wert größer Null zurück. Sind die Strings gleich, dann wird Null zurückgegeben. Beachten Sie, dass zwischen Groß- und Kleinschreibung unterschieden wird.

Basistext

- `$name = strtolower ($name);`
  Wandelt alle Buchstaben im String $name in Kleinbuchstaben.

Schreiben Sie ein PHP-Skript, um in einer Zeichenkette festgelegte Zeichenfolgen zu ersetzen bzw. zu löschen. Geben Sie die Ergebnisse aus.

Wenn Sie Strings in mehreren Zeilen ausgeben wollen, dann reicht es nicht, die Zeilenenden mit \n zu markieren, da der Browser dies nicht interpretiert, sondern nur bei einem <br /> einen Zeilenübergang produziert.

nl2br()

Beispiel

Die Umwandlung kann einfach mit folgender Funktion durchgeführt werden:

```
$string = "_first_line\n_second_line";
print nl2br($string);
```

erzeugt folgende Ausgabe:

```
_first_line<br />
_second_line
```

Um Eingaben überprüfen zu können, stellt PHP eine Reihe von Funktionen bereit. Dazu gehören:

Eingaben prüfen

- `bool isset ($var)`
  Prüft die Existenz einer Variablen. Das Ergebnis ist true, wenn die Variable existiert, sonst false.
- `bool empty ($var)`
  Prüft, ob die Variable existiert und einen Wert enthält. Diese Funktion kombiniert somit die Funktionsweise von isset($var) und $var != "". Das Ergebnis von if(!empty($var) ist true, wenn die Variable einen Inhalt enthält, sonst false.
- `bool is_numeric ($var)`
  Prüft, ob es sich bei einer Variablen um eine Zahl oder einen numerischen String handelt. Ist dies der Fall, dann wird true zurückgegeben, sonst false.

Diese Funktionen werden in »Formulare mit PHP validieren« (S. 208) angewendet.

Basistext

5.5.6 Klassen in PHP **

Ab PHP 5 können Klassen und Objekte deklariert werden, wobei analog zu objektorientierten Programmiersprachen die Sichtbarkeit definiert werden kann. Auch andere objektorientierte Konzepte, wie Vererbung, Schnittstellen, abstrakte Klassen und Methoden, Klassenattribute und -methoden stehen zur Verfügung.

In PHP 5 wurde das Klassenkonzept gegenüber PHP 4 stark erweitert. Wenn Sie die objektorientierte Programmierung aus Java oder C# kennen, werden Sie sich hier schnell zurecht finden. Klassen werden mit dem Schlüsselwort class gekennzeichnet. Attribute werden als Objekteigenschaften, Methoden bzw. Operationen als Objektmethoden bezeichnet.

Sichtbarkeit

Ab PHP 5 ist es möglich, die Sichtbarkeit bzw. den Zugriffsspezifizierer der Attribute und Methoden mit den Schlüsselwörtern private, protected und public festzulegen, die analog zu anderen objektorientierten Programmiersprachen definiert sind. Erfolgt keine Angabe, dann gilt implizit public.

Klasse deklarieren

Eine Klasse wird analog zu Java programmiert. Attribute werden wie Variablen deklariert und im Allgemeinen als private gekennzeichnet. Innerhalb der Klasse können Sie mit dem Operator $this->attributname darauf zugreifen. Methoden werden innerhalb der Klasse als Funktionen deklariert.

Beispiel

```
class Mitarbeiter
{
  // -- Attribute --
  private $personalnr;
  private $name;
  private $gehalt;

  //-- Konstruktor --
  function __construct ($nummer, $name, $bruttogehalt)
  {
    $this->personalnr = $nummer;
    $this->name = $name;
    $this->gehalt = $bruttogehalt;
  }
```

Basistext

```
// -- Methoden --
public function erhoeheGehalt ($erhoehung)
{
   $this->gehalt = $this->gehalt + $erhoehung;
}

public function ausgabe ()
{
   return ("Personalnr: $this->personalnr,
           Name: $this->name,
           aktuelles Gehalt: $this->gehalt <br />");
}
}
```

In PHP 5 wurde für die Konstruktormethode der Name »_construct« (mit zwei Unterstrichen) eingeführt. Sie darf beliebig viele Parameter besitzen, kann jedoch keinen Wert zurückliefern. Um zu früheren PHP-Versionen kompatibel zu sein, wird auch eine Konstruktormethode mit dem Namen der Klasse akzeptiert, z.B.:

Konstruktor

```
function Mitarbeiter ($nummer, $name, $bruttogehalt) { ... }
```

Die Pseudovariable $this ist eine Referenz auf das jeweilige Objekt und steht innerhalb der Klasse zur Verfügung, um auf Attribute und Methoden der Klasse zuzugreifen.

Pseudovariable $this

Es gibt auch die Möglichkeit, den Parametertyp einer Methode vorzugeben. Die folgende Methode der Klasse Mitarbeiterliste akzeptiert nur Parameter vom angegebenen Typ. Falls ein Parameter eines anderen Typs übergeben wird, tritt ein Fehler auf. Leider funktioniert diese Prüfung nur, wenn Objekte als Parameter übergeben wurden und nicht bei einfachen Typen.

Parametertyp

```
class Mitarbeiterliste
{
   ...
   function einfuegen (Mitarbeiter $neuerMitarbeiter) {...}
}
```

Beispiel

Objekte von Klassen werden mit dem Schlüsselwort new angelegt. Mit der folgenden Anweisung wird ein Objekt der Klasse Mitarbeiter erzeugt und dessen Referenz in der Variablen $mitarbeiter gespeichert. Über diese Variable wird auf alle öffentlichen Methoden (und Attribute, sofern diese öffentlich sind) zugegriffen.

Objekte erzeugen

Basistext

Beispiel	`$mitarbeiter = new Mitarbeiter (1234, "Meier", 2000.00);`
Methoden anwenden	Im Sinne der Objektorientierung sollten Sie außerhalb einer Klasse nicht direkt auf die Attribute eines Objekts zugreifen, sondern grundsätzlich den Zugriff über Methoden bzw. Operationen wählen. Die allgemeine Syntax lautet: `$objektname->methodenname()`
Beispiel	`$mitarbeiter->erhoeheGehalt(100.00);` `$ergebnis = $mitarbeiter->ausgabe();`
Vererbung	PHP 5 unterstützt weitere objektorientierte Konzepte wie die Einfachvererbung. Die Unterklasse kann die geerbten Methoden der Klasse Mitarbeiter überschreiben und neue Methoden hinzufügen. Innerhalb der Unterklasse wird eine Methode der Oberklasse mit parent::methode($parameter) aufgerufen. Soll die Unterklasse direkt auf die geerbten Attribute zugreifen, müssen sie als protected vereinbart werden.
| Beispiel | Im folgenden Programmausschnitt erbt die Klasse Teilzeitmitarbeiter alle Attribute und Methoden der Klasse Mitarbeiter. Die Unterklasse besitzt einen eigenen Konstruktor, in dem der Konstruktor der Oberklasse aufgerufen wird:<br><br>```
class Mitarbeiter
{
  protected $personalnr;
  protected $name;
  protected $gehalt;
  //-- Konstruktor --
  function __construct ($nummer, $name, $bruttogehalt)
  ...
  public function erhoeheGehalt ($erhoehung)
  ...
  public function ausgabe ()
  ...
}

class Teilzeitmitarbeiter extends Mitarbeiter
{
  private $stundenzahl;
  function __construct ($nummer, $name)
  {
    parent::__construct ($nummer, $name, 0);
                //kein festes Bruttogehalt
``` |

Basistext
```

```
    $this->stundenzahl = 0;
  }
  ...
}
```

Schnittstellen können analog zu Java definiert werden. Im Gegensatz zu Klassen enthalten sie nur die **Signaturen**, d.h. keine Implementierung der Methoden:

Schnittstellen

```
interface Schnittstellenname
{
  function schnittstellenMethode();
}
```

Schnittstellen werden von Klassen implementiert. Eine Klasse kann von maximal einer Basisklasse abgeleitet werden, aber beliebig viele Schnittstellen implementieren.

Die Klasse `Mitarbeiter` implementiert die Schnittstelle `Ausgabe`:

Beispiel

```
class Mitarbeiter implements Ausgabe{}
```

PHP 5 unterstützt auch andere objektorientierte Konzepte, die aus Java bekannt sind. Dazu gehören:

Objektorientierung

- abstrakte Klassen und abstrakte Methoden,
- Klassenattribute und -methoden.

Eine abstrakte Klasse kann abstrakte Methoden und »normale« Methoden enthalten.

abstrakte Klasse und Methode

```
abstract class OneMoreClass
{
  abstract public function oneMethod();
  public function oneMoreMethod() {...}
}
```

Klassenattribute und -methoden werden mit dem Schlüsselwort `static` deklariert. Sie werden auch als statische Attribute und Methoden bezeichnet. Klassenattribute werden mit `Klasse::$attribut` angesprochen, Klassenmethoden mit `Klasse::methode()`.

Klassenattribute und -methoden

Die Klasse `Teilzeitmitarbeiter` enthält das Klassenattribut `$stundenlohn`, da dieser Wert für alle Objekte gleich ist. Die Klassenmethode `aktuellerLohn()` gibt diesen Wert aus:

Beispiel

Basistext

```php
class Teilzeitmitarbeiter extends Mitarbeiter
{
  private static $stundenlohn = 12;
  ...
  public function zeiterfassung ($stunden)
  {
    $this->stundenzahl = $stunden;
    $this->gehalt =
      Teilzeitmitarbeiter::$stundenlohn * $this->stundenzahl;
  }
  ..
  public static function aktuellerLohn()
  {
    print "Aktueller Stundenlohn: ";
    $result = Teilzeitmitarbeiter::$stundenlohn;
    print "$result <br/>";
  }
}
...
Teilzeitmitarbeiter::aktuellerLohn();
```

Ausnahmebehandlung
Mithilfe der Klasse Exception kann in PHP 5 eine Ausnahmebehandlung mit try/catch-Blöcken analog zu Java realisiert werden.

Klassenbibliotheken
Analog zu den Funktionsbibliotheken gibt es inzwischen auch in PHP umfangreiche Klassenbibliotheken, die den Programmierer unterstützen.

Erstellen Sie ein PHP-Skript, um die Klassen Mitarbeiter und Teilzeitmitarbeiter zu deklarieren und zu verwenden. Erzeugen Sie von jeder Klasse ein Objekt und geben Sie dessen Daten zu Kontrollzwecken im Browser aus. Erhöhen Sie das Gehalt und geben Sie die veränderten Daten aus. Wie müssen Sie das Programm ändern, wenn jeder Teilzeitmitarbeiter einen individuellen Stundenlohn hat?

5.6 Dateiverarbeitung mit PHP *

PHP stellt Funktionen für die Dateiverarbeitung bereit. Zu den Basisfunktionen gehören: fopen(), fclose(), fread(), fwrite(). **Im Fehlerfall kann mit dem Sprachkonstrukt** die() **eine Fehlermeldung ausgegeben und das Skript beendet werden.**

Basistext

Als Vorbereitung für die Realisierung eines einfachen Gästebuchs mit PHP (siehe »PHP-Gästebuch« (S. 234)) lernen Sie hier einige Funktionen zur Bearbeitung einfacher Dateien kennen.

Bevor Sie eine Datei lesen oder beschreiben können, müssen Sie die Datei zuerst öffnen. Die folgende Funktion öffnet die Datei, deren Name in der Variablen $filename gespeichert ist, mit Lesezugriff:

Datei öffnen

```
$file = fopen ($filename, "r");
```

Bei der Datei kann es sich um eine lokale Datei oder um eine Datei auf einem entfernten Server handeln. Allgemein lautet die Syntax:

```
int fopen (string filename, string mode, ...).
```

Der Parameter mode gibt an, *wie* die Datei geöffnet wird. Beispielsweise können folgende Werte verwendet werden:

- "r" *(read)*: Zum Lesen öffnen, Beginn am Dateianfang. Die Datei muss existieren.
- "w" *(write)*: Zum Schreiben öffnen, Einfügen am Dateianfang. Existiert die Datei nicht, dann wird versucht, sie zu erzeugen.
- "a" *(append)*: Zum Schreiben öffnen, Einfügen am Dateiende. Existiert die Datei nicht, dann wird versucht, sie zu erzeugen.

Anstelle von "r" wird auch 'r' akzeptiert. Analoges gilt für die anderen Werte von mode. Der Rückgabewert der Funktion fopen() ist eine Referenz auf die Datei *(file handle)*. Nach dem Öffnen wird eine Datei in PHP nur noch über dieses *file handle* referenziert, das hier in der Variablen $file enthalten ist.

Wenn eine Datei *nicht* geöffnet werden kann, liefert die Funktion fopen() den Wert false zurück. Sie sollten immer testen, ob das Öffnen der Datei erfolgreich war. Das kann in PHP auf verschiedene Art geschehen. Beispielsweise kann man das Sprachkonstrukt die() verwenden. Sollte sich die folgende Datei nicht öffnen lassen, wird der Fehlertext im Browser ausgegeben und die Ausführung des Skripts beendet:

Öffnen erfolgreich?

Basistext

```
$file = fopen ($filename, "r") or die ("Kann Datei $filename
nicht zum Lesen öffnen");
```

Hinweis

Sie können vor den Funktionsnamen das Zeichen @ schreiben, z.B. @fopen(). Damit unterdrücken Sie Fehlermeldungen und Warnungen des Systems. Im folgenden Fall wird nur die selbstprogrammmierte Fehlermeldung angezeigt, wenn die zu öffnende Datei nicht existiert:

```
$file = @fopen ($filename, "r") or die ("Kann Datei
$filename nicht zum Lesen öffnen");
```

Datei lesen

PHP bietet mehrere Funktionen, um aus Dateien zu lesen. Hier wird die Funktion fread() verwendet. Sie liest die angegebene Anzahl von Bytes aus der Datei, vorausgesetzt, dass sie korrekt geöffnet ist:

```
$file_contents = fread ($file, $length);
```

Soll die komplette Datei gelesen werden, so schreibt man:

```
$file_contents = fread ($file, filesize($filename));
```

in Datei schreiben

Das Gegenstück zum Lesen ist das Schreiben in eine Datei. Auch hier bietet PHP mehrere Funktionen an. Hier wird fwrite() verwendet, um den Inhalt der Variablen $file_contents in die Datei zu schreiben:

```
fwrite ($file, $file_contents);
```

Datei schließen

Mit der folgenden Anweisung wird eine geöffnete Datei geschlossen:

```
fclose ($file);
```

Erstellen Sie ein PHP-Skript, um die Funktionsweise der eingeführten Funktionen zur Dateiverarbeitung zu testen.

5.7 Gästebuch mit PHP programmieren *

guestbook

Als Fallstudie wird ein einfaches Gästebuch realisiert, in dem Besucher der Fitness-Website persönliche Fitnesstipps eintragen können. Die Anwendung guestbook führt folgende Aufgaben durch:

Fallstudie

- Die Feldinhalte aus einem XHTML-Formular werden an die PHP-Datei übergeben. Dieses Formular (Abb. 5.7-1) ist bereits aus »XHTML-Formulare« (S. 33) bekannt.
- Der neue Eintrag wird direkt im XHTML-Code in eine Datei *vor* die bisherigen Einträge eingefügt, damit der aktuellste Tipp oben steht. Abb. 5.7-2 zeigt, wie dieses Gästebuch aussieht.

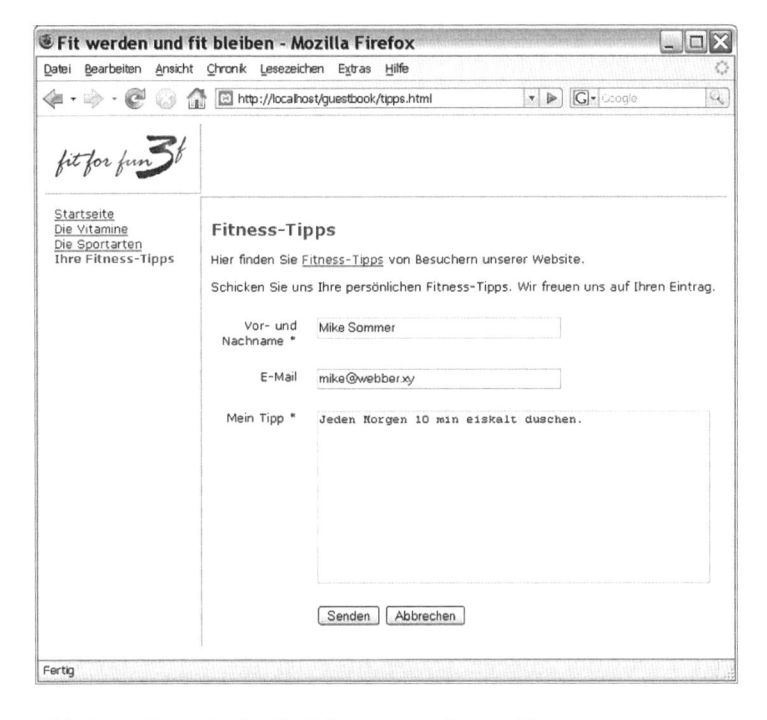

Abb. 5.7-1: Formular für die Erfassung von Fitness-Tipps.

Damit ergibt sich für das Erstellen des Gästebuchs folgendes PHP-Skript, das aus den aufgeführten Einzelschritten besteht:

PHP-Skript

1. Wandeln der Eingabefelder in PHP-Strings.
2. Öffnen der Datei zum Lesen, Lesen des Dateiinhalts in die Variable $file_contents und Schließen der Datei.
3. Zeitstempel ermitteln und für die Ausgabe formatieren.
4. Öffnen der Datei zum Schreiben
5. Neuen Eintrag am Anfang der Datei einfügen. Jeder Eintrag wird durch eine XHTML-Tabelle dargestellt.
6. Inhalt der Variablen $file_contents in die Datei schreiben.

Fallstudie

5 PHP *

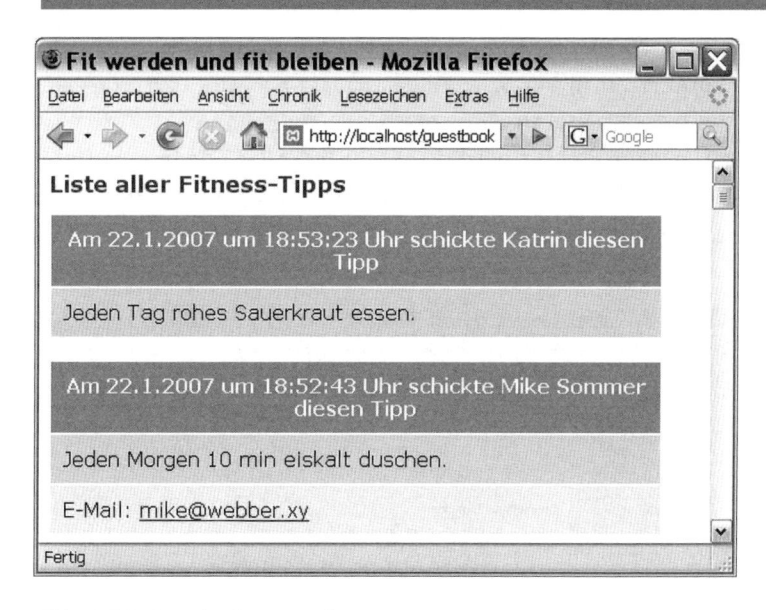

Abb. 5.7-2: So sieht die Liste aller Fitness-Tipps aus.

7 Schließen der Datei.
8 Bestätigungsmeldung ausgeben.
9 Aktualisiertes Fitness-Gästebuch anzeigen.

Um das Beispiel kompakt zu halten, wird hier *nicht* geprüft, dass die mit »*« gekennzeichneten Felder Werte erhalten haben.

make_guestbook.php — Das Kernstück dieser Anwendung ist die folgende Datei make_guestbook.php, in der die Eingaben des Formulars übernommen und im XHTML-Format in die Datei geschrieben werden.

```php
<?php
//Datenübernahme ais dem Formular von index.html
$tipp = $_POST['tipp'];
$name = $_POST['name'];
$email = $_POST['email'];
addToGuestbook($tipp, $name, $email);

function addToGuestbook ($tipp, $name, $email)
{
  $filename = "alletipps.html"; //Datei im gleichen Ordner

  //bisherigen Inhalt der Datei lesen
  $file = fopen ($filename, "r") or
          die ("Kann Datei nicht zum Lesen öffnen");
```

Fallstudie

```php
  if (filesize($filename) > 0)
    $file_contents = fread ($file, filesize($filename));
  fclose ($file);

  //aktuelles Datum und aktuelle Zeit formatieren
  $timestamp = time();
  $todayDate = date ("j.n.Y", $timestamp);
  $todayTime = date ("G:i:s", $timestamp);

  $file = fopen ($filename, "w") or
          die ("Kann Datei nicht zum Schreiben öffnen");

  //neuen Tipp am Dateianfang eintragen
  fwrite ($file, "\n<table width=\"600\"> <tr> <th>");
  fwrite ($file, "Am $todayDate um $todayTime Uhr schickte
                  $name diesen Tipp");
  fwrite ($file, "</th></tr>");
  fwrite ($file, "<tr class=\"row1\"><td>");
  fwrite ($file, "$tipp");
  fwrite ($file, "</td> </tr>");

  if ($email != "")
  {
    fwrite ($file, "<tr class=\"row2\"><td>");
    fwrite ($file,
      "E-Mail: "."<a href=\"mailto:$email\">$email</a>");
    fwrite ($file, "</td> </tr>");
  }
  fwrite ($file, "</table> <br/ >");

  //alte Tipps zurückschreiben
  fwrite  ($file, $file_contents);

  fclose ($file);

  print "Vielen Dank für Ihren Tipp.<br />
                Er wurde zur Liste der Fitness-Tipps
          hinzugefügt.";
  //Link zurück zur Tipps-Formular-Seite
  print "<p><a href=\"tipps.html\">Zurück zum Formular</a>
         </p>";

  include ("fitnesstipps.php");
}
?>
```

Die Datei fitnesstipps.php bildet den Rahmen für die gespeicherten Fitness-Tipps. Bei dieser Datendatei handelt es sich um eine PHP-Datei, weil das Sprachkonstrukt include benötigt wird. Die inkludierte XHTML-Datei alletipps.html ist zu Beginn leer. Jeder Tipp wird in dieser Datei als XHTML-Tabelle eingetragen:

fitnesstipps.php

Fallstudie

```
<head>
<title>Fit werden und fit bleiben</title>

<link href="stylesheet.css" rel="stylesheet"
      type="text/css" />
</head>
<body>
<h1>Liste aller Fitness-Tipps</h1>
<?php
  include ("alletipps.html");
?>
</body>
</html>
```

Führen Sie dieses Gästebuch aus, indem Sie die Datei index.html über den Webserver starten. Achten Sie bitte darauf, dass Ihr Browser so eingestellt ist, dass bei jedem Zugriff die aktuelle Version einer HTML-Seite angezeigt wird. Denken Sie daran, dass eine leere Datei alletipps.html existieren muss.

Erweitern Sie das Fitness-Gästebuch so, dass Tipps nur dann gespeichert werden, wenn der Benutzer die Pflichtfelder »Vor- und Nachname« und »Mein Tipp« ausgefüllt hat. Erweitern Sie außerdem das Formular um ein Feld, in das ein Besucher die URL einer Homepage eingeben kann.

5.8 SQL in PHP verwenden **

In einem PHP-Skript kann man einfach auf eine MySQL-Datenbank zugreifen. Zu den wichtigsten Funktionen gehören: Verbindung zum MySQL-Server aufbauen, Auswahl der Datenbank, Daten in eine DB-Tabelle eintragen, DB-Tabelle aktualisieren, DB-Tabelle selektieren und im Browser ausgeben.

PHP bietet eine optimale Unterstützung für die Verwendung der relationalen Datenbank **MySQL**. Hier lernen Sie einige wichtige Funktionen kennen.

Verbindung zum MySQL-Server

Das erste Ziel ist es, eine Verbindung zum SQL-Server aufzubauen. Das geschieht mit der Funktion mysql_connect(). Bei einem »echten« Einsatz der Datenbank müssen Sie noch den Hostnamen, einen Benutzernamen und ein Passwort ange-

Basistext

ben. Für Testzwecke auf dem eigenen Computer kann man im Allgemeinen mit

- `$connect = mysql_connect();` oder mit
- `$connect = mysql_connect("localhost", "root", "");`

eine Verbindung zum SQL-Server herstellen.

Kann die gewünschte Verbindung nicht hergestellt werden, sollte eine entsprechende Meldung ausgegeben werden. Die Funktion `mysql_connect()` liefert eine Verbindungsressource zurück, wenn die Verbindung erfolgreich aufgebaut wurde. Diesen Wert benötigen Sie für weitere Zugriffe auf die Datenbank. Konnte keine Verbindung aufgebaut werden, dann wird hier mit `die()` die Ausführung des PHP-Skripts beendet. PHP bietet natürlich noch weitere Möglichkeiten, um aufgetretene Fehler zu behandeln:

Verbindung hergestellt?

```
$connect = mysql_connect ();
if (! $connect)
  die ("Keine Verbindung zu MySQL");
```

Mit der Funktion `mysql_close()` schließen Sie die aktuell geöffnete Verbindung wieder.

Verbindung schließen

Die folgenden Code-Ausschnitte setzen voraus, dass eine Datenbank `testdb` existiert und folgende Tabelle erzeugt wurde:

Voraussetzung

```
create table test (field1 char(20),
                   field2 char(20)
                   );
```

Eine existierende Datenbank kann man mit `mysql_select_db()` auswählen. Diese Funktion liefert `true`, wenn die Datenbank existiert. Die Angabe der Verbindungsressource `$connect` ist optional. Fehlt diese Angabe, dann wird die Ressource der letzten Verbindung angenommen. Auch hier wird im Fehlerfall `die()` aufgerufen:

Datenbank auswählen

```
$db_name = "testdb";
mysql_select_db ($db_name, $connect) or
    die ("Kann $db_name nicht finden");
```

Zugriffe auf die Datenbank erfolgen immer in zwei Stufen. Im ersten Schritt wird ein SQL-Befehl aufgebaut und in einem String gespeichert. Im zweiten Schritt lässt man diese

Datenbank-Zugriffe

Basistext

SQL-Anweisung mit der Funktion `mysql_query()` von der Datenbank ausführen.

DB-Tabelle füllen

Um eine Tabelle mit Daten zu füllen, wird die SQL-Insert-Anweisung in der Variablen `$sql` gespeichert. In den Variablen `$input1` und `$input2` stehen die einzutragenden Werte. Als nächstes wird mit der Funktion `mysql_query()` die Insert-Anweisung an den SQL-Server gesendet. Der Parameter `$sql` enthält die SQL-Anweisung, die Angabe der Verbindungsressource `$connect` ist optional. Analog zu oben wird im Fall des Misserfolgs eine Fehlermeldung ausgegeben:

```
$table_name = "test";

$input1 = "Stefan";
$input2 = "01270/345678";

$sql = "INSERT INTO $table_name (field1, field2)
        VALUES ('$input1' , '$input2') ";
mysql_query ($sql, $connect) or
  die("Kann neuen Datensatz nicht in $table_name einfügen");
```

Alternativ könnte man die SQL-Insert-Anweisung auch so schreiben:

```
$sql = "INSERT INTO $table_name (field1, field2)
VALUES (\"$input1\" , \"$input2\") ";
```

DB-Tabelle ausgeben

Das Lesen einer DB-Tabelle erfolgt nach dem gleichen Schema. Um die Inhalte der Tabelle zu lesen, wird zuerst die gewünschte SQL-Select-Anweisung formuliert und in der Variablen `$sql` gespeichert. Anschließend wird mit der Funktion `mysql_query()` die Anfrage an den MySQL-Server gesendet. Im Erfolgsfall erhält man einen Zeiger auf die Ergebnisliste zurück (hier: `$result`). Im Fall des Misserfolgs wird eine Fehlermeldung ausgegeben:

```
$sql =  "SELECT *  FROM $table_name";
$result = mysql_query ($sql, $connect) or
          die ("Kann $table_name nicht lesen");
```

Mit der Funktion `mysql_fetch_array()` können Sie die Ergebnisliste in einen assoziativen Array ausgeben lassen. Als Indizes des Arrays dienen die Spaltennamen der selektierten Tabelle. Im Erfolgsfall liefert die Funktion jeweils einen Datensatz. Wird das Ende der Ergebnisliste erreicht, dann liefert `mysql_fetch_array()` den Wert false und die while-

Basistext

Schleife terminiert. Hier erfolgt eine einfache Ausgabe in einer XHTML-Tabelle.

```
while ($row = mysql_fetch_array ($result))
{
  print "<tr> \n";
  print "<td>"; print $row['field1']; print "</td> \n";
  print "<td>"; print $row['field2']; print "</td> \n";
  print "</tr> \n";
};
print "</table> \n";
```

Um eine Tabelle zu aktualisieren, wird eine SQL-Update-Anweisung formuliert und in der Variablen $sql gespeichert. Die Variable $input1 enthält den gesuchten Wert, die Variable $input2 den zu ändernden Wert. Als nächstes wird mit der Funktion mysql_query() das Element in der Datenbank aktualisiert. Analog zu oben wird im Fall des Misserfolgs eine Fehlermeldung ausgegeben:

DB-Tabelle aktualisieren

```
$input1 = "Stefan";
$input2 = "01270/123456";
$sql = "UPDATE $table_name SET field2 = '$input2'
        WHERE  field1 = '$input1' ";
mysql_query ($sql) or
        die ("Kann $table_name nicht aktualisieren");
```

Fügen Sie obige Code-Schnipsel zu einem PHP-Skript zusammen und führen Sie es aus. Testen Sie die Fehlerabfragen, indem Sie absichtlich falsche Namen für die Tabelle oder Datenbank angeben. Was passiert, wenn die auszugebende Tabelle keine Datensätze enthält?

5.9 Gästebuch mit PHP und MySQL programmieren **

Da PHP die Anbindung an die Datenbank MySQL ausgezeichnet unterstützt, wird das Gästebuch zum Sammeln der Fitnesstipps ein zweites Mal realisiert und diesmal mit einer Datenbank.

guestbook_db

Fallstudie

Die kleine Web-Anwendung guestbook_db besteht aus zwei Komponenten:

- Erfassen und Eintragen der Tipps in der Datenbank.
- Lesen aller Tipps aus der Datenbank und Anzeigen im Browser.

Voraussetzung

Voraussetzung für die Ausführung des Programms ist, dass die MySQL-Datenbank guestbook mit folgenderTabelle entry existiert:

```
create table entry (name char(40),
                    email char(40),
                    tipp text,
                    todayDate char(20),
                    todayTime char(20)
                    );
```

Erfassen und Eintragen der Tipps in die Datenbank

In diesem Teil der Anwendung sind die folgenden fünf Aufgaben durchzuführen:

1 Verbindung zum MySQL-System und der Datenbank guestbook aufbauen.
2 Wandeln der Eingabefelder in PHP-Strings.
3 Zeitstempel ermitteln und für die Ausgabe formatieren.
4 Neuen Eintrag in die Datenbank einfügen.
5 Bestätigungsmeldung ausgeben.
6 Aktualisiertes Fitness-Gästebuch anzeigen.

Die Teilaufgaben 2, 3 und 5 werden analog zur Realisierung des Gästebuchs in »PHP-Gästebuch« (S. 234) durchgeführt. Bei den Teilaufgaben 1 und 4 sind Zugriffe auf MySQL erforderlich. Die Teilaufgabe 5 wird mit dem PHP-Skript zur Anzeige des Gästebuchs realisiert. Auch bei dieser Fallstudie wird auf eine Prüfung der Eingaben verzichtet.

Verbindung zur Datenbank

Zuerst wird eine Verbindung zum lokalen MySQL-System aufgebaut und die Datenbank, die bereits existieren muss, ausgewählt:

```
$connect = mysql_connect("localhost", "root", "") or
           die ("Keine Verbindung zu MySQL");
$db_name = "guestbook";
$db = mysql_select_db ($db_name, $connect) or
      die ("Kann DB $db_name nicht finden");
```

Fallstudie

5.9 PHP-Gästebuch mit MySQL **

Mit den folgenden Anweisungen wird ein neuer Gästebuch-Eintrag in die bereits vorhandene DB-Tabelle entry eingetragen:

Eintrag in DB-Tabelle einfügen

```
$table_name = "entry";
$sql = "INSERT INTO $table_name (name, email, tipp,
       todayDate, todayTime)
       VALUES ('$name', '$email', '$tipp',
       '$todayDate', '$todayTime')";
$result = mysql_query ($sql, $connect) or
       die ("Kann nicht einfügen");
```

Für das Erstellen des Gästebuch ergibt sich folgendes PHP-Skript:

make_guestbook_db.php

```
<?php
$connect = mysql_connect("localhost", "root", "") or
  die ("Keine Verbindung zu MySQL");

$db_name = "guestbook";
$db = mysql_select_db ($db_name, $connect) or
  die ("Kann DB $db_name nicht finden");

//Formulareingaben in PHP übernehmen
$tipp = $_POST['tipp'];
$name = $_POST['name'];
$email = $_POST['email'];

//aktuelles Datum und aktuelle Zeit formatieren
$timestamp = time();
$todayDate = date ("j.n.Y", $timestamp);
$todayTime = date ("G:i:s", $timestamp);;

//neuen Eintrag speichern
$table_name = "entry";
$sql = "INSERT INTO $table_name (name, email, tipp,
                    todayDate, todayTime)
       VALUES ('$name', '$email', '$tipp',
                    '$todayDate', '$todayTime')";
$result = mysql_query ($sql, $connect) or
  die ("Kann nicht einfügen");

mysql_close();
//Bestätigung
print "Vielen Dank für Ihren Tipp.<br />
  Er wurde zur Liste der Fitness-Tipps hinzugefügt.";
//Link zurück zur Tipps-Formular-Seite
print "<p><a href=\"tipps.html\">Zurück zum Formular</a>
       </p>";

include "show_guestbook_db.php";
?>
```

Fallstudie

Lesen aller Tipps aus der Datenbank und Anzeigen im Browser

Der Benutzer kann sich das Gästebuch durch Klicken auf einen Hyperlink im Browser anzeigen lassen. Dieser Hyperlink führt bei dieser Realisierung nicht zu einem XHTML-Dokument, sondern zu dem hier beschriebenen PHP-Programm. Das Gästebuch wird also dynamisch erzeugt:

```
<p>Hier finden Sie <a href="show_guestbook_db.php">
Fitness-Tipps</a> von Besuchern unserer Website.
</p>
```

In diesem Teil der Anwendung sind die folgenden vier Aufgaben durchzuführen:

1 Zuerst wird eine Verbindung zum MySQL-System und der Datenbank guestbook aufgebaut.
2 Die Tabelle entry wird mit einer Select-Anweisung komplett gelesen.
3 Die Ergebnismenge wird zeilenweise gelesen.
4 Die Daten werden für die Ausgabe im Browser aufbereitet.

Die Teilaufgabe 1 wird analog zum Erstellen des Gästebuchs realisiert. Die weiteren Aufgaben werden hier erläutert.

DB-Tabelle ausgeben

Die Select-Anweisung wird an den MySQL-Server geschickt und im Erfolgsfall wird ein Zeiger auf die Ergebnisliste $result zurückgegeben.

```
$table_name = "entry";
$sql = "SELECT * FROM $table_name";
$result = mysql_query ($sql, $connect) or
         die ("Kann nicht selektieren");
```

Anschließend werden die Datensätze der Ergebnisliste mit der Funktion mysql_fetch_array() gelesen und in PHP-Variablen gespeichert.

```
while ($row = mysql_fetch_array($result))
{
  $name = $row ['name'];
  $email = $row ['email'];
  ...
};
```

Die Darstellung der Gästebuch-Daten im Browser erfolgt wie in »PHP-Gästebuch« (S. 234) mit XHTML-Tabellen.

Fallstudie

5.9 PHP-Gästebuch mit MySQL ** 245

Die dynamische Erzeugung des Gästebuchs erfolgt durch folgendes PHP-Programm:

show_guestbook
_db.php

```
<html>
<head>
<title>Fit werden und fit bleiben</title>
<link href="stylesheet.css" rel="stylesheet"
      type="text/css" />
</head>
<body>

<h1>Liste aller Fitness-Tipps</h1>

<?php

//Verbindung zu MySQL und zur Datenbank
$connect = mysql_connect ("localhost", "root", "") or
  die ("Keine Verbindung zu MySQL");
$db_name = "guestbook";
$db = mysql_select_db ($db_name, $connect) or
  die ("Kann DB nicht finden");

//Lesen der kompletten Tabelle
$table_name = "entry";
$sql = "SELECT * FROM $table_name";
$result = mysql_query ($sql, $connect) or
  die ("Kann nicht selektieren");

while ($row = mysql_fetch_array($result))
{
  //Lesen einer Zeile aus der DB-Tabelle
  $name = $row['name'];
  $email = $row['email'];
  $tipp = $row['tipp'];
  $todayDate = $row['todayDate'];
  $todayTime = $row['todayTime'];

  //Tipp im Browser darstellen
  print ("\n<table> <tr> <th>");
  print ("Am $todayDate um $todayTime Uhr schickte $name
          diesen Tipp");
  print ("</th></tr>");
  print ("<tr class=\"row1\"><td>");
  print ("$tipp");
  print ("</td> </tr>");

  if ($email != "")
  {
    print ("<tr class=\"row2\"><td>");
    print
      ("E-Mail: "."<a href=\"mailto:$email\">$email</a>");
    print ("</td> </tr>");
  }
```

Fallstudie

```
print ("</table> <br/ >");
}
mysql_close();
?>
</body>
</html>
```

Führen Sie diese Fallstudie aus, indem Sie die Datei index.html über den Webserver starten.

5.10 PHP im Überblick *

Hier finden Sie zum schnellen Nachschlagen die PHP-Elemente, die in dieser Gruppierung eingeführt wurden. Die Sprachkonstrukte, die in »PHP-Sprachelemente« (S. 212) eingeführt werden, werden hier *nicht* wiederholt.

Anweisungsblöcke
- `<?php ... ?>`: Standard-Markierung, die offiziell unterstützt wird.
- `<? ... ?>`: Kurzform der Standard-Markierung, die standardmäßig aktiviert ist.
- `<script language="PHP"> ... </script>`: Ebenfalls immer verfügbar.
- `<% ... %>`: ASP-Markierung als Alternative zu den obigen Markierungen, die standardmäßig deaktiviert ist.

PHP-Ausgabe
- `<?= $var ?>`: Kurzform für `<? print $var; ?>`
- `<%= $var %>`: Kurzform für `<% print $var; %>`

php.ini
- Wichtige Einstellungen in der Konfigurationsdatei:
  - `short_open_tag = On` *(default)* bzw. `short_open_tag = Off`
  - `asp_tags = On` bzw. `asp_tags = Off` *(default)*
  - `register_globals = On` bzw. `register_globals = Off` (Empfehlung)

superglobale Variablen
- `$variable = $_GET['eingabefeld'];` für `method="get"`
- `$variable = $_POST['eingabefeld'];` für `method="post"`

Eingabe vorhanden?
- `if (isset ($_POST['key']))`: liefert `true`, wenn ein Parameter übermittelt wurde.
- `if (empty($_POST['key']))`: liefert `true`, wenn das Eingabefeld leer ist oder nicht übermittelt wurde.

Box

- `if (is_numeric(variable))`: liefert true, wenn eine Zahl oder ein numerischer String vorliegt, sonst false. *korrekte Zahl?*
- `include ("datei.inc.php")`: Inkludiert die angegebene Datei, evtl. mehrfach, wenn diese Anweisung mehrfach vorkommt. Existiert die Datei nicht, wird eine Warnung ausgegeben und die Skriptausführung fortgesetzt. *Dateien inkludieren*
- `include_once ("datei.inc.php")`: Wie include. Die angegebene Datei wird nur einmal inkludiert, auch wenn diese Anweisung mehrfach vorkommt.
- `$ts = time()`: Liefert den Zeitstempel als Integer-Wert *Datum und Zeit*
- `date ("...", $ts)`: Formatiert den Zeitstempel
- `$len = strlen ($name)`: Ermittelt die Länge der Zeichenkette. *Strings*
- `$result = strcmp ($name1, $name2)`: Vergleicht die beiden Strings. Gilt $name1 < $name2, dann ist $result < 0. Gilt $name1 > $name2, dann ist $result > 0. Sind die Strings gleich, dann gilt $result == 0.
- `$name = strtolower ($name)`: Wandelt alle Buchstaben im String in Kleinbuchstaben.
- `$file = fopen($filename, "r")`: Daten zum Lesen öffnen, Datei muss existieren *Dateiverarbeitung*
- `$file = fopen($filename, "w")`: Daten zum Schreiben öffnen, Einfügen am Dateianfang
- `$file = fopen($filename, "a")`: Daten zum Schreiben öffnen, Einfügen am Dateiende
- `$contents = fread($file, $anzahl)`: $anzahl Bytes aus der Datei lesen
- `$size = filesize($filename)`: Größe der Datei (Anzahl Bytes) ermitteln
- `fwrite($file, $contents)`: Inhalt von $contents in Datei schreiben
- `fclose($file)`: Datei schließen

SQL-Anbindung

- Lokaler Server:
  `$connect = mysql_connect();` ODER
  `$connect = mysql_connect("localhost", "root", "");` *Verbindung zum MySQL-Server*
- `$connect` enthält die aktuelle Verbindungsressource

Box

Datenbank auswählen	■ `mysql_select_db($db_name, $connect);` ☐ `$db_name` enthält Namen der vorhandenen Datenbank
Query	■ `mysql_query($sql, $connect)` ☐ `$sql` enthält SQL-Anweisung

DB-Tabelle füllen	■ `$sql = "INSERT INTO $table_name (field1, field2)`
	`            VALUES ('$input1', '$input2') ";`
	`mysql_query ($sql, $connect);`

DB-Tabelle aktualisieren	■ `$sql = "UPDATE $table_name SET field2 = '$input2'`
	`                       WHERE field1 = '$input1' ";`
	`mysql_query ($sql, $connect);`

DB-Tabelle ausgeben	■ `$sql = "SELECT *  FROM $table_name";`
	`$result = mysql_query ($sql, $connect);`
	`while ($row = mysql_fetch_array ($result))`
	`{`
	`   $f1 = $row['field1'];`
	`   $f2 = $row['field2'];`
	`};`

Box

6 JSP ✵

JSP ist die Abkürzung für *JavaServer Pages* und dient zum Erstellen von dynamischen Webseiten. Die Technik wurde von Sun Microsystems entwickelt und erlaubt es, Java-Code mithilfe von JSP-Markierungen in ein XHTML-Dokument zu integrieren.

Was ist JSP?

Sie sollten die Grundlagen von XHTML kennen, wie sie beispielsweise in der Gruppierung »XHTML« (S. 1) vermittelt werden. Außerdem sollten Sie solide Grundkenntnisse in der strukturierten und objektorientierten Programmierung besitzen. Gute Java-Kenntnisse erleichtern Ihnen die Bearbeitung dieser JSP-Einführung erheblich. Für Leser, die keine Java-Kenntnisse besitzen, bietet die Gruppierung »Java-Sprachelemente« (S. 282) eine knappe Einführung in die wichtigsten Sprachkonstrukte, die für das Verstehen der Beispiele benötigt werden. Leser mit Java-Kenntnissen können diese Wissensbausteine überspringen.

Was Sie wissen sollten

In dieser Einführung lernen Sie anhand einfacher Beispiele die Grundlagen von JSP kennen:

Was Sie lernen

- »Was ist JSP?« (S. 250)
- »Erste JSP-Datei« (S. 253)
- »Direktiven« (S. 259)
- »Implizite Objekte« (S. 262)
- »Standardaktionen« (S. 264)
- »Formulare mit JSP verarbeiten« (S. 268)
- »Formulare mit JSP validieren« (S. 272)
- »JavaBeans« (S. 275)
- »Java-Sprachelemente« (S. 282)
- »JSP-Gästebuch« (S. 295)
- Zum Nachschlagen: »JSP im Überblick« (S. 306)

Zur Verwendung der JSP-Technik benötigt man eine Java-Laufzeitumgebung und einen sogenannten **JSP-Server** bzw. eine JSP-*Engine*. Beide sind für eine Vielzahl von verschiedenen Plattformen erhältlich. Die Java-Laufzeitumgebung ist kostenlos von der Homepage der Firma Sun Microsystems (http://java.sun.com/) zu beziehen. Als JSP-Server können sowohl kostenpflichtige als auch kostenlose Produkte zum

Was Sie brauchen

Einsatz kommen. Sehr weit verbreitet ist der frei verfügbare Tomcat-Server der Apache Software Foundation, der von deren Website (http://tomcat.apache.org) zu beziehen ist.

Zur Erstellung von JSP-Dateien wird lediglich ein Texteditor benötigt. Es existieren jedoch auch spezielle Entwicklungsumgebungen, die dem Programmierer von JSPs weiterführende Möglichkeiten zur Entwicklung anbieten, wie beispielsweise die Programmierumgebung Eclipse, die Sie von der Website des gleichnamigen Projekts (http://www.eclipse.org) beziehen können. Die entsprechenden Installationsanleitungen finden Sie im kostenlosen Online-Kurs zu diesem Buch.

Literatur — Verwendete und weiterführende Literatur:

/Balzert, Helmut 03/, /Seeboerger-Weichselbaum 04/ und /Vonhoegen 04/. Zum Lernen und Nachschlagen von Java werden folgende Bücher empfohlen: /Balzert, Helmut 05/ und /Balzert, Helmut 06/. Viele Tutorials und Tipps zu JSP finden Sie in der Website JSP-Develop (http://www.jsp-develop.de/). Ihre große Linksammlung bildet einen guten Ausgangspunkt für Recherchen.

6.1 Was ist JSP? *

JSP *(JavaServer Pages)* ist eine Technik für die Programmierung von Webseiten mit dynamischen Inhalten. Sie gilt als Nachfolger der Servlet-Technik. JSP 1.0 wurde 1999 publiziert. Nach den Versionen JSP 1.1 und JSP 1.2 liegt seit 2003 die Version JSP 2.0 vor. Eine JSP-Datei wird von einem JSP-Server ausgeführt. Dort wird HTML-Code erzeugt, der über den Webserver an den Browser geschickt und dort angezeigt wird.

Servlets und JSP — Ihren Ursprung hat die JSP-Technik im Jahre 1994. Einer der Väter der bekannten Programmiersprache **Java**, James Gosling, entwickelte in diesem Jahr den ersten vollständig auf Java basierenden Webserver. Im Zuge dieser Entwicklung entstand das Konzept der **Servlets**. Bei den Servlets handelt es um Java-Programme, die HTML-Ergebnisseiten erzeugen.

Basistext

Jede Änderung an der Browserausgabe – und sei sie noch so gering – führte zu einer neuen Compilierung des Java-Programms. Um dieses Problem zu beseitigen, ging man bei den **JSPs** *(JavaServer Pages)* einen anderen Weg: Das XHTML-Dokument bildet das Grundgerüst, in das Skriptelemente mit Java-Code-Fragmenten eingefügt werden. Die JSP-Technik wird heute als Ergänzung und Erweiterung zur Servlet-Technik eingesetzt und besitzt ihr gegenüber den Vorteil, dass die Gestaltung einer Website unabhängig von der Programmlogik entwickelt werden kann. JSP ist wie Java plattformunabhängig und besitzt eine große Verbreitung. Diese Technik wird bevorzugt für große Web-Anwendungen eingesetzt. Die JSP-Technik besitzt den großen Vorteil, dass Java-Programmierer dynamische Web-Anwendungen erstellen können, ohne eine neue Sprache lernen zu müssen. Ein weiterer Pluspunkt ist, dass man die mächtige Java-Bibliothek auch in Web-Anwendungen nutzen kann.

JSP 1.0 wurde Anfang 1999 von Sun Microsystems herausgegeben. Diese erste Version enthielt bereits alle wichtigen Markierungen bzw. *Tags*, die JSP dem Entwickler standardmäßig zur Verfügung stellt. Bereits im November 1999 erschien JSP 1.1, das zusätzlich selbstdefinierte *Tags* ermöglichte. Sie werden auch als *Custom Tags* bezeichnet und stellen einen großen Vorteil für die JSP-Entwicklung dar. Dieses neue Konzept ermöglicht es, ganze Bibliotheken *(Tag Libraries)* zu erstellen, die ideal wiederverwendet werden können. Für die JSP-Entwicklung stehen heute zahlreiche *Tag Libraries* zur Verfügung. Im Sommer 2001 erschien die Version 1.2, die u.a. eine XML-basierte Syntax für JSP-Elemente ermöglicht.

Versionen

Im Sommer 2003 wurde JSP 2.0 (ursprünglich JSP 1.3) publiziert. Ein Ziel war es, die Anwendung von *Custom Tags* durch sogenannte *Tag Files* zu vereinfachen. Eine weitere Vereinfachung bietet die **EL** *(Expression Language)*. Diese Sprache wurde in Anlehnung an JavaScript konzipiert und ermöglicht es, auf einfache Weise Berechnungen, Ausdrücke und Ausgaben in JSPs zu realisieren, ohne dass dies in Java programmiert werden muss. Beispielsweise kann mit der Anweisung `${person.email}` bequem das Attribut `email` eines Perso-

JSP 2.0

Basistext

nenobjekts ausgegeben werden. Ein zentrales Ziel der EL ist es, Skriptelemente aus JSP-Seiten zu verdrängen.

JSP verarbeiten

JSP-Dateien benötigen für die Verarbeitung einen Webserver und einen JSP-Server. Man spricht auch von der JSP-*Engine* oder dem JSP-Container. Der Benutzer sendet eine **Anfrage** *(request)* an den zuständigen **Webserver**, indem er eine URL im Browser eingibt oder einem Link folgt. Der Webserver erkennt, dass es sich um eine JSP-Seite handelt und leitet die Anfrage an den **JSP-Server** weiter. JSPs werden vom JSP-Server übersetzt, indem er mithilfe des JSP-Compilers ein **Servlet** erzeugt, wenn die jeweilige JSP angefordert wird. Das Servlet, bei dem es sich um Java-Quellcode handelt, wird vom Java-Compiler in Bytecode übersetzt. Diese beiden Übersetzungsprozesse finden nur beim ersten Aufruf einer JSP statt, während bei weiteren Aufrufen auf den bereits vorliegenden Code zurückgegriffen wird. Der Bytecode wird von der **JVM** *(Java Virtual Machine)* des JSP-Servers ausgeführt und eine Ergebnisseite erstellt, die im Allgemeinen aus HTML-Code besteht. Diese Ergebnisseite wird über den Webserver an den Browser geschickt. Der Benutzer erhält also nur die Ergebnisse seiner Anfrage. Die Programmabläufe, die zur Generierung der gewünschten Daten führen, laufen sämtlich auf dem Server ab. Zur Erzeugung des Inhalts können in der JSP-Datei zum Beispiel Datenbankabfragen zum Einsatz kommen oder Berechnungen mit Werten durchgeführt werden, die der Benutzer mit seiner Anfrage gesendet hat.

Tomcat

Die JSP-*Engine* Tomcat ermöglicht die Ausführung von JSPs und Servlets. Tomcat wird von der Apache Software Foundation entwickelt und ist kostenlos erhältlich. Der JSP-Compiler wird bei Tomcat mit dem Namen »Jasper« bezeichnet und die Umgebung zur Ausführung der kompilierten Servlets als »Catalina Engine«.

Installieren Sie die Entwicklungsumgebung Eclipse mit Tomcat auf Ihrem Computer.

Basistext

6.2 Erste JSP-Datei *

Eine JSP-Datei besitzt die Endung `.jsp` **und besteht im Allgemeinen aus einem XHTML-Grundgerüst mit Skriptelementen, die Java-Code enthalten. Als Skriptelemente stehen Skriptlets, JSP-Ausdrücke und JSP-Deklarationen zur Verfügung. Variablen werden im Allgemeinen innerhalb von Skriptlets und Konstanten in der JSP-Deklaration deklariert. Für Testzwecke kann die Ausgabe im Konsolenfenster des JSP-Servers erfolgen. JSP-Elemente können wahlweise in der »klassischen« und in der XML-basierten Notation angegeben werden.**

Bei einer **JSP-Datei** handelt es sich im Allgemeinen um eine Datei, die XHTML-Elemente, JSP-Markierungen und Java-Code-Fragmente enthält, die als Skriptelemente bezeichnet werden. Häufig enthält eine JSP-Datei eine Mischung von XHTML- und JSP-Code oder reinen JSP-Code. Es ist jedoch auch möglich, dass sie nur XHTML-Code enthält.

JSP-Datei

JSP-Dateien müssen die Endung `.jsp` besitzen.

`.jsp`

Die wichtigsten Elemente in einer JSP-Datei sind die Skriptelemente, die den Java-Code enthalten. Folgende Konstrukte stehen zur Verfügung und dürfen in einer JSP-Datei beliebig oft vorkommen:

Skriptelemente

- Skriptlets bzw. JSP-Skriptlets
- JSP-Ausdrücke
- JSP-Deklarationen

Programmiersprachenanweisungen innerhalb einer JSP-Datei werden mit `<% ... %>` geklammert und als **Skriptlet** bzw. JSP-Skriptlet bezeichnet. Es handelt sich hier um Programmfragmente, z.B. Auswahl-Anweisungen oder Schleifen. Eine JSP-Datei kann beliebig viele Skriptlets enthalten. Sie müssen in der Regel der Java-Syntax entsprechen. Das bedeutet jedoch nicht, dass die Anweisungen in einem Skriptlet ein korrektes Java-Programm bilden müssen, sondern bei der Übersetzung der kompletten JSP-Datei in ein Servlet muss ein korrektes Java-Programm entstehen:

JSP-Skriptlet

Basistext

```
<%
Anweisung1;
Anweisung2;
%>
```

JSP-Ausdruck Sollen die Werte von Konstanten, Variablen oder kompletten Ausdrücken ausgegeben werden, dann werden sie mit <%= ... %> markiert und zwischen Texte und XHTML-Elemente eingefügt. Man spricht von einem **JSP-Ausdruck**. Beachten Sie, dass ein JSP-Ausdruck immer ohne abschließendes Semikolon angegeben wird.

Beispiel

```
<p>
Nettopreis von "The Magician" : <%= netto %>
Verkaufspreis von "The Magician" :
   <%= netto + (MWST2 * netto / 100.0f) %>
</p>
```

Ausgabe in Konsolenfenster Die meisten JSP-Server – dies gilt auch für den Tomcat-Server – erlauben es, Nachrichten in dem Fenster auszugeben, von dem der Server gestartet wurde. Alternativ können Konsolenausgaben auch in eine Datei umgeleitet werden. Bei Tomcat ist dies standardmäßig eine Datei im Verzeichnis logs, deren Name mit stdout beginnt und die Endung .log besitzt. Die Ausgabe im Konsolenfenster ist für Testausgaben sinnvoll und erfolgt innerhalb eines Skriptlets:

```
System.out.println ("Ergebnis: " + wert);
```

Fallbeispiel **Body Mass Index (BMI)**
Als durchgängiges Fallbeispiel wird für die Einführung von Web-Techniken die Berechnung des *Body Mass Index* (BMI) verwendet. Der BMI ist zurzeit die anerkannte Methode, um Über- oder Untergewicht festzustellen. Er wird berechnet nach der Formel: Gewicht [kg] / (Größe [m]* Größe [m]). Der BMI gilt gleichermaßen für Frauen und Männer. Das Idealgewicht liegt bei einem BMI zwischen 20 und 24 vor. Ein BMI zwischen 25 und 30 zeigt ein leichtes Übergewicht, ein BMI über 30 zeigt Fettsucht an. Ein BMI unter 18 gilt als Untergewicht.

Fallbeispiel bmi1/bmi1.jsp Die folgende JSP-Datei berechnet für fest einprogrammierte Werte von Gewicht und Größe den BMI (Abb. 6.2-1).

Basistext

6.2 Erste JSP-Datei

```
<html>
<head>
<title>BMI berechnen</title>
</head>

<body>
<h3>BMI berechnen</h3>
<%-- Berechnung des BMI mit festen Werten
     für Gewicht und Körpergröße --%>
<%
float weight, height, bmi; // lokale Variablen
weight = 61f;
height = 1.68f;
bmi = weight / (height * height);
%>

<p> Ihr Gewicht von <%= weight %> kg und
    Ihre Größe von <%= height %> m ergeben
    einen Body Mass Index (BMI) von <%= bmi %> </p>

<p>Ideal ist ein BMI zwischen 20 und 24</p>
</body>
</html>
```

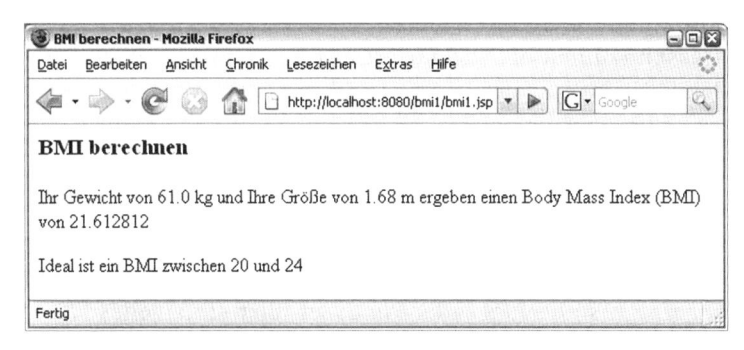

Abb. 6.2-1: Dieser BMI wurde mit Skriptlets in einer JSP berechnet.

Modifizieren Sie das JSP-Skript zur Berechnung des BMI. Geben Sie für Gewicht und Größe Ihre persönlichen Werte ein und lassen Sie das Programm erneut ausführen.

Als Ergebnis der Programmausführung entsteht ein reines HTML-Dokument, das über den Webserver an den Browser zurückgesandt wird. Sie können sich dieses HTML-Dokument im Browser ansehen (Menü Ansicht/Quelltext im Internet Explorer, Menü Ansicht/Seitenansicht anzeigen im Firefox).

Ergebnisseite

Basistext

JSP-Deklaration

Konstanten, Variablen, Methoden und Klassen können in einer JSP-Datei innerhalb einer **JSP-Deklaration** vereinbart werden, die mit <%! ... %> geklammert wird. Die darin angegebenen Deklarationen können in der gesamten JSP-Datei benutzt werden. Eine JSP-Datei kann mehrere JSP-Deklarationen enthalten.

In der Regel sollte man in einer JSP-Deklaration *keine* Variablen deklarieren, denn von jeder JSP-Datei wird bei der Ausführung genau *ein* Objekt erzeugt. Auf dieses Objekt und die darin enthaltenen Variablen greifen alle Benutzer zu, die diese Seite von ihrem Browser aus beim Webserver anfragen. Das heißt, dass Variablen in JSP-Deklarationen gemeinsam genutzt werden. Das bedeutet, dass jede Variable, die von einem Benutzer gesetzt wird, von anderen Benutzern überschrieben werden kann. Der Zugriff verläuft völlig unkoordiniert, wenn keine Synchronisationsmechanismen implementiert sind. Konstanten können ohne Gefahr in einer JSP-Deklaration vereinbart werden. In der JSP-Deklaration sollten alle benötigten Methoden aufgeführt werden. Auch Klassen können hier deklariert werden, obwohl sie als JavaBeans (siehe »JavaBeans« (S. 275)) realisiert werden sollten.

Variablen im Skriptlet

In der Regel sollten Sie Variablen in einem Skriptlet deklarieren. Skriptlets werden bei der Transformation der JSP in eine Methode der Servlet-Klasse transformiert. Variablen innerhalb von Skriptlets werden zu lokalen Variablen dieser Methode. Wird die JSP-Datei zu einem Zeitpunkt mehrfach angefragt, so verfügt jeder Benutzer über ein eigenes Variablenexemplar. Hier können keine Konflikte auftreten.

Beispiel jsps/counter.jsp

In der folgenden JSP-Datei wird eine Variable counter in der JSP-Deklaration initialisiert und im Skriptlet inkrementiert. Bei der Ausführung der JSP existiert nur ein Exemplar von counter. Wird die JSP in mehreren Browsern angesprochen, dann greifen alle Benutzer auf dieses eine Exemplar zu. Dagegen wird von der Variablen falseCounter für jeden Browser ein neues Exemplar erzeugt, das beim Ausführen der JSP initialisiert und einmal inkrementiert wird.

```
<html>
<head>
<title>Variablen deklarieren</title>
</head>
```

Basistext

```
<body>
<h1>Variablen deklarieren</h1>

<%! int counter = 0;  %>
<%
counter++;

int falseCounter = 0;
falseCounter++;
%>
Aktueller Zähler: <%= counter %> <br />
Falscher Zähler: <%= falseCounter %>
</body>
</html>
```

Führen Sie die JSP-Datei in ihrem Webbrowser aus und aktualisieren Sie die geladene Seite mehrfach. Öffnen Sie ein zweites Browserfenster, das einen weiteren Benutzer simuliert, und laden Sie die JSP-Datei erneut. Was stellen Sie fest? Schließen Sie alle Browser, die diese JSP-Datei verwenden und führen Sie die Datei dann in einem neuen Browserfenster aus. Was stellen Sie fest?

Kommentare in einer JSP-Datei können auf verschiedene Arten angegeben werden. Dazu gehören der JSP- und der XHTML-Kommentar. Innerhalb von Skriptlets können die Java-Kommentare benutzt werden (siehe »Einfache Java-Elemente« (S. 282)):

Kommentare

- `<%-- JSP-Kommentar --%>`
- `<!-- XHTML-Kommentar -->`

JSP-Kommentare werden *nicht* vom JSP-Server zum Browser übertragen und sind daher in der Quelltextanzeige *nicht sichtbar*. Diese Kommentare können beispielsweise dafür verwendet werden, um einen Skriptlet-Block in der Testphase auszukommentieren. XHTML-Kommentare sind dagegen in der Quelltext-Anzeige im Browser *sichtbar*.

Der folgende XHTML-Kommentar gibt den aktuellen Wert der Java-Variablen zahl aus. Der Entwickler kann den Variablenwert in der Quelltext-Anzeige prüfen, ohne, dass die Browserausgabe durch diese Testausgabe zerstört wird:

Beispiel

```
<!-- Aktueller Wert: <%= zahl %> -->
```

Basistext

XML-Notation Neben der oben eingeführten klassischen Notation für JSP-Dateien gibt es auch eine XML-basierte Notation. Damit Sie einen Eindruck davon erhalten, wird eine JSP-Mini-Anwendung in beiden Notationen realisiert. Es dürfen auch beide Notationen in einer Datei gemischt werden. Zuerst die klassische JSP-Notation:

```
<html>
<head>
<title>JSP-Datei</title>
</head>
<body>
<h1> JSP-Datei </h1>

<%! final int KONST = 10;   %>
<%
int zahl = 5;
zahl = zahl * KONST;
%>
Ergebnis: <%= zahl %>
</body>
</html>
```

Es folgt der äquivalente Code in XML-basierter Notation. Die zu verwendenden Markierungen sind fest vorgegeben, wobei Groß-/Kleinschreibung signifikant ist. Die JSP verwendet nur die reine XML-Syntax und bildet ein wohlgeformtes XML-Dokument (siehe »XML-Dokument« (S. 150)). Man spricht daher von einem **JSP-Dokument**. Ab der Version JSP 2.0 sollen JSP-Dokumente mit der Endung .jspx gespeichert werden:

```
<?xml version="1.0"   encoding="UTF-8" ?>

<jsp:root xmlns:jsp="http://java.sun.com/JSP/Page"
          version="1.2">
<jsp:directive.page contentType="text/html" />

<html>
<head>
  <title>JSP-Dokument</title>
</head>

<body>
<h1>JSP-Dokument</h1>

<jsp:declaration>
  final int KONST = 10;
</jsp:declaration>
```

```
<jsp:scriptlet>
  int zahl = 5;
  zahl = zahl * KONST;
</jsp:scriptlet>

<jsp:text>Ergebnis: </jsp:text>
<jsp:expression>zahl</jsp:expression>

</body>
</html>
</jsp:root>
```

6.3 Direktiven *

Direktiven sind Anweisungen an den JSP-Server. Mit der Include-Direktive können separate JSP-Dateien zur Übersetzungszeit eingefügt werden. Mit der Page-Direktive kann der Übersetzungsprozess der aktuellen JSP-Seite gesteuert werden.

Direktiven sind spezielle Anweisungen an den JSP-Server, die ihn anweisen, die JSP auf eine vorgegebene Art zu verarbeiten. Sie werden innerhalb der Markierung <%@ ... %> angegeben. Alternativ kann eine XML-basierte Notation verwendet werden. Da Direktiven das Verhalten der gesamten JSP-Seite bestimmen, stehen sie in der Regel am Anfang der JSP-Seite. Im Folgenden werden die beiden Direktiven Include und Page erläutert.

Include-Direktive

Viele JSP-Seiten enthalten Teile, die mehrfach vorkommen. Es macht jedoch keinen Sinn, diese Teile zu kopieren, da sie dann bei späteren Änderungen mehrfach gepflegt werden müssen. Besser ist es, diese Teile in eine separate JSP-Datei auszulagern und mit der Include-Direktive dort einzufügen, wo sie gebraucht werden.

Die Syntax der Include-Direktive lautet: Syntax

`<%@ include file="pfad/datei.jsp" %>`.

Die Leerzeichen nach dem <%@ und vor dem %> sind optional. Das Attribut file gibt die einzubindende Datei an. Ein

Basistext

Pfad muss relativ zur Datei, die die Include-Direktive enthält, angegeben werden. Der Inhalt der angegebenen Datei wird *vor* der Übersetzung in die JSP-Seite eingefügt. Im Allgemeinen enthalten die inkludierten Dateien nur JSP- oder HTML-Fragmente. Wichtig ist allein, dass nach dem Inkludieren eine korrekte JSP-Datei entsteht. Wird die XML-basierte Notation verwendet, so muss nach dem Einfügen ein wohlgeformtes XML-Dokument entstehen. Eine inkludierte Datei darf selbst Include-Direktiven enthalten. Es dürfen auch mehrere Include-Direktiven in einer JSP-Datei stehen. Um inkludierte Dateien sofort zu erkennen, wird oft empfohlen, sie mit einer speziellen Endung zu versehen, z.B. .jspf oder .htmlf.

Ein Beispiel zur Verwendung der Include-Direktive finden Sie in »Formulare mit JSP validieren« (S. 272). Wie die Include-Direktive bei einem größeren Beispiel angewendet wird, können Sie in »Gästebuch mit JSP erstellen« (S. 303) nachlesen.

Die JSP 2.0-Spezifikation legt fest, dass Änderungen in inkludierten Dateien automatisch erkannt werden. Sie sagt jedoch nicht, *wie* dies erfolgen soll. Wenn Sie feststellen, dass Änderungen nicht den gewünschten Effekt haben, sollten Sie die entsprechende class-Datei löschen. Damit zwingen Sie den JSP-Server dazu, mit der neuen Version zu arbeiten.

Page-Direktive

Eine wichtige Direktive, die Sie beim Erstellen von JSP-Dateien häufig benötigen, ist die Page-Direktive. Mit dieser Direktive können Sie den Übersetzungsprozess der JSP einschließlich aller darin inkludierten JSP-Dateien steuern.

Syntax Die Syntax der Page-Direktive lautet:

```
<%@ page attribut1="wert1" attribut2="wert2" %>
```

oder alternativ:

```
<%@ page attribut1="wert1" %>
<%@ page attribut2="wert2" %>
```

Basistext

Es können zahlreiche Attribute definiert werden, die alle optional sind. In dieser Einführung werden nur die folgenden zwei Attribute verwendet:

- language="verwendete Skriptsprache"
- import="Paketname"

Das language-Attribut gibt an, welche Programmiersprache in den Skriptelementen verwendet wird. In der Regel muss hier die Sprache Java angegeben werden. Die Anweisung dafür lautet also <%@ page language="java" %>. Wird diese Direktive verwendet, dann muss sie vor dem ersten Skriptelement stehen. Fehlt diese Angabe, dann wird sie implizit angenommen. Sie ist also optional. Es gibt auch JSP-Implementierungen, z.B. Resin von Caucho, die außer Java auch JavaScript unterstützen.

Attribut language

Das Import-Attribut dient der Einbindung von **Paketen** aus Java-Klassenbibliotheken sowie der Einbindung von eigenen Paketen. Mehrere Pakete, die Sie einbinden möchten, werden durch Kommata getrennt. Das Paket java.util ermöglicht Ihnen beispielsweise einen Zugriff auf die Klasse Date, das Paket java.io enthält verschiedene Methoden für die Ein-/Ausgabe. Analog können Sie auch einzelne Klassen importieren, beispielsweise die Klasse Random im Paket java.util:

Attribut import

```
<%@ page language="java" import="java.io.*, java.util.*"%>
<%@ page language="java" import= "java.util.Random"%>
```

Als Komfort für den Entwickler stehen ab JSP 2.0 bereits folgende Importe standardmäßig zur Verfügung, wenn language="java" gilt:

impliziter Import

- java.lang.*
- javax.servlet.*
- javax.servlet.jsp.*
- javax.servlet.http.*

Eine weitere Direktive ist die Taglib-Direktive. Sie teilt dem JSP-Server mit, dass weitere *Tags* verwendet werden. Ab JSP 2.0 gibt es noch drei weitere Direktiven, die sich ebenfalls auf selbstdefinierte *Tags* beziehen.

weitere Direktiven

Basistext

Beispiel jsps/directive.jsp

In diesem Beispiel wird gezeigt, wie die Page-Direktive angewendet wird. Eine Zeichenkette soll in eine Zahl konvertiert und zu Kontrollzwecken ausgegeben werden. Die Methode parseFloat() ist im Paket java.lang enthalten, das implizit importiert wird. Für die direkte Verwendung der Klassen Date und DateFormat müssen die Pakete java.util und java.text importiert werden:

```jsp
<%-- Importieren von Java-Paketen --%>
<%@ page language="java" %>
<%@ page import="java.util.*, java.text.*" %>
<html>
<head>
<title>Direktiven</title>
</head>
<body>
<%
String zahl_str ="11";
float zahl;
zahl = Float.parseFloat(zahl_str);   //im Paket java.lang
out.print("Die Zahl ist " + zahl + "<br />");
%>
Und die gleiche Zahl: <%= zahl %> <br />
<%
// Datum und Zeit aktuell gemessen
Date date = new Date();   //im Paket java.util
DateFormat formatDatum =
  DateFormat.getDateTimeInstance(); //im Paket java.text
String today = formatDatum.format(date);
%>
Zeitstempel <%= today %>
</body>
</html>
```

Führen Sie das Beispiel directive.jsp aus. Entfernen Sie jeweils eine Zeile der Direktive aus der Datei. Welche Fehlermeldung tritt auf?

6.4 Implizite Objekte *

Um die Programmierung zu vereinfachen, stehen dem JSP-Programmierer eine Reihe von impliziten Objekten zur Verfügung, die Standard-Funktionalität des JSP-Servers bereitstellen. Das Objekt out ermöglicht die Ausgabe im Browser, mit request können Eingaben aus einem Formular übernommen werden.

Basistext

6.4 Implizite Objekte *

In einer JSP stehen eine Reihe von Objekten zur Verfügung, die vom Programmierer nicht deklariert werden müssen. Sie werden als **implizite Objekte** oder vordefinierte Objekte bezeichnet.

Das implizite Objekt out repräsentiert den Ausgabedatenstrom, in dem Informationen an den Browser gesendet werden. Die Ausgabedaten werden zuerst in einen Puffer geschrieben und blockweise ausgegeben. Diese Pufferung erfolgt automatisch, kann jedoch vom Programmierer ausgeschaltet werden. Für die Ausgabe bietet das implizite Objekt out u.a. die Methode print() an. Zusätzlich bietet out die Methode println(), die wie print() wirkt, jedoch zusätzlich einen Zeilenwechsel anhängt. Dies erzeugt jedoch *keinen* Zeilenwechsel im Browser. Dieser wird beispielsweise durch out.print("<br />"); erzeugt.

implizites Objekt out

Zeichenketten und Werte von Variablen werden wie folgt ausgegeben:

Beispiel

```
<%
int zahl = 27;
out.print ("Die Zahl ist " + zahl);
out.print ("Das Quadrat der Zahl ist " + zahl*zahl);
%>
```

Die Ausgabe mit dem impliziten Objekt out ist eine Alternative zur Ausgabe mit der Ausdrucksmarkierung <%= ... %>. Die Verwendung des impliziten Objekts ist praktisch, wenn Sie Ausgaben mitten in JSP-Skriptlets erzeugen. Sie ersparen sich das Schließen und Öffnen der Skript-Blöcke, das oft zu einer unübersichtlichen Darstellung führt.

Wenn Sie in einem Browser eine JSP-Datei aufrufen, wird jedes Mal ein Objekt erzeugt, das diese **Anfrage** *(request)* repräsentiert. Das implizite Objekt request stellt dem JSP-Entwickler dieses Objekt zur Verfügung. Es ermöglicht den Zugriff auf alle Informationen über die aktuelle Anfrage. Dazu gehören beispielsweise die Anfrageparameter und die **HTTP-Header**. Hier wird das implizite Objekt request nur dazu verwendet, die Felder von Formularen auszulesen. Dafür bietet sich die Methode getParameter() an.

implizites Objekt request

Basistext

Beispiel

In einem Formular wird folgendes Eingabefeld verwendet:

```
<input name="weight" type="text" />
```

In einer JSP-Datei können Sie den Wert dieses Feldes in eine String-Variable lesen, wobei es keine Rolle spielt, ob die Formulardaten mit der get- oder der post-Methode übertragen werden:

```
<%
  String weight_str;
  weight_str = request.getParameter("weight");
%>
```

Bedingt durch die Transformation einer JSP in ein Servlet stehen implizite Objekte nur innerhalb von JSP-Skriptlets und JSP-Ausdrücken zur Verfügung, *nicht* jedoch in JSP-Deklarationen.

weitere implizite Objekte

Außer den beiden eingeführten impliziten Objekten gibt es weitere vordefinierte Objekte. Dazu gehören:

- application-Objekt, mit dem Informationen über eine Web-Anwendung ermittelt werden können.
- session-Objekt für die Verwaltung von Sitzungen *(sessions)*.
- response-Objekt, das einen Zugriff auf die HTTP-*Header* ermöglicht.
- page-Objekt, das die aktuell erzeugte Seite als Java-Servlet repräsentiert.

Nehmen Sie das Beispiel bmi1 als Vorlage (siehe »Erste JSP-Datei« (S. 253)) und realisieren Sie die Ausgabe mit Hilfe des impliziten Objekts out.

6.5 Standardaktionen *

JSP bietet eine Reihe von Standardaktionen. Mit der Standardaktion useBean können Objekte von Bean-Klassen dynamisch erzeugt werden, mit setProperty können die Attribute von Beans verändert und mit getProperty ausgegeben werden.

Basistext

6.5 Standardaktionen *

Aktionen sind Elemente in einer JSP, mit denen Sie das Verhalten des JSP-Servers beeinflussen können. Es werden Standardaktionen und Aktionen in *Tag*-Bibliotheken unterschieden. Die Standardaktionen sind in allen JSP-Servern implementiert. Mit ihnen können beispielsweise Objekte dynamisch erzeugt oder geändert werden, Weiterleitungen zwischen JSP-Dateien realisiert oder Applets eingebunden werden. Eine *Tag*-Bibliothek ist beispielsweise **JSTL** (*JSP Standard Tag Library*), die die Standardaktionen mit häufig benötigten *Tags* ergänzt. Außerdem können JSP-Entwickler eigene *Tags* definieren.

Aktionen

Für die Notation der Aktionen wird ausschließlich XML-Syntax verwendet. Man unterscheidet Aktionen mit und ohne Inhalt. Die Attribute steuern die Ausführung der Aktionen, wobei die Attributwerte zur Laufzeit ermittelt werden können:

Syntax

```
<prefix:aktionMitInhalt attribut1="wert1" ...>
  Inhalt
</prefix:aktionMitInhalt>
<prefix:aktionOhneInhalt attribut1="wert1" ... />
```

Mit der Standardaktion `<jsp:useBean>` wird in einer JSP-Seite ein Objekt einer JavaBean-Klasse erzeugt (siehe »JavaBeans« (S. 275)). Die Syntax dieser Standardaktion ist im einfachsten Fall wie folgt:

Standardaktion useBean

```
<jsp:useBean id="Objektname" class="Beanname" />
```

Um ein Objekt `mitarbeiter` der Bean-Klasse `Mitarbeiter` im Paket `webjava` zu erzeugen, schreibt man in einer JSP:

Beispiel

```
<jsp:useBean id="mitarbeiter" class="webjava.Mitarbeiter" />
```

Besitzt die Bean-Klasse eine Operation `erhoeheGehalt()`, kann diese in der gleichen JSP aufgerufen werden:

```
<% mitarbeiter.erhoeheGehalt() %>
```

Die Standardaktion `<jsp:getProperty>` ermöglicht es, lesend auf die *Properties* bzw. Attribute einer JavaBean zuzugreifen. Voraussetzung für die Anwendung dieser Aktion ist, dass die JavaBean mit `useBean` deklariert wurde. Bei der Erzeugung der Ergebnisseite wird die Standardaktion durch

Standardaktion getProperty

Basistext

den gelesenen *Property*-Wert ersetzt. Die Standardaktion `getProperty` besitzt somit die Wirkung, dass sie zuerst den Wert ausliest und dann für die Browserausgabe an das implizite Objekt `out` übergibt. Die Syntax ist:

```
<jsp:getProperty name="objektname" property="propertyname" />
```

Beispiel
> Besitzt die JavaBean-Klasse `Mitarbeiter` die *Property* `gehalt`, dann kann der Wert wie folgt gelesen und ausgegeben werden:
> ```
> <jsp:useBean id="mitarbeiter" class="webjava.Mitarbeiter" />
> ...
> Gehalt:
> <jsp:getProperty name="mitarbeiter" property="gehalt" />
> ```

Standardaktion setProperty
Mit der Standardaktion `<jsp:setProperty>` können die *Properties* bzw. Attribute einer JavaBean geändert werden. Auch hier gilt als Voraussetzung, dass die JavaBean mit `useBean` deklariert wurde. Die Standardaktion `setProperty` kann auf verschiedene Arten eingesetzt werden.

alle Daten zuweisen
Mit der Standardaktion

```
<jsp:setProperty name="objektname" property="*" />
```

werden alle Formularfelder (allgemeiner alle Anfrageparameter) in die entsprechenden Attribute der JavaBean kopiert. Dabei ist es wichtig, dass die Paare »Formularfeld« und »Attribut« exakt die gleichen Namen besitzen. Anfrageparameter werden immer als Zeichenketten bereitgestellt. Besitzen die Attribute einer Bean einen anderen Datentyp, dann wird in vielen Fällen eine automatische Typkonvertierung durchgeführt.

Beispiel
> Sie verwenden ein Formular mit folgenden Eingabefeldern:
> ```
> <input name="personalnr" type="text" />
> <input name="gehalt" type="text" />
> ```
> Weiterhin haben Sie eine JavaBean-Klasse `Mitarbeiter` mit den Attributen `personalnr` und `gehalt` programmiert. Mit folgender Standardaktion weisen Sie die Inhalte der Formularfelder komplett diesen Attributen zu:

6.5 Standardaktionen * 267

```
<jsp:useBean id="mitarbeiter" class="webjava.Mitarbeiter" />
...
<jsp:setProperty name="mitarbeiter" property="*" />
```

Mit der Standardaktion

ein Attribut setzen

```
<jsp:setProperty name="objektname" property="attributname"
value="attributwert" />
```

erhält das angegebene Attribut einen Wert, der auch zur Laufzeit berechnet werden kann. Die Standardaktion `setProperty` kann auch verwendet werden, um einem Attribut einer Bean den Wert eines Formularfeldes zuzuweisen. In diesem Fall schreibt man:

```
<jsp:setProperty name="objektname" property="attributname"
/>
```

Auch hier gilt, dass Formularfeld und Attribut gleiche Namen besitzen müssen.

Eine JSP-Seite soll das Formularfeld `personalnr` zur Verarbeitung an eine Bean weitergeben. Besitzt die JavaBean-Klasse `Mitarbeiter` die Eigenschaft `personalnr`, dann kann diesem Attribut wie folgt der Wert des Eingabefelds zugewiesen werden:

Beispiel

```
<input type="text" name="personalnr" />
...
<jsp:useBean id="mitarbeiter" class="webjava.Mitarbeiter" />
<jsp:setProperty name="mitarbeiter" property="personalnr" />
```

In »JavaBeans« (S. 275) und »JSP-Gästebuch« (S. 295) finden Sie Beispiele, in denen die eingeführten Standardaktionen bei der Entwicklung von JSP-Anwendungen mit JavaBeans eingesetzt werden.

JSP bietet noch weitere Standardaktionen an. Dazu gehören:

weitere Standardaktionen

- include: Mit dieser Standardaktion werden andere JSP-Seiten zur Laufzeit gestartet und die Ausgabe, die bei dieser Ausführung erzeugt wird, in die aktuelle JSP-Datei eingefügt. Anschließend wird die Verarbeitung der ursprünglichen JSP-Datei fortgesetzt. Im Gegensatz dazu wird bei der Include-Direktive der Quelltext der angegebenen Datei eingefügt.

Basistext

- forward: Zur Ausführungszeit erfolgt eine Weiterleitung an eine andere JSP-Seite. Die Ausführung der ursprünglichen JSP-Datei wird beendet und nicht mehr fortgesetzt.
- plugin: Mit dieser Standardaktion können beispielsweise Applets in eine JSP eingebunden werden.

6.6 Formulare mit JSP verarbeiten *

Daten, die in ein XHTML-Formular eingegeben werden, können mit JSPs weiterverarbeitet werden. Werden in einem Formular Zahlenstrings eingegeben, mit denen in der JSP gerechnet werden soll, müssen sie in Zahlen konvertiert werden. Dies geschieht mit den in Java üblichen Konvertierungsmethoden. In einer JSP-Deklaration können Java-Methoden ohne zugehörige Klasse deklariert und im Skriptlet der JSP benutzt werden.

Formulardaten übertragen

Mit JSPs können Daten, die ein Benutzer in einem **Formular** eingegeben hat, weiterverarbeitet werden. Die Übertragung der Informationen an den JSP-Server kann sowohl mit der post- als auch mit der get-Methode erfolgen. Diese Angabe wird mit dem Attribut method im form-Element spezifiziert.

get

Wenn Sie method="get" wählen, dann werden die Eingabedaten des Formulars als Parameter an die Adresse angehängt, d.h. sie werden in der URL übergeben. Für das nachfolgende Fallbeispiel bmi2 ergibt sich für method="get" beispielsweise folgende URL:

http://localhost/bmi2/bmi2.jsp?weight=100&height=1.8&berechne=BMI+berechnen

Die Datenübergabe mit der get-Methode gilt als Voreinstellung. Nachteile dieser Methode sind, dass die übergebenen Daten sichtbar sind und außerdem die Menge der übertragenen Daten begrenzt ist. Somit sind Passwörter in der Adresszeile des Browsers sichtbar und übertragene Daten können verloren gehen.

post

Bei method="post" werden die Formulardaten als Teil der Anfrage an den Webserver geschickt. Sie sind in der Adresszeile *nicht* sichtbar. Außerdem gibt es keine Beschränkung bezüglich der Datenmenge.

Basistext

6.6 Formulare mit JSP verarbeiten *

Das **W3C** empfiehlt die POST-Methode immer dann zu verwenden, wenn die Daten von dem auswertenden Programm weiterverarbeitet werden (z.B. Speichern in einer Datenbank). Die GET-Methode soll dagegen für Ablaufsteuerungen (z.B. für eine Suche) verwendet werden.

post vs. get

Das Formular für die Eingabe von Gewicht und Größe wird einfach in XHTML realisiert (Abb. 6.6-1):

Fallbeispiel
bmi2/
index.html

```
<html>
<head>
<title>BMI berechnen</title>
</head>
<body>
<h3>Berechnen Sie Ihren Body Mass Index (BMI)</h3>
<form action="bmi2.jsp" method="post">
  <div>
    Gewicht <input name="weight" type="text" size="10" />
         [kg] <br />
    Größe <input name="height" type="text" size="10" />
         [m] <br />
    <input name ="berechne" type="submit"
         value="BMI berechnen" />
  </div>
</form>
</body>
</html>
```

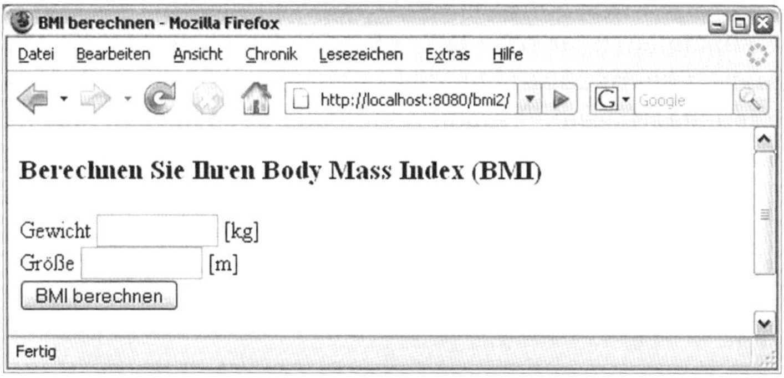

Abb. 6.6-1: Formular zur Berechnung des BMI mit JSP.

Alle Daten, die ein Benutzer in einem XHTML-Formular eingibt, werden als Zeichenketten *(strings)* behandelt und als Zeichenketten an den Webserver weitergegeben. Wenn Sie anstelle von Zeichenketten andere Formate benötigen, dann müssen Sie die Zeichenketten umwandeln. In JSPs können

Typkonvertierung

Basistext

Ablauf des Beispiels bmi2

Sie dafür alle in Java vorhandenen Konvertierungsmethoden verwenden.

Hat der Benutzer seine Daten in das Formular eingegeben und klickt auf die Schaltfläche BMI berechnen, dann wird auf dem JSP-Server die Seite bmi2.jsp ausgeführt und es werden die eingegebenen Formulardaten übergeben. Im einzelnen sind dies folgende Schritte:

1 Im ersten Schritt wird der Wert aus dem Formularfeld weight übernommen und in der Variablen weight_str gespeichert:

   weight_str = request.getParameter("weight");

2 Da mit der Eingabe gerechnet werden soll, wird die Zeichenkette in eine reelle Zahl vom Typ float konvertiert – sofern eine korrekte Zahl eingegeben wurde:

   weight = Float.parseFloat(weight_str);

3 Dann kann die gewünschte Berechnung durchgeführt werden.

4 Zum Schluss wird das Ergebnis ausgegeben.

Methoden in JSPs

Im Unterschied zu klassischen Java-Programmen können Methoden in einem JSP-Dokument unabhängig von einer umgebenden Klasse deklariert werden. Wenn eine JSP durch den JSP-Server in ein Servlet transformiert wird, wird diese Methode automatisch zu einer Methode der Servlet-Klasse. »Isolierte« Methoden werden prinzipiell genau wie Methoden einer Klasse programmiert. Sie müssen immer in einer JSP-Deklaration <%! ... %> stehen.

Beispiel bmi2/ bmi2.jsp

Die Berechnung des BMI wird in eine Methode im JSP-Deklarationsteil ausgelagert. Sie nimmt die Eingaben in Form von Zeichenketten entgegen und liefert den berechneten Wert zurück (Abb. 6.6-2):

```
<%@ page language="java" %>
<html>
<head>
<title>BMI berechnen</title>
</head>
<body>
<h3> BMI berechnen </h3>
```

Basistext

6.6 Formulare mit JSP verarbeiten

```
<%!
float bmi(String weight_input, String height_input)
{
  float weight, height, result;
  weight = Float.parseFloat(weight_input);
  height = Float.parseFloat(height_input);
  result = weight / (height * height);
  return result;
}
%>

<%
String weight_str, height_str;
float your_bmi;
weight_str = request.getParameter("weight");
height_str = request.getParameter("height");
your_bmi = bmi (weight_str, height_str);
%>

<p>Ihr Gewicht von <%= weight_str %> kg und Ihre Größe
   von <%= height_str%> m ergeben einen Body Mass Index
   (BMI) von <%= your_bmi %> </p>
<p>Ideal ist ein BMI zwischen 20 und 24</p>
</body>
</html>
```

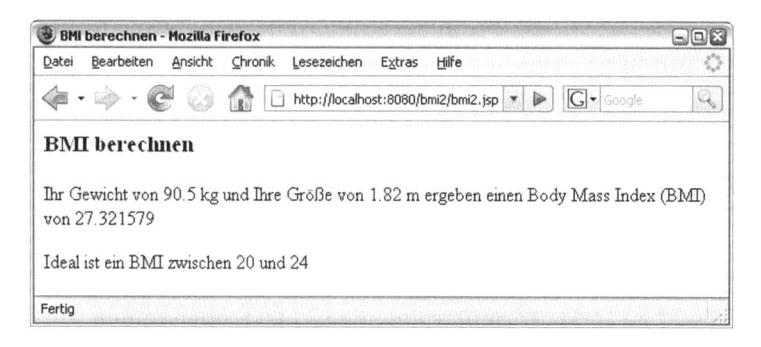

Abb. 6.6-2: Hier wird der BMI mit einer JSP-Seite berechnet.

Führen Sie das Beispiel bmi2 aus und geben Sie zuerst korrekte Gleitpunktzahlen ein. Was passiert, wenn Sie in den Formularfeldern Buchstaben eingeben?

Basistext

6.7 Formulare mit JSP validieren *

Daten, die in einem Formular eingegeben werden, müssen meistens serverseitig überprüft werden. Dazu gehören die Prüfungen, ob ein Feld Daten enthält und ob eine Zeichenkette eingegeben wurde, die sich in eine korrekte Zahl wandeln lässt.

Bevor Daten, die in Formularen eingegeben werden, weiterverarbeitet werden, sollten sie überprüft werden. Die wichtigste Prüfung ist natürlich, ob überhaupt Daten vorliegen. Wird mit eingegebenen Zahlen gerechnet, so sollte geprüft werden, ob korrekte Zahlen (z.B. Gleitpunktzahlen) eingegeben wurden.

client- oder serverseitig prüfen

Viele Eingabefehler (z.B. ob Eingabe vorhanden ist) können bereits clientseitig mit JavaScript abgefangen werden. Doch muss man bedenken, dass JavaScript im Browser deaktiviert werden kann und dass dann Eingabefehler zu schwerwiegendem Fehlverhalten der Anwendung führen können. Daher gilt es als guter Stil auch typische JavaScript-Prüfungen serverseitig durchzuführen. Darüberhinaus gibt es natürlich noch weitere Prüfungen, bei denen ein Zugriff auf den Server notwendig ist und die immer serverseitig durchgeführt werden müssen.

Eingabe vorhanden?

Die Prüfung auf eine vorhandene Eingabe besteht aus zwei Teilen. Mit `if (st != null)` prüft man, ob ein Parameter übermittelt wurde, mit `if (st.equals(""))` wird geprüft, ob die Zeichenkette leer ist. Das ist dann der Fall, wenn der Benutzer zwar das Formularfeld abgeschickt, aber keinen Wert eingegeben hat. Setzt man beide Bedingungen zusammen, ergibt sich die Prüfung:

```
if (st != null && !st.equals(""))
```

Sie liefert `true`, wenn eine nicht-leere Zeichenkette zur Weiterverarbeitung vorliegt, sonst `false`.

korrekte Zahlen?

Alle Eingaben, die ein Benutzer in einem XHTML-Formular eingibt, werden als Strings behandelt. Wenn eine JSP-Seite Zahlen erwartet, der Benutzer aber keine korrekten Zahlen eingibt, dann tritt ein Problem auf. In diesem Fall wird vom JSP-Server eine *Exception*-Seite angezeigt, mit der ein Benut-

Basistext

6.7 Formulare mit JSP validieren *

zer im Allgemeinen nichts anzufangen weiß. Um dies zu vermeiden, müssen diese Eingabefehler abgefangen werden. Dazu wird hier die Java-Methode `Float.parseFloat()` verwendet (siehe »Methoden in Java« (S. 288)). Lässt sich der String in eine reelle Zahl konvertieren, dann wird diese zurückgegeben und kann weiterverarbeitet werden. Diese Prüfung kann nach folgendem Schema erfolgen:

```
String st = request.getParameter("field");
try
{
  float zahl = Float.parseFloat(st);
  ...
}
catch (Exception e)
{ ... }
```

Das Lesen des Feldes und die Prüfung können Sie auch zusammenfassen. Dann ergibt sich:

```
try
{
  float zahl =
    Float.parseFloat(request.getParameter("field"));
  ...
}
catch (Exception e)
{ ... }
```

Das Programm zur Berechnung des BMI wird so erweitert, dass fehlerhafte Eingaben abgefangen werden und der Benutzer eine verständliche Fehlermeldung erhält (Abb. 6.7-1). Die eigentliche Berechnung des BMI wird in eine separate Datei ausgelagert, die hier inkludiert wird (siehe »Direktiven« (S. 259)).

Fallbeispiel

```
<%@ page language="java" %>
<%@ include file="bmi.jsp" %>

<html>
<head>
<title>BMI berechnen</title>
</head>
<body>
<h3>BMI berechnen</h3>
<%
float weight = 0.0f, height = 0.0f, your_bmi;
boolean valid = true;
```

bmi3/
bmi3.jsp

Basistext

```
try
{
  weight = Float.parseFloat(request.getParameter("weight"));
  height = Float.parseFloat(request.getParameter("height"));
}
catch (Exception e)
{ valid = false; }

if (valid)
{
  your_bmi = bmi (weight, height);
%>
  <p>Ihr Gewicht von <%= weight %> kg und Ihre Größe von
     <%= height%> m ergeben einen Body Mass Index (BMI)
     von <%= your_bmi %> </p>
  <p>Ideal ist ein BMI zwischen 20 und 24</p>
<%
}
else
{ %>
  <p>Sie müssen in beiden Feldern ganze Zahlen oder
     Gleitpunktzahlen eintragen, damit der BMI
     berechnet werden kann </p>
  <p><a href="index.html" >Zurück zum Formular</a> </p>
<%
} %>
</body>
</html>
```

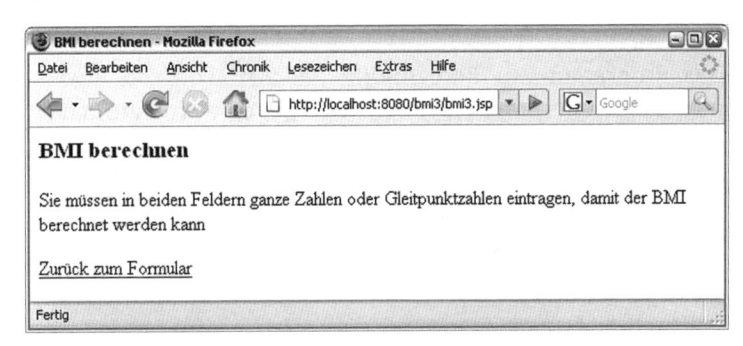

Abb. 6.7-1: Diese Meldung wird ausgegeben, wenn keine gültigen Eingaben erfolgen.

bmi3/ bmi.jsp

Die Funktion zur Berechnung des BMI wird der Übung halber in eine separate Datei ausgelagert:

```
<%!
float bmi(float weight, float height)
{
  float result;
```

```
    result = weight / (height * height);
    return result;
}
%>
```

Führen Sie das Beispiel `bmi3` aus. Was passiert, wenn Sie ein Formularfeld leer lassen oder Buchstaben eingeben? Erweitern Sie das Beispiel um eine weitere Funktion, die für Gewicht und Größe prüft, ob plausible Daten eingegeben wurden (z.B. `0 < Größe < 2,5 m`).

6.8 JavaBeans **

JavaBeans sind Java-Klassen mit bestimmten Eigenschaften. In JSP-Anwendungen werden sie oft für die Weiterverarbeitung von Formularen eingesetzt.

Eine **JavaBean** ist eine Java-Klasse, die einen öffentlichen Konstruktor ohne Parameter bereitstellt. Außerdem stellt sie Informationen in Form von *Properties* zur Verfügung. Eine *Property* besitzt einen Namen und einen Datentyp. Sie wird mit einer öffentlichen *Getter*-Methode gelesen und mit einer öffentlichen *Setter*-Methode geschrieben. Eine JavaBean kann weitere Methoden enthalten. JavaBeans können optional private Attribute mit den Namen der *Properties* besitzen.

Was ist eine JavaBean?

Das einzige Kriterium, das eine JavaBean laut der offiziellen Spezifikation erfüllen muss, ist, dass sie einen Konstruktor ohne Parameter bereitstellt. Es ist auch möglich *keinen* Konstruktor anzugeben. In diesem Fall wird automatisch ein parameterloser Konstruktor erzeugt. Es darf dann aber kein anderer Konstruktor angegeben sein.

Konstruktor

Für das *Property* mit dem Namen `property` können folgende *Getter*-Methoden definiert werden:

Getter und *Setter*

`Typ getProperty()` für *Properties* aller Typen außer `boolean`,
`boolean isProperty()` für ein *Property* vom Typ `boolean`.

Basistext

Analog wird für dieses *Property* eine *Setter*-Methode definiert:

```
void setProperty(Typ value)
```

Der Methodenname besteht also aus dem Präfix `get`, `is` oder `set` und dem *Property*-Namen, wobei der zweite Teil nach allgemein üblicher Konvention mit einem Großbuchstaben beginnt. Dieser Großbuchstabe wird für die Ableitung des *Property*-Namens in einen Kleinbuchstaben gewandelt.

Beispiel Für das Beispiel der BMI-Berechnung ergibt sich folgende JavaBean im Paket `webjava`. Sie besitzt die *Properties* `weight` und `height`, die durch *Getter*- und *Setter*-Methoden definiert werden. Außerdem enthält sie gleichnamige private Attribute.

```
package webjava;
public class Bmi
{
  private float weight;
  private float height;

  public Bmi()   // parameterloser Konstruktor
  {}

  //Property weight
  public float getWeight()
  { return weight;
  }
  public void setWeight(float weight)
  { this.weight = weight;
  }

  //Property height
  public float getHeight()
  { return height;
  }
  public void setHeight(float height)
  { this.height = height;
  }
  ... weitere Methoden der Bean ...
}
```

Einsatz Die Struktur von JSP-Anwendungen kann durch die Verwendung von JavaBeans erheblich verbessert werden. Beispielsweise werden JavaBeans eingesetzt, um Daten aus Formularen zu übernehmen. Ebenso können sie die fachliche Logik einer Web-Anwendung (z.B. Berechnungen) oder Zugriffe

Basistext

auf die Datenbank realisieren. Sie können auch optimal verwendet werden, um Daten zwischen mehreren Anfragen zu speichern. Bei einer JSP-Anwendung sollte der Java-Code möglichst weitgehend in JavaBeans ausgelagert werden. Man sagt auch, dass JSPs nur den "Klebstoff" zwischen XHTML und JavaBeans bilden.

Um eine JavaBean-Klasse zu benutzen, wird in der JSP-Seite mit der Standardaktion useBean ein Objekt dieser Klasse deklariert (siehe »Standardaktionen« (S. 264)):

Bean in JSP benutzen

```
<jsp:useBean id="einBmi" class="webjava.Bmi" />
```

Da JavaBeans häufig zur Weiterverarbeitung von Formulardaten benutzt werden, existiert eine komfortable Form der Übergabe. Mit der folgenden Standardaktion werden alle Werte eines Formulars (allgemein: alle Parameter einer Anfrage) in gleichnamige Attribute der Bean kopiert. Dies geschieht mit Hilfe der entsprechenden *Setter*-Methoden der Klasse Bmi.

Standardaktion setProperty

```
<jsp:setProperty name="einBmi" property="*"/>
```

Alternativ kann auch jede einzelne *Property* gesetzt werden:

```
<jsp:setProperty name="einBmi" property="weight" />
<jsp:setProperty name="einBmi" property="height" />
```

In einem Formular werden alle Eingabeparameter grundsätzlich als Zeichenketten eingegeben. Wenn wie bei der BMI-Berechnung ein anderer Datentyp benötigt ist, ist eine Typkonvertierung notwendig. Praktischerweise führt der JSP-Server diese Konvertierungen in vielen Fällen automatisch durch. Das gilt beispielsweise immer dann, wenn das Bean-Attribut von einem primitiven Datentyp ist.

Typkonvertierung

Ein Problem tritt bei dieser automatischen Konvertierung allerdings dann auf, wenn die JavaBean beispielsweise float-Werte erwartet, in die Formularfelder aber Zeichenketten eingetippt wurden, die sich *nicht* in Zahlen konvertieren lassen. In diesem Fall würde vom JSP-Server eine *Exception*-Seite angezeigt. Sie lässt sich jedoch leicht vermeiden. Eine Möglichkeit besteht darin, die Standardaktionen in einen *Try-Catch*-Block einzuschließen. Fehlerhafte Eingaben werden dadurch abgefangen.

Eingabefehler abfangen

Basistext

Beispiel — Alle Formularfelder werden an das Bean-Objekt übergeben, sofern sich deren Inhalte in Werte der Attributtypen konvertieren lassen. Fehlt allerdings ein Parameter oder wird nichts eingegeben, dann erhält das entsprechende Bean-Attribut vom Typ `float` automatisch den Wert 0. Lassen sich nicht alle Formularfelder konvertieren, dann wird die Ausnahmebehandlung durchgeführt:

```
<%
boolean valid = true;
try
{
%>
  <jsp:setProperty name="einBmi" property="*" />
<% }
catch (Exception e)
{ valid = false;}
%>
```

Eingaben selbst prüfen — Natürlich ist es auch möglich, Eingabefehler selbst abzufangen. In diesem Fall müssen die Formularfelder zuerst eingelesen und dann geprüft werden.

Beispiel — Der folgende Ausschnitt prüft, ob reelle Zahlen eingegeben wurden. Nur wenn dies der Fall ist, werden die Formularfelder an die JavaBean übergeben. Im Gegensatz zur obigen Lösung werden auch fehlende Eingaben abgefangen:

```
<%
boolean valid = true;
try
{
  Float.parseFloat(request.getParameter ("weight"));
  Float.parseFloat(request.getParameter ("height"));
}
catch (Exception e)
{ valid = false;}

if (valid)
{
%>
  <jsp:setProperty name="einBmi" property="*" />
<%
}
%>
```

Basistext

Alternativ zur Standardaktion `setProperty` kann auch direkt die *Setter*-Methode angewendet werden. Auch in diesem Fall müssen die Formularfelder zuerst eingelesen und dann geprüft werden.

Setter-Methode

Im folgenden Fall ist sichergestellt, dass nur reelle Zahlen an die JavaBean übergeben werden. Auch fehlende Eingaben werden abgefangen:

Beispiel

```
<%
boolean valid = true;
try
{
  float w =
    Float.parseFloat(request.getParameter ("weight"));
  einBmi.setWeight(w);
}
catch (Exception e)
{ valid = false;}
%>
```

Zum Ausgeben der *Properties* steht die Standardaktion `getProperty` zur Verfügung. Hier gilt, dass die entsprechenden *Getter* in der Bean-Klasse enthalten sein müssen:

Standardaktion getProperty

```
<jsp:getProperty name="einBmi" property="weight" />
```

Soll der *Property*-Wert nur gelesen werden, kann die *Getter*-Methode direkt verwendet werden. Der gelesene Wert kann dann beliebig weiter verwendet werden, z.B. in Ausdrücken oder als Parameter weiterer Aufrufe. Diese Alternative bietet die größte Flexibilität:

Getter-Methode

```
value = einBmi.getWeight();
```

Das Fallbeispiel zur BMI-Berechnung wird hier mit Java-Beans realisiert. Dabei werden alle Formularfelder in einem *Try-Catch*-Block an die Bean übergeben. Um zu verhindern, dass leere Eingaben zu einem Fehler führen, stellt die JavaBean mit der Methode `valid()` sicher, dass keine BMI-Berechnung durchgeführt wird, wenn die Bean-Attribute den Wert 0 besitzen. Alle Ausgaben werden von der JSP-Seite erzeugt. Das Formular wird durch ein XHTML-Dokument bereitgestellt, das bereits in »Formulare mit JSP verarbeiten« (S. 268) eingeführt wurde:

Fallbeispiel bmi_bean

Basistext

bmi.jsp

```html
<html>
<head>
  <title>BMI mit JavaBean berechnen</title>
</head>
<body>

<!-- Erzeugen eines Exemplars der Klasse BMI -->
<jsp:useBean id="einBmi" class="webjava.Bmi"/>

<%
boolean valid = true;
try
{%>
   <jsp:setProperty name="einBmi" property="*" />
<% }
catch (Exception e)
{ valid = false; }

if (valid && einBmi.valid())
{
   float your_bmi = einBmi.calculate();
%>
<p>Ihr Gewicht von
   <jsp:getProperty name="einBmi" property="weight" /> kg
   und Ihre Größe von
   <jsp:getProperty name="einBmi" property="height" /> m
   ergeben einen Body Mass Index (BMI) von <%= your_bmi %>
</p>
<p>Ideal ist ein BMI zwischen 20 und 24</p>

<%
}
else
{ %>
   <p>Sie müssen in beiden Feldern ganze Zahlen oder
      Gleitpunktzahlen eintragen, damit der BMI
      berechnet werden kann </p>
   <p><a href="index.html">Zurück zum Formular</a> </p>
   <%
}
%>
</body>
</html>
```

Bmi.java

```java
// BMI mit JavaBean realisiert

package webjava;
public class Bmi
{
   private float weight;
   private float height;
```

```java
// leerer Konstruktor oder Default-Konstruktor
public Bmi()
{}

//Getter
public float getWeight()
{ return weight; }

public float getHeight()
{ return height; }

//Setter
public void setWeight(float weight)
{ this.weight = weight; }

public void setHeight(float height)
{ this.height = height; }

public boolean valid()
{
  if (weight != 0 && height != 0)
    return true;
  else
    return false;
}

public float calculate()
{
  float  result;
  result = weight / (height * height);
  return result;
}
}
```

JavaBean-Klassen werden mit dem Java-Compiler übersetzt. Damit der JSP-Server die übersetzten Klassen findet, müssen sie in einer bestimmten Verzeichnisstruktur abgelegt werden. Beim Tomcat-Server müssen sie im Verzeichnis WEB-INF/classes liegen.

Führen Sie das JavaBean-Programm aus. Achten Sie auf die richtige Verzeichnisstruktur bei Ihrem JSP-Server. Ändern Sie die JSP-Datei so ab, dass Sie »von Hand« prüfen, ob korrekte Eingaben vorliegen. Erweitern Sie das Beispiel um eine weitere Funktion, die für Gewicht und Größe prüft, ob plausible Daten eingegeben wurden (z.B. 0 < Größe < 2,5 m).

Basistext

6.9 Java-Sprachelemente *

Diese Gruppierung führt Sie in die wichtigsten Sprachelemente von Java ein, die Sie für die Bearbeitung der JSP-Beispiele benötigen. Sie ist vor allem für Leser gedacht, die bisher weniger in Java, sondern in anderen objektorientierten Sprachen gearbeitet haben. Als Voraussetzung sollten Sie jedoch gute Kenntnisse in einer objektorientierten Programmiersprache besitzen. Leser, die mit Java vertraut sind, können diese Gruppierung überspringen:

- »Einfache Java-Elemente« (S. 282)
- »Operatoren in Java« (S. 283)
- »Kontrollstrukturen in Java« (S. 284)
- »Felder in Java« (S. 286)
- »Methoden in Java« (S. 288)
- »Klassen in Java« (S. 291)

6.9.1 Einfache Java-Elemente *

Java ist eine typstrenge Sprache, d.h. alle Variablen und Konstanten müssen mit der Angabe des Typs deklariert werden. Zeichenketten gehören nicht zu den einfachen Datentypen, sondern sind Objekte der Klasse String.

Kommentare

In Java sind ein- und mehrzeilige Kommentare möglich:

- `//Einzeiliger Java-Kommentar`
- `/* Mehrzeiliger Java-Kommentar */`

Variablen & Konstanten

Variablen und Konstanten müssen in Java *explizit* deklariert werden. Variablen können im Rahmen der Deklaration auch gleich initialisiert werden. Konstanten sind durch das Schlüsselwort `final` gekennzeichnet, das vor dem Typ steht.

Bezeichner

Bezeichner dürfen Buchstaben, Ziffern oder den Unterstrich (_) enthalten. Das erste Zeichen muss ein Buchstabe oder der Unterstrich sein. Genau genommen dürfen Java-Bezeichner auch das $-Zeichen an beliebiger Stelle enthalten. Dessen Verwendung sollte allerdings auf maschinengenerierten Code beschränkt werden. Groß-/Kleinschreibung ist bei allen Bezeichnern signifikant. Üblicherweise beginnen Varia-

Basistext

blennamen mit einem Kleinbuchstaben. Analoges gilt für Attribut- und Methodennamen von Klassen. Konstanten sollten nur mit Großbuchstaben geschrieben werden. Klassennamen beginnen per Konvention mit einem Großbuchstaben. Paketnamen werden komplett kleingeschrieben.

Als primitive Datentypen stellt Java `byte`, `short`, `int`, `long`, `float`, `double`, `boolean` und `char` zur Verfügung.

Datentypen

Die folgenden Deklarationen enthalten Variablen und Konstanten primitiver Datentypen:

Beispiel

```
<%
final int WEIGHT = 67;    //ganzzahlige Konstante
int weight = 50;          //ganzzahlige Variable
float _height1 = 1.7f;    //reelle Zahl einfacher Genauigkeit
double _height2 = 1.8;    //reelle Zahl doppelter Genauigkeit
boolean istGesund= true;  //boolesche Variable
%>
```

Zeichenketten sind in Java keine primitiven Datentypen, sondern werden als Objekte der Klasse `String` vereinbart. String-Literale stehen immer in doppelten Anführungszeichen. Im Gegensatz dazu wird ein einzelnes Zeichen (vom Typ `char`) mit einfachen Anführungszeichen gekennzeichnet.

Strings und Zeichen

```
String name = "Marie";           //String
char anfangsbuchstabe = 'A';     //Zeichen
```

Beispiel

Analog zu anderen Programmiersprachen können Anweisungen mit Ausdrücken gebildet werden.

Ausdrücke

```
float nettopreis = verkaufspreis * 100.0f /(100.0f + MWST2);
float mwst      = verkaufspreis - nettopreis;
```

Beispiel

Bei einer Konsolenanwendung können Ausgaben mit `System.out.println()` erfolgen.

Ausgabe

```
System.out.println ("Preis " + verkaufspreis);
```

Beispiel

6.9.2 Operatoren in Java *

Analog zu anderen Programmiersprachen bietet Java arithmetische Operatoren, Verkettungsoperatoren, Zuweisungsoperatoren, Vergleichsoperatoren und logische Operatoren an.

Basistext

arithmetische Operatoren	Java bietet die in Programmiersprachen üblichen arithmetischen Operatoren : +, -, *, / und % (Modulo-Operator).
Verkettungsoperator	Um Zeichenketten zu konkatenieren, verwenden Sie in Java das Zeichen »+«. "Fitness" + "-" + "Tipps" ergibt die Zeichenkette "Fitness-Tipps".
Zuweisungsoperator	Außer der einfachen Zuweisung sind zusammengesetzte Zuweisungsoperatoren möglich:

- a += b; entspricht a = a + b;
- a -= b; entspricht a = a - b;
- a *= b; entspricht a = a * b;
- a /= b; entspricht a = a / b;
- a %= b; entspricht a = a % b;

Außerdem können die Kurzformen zum Inkrementieren und Dekrementieren verwendet werden.

- i++; entspricht i += 1; bzw. i = i + 1;
- i--; entspricht i -= 1; bzw. i = i - 1;

Vergleichsoperatoren	Zur Formulierung von Bedingungen bietet Java für elementare Datentypen unter anderem folgende Vergleichsoperatoren: ==, !=, <, <=, >, >=.
logische Operatoren	Für logisches UND, ODER und NOT bietet Java:

- if (a || b): Bedingung ist erfüllt, wenn a oder b true ist (auch beide)
- if (a ^ b): Bedingung ist erfüllt, wenn entweder a oder b true ist (nicht beide)
- if (a && b): Bedingung ist erfüllt, wenn a und b true sind
- if (!a): Bedingung ist erfüllt, wenn a nicht true ist

6.9.3 Kontrollstrukturen in Java *

Java bietet die üblichen Kontrollstrukturen für die Programmierung der Auswahl (if...else), der Mehrfachauswahl (switch...case) und für Schleifen (for, while, do-while).

Die Java-Kontrollstrukturen werden hier anhand von einfachen Beispielen kurz vorgestellt.

Basistext

Auswahl

If-Anweisungen werden wie folgt formuliert. Werden mehrere Anweisungen in Abhängigkeit von einer Bedingung ausgeführt, dann müssen sie mit { ... } geklammert werden. If-Anweisungen können auch ineinander geschachtelt werden.

if-Anweisung

```
if (warenwert  < 20)
  versandkosten = 6.0f;

if (warenwert < 20)
  versandkosten = 6.0f;
else
  versandkosten = 3.0f;

if (warenwert < 20)
  versandkosten = 6.0f;
else //warenwert >= 20
  if (warenwert <= 50.0)
    versandkosten = 3.0f;
  else
    versandkosten = 0.0f;
```

Beispiel

Für die Auswahl unter mehreren Alternativen bietet Java die switch-Anweisung. Anstelle einer Variablen (z.B. `tarifzone`) kann auch ein Ausdruck angegeben werden.

switch-Anweisung

```
switch (tarifzone)
{
  case 1: frachtkostenanteil = 15.0f; break;
  case 2: frachtkostenanteil = 25.5f; break;
  case 3: frachtkostenanteil = 35.5f; break;
  default: frachtkostenanteil = 50.0f;
}
```

Beispiel

Schleifen

Als Schleifenkonstrukte bietet Java die for-, while- und do-while-Schleife an.

```
for (celsius=37; celsius<=40; celsius++)
{
  fahrenheit = (( celsius * 9 ) / 5 ) + 32;
  System.out.println (celsius + " :  " +   fahrenheit);
}
```

Beispiel for-Schleife

Basistext

while-Schleife

```
celsius = 0;
while (celsius <= 40)
{
  fahrenheit = (( celsius * 9 ) / 5 ) + 32;
  System.out.println (celsius + " : " +    fahrenheit);
  celsius = celsius + 10;
}
```

do-while-Schleife

```
celsius = 0;
do
{
  fahrenheit = (( celsius * 9 ) / 5 ) + 32;
  System.out.println (celsius + " : " +    fahrenheit);
  celsius = celsius + 10;
} while (celsius <= 40);
```

Erstellen Sie eine JSP-Seite mit einem Celsius-Fahrenheit-Konverter, der mit festen Werten für Untergrenze und Obergrenze arbeitet. Geben Sie das Ergebnis in einer Tabelle aus.

6.9.4 Felder in Java *

In Java können Felder deklariert werden, deren Elemente vom gleichen Typ sind. Elemente eines Feldes können einfache Daten, Objekte oder Felder sein und werden über ihren Index angesprochen. »Assoziative Felder« können mithilfe der Klasse Hashtable **realisiert werden.**

Feld deklarieren

Ein Feld *(array)* wird wie folgt deklariert:

`String names[];` oder alternativ `String [] names;`

Die Anzahl der Elemente wird mit folgender Anweisung festgelegt, wobei die Zählung bei 0 beginnt. Die folgende Anweisung sagt aus, dass das Feld 3 Elemente besitzt, die an den Positionen 0, 1, und 2 stehen:

`names = new String[3];`

Diese beiden Schritte können auch in einem kombiniert werden:

`String names[] = new String[3];`

Feld initialisieren

Muss ein Feld mit individuellen Werten initialisiert werden und ist die Feldgröße überschaubar, dann kann anstelle der

Basistext

Feldgrößenangabe direkt die Initialisierung erfolgen. Hier werden die einzelnen Werte durch Komma getrennt in geschweiften Klammern aufgeführt. Durch die Anzahl der Werte wird automatisch die Feldgröße festgelegt. Während die Feldgröße fest ist, können die Inhalte beliebig geändert werden.

Die folgende Anweisung definiert ein Feld der Größe 2, das mit den angegebenen Werten gefüllt wird: *Beispiel*

```
String names2 [] = {"Stefan", "Andreas" };
```

Elemente eines Feldes können alle primitiven Datentypen und alle Klassen (hier wird die Klasse String verwendet) sein. Ist das Feldelement ebenfalls ein Feld, dann entstehen mehrdimensionale Felder. Alle Elemente eines Felds müssen vom gleichen Typ sein. *Feldtypen*

Der Zugriff auf die Feldelemente erfolgt über die Indexposition. Das erste Element befindet sich an der Position 0. *Indexposition*

```
names[0] = "Stefan";
```
Beispiel

Zu jedem Feld kann mit dem Attribut length die Obergrenze ermittelt werden. Das letzte Element eines Felds findet man an der Position length-1. *Feldgröße*

```
laenge = names.length;
```
Beispiel

Für das Durchlaufen der Felder wird im Allgemeinen die for-Schleife verwendet. *Feld durchlaufen*

Die folgende Anweisung gibt alle Elemente des Feldes aus: *Beispiel*

```
for (int i = 0; i < names.length; i++)
{
  System.out.println (names[i]);
}
```

Das assoziative Feld – wie es in PHP genannt wird – wird in Java mit der Klasse Hashtable realisiert. Sie verwaltet Paare von Schlüsseln und dazugehörigen Werten. Über den Schlüssel wird auf den Wert zugegriffen, d.h. der Schlüssel kann als Name des Wertes angesehen werden. *Hashtable*

Basistext

Erstellen Sie eine JSP-Datei und binden Sie die eingeführten Felder ein. Füllen Sie die Felder auf verschiedene Arten und geben Sie den Inhalt zu Kontrollzwecken aus. Was passiert, wenn Sie in einem Feld der Größe 5 auf das Element an der Indexposition 5 zugreifen?

6.9.5 Methoden in Java *

Teilprobleme werden in Java durch Methoden realisiert, die Eingabe- und Ausgabeparameter besitzen können. Parameter primitiver Datentypen werden call by value, **Felder und Objekte** *call by reference* **übergeben. Java bietet umfangreiche Klassenbibliotheken. Die Klasse** Float **bietet beispielsweise die Methode** parseFloat(), **um Zahlenstrings in reelle Zahlen zu wandeln. Die Klassen** Date **und** DateFormat **bieten Methoden, um Datum und Zeit zu ermitteln und zu formatieren.**

Methoden programmieren

In Java spricht man statt von einer Funktion von einer Methode. In der Objektorientierung ist auch der Begriff Operation gebräuchlich. Methoden gehören in Java immer zu einer Klasse.

Methode ohne Parameter — Im einfachsten Fall wird eine Methode ohne Parameter deklariert. Ein Datenaustausch mit dem Hauptprogramm erfolgt in diesem Fall nicht. Lokale Variablen der Methode sind außerhalb nicht sichtbar. Innerhalb einer Methode kann man nicht auf außerhalb deklarierte Variablen zugreifen. Dies erzeugt während der Übersetzung einen Fehler.

Beispiel

```
void bmi1()
{
    float bmi;
    bmi = 61.5f / (1.68f * 1.68f);
    System.out.println ("1: Der BMI für 61.5 Kg und 1.68 m
                        ist " + bmi);
}
```

Eingabeparameter — Benötigt die Methode Eingabeparameter, dann müssen Sie diese zusammen mit ihren Typen in den Klammern aufführen. Mehrere Parameter werden durch Komma getrennt. Ein-

Basistext

gabeparameter, die einen primitiven Datentyp besitzen, werden *call by value* übergeben, d.h. es werden Kopien an die Methode übergeben und die Methode arbeitet mit diesen Kopien. Handelt es sich beim Eingabeparameter um ein Feld oder um ein Objekt, dann wird dieser Parameter *call by reference* übergeben, d.h. die Methode arbeitet direkt auf den Originaldaten.

```
void bmi2(float weight, float height)
{
  float bmi;
  bmi = weight / (height * height);
  System.out.println ("2: Der BMI für " + weight
       + " Kg und " + height + " m ist " + bmi);
}
```
Beispiel

Eine Methode kann auch einen Wert zurückliefern. Als Ausgabeparameter kann nur ein einziger Wert zurückgegeben werden, bei dem es sich auch um ein Feld oder das Objekt einer Klasse handeln kann. Statt einer einfachen Variablen kann in der return-Anweisung auch ein Ausdruck angegeben werden.

Ausgabeparameter

```
float bmi3(float weight, float height)
{
  float bmi;
  bmi = weight / (height * height);
  return bmi;
}
```
Beispiel

Vorhandene Methoden benutzen

Java bietet umfangreiche Klassenbibliotheken an, die dem Programmierer die Arbeit beträchtlich erleichtern. Dazu gehören beispielsweise die Klassen Float, Date und DateFormat.

Die Klasse Float ist das objektorientierte Gegenstück zum einfachen Datentyp float. Ein Objekt der Klasse Float enthält ein einziges Element vom Datentyp float. Hier wird nur die folgende Methode benutzt, die einen übergebenen String in eine Zahl vom Datentyp float wandelt:

Klasse Float

```
static float Float.parseFloat (String st)
```

Basistext

Klassen Date und DateFormat

Die Klasse Date stellt die aktuelle Zeit zur Verfügung. Für die Ausgabe von Datum und Zeit wird die Klasse DateFormat angeboten. Es werden Methoden verwendet, die das Datum gemäß der lokalen Browsereinstellung formatieren. Bei einem deutschsprachigen Browser ergibt sich z.B. 09.02.2007 11:50:55.

- Date();
  Erzeugt ein neues Objekt von Datum und Zeit.
- static DateFormat getDateTimeInstance();
  Liefert ein DateFormat-Objekt, um Datum und Zeit entsprechend der Voreinstellung zu formatieren.
- static DateFormat getDateInstance();
  Liefert ein DateFormat-Objekt, um das Datum entsprechend der Voreinstellung zu formatieren.
- static DateFormat getTimeInstance();
  Liefert ein DateFormat-Objekt, um die Zeit entsprechend der Voreinstellung zu formatieren.
- String DateFormat format(Date date);
  Wandelt ein Date-Objekt in einen String.

Beispiel

Die folgende Methode gibt den aktuellen Zeitstempel als String zurück:

```
String getTimeStamp()
{
  Date date = new Date();    //aktueller Zeitstempel
  DateFormat formatDatum = DateFormat.getDateTimeInstance();
  String today = formatDatum.format(date);
  return today;
}
```

Führen Sie obige Methode aus und lassen sich den Zeitstempel im Browser ausgeben. Variieren Sie das Programm so, dass Sie den Zeitstempel im Format Am 09.02.2007 um 11:50:55 ausgeben.

Ausnahmebehandlung

Tritt in einem Java-Programm eine fehlerhafte Situation (z.B. Division durch Null) auf, dann wird eine sogenannte Ausnahme *(exception)* ausgelöst. Es gibt auch eine Reihe vordefinierter Ausnahmen, die in entsprechenden Situationen von der **JVM** *(Java Virtual Machine)* ausgelöst werden. Erwartet man, dass eine solche Ausnahme eintreten kann, dann schließt man dieses Programmstück in einen soge-

Basistext

nannten *Try*-Block ein. Im Anschluss an den *Try*-Block formuliert man eine oder mehrere Ausnahmebehandlungsroutinen *(exception handlers)* bzw. *Catch*-Blöcke, die angeben, was beim Eintreten der Ausnahme geschehen soll.

In dem folgenden Java-Ausschnitt wird ein String in eine Gleitpunktzahl gewandelt. Wenn der String jedoch *nicht* der korrekten Syntax entspricht, dann wird automatisch eine Ausnahme ausgelöst. Um dies zu vermeiden, wird die Konvertierung in einen *Try-Catch*-Block eingeschlossen: — Beispiel

```
float zahl = 0.0f;
boolean valid = true;
try
{
   zahl = Float.parseFloat(st);
}
catch (Exception e)
{
   valid = false;
}
if (valid)
...
```

6.9.6 Klassen in Java *

Als vollwertige objektorientierte Sprache bietet Java alle wichtigen Sprachelemente der objektorientierten Programmierung. Zentrale Bausteine eines Java-Programms sind die Klassen. Klassen können Schnittstellen implementieren. Klassen und Schnittstellen können zu Paketen zusammengefasst werden. Pakete können importiert werden, um deren Elemente direkt zu benutzen.

Da Java gezielt für die objektorientierte Programmierung entwickelt wurde, unterstützt die Sprache optimal das Klassenkonzept. Klassen werden mit dem Schlüsselwort `class` gekennzeichnet. Attribute werden als *fields* und Operationen als Methoden *(methods)* bezeichnet.

Die Sichtbarkeit der Attribute und Methoden wird mit den Schlüsselwörtern `private`, `protected` und `public` festgelegt, die analog zu anderen objektorientierten Programmiersprachen definiert sind. Ohne explizite Angabe der Sichtbarkeit — Sichtbarkeit

Basistext

(Voreinstellung) ist ein Attribut bzw. eine Methode innerhalb des gesamten Pakets sichtbar, in dem die Klasse definiert ist und außerhalb des Pakets unsichtbar.

Klasse deklarieren

Attribute werden im Allgemeinen als private oder protected gekennzeichnet. Innerhalb der Klasse können Sie mit this.Attributname oder mit Attributname direkt darauf zugreifen. Methoden werden nur dann mit private deklariert, wenn sie exklusiv in der Klasse benutzt werden. Häufig verwendet man die Sichtbarkeit public oder die Voreinstellung. Für die Konstruktormethoden wird der Klassenname verwendet . Auch für die Klasse selbst wird die Sichtbarkeit definiert. Nur wenn Klassen als public deklariert sind, können sie außerhalb ihres Pakets benutzt werden.

Beispiel

Eine Klasse Mitarbeiter im Paket webjava wird deklariert:

```
package webjava;
public class Mitarbeiter
{
  // -- Attribute --
  protected int personalnr;
  protected String name;
  protected float gehalt = 0f;

  //-- Konstruktor --
  public Mitarbeiter ()
  { }

  //Getter
  public int getPersonalnr()
  { return personalnr; }

  public String getName()
  { return name; }

  public float getGehalt()
  { return gehalt; }

  //Setter
  public void setPersonalnr (int nr)
  { personalnr = nr; }

  public void setName (String name)
  { this.name = name; }

  public void setGehalt (float betrag)
  { gehalt = betrag; }
```

Basistext

6.9 Java-Sprachelemente * 293

```
// -- Methode --
public void erhoeheGehalt(float erhoehung)
{
   gehalt = gehalt + erhoehung;
}
}
```

Objekte von Klassen können mit dem Schlüsselwort new erzeugt werden.   Objekte erzeugen

```
Mitarbeiter mitarbeiter = new Mitarbeiter();
```
Beispiel

Im Sinne der Objektorientierung sollten Sie auf Objekte grundsätzlich nur über Methoden bzw. Operationen zugreifen. Die allgemeine Syntax lautet: Methoden anwenden

```
objektname.methodenname()
```

Auf das Objekt der Klasse Mitarbeiter können beispielsweise folgende Methoden angewendet werden: Beispiel

```
mitarbeiter.erhoeheGehalt(100.00f);
nummer = mitarbeiter.getPersonalnr();
```

Als objektorientierte Programmiersprache per se unterstützt Java alle wichtigen objektorientierten Konzepte, z.B. Einfachvererbung, Schnittstellen, abstrakte Klassen und abstrakte Methoden sowie Klassenattribute und -methoden.   Objektorientierung

Eine Schnittstelle *(interface)* ist ähnlich wie eine Klasse aufgebaut. Sie definiert die **Signaturen** von Methoden und wird wie folgt deklariert: Schnittstellen

```
interface Schnittstellenname
{
   void schnittstellenMethode();
}
```

Eine Schnittstelle kann von einer oder mehreren Klassen implementiert werden. Sie sorgt dafür, dass alle Klassen, die diese Schnittstelle benutzen, für ihre Methoden die gleichen Signaturen verwenden. Jede Klasse, die eine Schnittstelle implementiert, muss alle Operationen der Schnittstelle implementieren und diese Methoden als public deklarieren.

Die Klasse Mitarbeiter implementiert die Schnittstelle   Beispiel
Ausgabe: class Mitarbeiter implements Ausgabe {}

Basistext

Vererbung	Java unterstützt die Einfachvererbung.
| Beispiel | ```
class Teilzeitmitarbeiter extends Mitarbeiter {}
``` |
| abstrakte Klasse und Methode | Abstrakte Klassen können abstrakte und »normale« Methoden enthalten.<br>```
public abstract class OneMoreClass
{
  public abstract void oneMethod();
  public void oneMoreMethod() {...}
}
``` |
| Klassen-attribute und -methoden | Klassenattribute und -methoden werden mit `static` gekennzeichnet. Man spricht auch von statischen Attributen und Methoden. Beim Zugriff außerhalb der Klasse wird der Klassenname vorangestellt. |
| Beispiel | ```
public class Mitarbeiter
{
  // Klassenattribut
  private static int ANZAHL = 0;
  // Klassenmethode
  public static int getAnzahl()
  {return ANZAHL;};
}
// Zugriff
int anz = Mitarbeiter.getAnzahl();
``` |
| Pakete | In Java werden Klassen und Schnittstellen zu Paketen zusammengefasst werden. Sie befinden sich im Allgemeinen im gleichen Verzeichnis, wobei der Name des Pakets mit dem Verzeichnisnamen übereinstimmt. Ist eine Klasse oder eine Schnittstelle nicht explizit einem Paket zugeordnet, dann gehört sie zu einem *Default*-Paket. Sollen Klassen oder Schnittstellen eines anderen Pakets benutzt werden, dann müssen sie importiert werden oder das benutzte Element muss um den Paketnamen erweitert werden. |
| Beispiele | ○ `import java.util.*;`
Alle öffentlichen Elemente des Pakets `java.util` können direkt benutzt werden.
○ `import java.util.Random;`
Nur die öffentlichen Elemente der Klasse `Random` im Paket `java.util` können direkt benutzt werden. |

Basistext
```

○ `java.util.Random randomNumber;`
Wird auf die Klasse `Random` ohne Import-Spezifikation zugegriffen, muss der Paketname davor geschrieben werden.

Erstellen Sie ein Programm, um die Klasse `Mitarbeiter` zu deklarieren. Erzeugen Sie ein Objekt und geben Sie dessen Daten zu Kontrollzwecken aus.

6.10 Gästebuch mit JSP programmieren *

Ein Gästebuch auf einer Website ermöglicht es Besuchern einen Kommentar abzugeben. Hier wird das Konzept des Gästebuchs verwendet, um Fitness-Tipps zu veröffentlichen. Dieses »Fitness-Gästebuch« wird mit JSP realisiert.

Aus Sicht der Benutzer stellt sich das Fitness-Gästebuch als Formular zum Erfassen der Tipps und als Liste aller Fitness-Tipps dar. Zum Erfassen eines Eintrags dient ein konventionelles XHTML-Formular, das die Daten an die JSP-Datei weitergibt. Anschließend müssen die Benutzereingaben permanent gespeichert werden. Dafür wird das Verfahren der Serialisierung verwendet. Nach jeder Eingabe und durch Klicken auf einen Hyperlink werden alle gespeicherten Daten für die Ausgabe im Browser aufbereitet.

Überblick

- Die Programmierung des XHTML-Formulars wird in »Formular JSP-Gästebuch« (S. 295) beschrieben.
- »Datenverwaltung für JSP-Gästebuch« (S. 297) zeigt, wie die Daten mittels Serialisierung dauerhaft in einer XML-Datei gespeichert werden.
- »Gästebuch mit JSP erstellen« (S. 303) beschreibt die zentrale JSP-Datei zum Erstellen und Anzeigen des Gästebuchs.

6.10.1 XHTML-Formular für JSP-Gästebuch *

Neue Beiträge für das Fitness-Gästebuch werden mit einem XHTML-Formular erfasst (Abb. 6.10-1).

gaestebuch

Fallstudie

296 6 JSP *

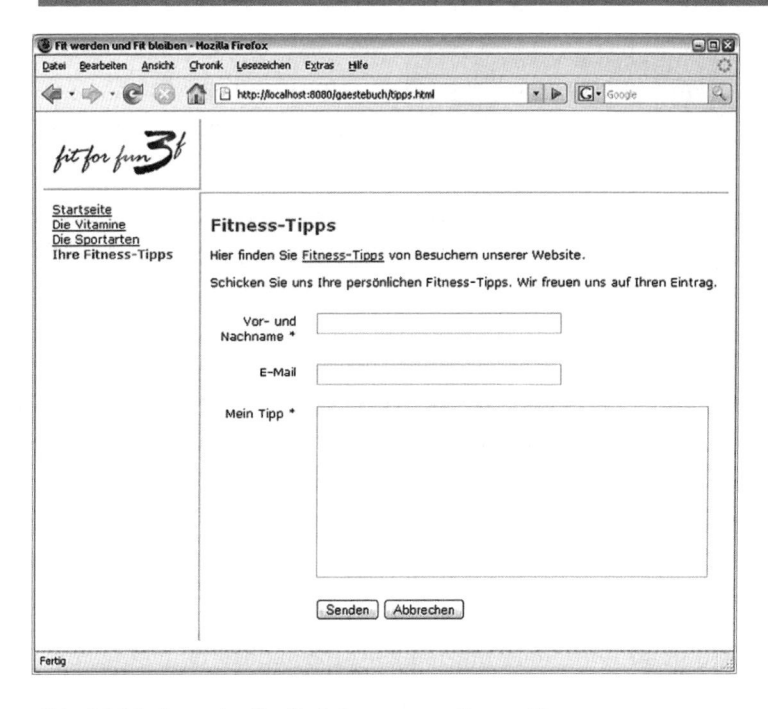

Abb. 6.10-1: Formular für die Erfassung von Fitness-Tipps.

tipps.html Das Formular zum Erfassen der Fitness-Tipps ist in XHTML entwickelt (vgl. »XHTML-Formulare« (S. 33)). Beim Absenden der Eingaben wird im form-Element eine JSP-Datei aufgerufen:

```
<html>
<head>
<title>Fit werden und fit bleiben</title>
<link href="stylesheet.css" rel="stylesheet"
      type="text/css" />
</head>

<body>
 <div class="kopf">
 ...
 </div>
 <div class="navigation">
 ...
 </div>
 <div class="inhalt">
  <h1>Fitness-Tipps</h1>
  <p>Hier finden Sie
    <a href="gaestebuch.jsp">Fitness-Tipps</a>
    von Besuchern unserer Website.
  </p>
```

Fallstudie

```html
      <p>Schicken Sie uns Ihre persönlichen Fitness-Tipps.
         Wir freuen uns auf Ihren Eintrag.
      </p>
      <form action="gaestebuch.jsp" method="post">
       <table>
          <tr>
            <td class="rechts">Vor- und Nachname</td>
            <td>
              <input type="text" name="name" size="40" />
            </td>
          </tr>
          <tr>
            <td class="rechts">E-Mail</td>
            <td>
              <input type="text" name="email" size="40" />
            </td>
          </tr>
          <tr>
            <td class="rechts">Mein Tipp</td>
            <td>
              <textarea name="tipp" cols="50" rows="10" >
              </textarea>
            </td>
          </tr>
          <tr>
            <td> <!-- leeres Feld> --></td>
            <td>
              <input name="Abschicken" type="submit"
                     value="Senden" />
              <input name="Abbrechen" type="reset"
                     value="Abbrechen" />
            </td>
          </tr>
       </table>
      </form>
</div>
</body>
</html>
```

6.10.2 Datenverwaltung für ein Gästebuch mit Beans ***

Für die Datenverwaltung eines Gästebuchs werden mehrere Java-Klassen benötigt. Als einfache Realisierung bietet sich die Speicherung in einer Datei an. Da das Gästebuch immer nur als Ganzes angezeigt wird und nur neue Einträge hinzugefügt werden, ist ein direkter Zugriff auf einzelne Einträge *nicht* nötig.

gaestebuch

Fallstudie

Serialisierung — In Java kann das Konzept der **Serialisierung** zur Speicherung des Gästebuchs verwendet werden. Bei der Serialisierung wird ein beliebiges Objekt in eine Folge von Bytes gewandelt und in einer Datei gespeichert. Bei der Deserialisierung wird die Datei gelesen und das Objekt im Arbeitsspeicher erzeugt. Für die Serialisierung von Objekten bietet Java die Klassen ObjectOutputStream und ObjectInputStream an, die die Daten in binärer Form in einer Datei ablegt. Diese Form der Serialisierung besitzt die Nachteile, dass die Daten nur mit der jeweiligen Anwendung gelesen werden und nicht so einfach von anderen Anwendungen verarbeitet werden können.

XML-Datei — Mit den Klassen XMLEncoder und XMLDecoder bietet Java eine Alternative zur klassischen Serialisierung. Die gespeicherten Daten werden komplett als XML-Dokument abgelegt und besitzen alle Vorteile der XML-Technik. Sie können sowohl von Menschen als auch anderen Anwendungen einfach gelesen werden. So sieht eine XML-Datei aus, die einen Fitness-Tipp enthält:

```xml
<?xml version="1.0" encoding="UTF-8"?>
<java version="1.5.0_06" class="java.beans.XMLDecoder">
 <object class="webjava.GaesteContainer">
  <void property="einVektor">
   <void method="add">
    <object class="webjava.GaesteEintrag">
     <void property="day">
      <string>11.11.2006</string>
     </void>
     <void property="email">
      <string>mike@webber.xy</string>
     </void>
     <void property="name">
      <string>Mike Sommer</string>
     </void>
     <void property="time">
      <string>16:44:30</string>
     </void>
     <void property="tipp">
      <string>Jeden Morgen 10 Minuten eiskalt duschen.
      </string>
     </void>
    </object>
   </void>
  </void>
 </object>
</java>
```

Fallstudie

Für das Verstehen der Programme in diesem Wissensbaustein benötigen Sie fortgeschrittene Java-Kenntnisse. Wenn Sie diese Kenntnisse nicht besitzen, sollten Sie die vorgestellten Klassen und ihre Methoden einfach als *Black Boxes* betrachten, die von der JSP-Anwendung verwendet werden.	Hinweis
Für das Speichern der Daten stellt die Klasse XMLEncoder die Methode writeObject() zur Verfügung. Der folgende Ausschnitt erzeugt eine textuelle Repräsentation des Bean-Objekts einObjekt:	XMLEncoder

```
XMLEncoder e = new XMLEncoder( new BufferedOutputStream
            (new FileOutputStream("datei.xml")));
e.writeObject(einObjekt));
e.close();
```

XML-Dokumente, die mit XMLEncoder erstellt wurden, können mit der Klasse XMLDecoder und deren Methode readObject() wieder gelesen werden. Mit dem folgenden Ausschnitt kann das erste Objekt in einem XML-Dokument gelesen werden:	XMLDecoder

```
XMLDecoder d = new XMLDecoder(new BufferedInputStream
            (new FileInputStream("datei.xml")));
Object result = d.readObject();
d.close();
```

Die JavaBean ObjektDatei realisiert die persistente Datenhaltung für die erfassten Fitness-Tipps:	ObjektDatei.java

```
package webjava;
import java.beans.XMLEncoder;
import java.beans.XMLDecoder;
import java.io.*;
public class ObjektDatei
{
  private String dateiname;

  public ObjektDatei() {}

  public String getDateiname()
  {
     return dateiname;
  }

  public void setDateiname(String dateiname)
  {
     this.dateiname = dateiname;
  }
```

Fallstudie

```java
//Speicherung von Objekten in XML Datei mit XMLEncoder
public void speichereObjekt(Object einObjekt)
{
  try
  {
    XMLEncoder encoder = new XMLEncoder
            (new BufferedOutputStream
            (new FileOutputStream(dateiname)));
    encoder.writeObject(einObjekt);
    encoder.close();
  }
  catch (IOException e)
  {
    System.out.println("Fehler beim Speichern der Datei: "
                            +e);
  }
}

// Lesen von Objekten aus XML Datei mit XMLDecoder
public Object leseObjekt()
{
  Object einObjekt = null;
  try
  {
    XMLDecoder decoder = new XMLDecoder (new
       BufferedInputStream(new FileInputStream(dateiname)));
    einObjekt = decoder.readObject();
    decoder.close();
    return einObjekt;
  }
  catch (IOException e1)
  {
    System.out.println("Fehler beim Lesen der Datei: "+e1);
    return null;
  }
 }
}
```

Container — In objektorientierten Programmiersprachen werden Daten in Form von Objekten verwaltet. Alle gleichartigen Objekte werden zusammen in einen Container gelegt.

Gaeste Container.java — Zur Verwaltung der Gästebucheinträge wird als Container die Klasse GaesteContainer verwendet. Der Container wird als Objekt der Java-Klasse Vector realisiert, die unter anderem die Methoden addElement(), elementAt() und size() zur Verfügung stellt:

Fallstudie

```java
package webjava;
import java.util.Vector;
public class GaesteContainer
{
  private Vector einVektor = new Vector();

  //Konstruktor
  public GaesteContainer() {};

  public void setEinVektor(Vector einVektor)
  {
     this.einVektor = einVektor;
  }

  public Vector getEinVektor ()
  {
     return einVektor;
  }

  public void anfuegen(GaesteEintrag einEintrag)
  {
    einVektor.addElement(einEintrag);
  }

  public GaesteEintrag getEintrag(int index)
  {
    return (GaesteEintrag)einVektor.elementAt(index);
  }

  //Gibt die Gesamtanzahl der Einträge zurück
  public int getAnzahlEintraege()
  {
    return einVektor.size();
  }
}
```

Jeder erfasste Fitness-Tipp – bestehend aus Name, Email und Tipp – wird temporär in der JavaBean GaesteEintrag abgelegt. Diese Bean validiert, ob die Pflichtfelder Name und Tipp ausgefüllt wurden und setzt die Eigenschaften day und time durch Berechnung des aktuellen Zeitstempels:

GaesteEintrag.java

```java
package webjava;
import java.text.DateFormat;
import java.util.Date;

public class GaesteEintrag
{
  private String name, email, tipp, day, time;
  //Konstruktor
  public GaesteEintrag(){}
```

Fallstudie

```java
//Getter-Methoden
public String getName()    {return name;}
public String getEmail()   {return email;}
public String getTipp()    {return tipp;}
public String getDay()     {return day;}
public String getTime()    {return time;}

//Setter-Methoden
public void setName(String name)
{ this.name = name;}
public void setEmail(String email)
{ this.email = email;}
public void setTipp(String tipp)
{ this.tipp = tipp;}
public void setDay(String day)
{ this.day = day;}
public void setTime(String time)
{ this.time = time;}

//Komplexe Operationen
public boolean valid(String st)
{
  if ( st !=  null && !st.equals("") )
    return true;
  else
    return false;
}

//Gästebuch-Eintrag auf Vollständigkeit prüfen
public boolean valid()
{
  if ( valid (name) && valid (tipp))
    return true;
  else
    return false;
}

//Gästebuch-Eintrag mit Zeitstempel erweitern
 public void setTimeStamp()
 {
   Date date = new Date();
   DateFormat formatDatum = DateFormat.getDateInstance();
   String timestamp = formatDatum.format(date);
   setDay(timestamp);

   formatDatum = DateFormat.getTimeInstance();
   timestamp = formatDatum.format(date);
   setTime(timestamp);
 }
}
```

Fallstudie

6.10.3 Erstellen eines Gästebuchs mit JSP **

Die Erstellung des Gästebuchs erfolgt durch eine zentrale JSP-Datei, die hier erläutert wird. Abb. 6.10-2 zeigt, wie das Gästebuch aussehen soll.

gaestebuch

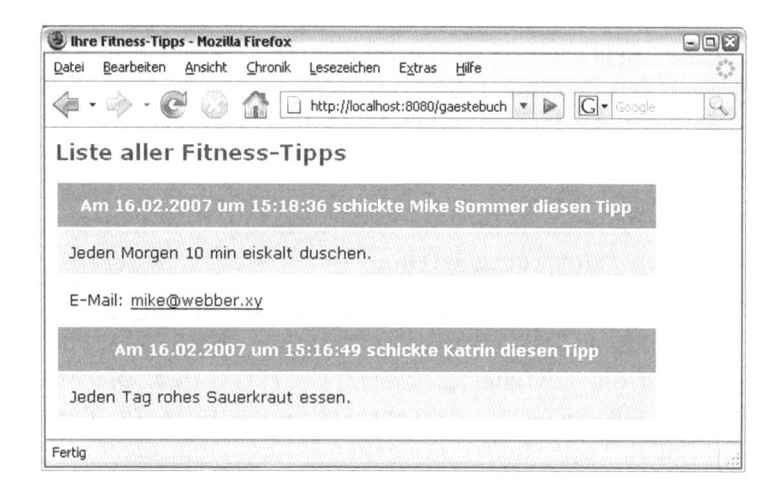

Abb. 6.10-2: So sieht die Liste aller Fitness-Tipps aus.

Die JSP-Seite führt folgende Aufgaben durch:

- Importieren der benötigten Java-Klassenbibliotheken
- Importieren des Pakets `webjava`, das die JavaBeans für die Realisierung der Datenhaltung enthält.
- Standardaktion `<jsp:useBean>` zum Erzeugen von Objekten der JavaBean-Klassen verwenden.
- Lesen der XML-Datei mit der Methode `leseObjekt()`.
- ☐ Diese Methode gibt `null` zurück, wenn kein Objekt gelesen werden konnte. Daher wird das gelesene Objekt nur dann in das Objekt `einGaesteContainer` gewandelt, wenn nicht `null` zurückgegeben wurde. Andernfalls arbeitet das Programm mit einem leeren Container-Objekt.
- Prüfung, ob das Formular abgeschickt wurde.
- Das ist der Fall, wenn die Schaltfläche `abschicken` einen Wert ungleich `null` besitzt.
- In diesem Fall werden alle Daten aus dem Formular an das JavaBean-Objekt übergeben.
- Es wird geprüft, ob die Pflichtfelder im Formular ausgefüllt wurden.

Fallstudie

- Ist dies der Fall,
  - □ wird der Zeitstempel zum Eintrag hinzugefügt,
  - □ der Eintrag in den Container eingefügt,
  - □ der Container in der XML-Datei gespeichert und
  - □ eine Meldung ausgegeben.
- Wurden die Pflichtfelder nicht ausgefüllt, erscheint eine Fehlermeldung.
- Nach dem Absenden des Formulars werden in jedem Fall die bereits erfassten Fitnesstipps angezeigt. Bei einer erfolgreichen Erfassung wird bereits der neue Eintrag angezeigt.
- Für die Ausgabe wird eine Tabelle erzeugt und die Daten mit den *Gettern* ausgelesen.

Wird kein neuer Tipp erfasst, sondern lässt sich der Benutzer die Fitness-Tipps über den Link anzeigen, dann wird ebenfalls die JSP-Datei gaestebuch.jsp aufgerufen. Die Abfrage if (abschicken != null) sorgt in diesem Fall dafür, dass der Teil zum Speichern eines neuen Fitness-Tipps nicht ausgeführt wird:

gaestebuch.jsp

```
<html>
<head>
<title>Ihre Fitness-Tipps</title>
<link href="stylesheet.css" rel="stylesheet"
     type="text/css" />
</head>

<body>
<%-- Importieren von Java-Klassenbibliotheken --%>
<%@ page import="java.util.*"%>
<%@ page import="java.io.*"%>
<%@ page import="java.text.*"%>
<%-- Importieren der JavaBeans --%>
<%@ page import="webjava.*"%>

<%-- Deklaration der JavaBeans --%>
<jsp:useBean id="meinSpeicher" class="webjava.ObjektDatei"/>
<jsp:useBean id="einGaesteContainer"
     class="webjava.GaesteContainer" />
<jsp:useBean id="einEintrag" class="webjava.GaesteEintrag"/>

<%-- Gaestebuchdatei lesen --%>
<jsp:setProperty name="meinSpeicher" property="dateiname"
     value="c:/temp/fitnesstipps_jsp.xml" />
<%
Object einObjekt = meinSpeicher.leseObjekt();
```

Fallstudie

6.10 JSP-Gästebuch *

```jsp
//vorhandenes Objekt der XML-Datei in Container wandeln
if (einObjekt != null)
  einGaesteContainer = (GaesteContainer) einObjekt;

//Prüfen, ob Formular abgeschickt wurde
String abschicken = request.getParameter("Abschicken");
if (abschicken != null)   //Formular abgeschickt
{
  %>
  <%-- Übernahme der Formulardaten mit einer Anweisung --%>
  <jsp:setProperty name="einEintrag" property="*" />

  <%
  //Prüfen, ob das Formular korrekt ausgefüllt wurde
  if (einEintrag.valid())
  {
    einEintrag.setTimeStamp();
    einGaesteContainer.anfuegen(einEintrag);

    //Speichern des Gästebuchs
    meinSpeicher.speichereObjekt(einGaesteContainer);
    out.print("Vielen Dank für Ihren Tipp!");
  }
  else
  {
    out.print ("<p>Sie müssen die Felder Name und Tipp
        ausfüllen, damit Ihr Tipp gespeichert wird.</p>");
    out.print ("<a href='tipps.html'>
        Zurück zum Formular</a>");
  }
}
%>

<%-- Ausgabe nach dem Abschicken des Formulars UND
    über den Link --%>
<h1>Liste aller Fitness-Tipps</h1>
<%
//Anzeige des kompletten Gästebuchs
for (int i=einGaesteContainer.getAnzahlEintraege()-1;
      i >= 0; i--)
{
  einEintrag = einGaesteContainer.getEintrag(i);
  %>
  <table width="600">
    <tr>
      <th>Am <%=einEintrag.getDay()%> um
          <%=einEintrag.getTime()%> schickte
          <%=einEintrag.getName()%> diesen Tipp
      </th>
    </tr>
    <tr class="row1">
      <td> <%=einEintrag.getTipp()%> </td>
    </tr>
```

Fallstudie

```
<%
String email = einEintrag.getEmail();
if (einEintrag.valid(email))
{ %>
  <tr class="row2">
    <td>
      E-Mail:
      <a href="mailto:<%=email%>"> <%=email%>
      </a>
    </td>
  </tr>
  <%
} %>
</table>
<%
}
%>
</body>
</html>
```

Führen Sie das Fitness-Gästebuch auf Ihrem Computer aus. Bitte denken Sie daran, dass das Verzeichnis C:/temp vorhanden sein muss, damit die Datei fitnesstipps_jsp.xml gespeichert werden kann. Verändern Sie die JSP-Datei so, dass nur dann Einträge gespeichert werden, wenn in allen Eingabefeldern Werte eingegeben wurden.

6.11 JSP im Überblick *

Hier finden Sie zum schnellen Nachschlagen die JSP-Elemente, die in dieser Gruppierung eingeführt wurden. Die Java-Sprachkonstrukte, die in »Java-Sprachelemente« (S. 282) enthalten sind, werden *nicht* wiederholt.

Skriptelemente
- Skriptlet: `<% Anweisungen; %>`
- JSP-Deklaration:
  `<%! Deklarationen (Konstanten, Methoden, Klassen); %>`
- JSP-Ausdruck: `<%= Ausdruck %>`

Semikolon
- Anweisungen und Deklarationen müssen immer mit einem Semikolon (;) abgeschlossen werden.
- Ein Ausdruck in `<%= ...%>` darf zum Abschluss *kein* Semikolon enthalten.

- `<%-- JSP-Kommentar --%>` — Kommentare
- `<!-- XHTML-Kommentar -->`

- Implizites Objekt: `out.print(var);` — Browserausgabe
- JSP-Ausdruck: `<%= var %>`

- `<%@ include file="datei.jsp" %>` — JSP Direktiven
- `<%@ page language="java" import="java.io.*, java.util.*"%>`

- out — implizite Objekte
  ```
  out.print("Zeichenkette" + zahl);
  ```
- request
  ```
  str = request.getParameter("eingabefeld");
  ```

- Bean-Objekt erzeugen: — Standardaktionen
  ```
  <jsp:useBean id="objekt" class="paket.BeanKlasse" />
  ```
- Attribut des Bean-Objekts lesen und ausgeben:
  ```
  <jsp:getProperty name="objekt" property="attribut" />
  ```
- Attribut des Bean-Objekts verändern:
  ```
  <jsp:setProperty name="objekt" property="attribut"
                   value="Wert" />
  ```
- Ein Formularfeld in das korrespondierende Attribut des Bean-Objekts eintragen:
  ```
  <jsp:setProperty name="objekt" property="attribut" />
  ```
- Alle Formularfelder in gleichnamige Attribute des Bean-Objekts eintragen:
  ```
  <jsp:setProperty name="objekt" property="*" />
  ```

- Eingabe vorhanden? — Formulare validieren
  ```
  if ( st != null && !st.equals("") )
    return true;
  else
  return false;
  ```
- korrekte Zahl?
  ```
  try
  {
    zahl = Float.parseFloat(st);
    return true;
  }
  catch (Exception e)
  {
      return false;
  }
  ```

Box

JavaBean ■ Datei BeanKlasse.java im Verzeichnis WEB-INF/src/paket

```
package paket;
public class BeanKlasse
{
  private String attribut;

  // leerer Konstruktor oder Default-Konstruktor
  public BeanKlasse()
  {}

  //Getter
  public String getAttribut()
  {
    return attribut;
  }

  //Setter
  public void setAttribut(String attribut)
  {
    this.attribut = attribut;
  }

  //Komplexe Methoden
  public boolean valid()
  {
    if ( .... )
      return true;
    else
      return false;
  }
}
```

Box

7 ASP.NET *

ASP.NET ist eine serverseitige Web-Technik von Microsoft, um Web-Anwendungen auf der Basis des .NET-*Frameworks* zu erstellen. Als Programmiersprachen können alle von **.NET** unterstützten Sprachen verwendet werden.

Was ist ASP.NET?

Sie sollten die Grundlagen von XHTML kennen, wie sie beispielsweise in »XHTML« (S. 1) vermittelt werden. Außerdem sollten Sie solide Grundkenntnisse in der strukturierten und objektorientierten Programmierung besitzen. Grundwissen in anderen serverseitigen Techniken – idealerweise JSP – erleichtert Ihnen das Verstehen dieser Einführung erheblich. Für Leser, die keine C#-Kenntnisse besitzen, bietet die Gruppierung »C#-Sprachelemente« (S. 347) eine knappe Einführung in die wichtigsten Sprachkonstrukte, die für das Verstehen der Beispiele benötigt werden. Leser mit C#-Kenntnissen können diese Wissensbausteine überspringen.

Was Sie wissen sollten

In dieser Einführung lernen Sie anhand einfacher Beispiele die grundlegenden Konzepte von ASP.NET kennen. Alle Beispiele werden in C# vorgestellt. Nach erfolgreicher Durcharbeitung können Sie einfache ASP.NET-Anwendungen unter Verwendung von C# erstellen:

Was Sie lernen

- »Was ist ASP.NET?« (S. 310)
- »Erste Web Form« (S. 314)
- »Direktiven« (S. 316)
- »Serverobjekte« (S. 318)
- »Code-Behind-Technik« (S. 321)
- »ASP.NET-Formulare« (S. 325)
- »ASP.NET und JavaScript« (S. 330)
- »Navigation mit ASP.NET« (S. 333)
- »ASP.NET-Formulare validieren« (S. 337)
- »C#-Sprachelemente« (S. 347)
- »ASP.NET-Gästebuch« (S. 361)
- »ASP.NET im Überblick« (S. 372)

Damit Sie mit ASP.NET arbeiten können, benötigen Sie das .NET-*Framework* von Microsoft. Als komfortable Entwicklungsumgebung steht »Visual Studio .NET« von Microsoft zur Verfügung, die das .NET-*Framework* bereits enthält.

Was Sie brauchen

Gruppierung

Wenn Sie in dieser Entwicklungsumgebung eine ASP.NET-Website ausführen, dann startet ein eigener Webserver. Microsoft bietet darüber hinaus als kostenlose Entwicklungsumgebungen die »Express Editions« an, die einen Teil der Visual Studio-Funktionalität unterstützen, der für diesen Einstieg voll und ganz ausreicht. Für die Erstellung von ASP.NET-Websites benötigen Sie die »Visual Web Developer 2005 Express Edition« und für die Programmierung in C# (ohne Integration in eine ASP.NET-Website) die »Visual C# Express Edition«. Bitte beachten Sie, dass »Visual Studio .NET 2003« und »Web Matrix« *keine* geeigneten Entwicklungsumgebungen für ASP.NET 2.0 sind. Die entsprechenden Installationsanleitungen finden Sie im kostenlosen Online-Kurs.

Literatur Verwendete und weiterführende Literatur:

/Preishuber 06/, /Reilly 06/ und /Lorenz 02/. Für eine vertiefte Einarbeitung in C# wird /Sharp 05/ empfohlen. Die Plattform MSDN (http://www.msdn.com) bildet die zentrale Anlaufstelle für alle Microsoft-Produkte. Eine Fundgrube für Artikel zu Visual Studio und .NET bildet die Website The Code Project (http://www.codeproject.com).

7.1 Was ist ASP.NET? *

ASP.NET ist eine serverseitige Web-Technik, die von der Firma Microsoft entwickelt wurde. Sie basiert auf dem .NET-*Framework*, und ermöglicht es, in einer Anwendung verschiedene Programmiersprachen, die den Sprachstandard CLS einhalten, miteinander zu mischen. ASP.NET unterstützt sowohl die Entwicklung von *Web Forms* als auch von *Web Services*. Seit 2005 existiert ASP.NET 2.0.

.NET .NET ist eine Software-Architektur zur Entwicklung und Ausführung von Software. Sie besteht aus einer Laufzeitumgebung und dem .NET-*Framework*, das dem Entwickler Klassenbibliotheken und Dienste bereitstellt. Das .NET-*Framework* stellt eine gemeinsame Basis für Programme dar, die in unterschiedlichen Programmiersprachen entwickelt wurden.

Basistext

7.1 Was ist ASP.NET? *

ASP.NET 1.0 wurde von Microsoft im Jahr 2002 freigegeben. Seit Oktober 2005 gibt es den Nachfolger **ASP.NET 2.0**. Er erweitert ASP.NET um Funktionen, die die Entwicklerproduktivität, die Verwaltung der Serveranwendung, die Erweiterbarkeit sowie die Leistung von ASP.NET-Anwendungen verbessern. ASP.NET 2.0 ist abwärts kompatibel zu allen früheren ASP.NET-Versionen. Microsoft wirbt damit, dass man mit ASP.NET 2.0 bis zu 70% weniger Code schreiben muss, um eine Website zu erstellen.

Versionen

Das Besondere am .NET-*Framework* ist, dass innerhalb einer Software-Anwendung verschiedene Programmiersprachen wie z.B. C#, Visual Basic .NET und C++ miteinander gemischt werden können. Insgesamt werden über 60 Sprachen unterstützt. Alle .NET-Sprachen müssen den Standard **CLS** *(Common Language Specification)* einhalten. Dieser Sprachstandard schreibt vor, welche Befehle von der .NET-Programmiersprache unterstützt werden müssen. So musste Visual Basic.NET beispielsweise um objektorientierte Konzepte erweitert werden. Alle .NET-Sprachen stellen die gleichen Grundfunktionen bereit, und der Programmierer kann sich nach Belieben eine Sprache aussuchen. Durch die gemeinsame Sprachbasis und den standardisierten Zwischencode **CIL** *(Common Intermediate Language)* wird von den verschiedenen Sprachen kompatibler Code erzeugt. So kann beispielsweise eine in C# geschriebene Klasse von einer Visual Basic.NET-Klasse abgeleitet werden und diese wiederum von einer C++.NET-Klasse.

Sprachstandard CLS

Microsoft entwickelte C#, um eine optimal auf .NET abgestimmte Programmiersprache anbieten zu können. C# greift Konzepte aus vielen bekannten Sprachen – insbesondere aus Java – auf und bietet darüberhinaus einige neue Konzepte an: C# ist somit die von Microsoft empfohlene Sprache für die .NET-Entwicklung. Mehr über diese Sprache erfahren Sie in »C#-Sprachelemente« (S. 347). Weiterhin besitzen C++ und Visual Basic eine besondere Bedeutung. Visual Basic ist die Standardsprache für die Entwicklung in Microsoft Office. C++ war früher die bevorzugte Programmiersprache für Windows-Anwendungen.

C#, C++ und Visual Basic

Basistext

Compiler und JIT-Compiler — .NET-Programme werden vom jeweiligen Compiler in die Zwischensprache CIL, die früher MSIL *(Microsoft Intermediate Language)* genannt wurde, übersetzt (Abb. 7.1-1). CIL ist eine plattformunabhängige Zwischensprache und bildet die gemeinsame Basis für alle Programme des .NET-*Frameworks*. Ein **JIT-Compiler** *(just in time)* wandelt den CIL-Code in Maschinensprache um, die vom Prozessor des jeweiligen Computersystems direkt ausgeführt wird. Diese Übersetzung findet zur Laufzeit statt und muss bei jedem Aufruf eines Programms wiederholt werden. Es werden jedoch nur immer diejenigen Teile des Codes übersetzt, die gerade benötigt werden. Bereits übersetzte Teile bleiben im Speicher liegen und stehen dann beim nächsten Aufruf als direkt ausführbarer Code zur Verfügung. Ein JIT-Compiler arbeitet daher schneller als ein Interpreter, allerdings langsamer als ein Compiler, der das komplette Programm vor der Ausführung übersetzt. Alternativ können .NET-Programme auch nativ, d.h. als direkt ausführbare Datei, übersetzt werden, sind dann allerdings plattformgebunden.

Laufzeitumgebung CLR — Für die Ausführung von Programmen ist die .NET-Laufzeitumgebung zuständig, die als CLR *(Common Language Runtime)* bezeichnet wird. Sie ist vergleichbar mit der **JVM** *(Java Virtual Machine)*. Damit ein Programm von der Laufzeitumgebung **CLR** ausgeführt werden kann, muss es als CIL-Code vorliegen.

ASP.NET — ASP.NET basiert auf **.NET** und ist eine serverseitige Programmiersprache, die es erlaubt, dynamische Webseiten zu erstellen. Der in einer Webseite enthaltene ASP.NET-Programmcode erzeugt bei der serverseitigen Ausführung HTML-Code, sodass der aufrufende Browser nicht mit dem ASP.NET-Code in Berührung kommt. ASP.NET-Anwendungen werden serverseitig übersetzt. Ein zentrales Konzept von ASP.NET sind die Webserver-Steuerelemente *(web server controls)*. Das sind Elemente, die ihren Status über mehrere Seitenaufrufe erhalten können. ASP.NET unterstützt sowohl die Entwicklung von Webseiten, die in der ASP.NET-Terminologie *Web Forms* heißen, als auch von **Web Services** (Webdiensten). Als Protokoll für die Webdienste wird **SOAP** *(Simple Object Access Protocol)* verwendet.

Basistext

7.1 Was ist ASP.NET? 313

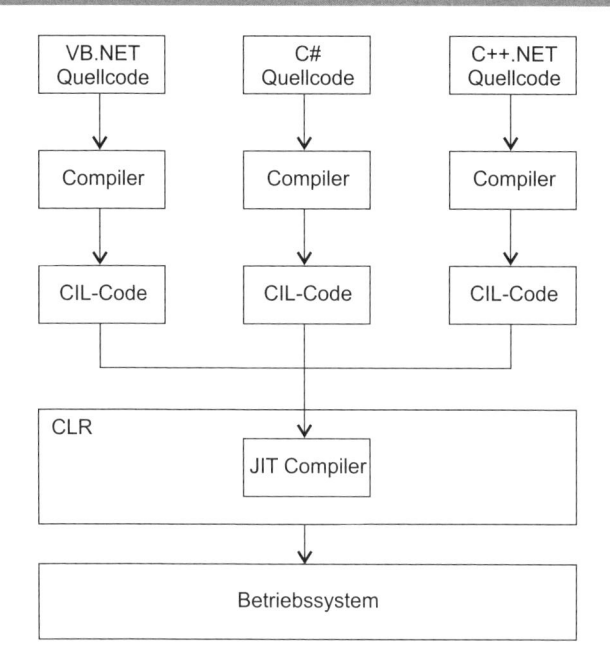

```
┌─────────────┐  ┌─────────────┐  ┌─────────────┐
│   VB.NET    │  │     C#      │  │   C++.NET   │
│  Quellcode  │  │  Quellcode  │  │  Quellcode  │
└──────┬──────┘  └──────┬──────┘  └──────┬──────┘
       ▼                ▼                ▼
┌─────────────┐  ┌─────────────┐  ┌─────────────┐
│  Compiler   │  │  Compiler   │  │  Compiler   │
└──────┬──────┘  └──────┬──────┘  └──────┬──────┘
       ▼                ▼                ▼
┌─────────────┐  ┌─────────────┐  ┌─────────────┐
│  CIL-Code   │  │  CIL-Code   │  │  CIL-Code   │
└──────┬──────┘  └──────┬──────┘  └──────┬──────┘
       └────────────────┼────────────────┘
                        │
┌───────────────────────┼───────────────────────┐
│ CLR                   ▼                       │
│               ┌──────────────┐                │
│               │ JIT Compiler │                │
│               └──────┬───────┘                │
└──────────────────────┼────────────────────────┘
                       ▼
┌────────────────────────────────────────────────┐
│                 Betriebssystem                 │
└────────────────────────────────────────────────┘
```

Abb. 7.1-1: Übersetzung und Ausführung von ASP.NET-Programmen.

In dieser Einführung werden nur die **Web Forms** weiter betrachtet. Sie besitzen gegenüber anderen Techniken einige Vorteile. Dazu gehören:

Web Forms

+ Das Erstellen von wiederverwendbaren Steuerelementen für Benutzungsoberflächen wird unterstützt. Dadurch reduziert sich der Programmieraufwand.
+ Durch die *Code-Behind*-Technik wird eine klare Trennung von Benutzungsoberfläche und fachlicher Verarbeitung gefördert.
+ Entwicklungswerkzeuge können eine mächtige WYSIWYG-Unterstützung *(what you see is what you get)* bereitstellen.

Die Programmiersprache C# (gesprochen: C *sharp*) wurde entwickelt, um sowohl die .NET-Architektur optimal zu unterstützen, als auch um eine Alternative zu Java anzubieten. Die Sprache wurde im Januar 2002 im Rahmen des .NET-*Frameworks* veröffentlicht. Die Standardisierung durch die ISO erfolgte 2003. Im November 2005 wurde C# 2.0 im Rahmen des .NET-*Frameworks* 2.0 veröffentlicht. C# orientiert

C#

Basistext

sich an den Sprachen C/C++ und Java, wobei die Syntax weitgehend mit Java übereinstimmt.

Brücke zu ASP

ASP.NET gilt als Nachfolger von ASP 3.0 , wurde jedoch vollständig neu konzipiert. ASP-Programme sind daher in der ASP.NET-Umgebung nicht lauffähig. Microsoft war jedoch bemüht, ASP-Entwicklern den Umstieg auf ASP.NET so einfach wie möglich zu machen. Gewisse Syntaxelemente wurden daher beibehalten. So ist es auch in ASP.NET möglich, Anweisungsblöcke mit <% ...%> zu klammern. Im Gegensatz zu ASP werden die geklammerten Anweisungen jedoch übersetzt und nicht interpretiert. Ein Nachteil der alten ASP-Technik ist, dass HTML-Code und Programmiersprachen-Code (z.B. C#) in einer Datei gemischt sind. Das erschwert eine Arbeitsteilung zwischen HTML-Entwicklern und Programmierern und führt zu Programmstrukturen, die nicht optimal wartbar sind. ASP.NET bietet mit der *Code-Behind*-Technik bessere Möglichkeiten zur Strukturierung von Web-Anwendungen. Das Erlernen von ASP.NET bedeutet daher für ASP-Entwickler nicht nur das Erlernen einer neuen Syntax, sondern auch neuer Architekturkonzepte.

7.2 Erste *Web Form* *

Eine ASP.NET-Datei (Endung .aspx) besteht aus einem XHTML-Grundgerüst mit »eingestreuten« Skriptteilen. Im einfachsten Fall stehen die Anweisungen der Programmiersprache zwischen den Markierungen <% ... %>. Zu Beginn der Datei ist die gewählte Sprache anzugeben.

.aspx

Eine *Web Form* bzw. eine ASP.NET-Seite ist eine Datei mit der Endung .aspx. CSS-Dateien können wie üblich eingebunden werden. Eine ASPX-Datei kann eine Mischung von XHTML- und ASP.NET-, reinen ASP.NET-Code oder reinen XHTML-Code enthalten.

Fallbeispiel

Body Mass Index (BMI)
Als durchgängiges Beispiel wird für die Einführung von Web-Techniken die Berechnung des *Body Mass Index* (BMI)

Basistext

verwendet. Der BMI ist zurzeit die anerkannte Methode, um Über- oder Untergewicht festzustellen. Er wird berechnet nach der Formel: Gewicht [kg] / (Größe [m]* Größe [m]). Der BMI gilt gleichermaßen für Frauen und Männer. Das Idealgewicht liegt bei einem BMI zwischen 20 und 24 vor. Ein BMI zwischen 25 und 30 zeigt ein leichtes Übergewicht, ein BMI über 30 zeigt Fettsucht an. Ein BMI unter 18 gilt als Untergewicht.

Zu Beginn einer ASPX-Datei wird die verwendete Programmiersprache durch eine **Direktive** bekannt gemacht (siehe »Direktiven« (S. 316)). Hier wird C# verwendet. Fehlt diese Direktive, dann wird Visual Basic als Voreinstellung angenommen:

Page-Direktive

```
<%@ Page Language="C#" %>
```

Ausgangsbasis ist eine XHTML-Datei, deren Endung in .aspx umbenannt wird. Die Ausgabe dieser ASP.NET-Seite ist statisch und enthält keine dynamischen Elemente:

Fallbeispiel bmi1

```
<%@ Page Language="C#" %>
<html>
<head>
<title>BMI mit ASP.NET berechnen</title>
</head>
<body>
<h3>BMI berechnen</h3>
<p>Ihr Gewicht von 61,5 kg und Ihre Größe von 1,68 m
   ergeben einen Body Mass Index (BMI)von 21,78997
</p>
<p>Ideal ist ein BMI zwischen 20 und 24</p>
</body>
</html>
```

bmi1.aspx

Führen Sie dieses Programm mit Visual Web Developer Express aus. Was passiert, wenn die Direktive fehlt?

Anweisungen in der entsprechenden Programmiersprache werden in einen **Codeblock** <% ... %> gesetzt. Errechnete Werte eines Ausdrucks können mit <%= ausdruck %> ausgegeben werden. Jede ASPX-Datei kann beliebig viele Codeblöcke enthalten, die zwischen die XHTML-Elemente »eingestreut« werden. Man spricht auch von *Inline*-Code (vgl. »Code-Behind-Technik« (S. 321)).

Codeblöcke

Basistext

Fallbeispiel bmi2

Die folgende ASP.NET-Datei verwendet *Inline*-Code, um für fest einprogrammierte Werte von Gewicht und Größe den BMI zu berechnen:

bmi2.aspx

```
<%@ Page Language="C#" %>
<html>
<head>
<title>BMI mit ASP.NET berechnen</title>
</head>
<body>
<h3>BMI berechnen</h3>
<%
float weight, height, bmi;
weight = 61.5f;
height = 1.68f;
bmi = weight/ (height * height);
%>
<p>Ihr Gewicht von <%=weight%> kg und Ihre Größe von
   <%=height%> m ergeben einen Body Mass Index (BMI)
   von <%=weight/ (height * height) %>
</p>
<p>Ideal ist ein BMI zwischen 20 und 24</p>
</body>
</html>
```

Führen Sie das Beispiel bmi2 mit »Visual Web Developer Express« aus. Variieren Sie die Konstanten und Ausgabetexte. Was passiert, wenn die Page-Direktive fehlt?

7.3 Direktiven *

Direktiven werden von den Compilern einer ASPX-Seite ausgewertet. Mit der Page-Direktive werden seitenspezifische Attribute festgelegt. Dazu gehören Language **und** CodeFile **zur Angabe der *Code-Behind*-Datei und** Inherits **für die Angabe der *Code-Behind*-Klasse. Mit der Import-Direktive werden beim *Code-Inline*-Ansatz die verwendeten Namensräume aufgeführt.**

Direktiven geben Einstellungen an, die von den Compilern für ASPX-Seiten *(Web Forms)* verwendet werden. Sie können an einer beliebigen Stelle in einer ASPX-Datei platziert werden. Üblicherweise werden sie jedoch am Anfang der Datei eingefügt. Jede Direktive kann ein oder mehrere Attribute enthalten, die für diese Direktive gelten. ASP.NET kennt

Basistext

7.3 Direktiven *

eine Reihe von Direktiven, von denen hier die Page- und die Import-Direktive verwendet werden.

Die Page-Direktive definiert seitenspezifische Attribute. Es gilt folgende Syntax

Page-Direktive

```
<%@ Page attribut1="wert1" attribut2="wert2" ... %>
```

In dieser Einführung werden folgende Attribute verwendet:

- Language: Gibt die Sprache an, die beim Übersetzen des *Inline*-Codes verwendet wird. Es kann jede Sprache angegeben werden, die vom .NET-*Framework* unterstützt wird. Für jede ASPX-Datei kann natürlich nur eine Sprache verwendet werden. Wird keine Sprache angegeben, dann gilt Visual Basic als Voreinstellung.
- CodeFile: Gibt den Namen (einschließlich Pfad) der *Code-Behind*-Datei an. Dieses Attribut wird gemeinsam mit dem Attribut Inherits verwendet, um einer Webseite eine *Code-Behind*-Quelldatei zuzuordnen (siehe »Code-Behind-Technik« (S. 321)).
- Inherits: Gibt die *Code-Behind*-Klasse an.

Die folgende Page-Direktive verbindet die ASPX-Datei mit der zugehörigen *Code-Behind*-Datei, die die Klasse BMI enthält:

Beispiel

```
<%@ Page Language="C#"
    CodeFile="bmi3_behind.aspx.cs" Inherits="BMI" %>
```

Die Import-Direktive importiert einen Namensraum *(namespace)* und stellt der Datei alle enthaltenen Klassen und Schnittstellen zur Verfügung. Bei dem importierten Namensraum kann es sich um eine .NET-*Framework*-Bibliothek oder und einen benutzerdefinierten Namensraum handeln. Die Import-Direktive darf nur ein einziges namespace-Attribut enthalten. Beim Import mehrerer Namensräume müssen Sie mehrere Import-Direktiven angeben. Die Syntax lautet:

Import-Direktive

```
<%@ Import namespace="name" %>
```

Einige Namensräume werden automatisch in alle ASPX-Seiten importiert. Dazu gehören beispielsweise System, System.Collections und System.Web.

Basistext

Beispiel	Das Beispiel zeigt, wie ein Namensraum des .NET-*Frameworks* und ein benutzerdefinierter Namensraum importiert werden:

```
<%@ Import namespace="System.Net" %>
<%@ Import namespace="MyDB" %>
```

Die Import-Direktive wird beim *Code-Inline*-Ansatz verwendet. Bei der *Code-Behind*-Technik (vgl. »Code-Behind-Technik« (S. 321)) werden benötigte Namensräume einfach in der jeweiligen Sprache importiert (z.B. mit using System.Net; in C#).

7.4 Serverobjekte *

Serverobjekte sind dazu da, Standardaufgaben in der Programmierung zu vereinfachen. Das Serverobjekt Response **stellt die Methode** Write() **für die Browserausgabe und die Methode** Redirect() **für die clientseitige Weiterleitung zur Verfügung. Das Serverobjekt** Request **bietet die Eigenschaften** QueryString, Form **und** Params **an, um auf übergebene Daten zuzugreifen.**

ASP.NET bietet sogenannte Serverobjekte, um Standardaufgaben in der Programmierung zu vereinfachen. Hier werden die Serverobjekte Response und Request eingeführt.

Response	Das Serverobjekt Response repräsentiert eine **Antwort** *(response)*, die vom Webserver zum Client geschickt wird,
Write()	Für die Ausgabe von Texten im Browser kann die Methode Response.Write() verwendet werden. In ASP.NET stehen jedoch elegantere Möglichkeiten für die Ausgabe im Browser zur Verfügung, die in dieser Einführung ebenfalls verwendet werden:

```
<% Response.Write("<p>Ihre Eingabe ist "+zahl+"</p>"); %>
```

besitzt die gleiche Wirkung wie:

```
<p>Ihre Eingabe ist <%=zahl%> </p>
```

Ändern Sie das Beispiel bmi2 im Wissensbaustein »Erste Web Form« (S. 314) so ab, dass die Ausgabe mit Response.Write() erfolgt.

Basistext

7.4 Serverobjekte *

Eine weitere Methode ist `Response.Redirect()`. Hierbei handelt es sich um eine Weiterleitung zu einer anderen Seite, die auf der Ebene des **HTTP-Protokolls** durchgeführt wird. Die *Web Form* sendet die Adresse der Zielseite an den Browser zurück. Der Client ruft daraufhin die neue Seite auf. Eine Weiterleitung mittels `Redirect` wird also clientseitig durchgeführt und die Adresse der neuen Seite ist im Browser sichtbar. Mit der Methode `Server.Transfer()` können Sie auch eine serverseitige Weiterleitung realisieren, die der Client nicht bemerkt.

`Redirect()`

Analog dazu präsentiert das Serverobjekt `Request` eine **Anfrage**, die vom Browser zum Server geschickt wird.

`Request`

Mit der Eigenschaft `Request.QueryString` kann man auf Daten zugreifen, die mit der GET-Methode übertragen wurden. Dazu gehören Parameter von URLs und Formulare, die mit `method="get"` versendet werden.

`QueryString`

Bei diesem Beispiel wird im Rahmen der Weiterleitung mit `Redirect` der Parameter `feld` mit dem Wert 100 weitergegeben. In der Zieldatei wird der Wert gelesen und zur Kontrolle ausgegeben:

Beispiel next1

```
<%@ Page Language="C#" %>
<html>
<head>
<title>Weiterleitung mit URL und Parameter</title>
</head>
<body>
<%
   Response.Redirect("next1.aspx?feld=" + 100);
%>
</body>
</html>
```

Default.aspx

```
<%@ Page Language="C#" %>
<html>
<head>
<title>Zielseite</title>
</head>
<body>
<%
   string feld_str;
   feld_str =Request.QueryString["feld"];
   Response.Write("Feld: " + feld_str);
%>
</body>
</html>
```

next1.aspx

Basistext

Führen Sie dieses Beispiel aus. Betrachten Sie die Adresszeile des Browsers.

Form

Mit der Eigenschaft `Request.Form` kann man auf Formulardaten zugreifen, die mit der POST-Methode übertragen wurden.

Beispiel next2

Bei diesem Beispiel wird in einem Formular ein Wert eingegeben und mittels `PostBackUrl` an die Datei `next2.aspx` weitergegeben. Dort wird das Feld mit `Request.Form` ausgelesen und ausgegeben. Bitte betrachten Sie hier nur die Wirkung der Eigenschaft `Request.Form` und nehmen Sie die anderen Elemente als gegeben hin. Sie werden in »ASP.NET-Formulare« (S. 325) und »Formular ASP.NET-Gästebuch« (S. 362) eingeführt.

Default.aspx

```
<%@ Page Language="C#" %>
<html>
<head>
<title>Weiterleitung mit Formularfeld</title>
</head>
<body>
<form runat="server" method="post">
  <asp:TextBox ID="Feld" runat="server" />
  <asp:Button ID="Senden" runat="server" Text="Senden"
     PostBackUrl="next2.aspx" />
</form>
</body>
</html>
```

next2.aspx

```
<%@ Page Language="C#" %>
<html>
<head>
<title>Zielseite</title>
</head>
<body>
<%
  string feld_str = Request.Form["Feld"];
  Response.Write("Feld: " + feld_str);
%>
</body>
</html>
```

Params

Desweiteren bietet das Serverobjekt `Request` die Eigenschaft `Params`. Sie ermöglicht den Zugriff auf Daten, die mit GET oder POST übergeben wurden, auf **Cookies** und auf Servervariablen. Eine Servervariable ist beispielsweise `HTTP_USER_AGENT`, die angibt, welcher Browser die HTTP-Anfra-

Basistext

ge geschickt hat. Die Eigenschaft Request.Params kann daher im Beispiel next1 die Eigenschaft Request.QueryString ersetzen und im Beispiel next2 die Eigenschaft Request.Form.

Führen die Beispiele next1 und next2 mit der Eigenschaft Request.Params aus.

Darüber hinaus stehen weitere Serverobjekte zur Verfügung. Dazu gehören:

weitere Serverobjekte

- Application-Objekt, das die Anwendung repräsentiert.
- Session-Objekt, das den Zugriff auf sitzungsspezifische Ereignisse und Methoden ermöglicht.
- Server-Objekt, das allgemeine Hilfsfunktionen zur Verfügung stellt.
- Page-Objekt, das die aktuelle Seite repräsentiert.

7.5 *Code-Behind*-Technik *

Eine bessere Alternative zum *Code-Inline*-Ansatz, bei dem XHTML-Elemente und Programmiersprachen-Code in einer Datei gemischt ist, ist die *Code-Behind*-Technik. Bei diesem Ansatz sind XHTML- und C#-Code weitestgehend getrennt. Die *Web Form* enthält XHTML- und ASP.NET-Elemente sowie die Funktionsaufrufe und referenziert die *Code-Behind*-Datei über die Page-Direktive. Die C#-Datei enthält die partielle Klasse. Beide Dateien werden beim Übersetzungsprozess zusammengeführt.

ASP.NET unterstützt zwei Methoden für das Erstellen von Seiten. Bei der ersten Methode enthält eine Datei sowohl den XHTML- als auch der ASP.NET-Code. Man spricht hier von **Code-Inline**. Beim alternativen Ansatz werden XHTML-Code und ASP.NET-Code auf separate Dateien verteilt. Dieser Ansatz wird als **Code-Behind**-Technik bezeichnet. Er ermöglicht eine wesentlich bessere Strukturierung und sollte daher konsequent verwendet werden. Um beide Ansätze vergleichen zu können, wird zunächst der klassische *Code-Inline*-Ansatz gezeigt.

Basistext

Code-Inline Bei der *Code-Inline*-Technik werden die Funktionen analog zu anderen Techniken innerhalb der `script`-Markierung deklariert. Funktionsdeklarationen innerhalb eines Codeblocks führen zu einem Fehler. Die Angabe `runat="server"` ist erforderlich, damit die Funktion von der ASP.NET-*Engine* auf dem Server ausgeführt wird. Im Codeblock werden die Funktionen aufgerufen. Die Deklaration von Funktionen erfolgt somit gemäß folgender Syntax:

```
<script runat="server">
Typ funktionsname (Typ parameter, ...)
{
   ... Anweisungen ...
}
</script>
```

Fallbeispiel bmi3

Bei diesem Beispiel erfolgt die BMI-Berechnung in einer separaten Funktion.

bmi3_inline .aspx

Zuerst wird die Funktion mit dem *Code-Inline*-Ansatz realisiert:

```
<%@ Page Language="C#" %>
<html>
<head>
<title>BMI berechnen</title>
</head>
<script runat="server" >
float berechneBMI (float weight, float height)
{
   float bmi;
   bmi = weight / (height * height);
   return bmi;
}
</script>
<body>
<h3>Berechnen Sie Ihren Body Mass Index (BMI)</h3>
<%
float result = berechneBMI (65f, 1.68f);
%>
<p>Ihr BMI ist <%=result %> </p>
<p>Ideal ist ein BMI zwischen 20 und 24</p>
</body>
</html>
```

Führen Sie dieses Programm mit »Visual Web Developer Express« aus. Was passiert, wenn die Angabe `runat="server"` fehlt?

Basistext

7.5 Code-Behind-Technik *

Die Mischung aus XHTML und ASP.NET-Code führt zu schwer lesbarem Quellcode. Besser ist es, die *Code-Behind*-Technik anzuwenden, die am gleichen Beispiel gezeigt wird. Hier wird die Funktion, die bei diesem kleinen Beispiel die fachliche Anwendung repräsentiert, in eine separate C#-Datei (*Code-Behind*-Datei) geschrieben. In der ASPX-Datei sind dann nur die Aufrufe und die Ausgabe im Browser enthalten. Der *Code-Behind*-Ansatz ermöglicht eine sehr gute Trennung zwischen dem fachlichen Teil (z.B. Durchführen von Berechnungen) und der Benutzungsoberfläche einer Anwendung. Diese Trennung ist in der Praxis von besonderer Bedeutung. Oft ist ein Programmierer für die Entwicklung des Programmcodes verantwortlich, während ein Webdesigner den XHTML-Code erstellt. Dieses Arbeitsmodell wird durch die *Code-Behind*-Technik optimal unterstützt.

Code-Behind

In ASP.NET 1.0 wurde die Code-Behind-Technik mit Hilfe der Vererbung implementiert. Ab der Version ASP.NET 2.0 wird diese Trennung mit **partiellen Klassen** realisiert. Diese neue Form besitzt gegenüber der Vererbung den Vorteil, dass beim Einfügen von Server-Steuerelementen kein Eingriff in die *Code-Behind*-Datei mehr erforderlich ist und ist daher weniger fehleranfällig. Die *Code-Behind*-Datei enthält eine Klasse, die mit dem Schlüsselwort `partial` gekennzeichnet ist und von der Klasse `Page` im Namensraum `System.Web.UI` abgeleitet wird. Die *Code-Behind*-Datei erhält den Namen der ASPX-Datei. Zusätzlich wird je nach verwendeter Programmiersprache ein ».cs« oder ».vb« etc. angehängt.

partielle Klassen

Beim *Code-Behind*-Ansatz ist die Funktion zur BMI-Berechnung eine Methode der *Code-Behind*-Klasse:

Fallbeispiel bmi3

```
public partial class BMI: System.Web.UI.Page
{
  public float berechneBMI (float weight, float height)
  {
    float bmi;
    bmi = weight / (height * height);
    return bmi;
  }
}
```

bmi3_behind
.aspx.cs

Die Page-Direktive verbindet die ASPX-Datei mit der zugehörigen *Code-Behind*-Datei. Während der Übersetzung wer-

Page-Direktive

Basistext

7 ASP.NET *

den die *Code-Behind*-Datei und die ASPX-Datei zusammengeführt. Daher ist es nicht erforderlich, separate Deklarationen in der ASPX- und der *Code-Behind*-Datei zu verwalten.

Fallbeispiel bmi3

Die ASPX-Datei erzeugt mithilfe ihrer *Code-Behind*-Datei die Ausgabe der Abb. 7.5-1:

bmi3_behind .aspx

```
<%@ Page Language="C#" CodeFile="bmi3_behind.aspx.cs"
        Inherits="BMI"%>
<html>
<head>
<title>BMI berechnen</title>
</head>
<body>
<h3>Berechnen Sie Ihren Body Mass Index (BMI) </h3>
<%
float result = berechneBMI (61f, 1.68f);
%>
<p>Ihr BMI ist <%=result %> </p>
<p>Ideal ist ein BMI zwischen 20 und 24</p>
</body>
</html>
```

Berechnen Sie Ihren Body Mass Index (BMI)

Ihr BMI ist 21,61281

Ideal ist ein BMI zwischen 20 und 24

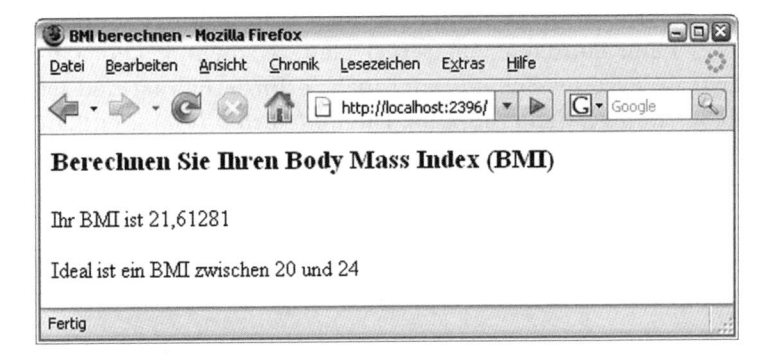

Abb. 7.5-1: BMI-Berechnung mit Code-Behind-Technik.

Tipp

Abgeschlossene Teilaufgaben sollten Sie in einer ASP.NET-Anwendung immer durch Methoden realisieren. Ideal ist es, Methoden in der *Code-Behind*-Datei zu vereinbaren und in der *Web Form* aufgerufen.

Führen Sie dieses Programm mit »Visual Web Developer Express« aus. Sie haben nun Ihre erste ASP.NET-Anwendung mit der *Code-Behind*-Technik erstellt.

Basistext

7.6 ASP.NET-Formulare und Server-Steuerelemente **

Formulare können mit HTML-Serversteuerelementen oder mit Webserver-Steuerelementen realisiert werden. Letztere sind besonders komfortabel zu programmieren und können ihr Aussehen und Verhalten dynamisch ändern. Häufig benötigte Elemente sind `asp:Label`, `asp:Textbox` **und** `asp:Button`**.**

ASP.NET bietet verschiedene Steuerelemente an. Dazu gehören die HTML-Serversteuerelemente, die Webserver-Steuerelemente und die Validierungssteuerelemente, die zur Prüfung von Benutzereingaben dienen.

Steuerelemente

HTML-Serversteuerelemente *(HTML server controls)* sind HTML-Elemente, die das zusätzliche Attribut `runat="server"` besitzen und vom Server verstanden werden. Sie dürfen nur innerhalb eines form-Elements vorkommen. Bei dem folgenden HTML-Ausschnitt ist ein HtmlInputText-Element in einem HTMLForm-Element enthalten:

HTML-Serversteuerelemente

```
<form runat="server">
  <input id="name" type="text" size="30" runat="server" />
</form>
```

Weitere HTML-Steuerelemente sind beispielsweise:

`HtmlAnchor`, `HtmlButton`, `HtmlImage`, `HtmlInputHidden`, `HtmlTable`, `HtmlTableCell`, `HtmlTableRow` und `HtmlTextArea`.

Für eine komfortablere Arbeit mit Formularen bietet ASP.NET die **Webserver-Steuerelemente** *(web server controls)*. Es handelt sich um programmierbare, serverseitige Objekte, die typischerweise Benutzungsoberflächen-Elemente darstellen. Ihre Syntax basiert auf XML und sie beginnen im Allgemeinen mit dem Präfix `asp`. Sie besitzen den Vorteil, dass sie Aussehen und Verhalten dynamisch ändern und besonders einfach verwendet werden können. Webserver-Steuerelemente können sowohl deklarativ (d.h. durch die Auszeichnungen in der ASPX-Seite) als auch durch Programmcode (hier C#) beeinflusst werden.

Webserver-Steuerelemente

Basistext

In dieser Einführung werden folgende Webserver-Steuerelemente verwendet:

- Ausgabetext: `<asp:Label>`
- Eingabefelder: `<asp:Textbox>`
- Schaltflächen: `<asp:Button>`

Attribute

Jedes Webserver-Steuerelement benötigt die Angabe `runat="server"`. Damit es von anderen Elementen oder vom C#-Programm referenziert werden kann, muss es das ID-Attribut besitzen, das für jedes Element in einer ASPX-Datei eindeutig sein muss. Weitere Attribute sind:

- `Text="Zeichenkette"`
- `Visible="true"` oder `Visible="false"`, das angibt, ob das Webserver-Steuerelement im Browser dargestellt wird oder nicht, wobei `true` als Voreinstellung gilt.

Es besitzt folgende Syntax:

```
<asp:Control ID="Control1" runat="server"
    Text="Zeichenkette" Visible="false"  />
```

Im Allgemeinen werden diese beiden Attribute vom C#-Programm abgefragt und geändert:

```
Control1.Text = "Neuer Text";
Control1.Visible = "true"
```

Groß-/Kleinschreibung

Bei den vorgegebenen Schlüsselwörtern (z.B. asp, ID, server) spielt Groß-/Kleinschreibung *keine* Rolle. Beim Wert des ID-Attributs ist jedoch die Groß-/Kleinschreibung signifikant.

Label

Für alle Textausgaben steht das Webserver-Steuerelement `Label` zur Verfügung. Syntax:

```
<asp:Label ID="Label1" runat="server" Text="Angezeigter Text"/>
```

Aus diesem Element erzeugt die ASP.NET-*Engine* folgendes HTML-Element:

```
<span id="Label1">Angezeigter Text</span>
```

In der *Code-Behind*-Datei kann auf das Element folgendermaßen zugegriffen werden:

```
Label1.Text = "Geänderter angezeigter Text";
```

Basistext

7.6 ASP.NET-Formulare **

Für Eingaben in Textfeldern gibt es das Webserver-Steuerelement Textbox. Für dieses Element können verschiedene Modi definiert werden :

- `TextMode="SingleLine"`: für ein einzeiliges Eingabefeld (Voreinstellung)
- `TextMode="MultiLine"`: für ein mehrzeiliges Eingabefeld
- `TextMode="Password"`: für ein Passwort-Feld

Textbox

Die verschiedenen Textbox-Elemente werden wie folgt gebildet:

- `<asp:TextBox ID="TextBox1" runat="server" />`
- `<asp:TextBox ID="TextBox2" runat="server" TextMode="MultiLine" />`
- `<asp:TextBox ID="TextBox3" runat="server" TextMode="Password" />`

Aus diesen Webserver-Steuerelementen erzeugt die ASP.NET-Engine die entsprechenden HTML-Formularelemente. Das sind:

- `<input name="TextBox1" type="text" id="TextBox1" />`
- `<textarea name="TextBox2" rows="2" cols="20" id="TextBox2"></textarea>`
- `<input name="TextBox3" type="password" id="TextBox3" />`

Das Attribut Text kann für Voreinstellungen der Textboxen verwendet werden:

`<asp:TextBox ID="TextBox1" runat="server" Text="100" />`

In der *Code-Behind*-Datei ermöglicht es den Zugriff auf die eingegebenen Daten (siehe Fallbeispiel bmi4).

Um Formulareingaben an den Server zu schicken, steht das Webserver-Steuerelement Button zur Verfügung. Für dieses Element wird mit `Text="Abschicken"` die Beschriftung definiert. Damit ein Klicken auf dieses Element eine serverseitige Funktion auslöst, benötigt es die Angabe `OnClick="funktionsname"`. Es besitzt somit folgende Syntax:

Button

```
<asp:Button id="Button1" text="Abschicken"
    OnClick="funktionsname" runat="server" />
```

Basistext

7 ASP.NET *

Aus diesem Webserver-Steuerelement in der Datei datei.aspx generiert die ASP.NET-*Engine* folgenden HTML-Code:

```
<form name="ctl00" method="post" action="datei.aspx"
    id="ctl00">
...
    <input type="submit" name="Button1" value="Abschicken"
        id="Button1" />
...
</form>
```

Die aufgerufene serverseitige Funktion wird als Methode einer partiellen Klasse nach folgendem Muster definiert:

```
public void funktionsname (Object sender, EventArgs e) {...}
```

Die Methode benötigt die angegebenen Parameter, um auf die Webserver-Steuerelemente zuzugreifen. Die Klasse Object ist die allen Klassen im *.NET-Framework* übergeordnete Basisklasse und stellt den Stamm der Typhierarchie dar. Die Klasse EventArg bildet die Basisklasse für Klassen, die Ereignisdaten enthalten. Beide Klassen befinden sich im Namensraum System.

weitere Webserver-Steuerelemente

Weitere Webserver-Steuerelemente sind beispielsweise

- Calendar (zeigt einen Kalender an),
- HyperLink (siehe »Navigation mit ASP.NET« (S. 333)),
- ImageButton (zeigt klickbares Bild),
- LinkButton (erzeugt Hyperlink-Schaltfläche)
- Panel (Container für weitere Elemente),
- Table, TableCell, TableRow und
- XML (zeigt XML-Datei oder Ergebnis einer XSL-Transformation).

Hinweis

> Die Elemente zur Programmierung der Benutzungsoberflächen lassen sich mit den ASP.NET-Entwicklungsumgebungen sehr komfortabel erstellen.

Fallbeispiel bmi4

Beim Beispiel bmi4 erfolgt die Eingabe von Gewicht und Größe in einem Formular. Die Formularfelder werden ohne weitere Prüfung verarbeitet.

bmi4.aspx

Die ASPX-Datei enthält die Webserver-Steuerelemente zur Eingabe von Gewicht und Größe (Abb. 7.6-1). Das Element Message ist zunächst leer. Das Element Info besitzt einen

---

Basistext

statischen Text, der zunächst nicht sichtbar ist. Dies wird durch das Attribut Visible="false" erreicht:

```
<%@ Page Language="C#" CodeFile="bmi4.aspx.cs"
        Inherits="BMI" %>
<html>
<head>
<title>BMI berechnen</title>
</head>
<body>
<h3>Berechnen Sie Ihren Body Mass Index (BMI)</h3>
<form  method="post" runat="server">
  Gewicht
  <asp:TextBox ID="Weight" runat="server" /> [kg]  <br />
  Größe
  <asp:TextBox ID="Height" runat="server" /> [m]  <br />
  <asp:Button ID="Berechne" OnClick="berechneBMI"
              runat="server" Text="BMI berechnen" />  <br />
  <asp:Label ID="Message" runat="server" />
  <p>
    <asp:Label ID="Info" runat="server" Visible="false"
        Text="Ideal ist ein BMI zwischen 20 und 24" />
  </p>
</form>
</body>
</html>
```

In der *Code-Behind*-Datei werden die Eingaben aus den Textboxen mit der Methode ToString() in C#-Strings gewandelt und dann mit der Methode Parse() in Zahlen konvertiert:

bmi4.aspx.cs

```
using System;
using System.Web.UI.WebControls;
public partial class BMI : System.Web.UI.Page
{
  private float textbox_to_float (TextBox textbox)
  {
    string result_str;
    float result;

    result_str = textbox.Text.ToString();
    result = float.Parse(result_str);
    return result;
  }

  public void berechneBMI (Object sender, EventArgs e)
  {
    float weight, height,  bmi;

    weight = textbox_to_float (Weight);
    height = textbox_to_float (Height);
```

Basistext

```
      bmi = weight / (height * height);
      Message.Text = "Ihr BMI (Body Mass Index): " + bmi;
      Info.Visible = true;
   }
}
```

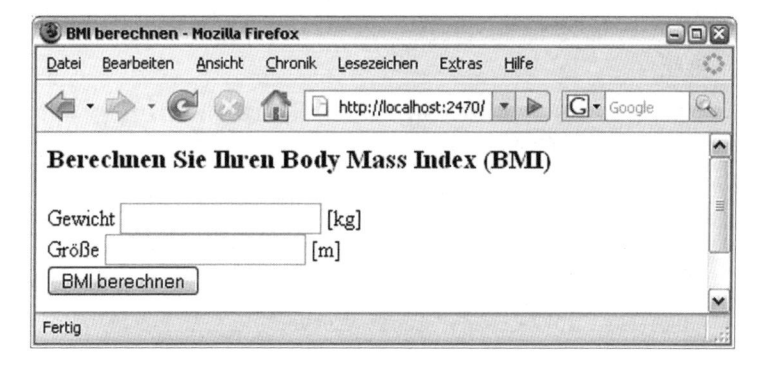

Abb. 7.6-1: BMI-Formular, das mit Webserver-Steuerelementen realisiert ist.

Ergänzen Sie die Seite um ein Kommentarfeld für eine mehrzeilige Eingabe. Der Kommentar soll *unter* dem berechneten BMI ausgegeben werden.

Hinweis

Zahleneingabe
Beachten Sie, dass Sie Zahlen mit Komma (z.B. 61,5 und nicht als 61.5) eingeben müssen, wenn Sie die deutsche Version des .NET-*Framework* verwenden.

7.7 ASP.NET und JavaScript *

In ASPX-Dateien kann wie in XHTML-Dokumenten JavaScript verwenden werden. Anstelle des onclick-Attributs verwendet man hier das Attribut OnClientClick.

OnClientClick

In XHTML-Dokumenten kann eine Ereignisbehandlung des Clients durch das Attribut onclick aufgerufen werden. In ASP.NET ist dieser Attributname für die serverseitige Ereignisbehandlung reserviert. Um zusätzlich in ASPX-Dateien eine Ereignisbehandlung mit JavaScript-Funktionen zu ermöglichen, steht das Attribut OnClientClick zur Verfügung.

Basistext

7.7 ASP.NET und JavaScript *

Auf Textboxen greifen Sie von JavaScript aus analog zu den XHTML-Formularelementen zu, z.B.:

Formularfelder

```
Formular.Textbox1.value
```

In diesem Beispiel wird mit JavaScript geprüft, ob Eingaben erfolgt sind. Vor dem Löschen der Eingaben wird mit JavaScript eine Sicherheitsabfrage durchgeführt.

Fallbeispiel bmi5

Die Schaltfläche Berechne ruft die JavaScript-Funktion check. Bei der Schaltfläche Reset wird mit dem Aufruf von confirm direkt JavaScript-Code eingefügt:

bmi5.aspx

```
<%@ Page Language="C#" CodeFile="bmi5.aspx.cs"
    Inherits="BMI" %>
<html>
<head>
<title>BMI berechnen</title>
<script type="text/javascript"><!--
function check(input)
{
  if ((input.Weight.value=="") ||
      (input.Height.value==""))
  {
     alert ("Bitte geben Sie Gewicht und Größe ein");
     return false;
  }
  else
    return true;
}
//--></script>

</head>
<body>
<h3>Berechnen Sie Ihren Body Mass Index (BMI)</h3>
<form  method="post"  runat="server">
  Gewicht
  <asp:Textbox ID="Weight" runat="server" /> [kg] <br />

  Größe
  <asp:Textbox ID="Height" runat="server" /> [m] <br />

  <asp:Button ID="Berechne" runat="server"
      Text="BMI berechnen"
      OnClientClick="return check(this.form)"
      OnClick="berechneBMI" />

  <asp:Button ID="Reset" runat="server"
      OnClientClick="return confirm('Wirklich löschen?');"
      OnClick="resetForm"  Text="Zurücksetzen" />  <br />
  <asp:Label ID="Message" runat="server" />
```

Basistext

```
  <p>
    <asp:Label ID="Info" runat="server" Visible="false"
      Text ="Ideal ist ein BMI zwischen 20 und 24" />
  </p>
</form>
</body>
</html>
```

bmi5.aspx.cs

Die *Code-Behind*-Datei enthält die Funktionen zum Berechnen des BMI und zum Löschen der Eingaben und Ausgaben:

```
using System;
using System.Web.UI.WebControls;
public partial class BMI : System.Web.UI.Page
{
  private float textbox_to_float(TextBox textbox)
  {
    string result_str;
    float result;

    result_str = textbox.Text.ToString();
    result = float.Parse(result_str);
    return result;
  }
  public void berechneBMI(Object sender, EventArgs e)
  {
    float weight, height, bmi;
    weight = textbox_to_float(Weight);
    height = textbox_to_float(Height);

    bmi = weight / (height * height);
    Message.Text = "Ihr BMI (Body Mass Index): " + bmi;
    Info.Visible = true;

  }
  protected void resetForm(Object sender, EventArgs e)
  {
    Weight.Text = "";
    Height.Text = "";
    Message.Text = "";
  }
}
```

Führen Sie das Programm aus. Fügen Sie in den JavaScript-Teil absichtlich einen Fehler ein. Was passiert?

Basistext

7.8 Navigation mit ASP.NET **

Mit dem Webserver-Steuerelement `HyperLink` **kann der Benutzer zu einer neuen Seite navigieren. Die Zieladresse kann auch in der** *Code-Behind*-**Datei angegeben werden. Mit der Methode** `Response.Redirect()` **erfolgt eine clientseitige Weiterleitung zu einer neuen Seite. Jede Klasse einer** *Code-Behind*-**Datei kann die Methode** `Page_Load()` **besitzen, die automatisch beim Laden der Seite aufgerufen wird.**

Das Laden einer neuen Seite kann in ASP.NET durch verschiedenen Methoden realisiert werden. Dazu gehören:

- Webserver-Steuerelement `HyperLink`
- Weiterleitung mit `Response.Redirect`

Bei beiden Methoden können Parameter in der Anfrage übergeben werden. Die Zielseite kann auf die übertragenen Parameter mit den Eigenschaften `Request.QueryString` und `Request.Params` zugreifen (vgl. »Serverobjekte« (S. 318)).

Mit dem Webserver-Steuerelement `HyperLink` lassen sich analog zum HTML-Element `<a href="zieldatei.html">` Hyperlinks erzeugen. Der Name der Zieldatei wird mit dem Attribut `NavigateUrl` spezifiziert. Es wird in der ASPX-Datei wie folgt deklariert:

HyperLink

```
<asp:HyperLink ID="Link1" runat="server"
    NavigateUrl="zieldatei.aspx">Folge dem Link
</asp:HyperLink>
```

Alternativ kann das Ziel des Hyperlinks in der *Code-Behind*-Datei definiert werden:

- ASPX-Datei: `<asp:HyperLink ID="Link1" runat="server">Folge dem Link</asp:HyperLink>`
- *Code-Behind*-Datei: `Link1.NavigateUrl = "zieldatei.aspx";`

Der Attributwert von **NavigateUrl** kann auf verschiedene Arten angegeben werden:

- Als relativer Pfad, wie oben in der Form:
  `NavigateUrl="zieldatei.aspx".`

Basistext

- Als Pfadangabe in der Form `NavigateUrl="~/zieldatei.aspx"`. Hier bezieht sich die Angabe ~ auf die Wurzel der virtuellen Web-Anwendung.
- Als Adresse einer anderen Website, z.B.:
  `NavigateUrl="http://www.google.de"`.

Response.Redirect

Für eine Weiterleitung von einer ASPX-Datei zur anderen bietet sich die **Methode** Response.Redirect() an. Es handelt sich um eine clientseitige Weiterleitung. Daher sieht der Benutzer die neue URL im Adressfeld des Browsers. Die folgende Methode realisiert eine Weiterleitung an die Datei zieldatei.aspx und übergibt den Parameter par1:

```
Response.Redirect("zieldatei.aspx?par1=" + wert);
```

Page_Load()

Für eine Klasse in der *Code-Behind*-Datei kann die Methode Page_Load() definiert werden. Diese Methode wird automatisch beim Laden der ASPX-Seite aufgerufen und führt die jeweiligen Anweisungen aus. Man spricht hier auch vom Page_Load-Ereignis. Wenn es sich bei der ASPX-Datei um das Ziel einer Weiterleitung handelt, dann erfolgt der Zugriff auf die übergebenen Parameter üblicherweise in dieser Methode:

```
private void Page_Load (Object sender, EventArgs e)
{
    //Anweisungen, die beim Laden der Seite ausgeführt werden
}
```

Fallbeispiel bmi6

Dieses Beispiel zeigt Weiterleitungen mit HyperLink und mit Response.Redirect().

bmi6.aspx

Das HyperLink-Element Info verweist auf eine XHTML-Datei im gleichen Verzeichnis, das HyperLink-Element Suchen auf die externe Google-Website:

```
<%@ Page Language="C#" CodeFile="bmi6.aspx.cs"
    Inherits="BMI" %>
<html>
<head>
<title>BMI berechnen</title>
</head>
<body>
<h3>Berechnen Sie Ihren Body Mass Index (BMI)</h3>
<form method="post" runat="server">
  Gewicht
  <asp:TextBox ID="Weight" runat="server" /> [kg] <br />
```

Basistext

```
    Größe
    <asp:TextBox ID="Height" runat="server" /> [m] <br />
    <asp:Button ID="Berechne" OnClick="berechneBMI"
        runat="server" Text="BMI berechnen" /><br />
</form>

<asp:Label ID="Message" runat="server" />
<p>
    <asp:HyperLink ID="Info" runat="server" >
        Informationen zum BMI </asp:HyperLink>
</p>
<p>
    <asp:HyperLink ID="Suchen" runat="server"
        NavigateUrl="http://www.google.de">
        Aktuelles zum BMI ergoogeln</asp:HyperLink>
</p>
</body>
</html>
```

Diese C#-Datei enthält die Methode Page_Load(). Sie definiert als Navigationsziel für den Hyperlink Info die Datei bmi6.info_html. Die Methode berechneBMI() berechnet den BMI und leitet das Ergebnis mittels Response.Redirect() an die ASPX-Datei bmi6_check.aspx weiter, wo der berechnete Wert in eine Empfehlung umgesetzt wird:

bmi6.aspx.cs

```
using System;
using System.Web.UI.WebControls;
public partial class BMI : System.Web.UI.Page
{
    private void Page_Load(Object sender, EventArgs e)
    {
        Info.NavigateUrl = "bmi6_info.html" ;
    }
    private float textbox_to_float(TextBox textbox)
    {
        string result_str;
        float result;
        result_str = textbox.Text.ToString();
        result = float.Parse(result_str);
        return result;
    }
    public void berechneBMI(Object sender, EventArgs e)
    {
        float weight, height, bmi;
        weight = textbox_to_float(Weight);
        height = textbox_to_float(Height);
        bmi = weight / (height * height);
        Response.Redirect("bmi6_check.aspx?bmi="
                        + bmi.ToString());
    }
}
```

Basistext

Abb. 7.8-1: BMI-Formular mit internen und externen Hyperlinks.

bmi6_check
.aspx

Diese *Web Form* enthält die Webserver-Steuerelemente zum Erzeugen der Ergebnisseite, die an den Browser zurückgeschickt wird (Abb. 7.8-2):

```
<%@ Page Language="C#" CodeFile="bmi6_check.aspx.cs"
    Inherits="BMI" %>
<html>
<head>
<title>BMI berechnen</title>
</head>
<body>
<h4>Auswertung Ihres Body Mass Index (BMI)</h4>
<p>Ihr BMI Wert: <asp:Label ID="BMIWert" runat="server" />
</p>
<p>Empfehlung: <asp:Label ID="BMIEmpfehlung"
    runat="server" /></p>
<asp:HyperLink ID="Zurueck" runat="server"
    NavigateUrl="bmi6.aspx">Zurück zum BMI-Formular
</asp:HyperLink>
</body>
</html>
```

bmi6_check.
aspx.cs

Diese C#-Datei schreibt das Ergebnis der Prüfung in das Webserver-Steuerelement BMIEmpfehlung. Auf den übertragenen Parameter wird hier mit Request.Params zugegriffen:

```
using System;
public partial class BMI : System.Web.UI.Page
{
  private void Page_Load(Object sender, EventArgs e)
  {
```

Basistext

```
    string result_str;
    float result;
    result_str = Request.Params["bmi"];
    result = float.Parse(result_str);

    BMIWert.Text = result.ToString();

    string empfehlung = "";
    if (result < 20) { empfehlung = "Essen Sie mehr!"; }
    else if (result < 25)
      { empfehlung = "Sehr gut. Machen Sie weiter so!"; }
    else if (result < 30)
      { empfehlung = "Oh oh, Ihnen schmeck es zu gut!"; }
    else if (result >= 30)
      { empfehlung = "Sie sind zu dick!"; }
    BMIEmpfehlung.Text = empfehlung;
  }
}
```

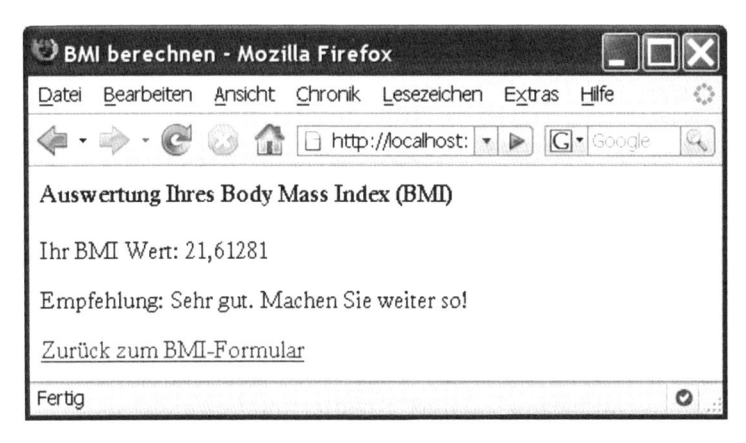

Abb. 7.8-2: Die Ergebnisseite zeigt den berechneten BMI und eine Empfehlung.

Führen Sie das Beispiel bmi6 aus, indem Sie die Datei bmi6.aspx starten.

7.9 ASP.NET-Formulare validieren ***

ASP.NET bietet vorgefertigte Validierungssteuerelemente für die häufigsten Überprüfungen an. Dazu gehören: RequiredFieldValidator, RangeValidator **und** CompareValidator. **Die Validierung kann für bestimmte Elemen-**

Basistext

te ausgeschaltet werden und es können Validierungsgruppen gebildet werden, um nur Teile eines Formulars zu validieren. Alle Validierungssteuerelemente führen eine serverseitige Validierung durch. Zusätzlich wird für moderne Browser clientseitiger Skriptcode generiert, der die Validierung bereits vor der Übertragung an den Server erlaubt.

Die Übernahme von Eingaben aus Formularen ist im Allgemeinen mit der Prüfung dieser Eingaben verbunden. ASP.NET 2.0 stellt **Validierungssteuerelemente** *(validation controls)* zur Verfügung, um Formulare auf Fehler zu überprüfen und gegebenenfalls Fehlermeldungen anzuzeigen. Ein Eingabe-Steuerelement kann durch ein oder mehrere Validierungssteuerelemente überprüft werden. ASP.NET 2.0 bietet mehrere Typen von Validierungssteuerelementen an, von denen hier drei genauer betrachtet werden:

- `RequiredFieldValidator`: Prüft, ob ein Pflichtfeld einen Wert erhält.
- `RangeValidator`: Überprüft, ob der Eingabewert zwischen einer unteren und oberen Grenze liegt.
- `CompareValidator`: Vergleicht einen eingegebenen Wert mit einem Vergleichswert, mit einem anderen Webserver-Steuerelement und/oder prüft, ob er von einem vorgegebenen Typ ist.

weitere Elemente

Weitere Validierungssteuerelemente sind beispielsweise:

- `RegularExpressionValidator`: Stellt sicher, dass der Eingabewert dem Muster eines regulären Ausdrucks entspricht.
- `CustomValidator`: Der Eingabewert wird durch eine selbstprogrammierte Validierungslogik überprüft.
- `ValidationSummary`: Zeigt eine Zusammenfassung aller Validierungsfehler einer Seite an.

RequiredField Validator

Zur Prüfung von Pflichtfeldern dient das Validierungssteuerelement `RequiredFieldValidator`, das außer der ID und `runat="server"` folgende Attribute besitzt:

- `ControlToValidate`: gibt die ID desjenigen Server-Steuerelements an, das validiert werden soll.
- `ErrorMessage`: Fehlermeldung, die ausgegeben wird, wenn das Feld leer ist.

7.9 ASP.NET-Formulare validieren *** 339

Das Validierungssteuerelement prüft, ob im Formularfeld Weight ein Wert eingegeben wird:

Beispiel

```
<asp:Textbox ID="Weight" runat="server" /> [kg]
<asp:RequiredFieldValidator ID="valid1" runat="server"
    ControlToValidate="Weight"
    ErrorMessage="Bitte geben Sie das Gewicht ein." />
```

Mit dem Validierungssteuerelement RangeValidator wird geprüft, ob Eingaben in einem definierten Bereich liegen. Außer der ID und runat="server" werden folgende Attribute definiert:

RangeValidator

- ControlToValidate: Gibt die ID desjenigen Webserver-Steuerelements an, das validiert werden soll.
- ErrorMessage: Fehlermeldung, die ausgegeben wird, wenn der Wert außerhalb des Bereichs liegt.
- MinimumValue: Unterer Grenzwert.
- MaximumValue: Oberer Grenzwert, der größer oder gleich dem unterem Grenzwert sein muss.
- Type: Datentyp des Eingabefelds.

Überprüft werden z.B. Werte der folgenden Typen:

- Double (z.B. "1,2" bis "2,3")
- String (z.B. "Da" bis "De")
- Integer (z.B. "1" bis "20")
- Date (z.B. "1.1.1900" bis "31.12.1999")

Die Attributwerte können auch in der Code-Behind-Datei dynamisch zugewiesen werden. Dies erfolgt üblicherweise in der Methode Page_Load().

Das Validierungselement prüft, ob im Formularfeld Height ein Wert im Bereich zwischen 1,5 und 2,2 eingegeben wird:

Beispiel

```
<asp:Textbox ID="Height" runat="server" /> [m]

<asp:RangeValidator ID="valid4" runat="server"
    ControlToValidate="Height"
    MinimumValue="1,5" MaximumValue="2,2"
    Type="Double"
    ErrorMessage=
      "Die Größe muss zwischen 1,50 m und 2,20 m liegen."/>
```

Der Compare Validator ist ein sehr flexibler Validator, der für unterschiedliche Zwecke eingesetzt werden kann. Man kann

Compare Validator

Basistext

damit den Typ eines Eingabewerts prüfen, einen Eingabewert mit einem anderen Wert vergleichen oder einen Eingabewert mit einem anderen Server-Steuerelement vergleichen. Das Validierungs-Steuerelement bietet außer der ID und runat="server" folgende Attribute:

- ControlToValidate: gibt die ID desjenigen Server-Steuerelements an, das validiert werden soll.
- ControlToCompare: gibt die ID eines Server-Steuerelements an, dessen Inhalt mit ControlToValidate verglichen werden soll.
- ValueToCompare: gibt den Wert an, der mit ControlToValidate verglichen werden soll. Sind sowohl ControlToCompare als auch ValueToCompare angegeben, dann wird ValueToCompare ignoriert.
- ErrorMessage: Fehlermeldung, die ausgegeben wird, wenn die Vergleichsbedingung nicht erfüllt ist.
- Operator: gibt den anzuwendenden Vergleichsoperator an. Für dieses Attribut sind folgende Werte definiert:
  □ Equal: Prüft auf Gleichheit.
  □ NotEqual: Prüft auf Ungleichheit.
  □ GreaterThan: Prüft, ob der Inhalt von ControlToValidate größer als der Vergleichswert ist.
  □ GreaterThanEqual: Prüft, ob der Inhalt von ControlToValidate größer als oder gleich dem Vergleichswert ist.
  □ LessThan: Prüft, ob der Inhalt von ControlToValidate kleiner als der Vergleichswert ist.
  □ LessThanEqual: Prüft, ob der Inhalt von ControlToValidate kleiner als oder gleich dem Vergleichswert ist.
  □ DataTypeCheck: Prüft den Datentyp von ControlToValidate.
  □ Type: Gibt den Typ des zu prüfenden Steuerelements an. Mögliche Attributwerte sind z.B. String, Integer, Double und Date.

Beispiele

Das Validierungselement prüft, ob die ganze Zahl Min kleiner als Max ist:

```
Min <asp:TextBox ID="Min" runat="server" />
Max <asp:TextBox ID="Max" runat="server" />
<asp:CompareValidator ID="CompareValidator1" runat="server"
    ControlToValidate="Min" ControlToCompare="Max"
    Operator="LessThan"
```

Basistext

```
            Type="Integer"
            ErrorMessage="Min muss kleiner als Max sein." />
```

Das Validierungselement prüft, ob Zahl eine ganze Zahl kleiner 100 ist:

```
Zahl <asp:TextBox ID="Zahl" runat="server" />
<asp:CompareValidator ID="CompareValidator2" runat="server"
            ControlToValidate="Zahl" ValueToCompare="100"
            Operator="LessThan"
            Type="Integer"
            ErrorMessage="Zahl muss kleiner 100 sein." />
```

Das Validierungselement prüft, ob ein gültiges Datum eingegeben wurde:

```
Datum <asp:TextBox ID="Datum" runat="server" />
<asp:CompareValidator ID="CompareValidator3" runat="server"
            ControlToValidate="Datum"
            Operator="DataTypeCheck"
            Type="Date"
            ErrorMessage="Bitte geben Sie ein gültiges Datum an."/>
```

Alle Validierungssteuerelemente führen eine serverseitige Validierung durch. Als Ergänzung generieren alle Validierungssteuerelemente in ASP.NET 2.0 clientseitigen Skriptcode, um Fehler abzufangen und Fehlermeldungen anzuzeigen, bevor eine Übertragung zum Server stattfindet. Die clientseitige Validierung findet immer dann statt, wenn das zu validierende Element den Fokus verliert, d.h. der Benutzer seine Eingabe abschließt und zum nächsten Feld wechselt. Die Verwendung der clientseitigen Validierung erlaubt es, sehr benutzungsfreundliche Web-Anwendungen zu gestalten. ASP.NET generiert clientseitigen Skriptcode, wenn der abrufende Browser dies unterstützt, was bei den modernen Browsern der Fall ist. *(clientseitige Validierung)*

Validierungssteuerelemente ermöglichen eine komfortable Prüfung der Eingabedaten. Allerdings wird immer das komplette Formular überprüft. Das ist nicht immer sinnvoll. Beispielsweise sollen beim Klicken auf eine Schaltfläche Reset nur die Formularfelder gelöscht werden und nicht geprüft werden, ob und welche Eingaben vorhanden sind. Mit dem Attribut CausesValidation="false" lässt sich dies einfach realisieren. *(Validierung ausschalten)*

Basistext

Beispiel

Für die Schaltfläche Reset wird keine Validierung durchgeführt:

```
<form id="formBMI" method="post" runat="server">
 ...
  <asp:Button ID="Reset" runat="server" OnClick="resetForm"
     Text="Zurücksetzen"
     CausesValidation="false" />
 ...
</form>
```

Fallbeispiel bmi7

Bei diesem Beispiel wird sichergestellt, dass im Formular korrekte Daten eingegeben werden (Abb. 7.9-1).

bmi7.aspx

Mit RequiredFieldValidator-Elementen wird sichergestellt, dass der Benutzer Gewicht und Größe eingibt, mit dem CompareValidator-Element, dass das Gewicht eine Zahl ist und mit dem RangeValidator-Element, dass die Größe im vorgegebenen Bereich liegt. Für die Reset-Schaltfläche wird die Validierung ausgeschaltet:

```
<%@ Page Language="C#" CodeFile="bmi7.aspx.cs"
    Inherits="BMI" %>
<html>
<head>
<title>BMI berechnen</title>
</head>
<body>
<h3>Berechnen Sie Ihren Body Mass Index (BMI)</h3>
<form method="post" runat="server">
  Gewicht
  <asp:textbox ID="Weight" runat="server"/> [kg]
  <asp:RequiredFieldValidator ID="valid1" runat="server"
      ErrorMessage="Bitte geben Sie das Gewicht ein."
      ControlToValidate="Weight" />
  <asp:CompareValidator ID="valid2" runat="server"
      ControlToValidate="Weight"
      Operator="DataTypeCheck"
      Type="Double"
      ErrorMessage="Das Gewicht muss eine Zahl sein." />
  <br />
  Größe
  <asp:Textbox ID="Height" runat="server"/> [m]
  <asp:RequiredFieldValidator ID="valid3" runat="server"
      ErrorMessage="Bitte geben Sie die Größe ein."
      ControlToValidate="Height" />
  <asp:RangeValidator ID="valid4" runat="server"
      ControlToValidate="Height"
      ErrorMessage="Die Größe muss zwischen 1,50 m und
                    2,20 m liegen."
```

Basistext

```
        MinimumValue="1,5" MaximumValue="2,2"
        Type="Double" />
    <br />
    <asp:Button ID="Berechne" OnClick="berechneBMI"
        runat="server" Text="BMI berechnen" />
    <asp:Button ID="Reset" runat="server" OnClick="resetForm"
        Text="Zurücksetzen"
        CausesValidation="false" />
    <br />
    <asp:Label ID="Message" runat="server" />
    <p>
      <asp:Label ID="Info" runat="server"
          Text ="Ideal ist ein BMI zwischen 20 und 24" />
    </p>
  </form>
</body>
</html>
```

Die Methode resetForm() löscht alle Eingabefelder und setzt den Cursor mit der Anweisung Weight.Focus(); auf das erste Eingabefeld:

bmi7.aspx.cs

```
using System;
using System.Web.UI.WebControls;
public partial class BMI : System.Web.UI.Page
{
  private void Page_Load(Object sender, EventArgs e)
  {
    Weight.Focus();
    Info.Visible = false;
  }

  private float textbox_to_float(TextBox textbox)
  {
    string result_str;
    float result;

    result_str = textbox.Text.ToString();
    result = float.Parse(result_str);
    return result;
  }

  public void berechneBMI(Object sender, EventArgs e)
  {
    float weight, height, bmi;
    weight = textbox_to_float(Weight);
    height = textbox_to_float(Height);

    bmi = weight / (height * height);
    Message.Text = "Ihr BMI (Body Mass Index):  " + bmi;
    Message.Text = Message.Text;
    Info.Visible = true;
  }
```

Basistext

```
protected void resetForm(Object sender, EventArgs e)
{
  Weight.Text = "";
  Height.Text = "";
  Message.Text = "";
  Weight.Focus();
}
}
```

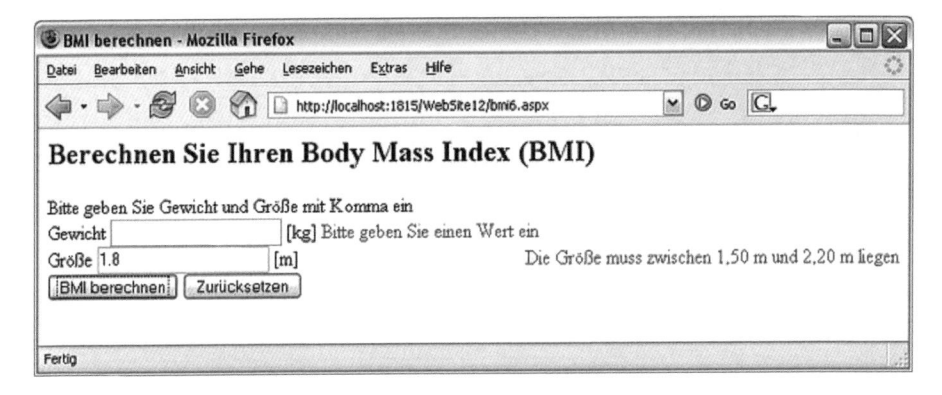

Abb. 7.9-1: Fehlende und fehlerhafte Eingaben für die BMI-Berechnung führen zu Fehlermeldungen.

Führen Sie das Programm aus. Geben Sie Buchstaben anstelle der Zahlen ein. Was passiert? Welche Reaktion tritt auf, wenn Sie das Gewicht mit Punkt statt mit Komma eingeben? Erweitern Sie das Programm so, dass auch für das Gewicht nur sinnvolle Eingaben gemacht werden können. Entfernen Sie das Attribut CausesValidation und prüfen Sie, was nach dem Klicken auf die Schaltfläche Reset passiert.

Validierungsgruppen

Bei der Prüfung von Eingabedaten wird immer das komplette Formular geprüft. Besteht ein Formular aus mehreren Bereichen und sollen entweder die Daten in dem einen oder in dem anderen Bereich geprüft werden, dann tritt ein Problem auf. Abhilfe schaffen die Validierungsgruppen *(validation groups)*. Damit ist es möglich, jeder Schaltfläche bestimmte Validierungssteuerelemente zuzuweisen. Die Validierungsgruppe wird über das Attribut ValidationGroup bestimmt. Wird einem Webserver-Steuerelement ebenfalls das Attribut ValidationGroup zugewiesen und mit dem gleichen Wert belegt, führt dieses Steuerelement immer eine Validierung der zugeordneten Gruppe durch, wenn es ausgelöst wird.

Basistext

7.9 ASP.NET-Formulare validieren ***

In diesem Beispiel werden zwei Eingabefelder verwendet, denen jeweils ein RequiredFieldValidator-Element und eine Schaltfläche zugeordnet sind (Abb. 7.9-2). Klickt der Benutzer auf die Schaltfläche CalcFahrenheit, dann wird nur das zugehörige Eingabefeld geprüft. Analog wird bei der Schaltfläche CalcCelsius verfahren. Für die Schaltfläche Reset wird wie oben die Validierung ausgeschaltet:

Beispiel convert.aspx

```
<%@ Page Language="C#" CodeFile="convert.aspx.cs"
    Inherits="Convert" %>
<html>
<head>
<title>Temperatur berechnen</title>
</head>
<body>
<h3>Wandeln Sie Celsius oder Fahrenheit</h3>
<form id="Convert" method="post" runat="server">
  Bitte geben Sie die Temperatur mit Komma ein  <br />
  Celsius
  <asp:textbox ID="Celsius" runat="server"/>
  <asp:Button ID="CalcFahrenheit" OnClick="toFahrenheit"
      runat="server" Text="Fahrenheit berechnen"
      ValidationGroup="groupCelsius" />
  <asp:RequiredFieldValidator ID="valid1" runat="server"
      ErrorMessage="Bitte geben Sie einen Wert ein."
      ControlToValidate="Celsius"
      ValidationGroup="groupCelsius" />
  <br />
  Fahrenheit
  <asp:textbox ID="Fahrenheit" runat="server"/>
  <asp:Button ID="CalcCelsius" OnClick="toCelsius"
      runat="server" Text="Celsius berechnen"
      ValidationGroup="groupFahrenheit" />
  <asp:RequiredFieldValidator ID="valid2" runat="server"
      ErrorMessage="Bitte geben Sie einen Wert ein."
      ControlToValidate="Fahrenheit"
      ValidationGroup="groupFahrenheit" />
  <br />
  <asp:Button ID="Reset" runat="server" onclick="resetForm"
      Text="Zurücksetzen"  CausesValidation="false" />
  <br />
  <asp:Label id="Message" runat="server" />
</form>
</body>
</html>
```

Die *Code-Behind*-Datei enthält die Funktionen zum Konvertieren der Temperatur und zum Löschen der Eingabefelder:

convert.aspx.cs

```
using System;
using System.Web.UI.WebControls;
```

Basistext

```csharp
public partial class Convert : System.Web.UI.Page
{
  private float textbox_to_float(TextBox textbox)
  {
    string result_str;
    float result;
    result_str = textbox.Text.ToString();
    result = float.Parse(result_str);
    return result;
  }
  public void toFahrenheit(Object sender, EventArgs e)
  {
    float celsius, fahrenheit;
    celsius = textbox_to_float(Celsius);
    fahrenheit = celsius * 1.8f + 32f;
    Message.Text = celsius
                 + " Grad Celsius entspricht "
                 + fahrenheit + " Grad Fahrenheit";
  }
  public void toCelsius(Object sender, EventArgs e)
  {
    float celsius, fahrenheit;
    fahrenheit = textbox_to_float(Fahrenheit);
    celsius = (fahrenheit - 32f) / 1.8f;
    Message.Text = fahrenheit
                 + " Grad Fahrenheit entspricht "
                 + celsius + " Grad Celsius";
  }
  protected void resetForm(Object sender, EventArgs e)
  {
    Celsius.Text = "";
    Fahrenheit.Text = "";
    Message.Text = "";
  }
}
```

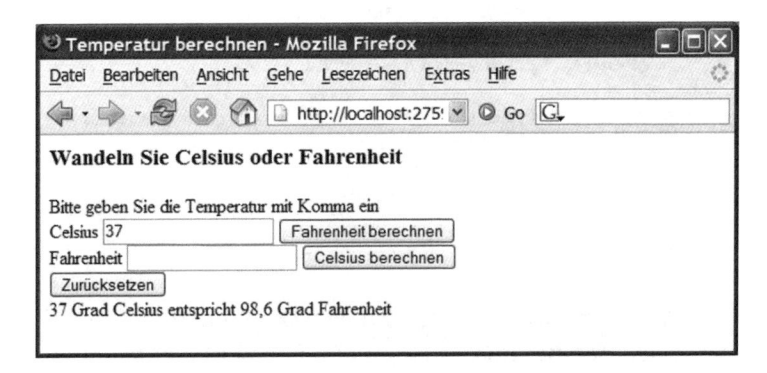

Abb. 7.9-2: Web Form zum Konvertieren Celsius – Fahrenheit.

Basistext

Führen Sie das Programm aus. Entfernen Sie die Validierungsgruppen und führen Sie das Programm erneut aus. Wie verhält es sich?

7.10 C#-Sprachelemente *

Diese Gruppierung führt Sie in die wichtigsten Sprachelemente von C# ein, die Sie für die Bearbeitung der Beispiele benötigen. Sie ist vor allem für Leser gedacht, die bisher weniger in C#, sondern in anderen objektorientierten Sprachen gearbeitet haben. Als Voraussetzung sollten Sie jedoch gute Kenntnisse in einer objektorientierten Programmiersprache besitzen. Leser, die mit C# vertraut sind, können diese Gruppierung überspringen:

- »Einfache C#-Elemente« (S. 347)
- »Operatoren in C#« (S. 349)
- »Kontrollstrukturen in C#« (S. 350)
- »Felder in C#« (S. 351)
- »Methoden in C#« (S. 353)
- »Klassen in C#« (S. 356)

7.10.1 Einfache C#-Elemente *

C# ist eine typstrenge Sprache, d.h. alle Variablen und Konstanten müssen mit Typangabe deklariert werden. Auch Strings gelten als primitive Datentypen. Viele Sprachelemente von C# sind analog zu Java definiert.

Bei den Kommentaren werden ein- und mehrzeilige Kommentare unterschieden.

Kommentare

```
// ein einzeiliger Kommentar
/* ein mehrzeiliger
Kommentar */
```

Variablen und Konstanten müssen in C# wie in allen anderen Programmiersprachen des .NET-*Frameworks* deklariert werden. Konstanten werden durch das Schlüsselwort const gekennzeichnet, das vor dem Typ steht.

Variablen und Konstanten

Basistext

Bezeichner	Bezeichner dürfen Buchstaben, Ziffern und Unterstriche (_) enthalten und müssen mit einem Buchstaben oder Unterstrich beginnen. Außerdem ist Groß-/Kleinschreibung in C# signifikant. Konstanten sollen nur mit Großbuchstaben geschrieben werden. Klassennamen sollen immer mit einem Großbuchstaben beginnen. Im .NET-*Framework* gelten weiterhin folgende **Namenskonventionen**: Öffentliche Bezeichner (d.h. mit Sichtbarkeit `public`) beginnen mit einem Großbuchstaben, nichtöffentliche Bezeichner (einschließlich lokaler Variablen) mit einem Kleinbuchstaben.
Datentypen	C# stellt folgende primitive Datentypen zur Verfügung: `int`, `long`, `float`, `double`, `decimal`, `string`, `char` und `bool`.

Beispiel	Die folgenden Deklarationen enthalten Variablen und Konstanten primitiver Datentypen:
	
	``
	const int LAENGE = 100; //ganzzahlige Konstante
	int weight = 61; //ganzzahlige Variable
	double height = 1.7; //double-Variable
	float value = 37.5f; //float-Variable
	bool istGesund = true; //boolesche Variable
	``

Strings und Zeichen	Zeichenketten *(strings)* gelten in C# als primitive Datentypen und werden mit doppeltem Anführungszeichen angegeben. Im Gegensatz dazu werden einzelne Zeichen (Datentyp `char`) mit einfachen Anführungszeichen gekennzeichnet.

Beispiel	```
	string name = "Stefan"; //String
	char buchstabe = 'S'; //Zeichen
	``

Ausdrücke	Ausdrücke können in C# analog zu anderen Programmiersprachen gebildet werden.

Beispiel	```
	float verkaufspreis = 214;
	const float MWST2 = 7;
	float nettopreis = verkaufspreis * 100 / (100 + MWST2);
	float mwst = verkaufspreis - nettopreis;
	``

Ausgabe	Bei einer Konsolenanwendung können Ausgaben mit der Klasse `Console` und der Methode `WriteLine()` erfolgen. Damit die Konsole bis zur Betätigung der Eingabetaste geöffnet bleibt, sollte als letzte Programmanweisung die Methode `ReadLine()` aufgerufen werden.

Basistext

```
Console.WriteLine ("Ihr Gewicht ist " + weight + " kg");
Console.ReadLine();
```
Beispiel

Erstellen Sie eine C#-Konsolenanwendung, um mit den eingeführten Sprachelementen zu experimentieren.

7.10.2 Operatoren in C# *

Analog zu anderen Programmiersprachen bietet C# arithmetische Operatoren, Verkettungsoperatoren, Zuweisungsoperatoren, Vergleichsoperatoren und logische Operatoren an.

C# bietet die in Programmiersprachen üblichen arithmetischen Operatoren: +, -, *, / und % (Modulo-Operator).

arithmetische Operatoren

Um Zeichenketten zu verbinden, verwenden Sie in C# das Zeichen »+«. "Fitness" + "-" + "Tipps" ergibt die Zeichenkette "Fitness-Tipps".

Verkettungsoperator

Außer der einfachen Zuweisung sind zusammengesetzte Zuweisungsoperatoren möglich:

Zuweisungsoperator

- a += b; entspricht a = a + b;
- a -= b; entspricht a = a - b;
- a *= b; entspricht a = a * b;
- a /= b; entspricht a = a / b;
- a %= b; entspricht a = a % b;
- a += "beta"; entspricht a = a + "beta";

Für die Integer-Variablen existiert auch die übliche Kurzformen zum Inkrementieren und Dekrementieren:

- i++; entspricht i += 1; bzw. i = i + 1;
- i--; entspricht i -= 1; bzw. i = i - 1;

Zur Formulierung von Bedingungen bietet C# die üblichen Vergleichsoperatoren:
==, !=, <, <=, >=.

Vergleichsoperatoren

- if (a || b): Bedingung ist erfüllt, wenn a oder b true ist (auch beide)
- if (a && b): Bedingung ist erfüllt, wenn a und b true sind
- if (!a): Bedingung ist erfüllt, wenn a nicht true ist

logische Operatoren

Basistext

7.10.3 Kontrollstrukturen in C# *

C# bietet die üblichen Kontrollstrukturen für die Programmierung der Auswahl (if...else), der Mehrfachauswahl (switch...case) und für Schleifen (for, while, do-while). Zusätzlich steht die foreach-Schleife zur Verfügung, mit der beispielsweise Felder traversiert werden können.

Auswahl

if-Anweisung

If-Anweisungen können analog zu Java formuliert werden. Werden mehrere Anweisungen in Abhängigkeit von einer Bedingung ausgeführt, dann müssen diese mit {...} geklammert werden. If-Anweisungen können auch ineinander geschachtelt werden.

Beispiele

```
if (warenwert < 20)
    versandkosten = 6.0f;

if (warenwert < 20)
    versandkosten = 6.0f;
else
    versandkosten = 3.0f;

if (warenwert < 20)
    versandkosten = 6.0f;
else //warenwert >= 20
    if (warenwert <= 50.0)
        versandkosten = 3.0f;
    else
        versandkosten = 0.0f;
```

switch-Anweisung

Auch die switch-Anweisung wird analog zu Java formuliert. Anstelle einer Variablen kann auch ein Ausdruck angegeben werden.

Beispiel

```
switch (tarifzone)
{
  case 1: frachtkostenanteil = 15.0f; break;
  case 2: frachtkostenanteil = 25.5f; break;
  case 3: frachtkostenanteil = 35.5f; break;
  default: frachtkostenanteil = 50.0f; break;
}
```

Basistext

Schleifen

C# verfügt über die üblichen Schleifenkonstrukte der for-, while- und do-while-Schleife. Die geschweiften Klammern werden analog zur if-Anweisung verwendet.

```
for (celsius=37; celsius<=40; celsius++)
{
   fahrenheit = (( celsius * 9 ) / 5 ) + 32;
   Console.WriteLine (celsius + " : " + fahrenheit);
}

celsius = 0;
while (celsius <=40)
{
   fahrenheit = (( celsius * 9 ) / 5 ) + 32;
   Console.WriteLine (celsius + " : " + fahrenheit);
   celsius = celsius + 10;
}

celsius = 0;
do
{
   fahrenheit = (( celsius * 9 ) / 5 ) + 32;
   Console.WriteLine(celsius + " : " + fahrenheit);
   celsius = celsius + 10;
}
while (celsius <= 40);
```

Beispiele for-Schleife

while-Schleife

do-while-Schleife

Außerdem bietet die Sprache die foreach-Schleife zum Traversieren einer *Collection* an. Sie wird in »Felder in C#« (S. 351) erläutert.

foreach-Schleife

Erstellen Sie eine C#-Konsolenanwendung mit einem Celsius-Fahrenheit-Konverter, der mit festen Werten für Untergrenze und Obergrenze arbeitet. Geben Sie das Ergebnis in einer Tabelle aus.

7.10.4 Felder in C# *

In C# können Felder deklariert werden, deren Elemente vom gleichen Typ sind. Elemente eines Feldes können vom primitiven Datentyp, Objekte oder Felder sein. Feldelemente können über ihren Index angesprochen und mit der foreach-Schleife traversiert werden. Numerisch indizierte Felder werden wie üblich indiziert. Assoziative Felder können mithilfe der Klasse `Hashtable` **definiert werden.**

Basistext

Feld deklarieren	Felder *(arrays)* können in C# mit dem new-Operator deklariert werden. Bei der Definition muss die maximale Größe des Feldes angegeben werden. Es muss keine Konstante sein, sondern kann zur Laufzeit dynamisch berechnet werden. Die Größe kann nachträglich *nicht* mehr geändert werden.

Beispiel	Es wird ein Feld mit drei Elementen deklariert:
	``
	int limit = 3;
	string[] names1 = new string[limit];
	``

Feld initialisieren	Ein Feld kann im Rahmen der Deklaration initialisiert werden. Die Anzahl der Werte in den geschweiften Klammern muss exakt mit der Größe des Feldes übereinstimmen. Sonst erfolgt eine Fehlermeldung.

Beispiel	```string[] names2=new string [3]{"Stefan", "Andreas", "Ina"};```
	Die folgende Kurzform ist dazu äquivalent:
	```string[] names2={ "Stefan", "Andreas", "Ina" };```

Feldtypen	Elemente in einem Feld können nicht nur primitive Datentypen, sondern beliebige Objekte sein. Ist das Feldelement ebenfalls ein Feld, dann entstehen mehrdimensionale Felder.
Indexposition	Der Zugriff auf die Feldelemente erfolgt über die Indexposition. Das erste Element befindet sich an der Position 0.
Beispiel	```names1[0] = "Stefan";```
Feldgröße	Zu jedem Feld kann mit der Eigenschaft *(property)* Length die Größe ermittelt werden. Das letzte Element eines Feldes findet man an der Position Length-1.
Beispiel	```laenge = names2.Length;```
Feld durchlaufen	Felder können sehr bequem mit der foreach-Anweisung durchlaufen werden. Sie traversiert das Feld immer von der Position 0 bis zur Position Length-1. Mit einer for-Schleife kann das Feld dagegen beliebig durchlaufen werden, z.B. in umgekehrter Reihenfolge.

Basistext

```
foreach(string name in names1)
{
  Console.WriteLine(name);
}

for (int i = names1.Length-1; i >= 0; i--)
{
  str = names1[i];
  Console.WriteLine(str);
}
```

Beispiele

Mit der Klasse `Hashtable` kann man in C# das Konzept des assoziativen Feldes *(associative array)* realisieren. Hier erfolgt die Indizierung nicht über einen numerischen Index, sondern über einen Schlüssel. Diese Klasse ist im Namensraum `System.Collection` vorhanden. Auch Objekte der Klasse `Hashtable` können mit der foreach-Schleife durchlaufen werden. Dazu wird die Klasse `DictionaryEntry` verwendet, die ebenfalls im Namensraum `System.Collection` definiert ist. Jedes Elemente dieser Klasse besteht aus einem Schlüssel-Wert-Paar *(key /value)*.

Hashtable

Erstellen Sie eine C#-Konsolenanwendung und binden Sie die eingeführten Felder ein. Welche Fehlermeldung erscheint, wenn Sie bei einem Feld der Größe 5 auf das Element an der Indexposition 5 zugreifen?

7.10.5 Methoden in C# *

Teilprobleme werden durch Methoden realisiert, die Eingabe- und Ausgabeparameter besitzen können. Eingabeparameter können sowohl *call by value* als auch *call by reference* übergeben werden. Das .NET-*Framework* bietet umfangreiche Klassenbibliotheken. Die Methode `Parse()` wandelt Zahlenstrings in Zahlen, die Methode `ToString()` beliebige Objekte in Strings. Mit der Klasse `DateTime` können Datum und Zeit zu ermittelt und formatiert werden.

Methoden programmieren

In C# realisiert man Teilprobleme mithilfe von Methoden bzw. Operationen . Methoden müssen immer innerhalb einer Klasse (siehe »Klassen in C#« (S. 356)) deklariert werden.

Basistext

Methode ohne Parameter

Im einfachsten Fall wird eine Methode ohne Parameter deklariert. Ein Datenaustausch mit dem Hauptprogramm erfolgt in diesem Fall nicht. Lokale Variablen der Methode sind außerhalb nicht sichtbar. Innerhalb einer Methode kann man nicht auf außerhalb deklarierte Variablen zugreifen. Dies erzeugt während der Übersetzung einen Fehler.

Beispiel

```
public void berechneBMI1()
{
    double bmi = 61.5 / (1.68 * 1.68);
    Console.WriteLine("Der BMI für 61.5 kg und 1.68 m ist "
                     + bmi);
}
```

Eingabeparameter

Benötigt die Methode Eingabeparameter, dann müssen diese in den Klammern aufgeführt werden. Mehrere Parameter werden durch Kommata getrennt. Die Parameterübergabe erfolgt mittels *call by value*, d.h. es werden Kopien an die Methode übergeben und die Methode arbeitet mit diesen Kopien. Werden Parameter von der Methode geändert, so sind die Änderungen außerhalb der Methode nicht sichtbar.

Beispiel

```
public void berechneBMI2 (double weight, double height)
{
    double bmi = weight / (height * height);
    Console.WriteLine("Der BMI für "+ weight + " kg und "
                     + height + " m ist " + bmi);
}
```

Ausgabeparameter

Eine Methode kann auch einen Wert zurückliefern. Dies wird durch die return-Anweisung angegeben. Auch hier ist der zurückgegebene Wert eine Kopie des Variablenwerts. Statt einer einfachen Variablen kann auch ein Ausdruck angegeben werden (z.B. return 2 * wert;).

Beispiel

```
public double berechneBMI3(double weight, double height)
{
    double bmi = weight / (height * height);
    return bmi;
}
```

call by reference

Eingabeparameter einer Methode können in C# auch durch *call by reference* übergeben werden. In diesem Fall wird eine Referenz auf die Variable übergeben werden. Dazu wird vor dem Parameter das Schlüsselwort ref angegeben. Alle Än-

Basistext

derungen eines Referenzparameters innerhalb der Methode sind außerhalb wirksam.

Die folgende Methode vertauscht die Variablen num1 und num2:

Beispiel

```
public void Swap(ref int number1, ref int number2)
{
  int help = number1;
  number1 = number2;
  number2 = help;
}
```

Diese Methode wird wie folgt aufgerufen:

```
number.Swap(ref num1, ref num2);
```

Erstellen Sie ein C#-Programm und führen Sie die eingeführten Methoden aus. Versuchen Sie, auf globale Variablen zuzugreifen. Was passiert, wenn Sie in der Methode Swap() die Parameter mittels *call by value* übergeben? Geben Sie die Ergebnisse zu Kontrollzwecken aus.

Vorhandene Methoden benutzen

Das .NET-*Framework* bietet eine sehr große Anzahl an Basisfunktionen und Klassen, die in jeder Sprache zur Verfügung stehen. Diese stehen – in verschiedenen Namensräumen – für Standardaufgaben zur Verfügung.

Zahlenstrings kann man mithilfe der für numerische Datentypen verfügbaren Methode Parse() in die entsprechenden Zahlen umwandeln.

Parse()

```
string st1 = "123";
string st2 = "19,95";
int ganzeZahl = int.Parse(st1);
float reelleZahl = float.Parse(st2);
double reelleZahl2 = double.Parse(st2);
```

Beispiele

Die Klasse System.Object, die die Basis für alle .NET-Klassen bildet, definiert die Methode ToString(), die ein beliebiges Objekt in einen String umwandelt.

ToString()

```
int i = 12;
float f = 12.4f;
string st1 = i.ToString();
string st2 = f.ToString();
```

Beispiele

Basistext

7 ASP.NET *

Klasse DateTime

Die Klasse DateTime ermöglicht es, den Zeitstempel zu ermitteln und in unterschiedlichen Formaten auszugegeben. Die aktuelle Zeit können Sie mithilfe des Klassenattributs Now der Klasse DateTime wie folgt ermitteln:

```
DateTime now = DateTime.Now;
```

Mit der Methode ToString() kann ein DateTime-Objekt unterschiedlich formatiert zurückgegeben werden. Die nachfolgende Liste zeigt eine Auswahl möglicher Formatierungen. Beachten Sie, dass die jeweilige Ausgabe von der Sprache und dem Zahlenformat des jeweiligen Servers abhängt:

- d : 09.11.2006
- D : Mittwoch, 09. November 2006
- f : Mittwoch, 09. November 2006 16:32
- F : Mittwoch, 09. November 2006 16:32:32
- g : 09.11.2006 16:32
- G : 09.11.2006 16:32:32
- t : 16:32
- T : 16:32:32

Beispiel

Mit folgenden Programmzeilen können Sie Datum und Zeit ausgeben:

```
DateTime now = DateTime.Now;
Console.WriteLine(now.ToString("G"));
```

Erstellen Sie eine Konsolenanwendung und probieren Sie einige Darstellungsmöglichkeiten des Zeitstempels aus.

7.10.6 Klassen in C# *

C# bietet wie Java alle wichtigen Elemente der objektorientierten Programmierung. Zentrale Bausteine eines C#-Programms sind die Klassen. C# bietet zusätzlich Eigenschaften *(properties)* und Accessoren, um den Zugriff auf Attribute zu vereinfachen. Klassen können Schnittstellen implementieren. Klassen und Schnittstellen können zu Namensräumen zusammengefasst werden. Namensräume definieren eine logische Struktur. Durch die Angabe von using können die Elemente eines Namensraums direkt benutzt werden.

Basistext

7.10 C#-Sprachelemente *

Da C# gezielt für die objektorientierte Programmierung entwickelt wurde, unterstützt die Sprache optimal das Klassenkonzept. Klassen werden mit dem Schlüsselwort `class` gekennzeichnet. Attribute werden als *fields* und Operationen als Methoden *(methods)* bezeichnet.

Die Sichtbarkeit der Attribute und Methoden wird mit den Schlüsselwörtern `private`, `protected` und `public` festgelegt, die analog zu anderen objektorientierten Programmiersprachen definiert sind. Außerdem bietet C# die Sichtbarkeiten `internal` und `protected internal`, auf die hier nicht weiter eingegangen wird. Ohne explizite Angabe der Sichtbarkeit sind Attribute und Methoden `private`, d.h. nur in der Klasse selbst sichtbar.

Sichtbarkeit

Eine Klasse wird analog zu Java programmiert. Attribute werden im Allgemeinen als `private` oder `protected` gekennzeichnet. Innerhalb der Klasse können Sie mit `this.Attributname` oder mit `Attributname` direkt darauf zugreifen. Für Methoden verwendet man im Allgemeinen die Sichtbarkeit `public`. Der Konstruktor besitzt den gleichen Namen wie die Klasse. Soll auf eine Klasse außerhalb ihres Namensraums zugegriffen werden, muss sie als `public` deklariert werden.

Klasse deklarieren

```
public class Mitarbeiter
{
   private int personalNr;
   private string name;
   private float gehalt;

   //Konstruktor
   public Mitarbeiter(int nummer, string name,
                      float bruttogehalt)
   {
     personalNr = nummer;
     this.name = name;
     gehalt = bruttogehalt;
   }

   //Methoden
   public void ErhoeheGehalt(float erhoehung)
   {
     gehalt += erhoehung;
   }
```

Beispiel

Basistext

```
public string Ausgabe()
{
  return ("Personalnr: " + personalNr +
          ", Name: " + name +
          ", aktuelles Gehalt: " + gehalt);
}
}
```

Objekte erzeugen — Objekte von Klassen werden mit dem Schlüsselwort new angelegt.

Beispiel — Ein Objekt der Klasse Mitarbeiter wird wie folgt erzeugt:

```
Mitarbeiter mitarbeiter = new Mitarbeiter(1234, "Meier",
2000);
```

Methoden anwenden — Im Sinne der Objektorientierung sollten Sie auf Objekte grundsätzlich nur über Methoden zugreifen. Die allgemeine Syntax lautet:

```
objektname.methodenname()
```

Beispiel

```
mitarbeiter.erhoeheGehalt(100);
ergebnis = mitarbeiter.ausgabe();
```

Eigenschaft — In Java (»Klassen in Java« (S. 291)) erfolgt der Zugriff auf Attribute mit einfachen get- und set-Methoden. Dieser Zugriff ist auch in C# möglich. C# bietet jedoch zusätzlich zum Lesen und Setzen von Attributen das Konzept der Eigenschaft *(property)*. Der Zugriff wird über sogenannte Assessoren *(accessors)* definiert.

Syntax — Die Syntax sieht folgendermaßen aus:

```
Sichtbarkeit Typ Attributname
{
  set { accessor-body }
  get { accessor-body }
}
```

Es muss mindestens ein Accessor implementiert werden. Wenn der get-Accessor fehlt, dann ist kein lesender Zugriff möglich. Analog ist ohne set-Accessor kein schreibender Zugriff erlaubt. Dem set-Accessor wird ein Wert immer durch value übergeben. Analog zu den Attributen gilt die Konvention, dass öffentliche Eigenschaften mit einem Großbuchstaben beginnen.

Basistext

Für das Attribut personalNr werden die Eigenschaft PersonalNr und folgende Accessoren realisiert:

Beispiel

```
public int PersonalNr
{
  get  { return personalNr; }
  set
  {
    if (value < 999999 && value > 1000)
    {
      personalNr = value;
    }
  }
}
```

Die Verwendung dieser Eigenschaft wird gezeigt, indem das Objekt mitarbeiter eine neue Personalnummer erhält, die anschließend zu Kontrollzwecken ausgegeben wird:

```
Mitarbeiter mitarbeiter =
          new Mitarbeiter(1234, "Meier", 2000);
mitarbeiter.PersonalNr = 4711;
Console.WriteLine ("Neue Personal-Nr.:
                  + mitarbeiter.PersonalNr);
```

Als objektorientierte Programmiersprache per se unterstützt C# alle wichtigen objektorientierten Konzepte, z.B. Einfachvererbung, Schnittstellen, abstrakte Klassen und abstrakte Methoden, Klassenattribute und -methoden.

Eine Schnittstelle *(interface)* ist ähnlich wie eine Klasse aufgebaut. Sie definiert die **Signaturen** von Methoden und wird wie folgt deklariert:

Schnittstellen

```
interface Schnittstellenname
{
  void schnittstellenMethode();
}
```

Eine Schnittstelle kann von einer oder mehreren Klassen implementiert werden. Sie sorgt dafür, dass alle Klassen, die diese Schnittstelle benutzen, für ihre Methoden die gleichen Signaturen verwenden. Jede Klasse, die eine Schnittstelle implementiert, muss alle Methoden der Schnittstelle implementieren.

Die Klasse Mitarbeiter implementiert die Schnittstelle IAusgabe:

Beispiel

```
public class Mitarbeiter : IAusgabe {}
```

Basistext

Vererbung	C# unterstützt wie Java die Einfachvererbung.
Beispiel	`public class Teilzeitmitarbeiter : Mitarbeiter {...}`
abstrakte Klasse und Methode	Abstrakte Klassen können abstrakte und »normale« Methoden enthalten.

```
public abstract class OneMoreClass
{
  public abstract void oneMethod();
  public void oneMoreMethod() {...}
}
```

Klassenattribute und -methoden	Klassenattribute und -methoden werden mit `static` gekennzeichnet. Beim externen Zugriff auf Klassenmethoden wird der Klassenname vorangestellt.
Beispiel	

```
public class Mitarbeiter
{
  // Klassenattribut
  private static int ANZAHL = 0;
  // Klassenmethode
  public static int getAnzahl()
  {return ANZAHL;};
}
// Zugriff
int anz = Mitarbeiter.getAnzahl();
```

Namensräume   C# bietet mit den Namensräumen *(namespaces)* ein Konzept, um Klassen und Schnittstellen zu einer Einheit zusammenzufassen. Hierbei ist die Zuordnung eine rein logische Organisation, d.h. die Klassen und Schnittstellen müssen in C# *nicht* zwingend im gleichen Verzeichnis liegen. Zur besseren Übersicht ist es jedoch sinnvoll, dass für jeden Namensraum ein eigenes Unterverzeichnis definiert wird. Namensräume können weitere Namensräume enthalten. Die Definition von Namensräumen erfolgt durch das Schlüsselwort `namespace`. Die Verwendung eines Namensraums wird mit dem Schlüsselwort `using` angegeben. Ohne diese Angabe kann auf Klassen in anderen Namensräumen durch die Punktnotation zugegriffen werden.

Beispiel   Hier wird die Klasse `Mitarbeiter` dem Namensraum `Personen` zugeordnet. Aus den Namensräumen `System` und `Namespace11` (innerhalb `Namespace1`) können die darin enthaltenen Elemente direkt benutzt werden:

Basistext

```
using System;
using Namespace1.Namespace11;
namespace Personen
{
   public class Mitarbeiter { ... }
}
```

Erstellen Sie eine C#-Konsolenanwendung, um die Klasse `Mitarbeiter` zu deklarieren und zu verwenden. Erzeugen Sie von der Klasse ein Objekt und geben Sie dessen Daten zu Kontrollzwecken aus.

7.11 Gästebuch mit ASP.NET *

Ein Gästebuch ermöglicht es Besuchern der Website, einen Kommentar abzugeben. Hier wird das Konzept des Gästebuchs verwendet, um Fitness-Tipps zu veröffentlichen und mit ASP.NET realisiert.

Aus Sicht der Benutzer stellt sich das Fitness-Gästebuch als Formular zum Erfassen der Tipps und als Liste aller Fitness-Tipps dar. Zum Erfassen eines Eintrags dient eine *Web Form* mit Webserver-Steuerelementen. Anschließend müssen die Benutzereingaben permanent gespeichert werden. Dafür wird das Verfahren der Serialisierung verwendet. Nach jeder Eingabe und durch Klicken auf einen Hyperlink werden alle gespeicherten Daten für die Ausgabe im Browser aufbereitet.

Überblick

- Die Programmierung des Formulars mit Webserver-Steuerelementen wird in »Formular ASP.NET-Gästebuch« (S. 362) beschrieben.
- »Datenverwaltung für ASP.NET-Gästebuch« (S. 364) zeigt die Programmierung der Formularauswertung und Einfügen des neuen Eintrags in das vorhandene Gästebuch.
- »Gästebuch erstellen mit ASP.NET« (S. 369) beschreibt die Steuerung und zeigt, wie die Anzeige des Gästebuchs programmiert wird.

Fallstudie

7.11.1 Formular für ein ASP.NET-Gästebuch **

gaestebuch Das Erfassen von Fitness-Tipps (Abb. 7.11-1) wird mit Webserver-Steuerelementen realisiert.

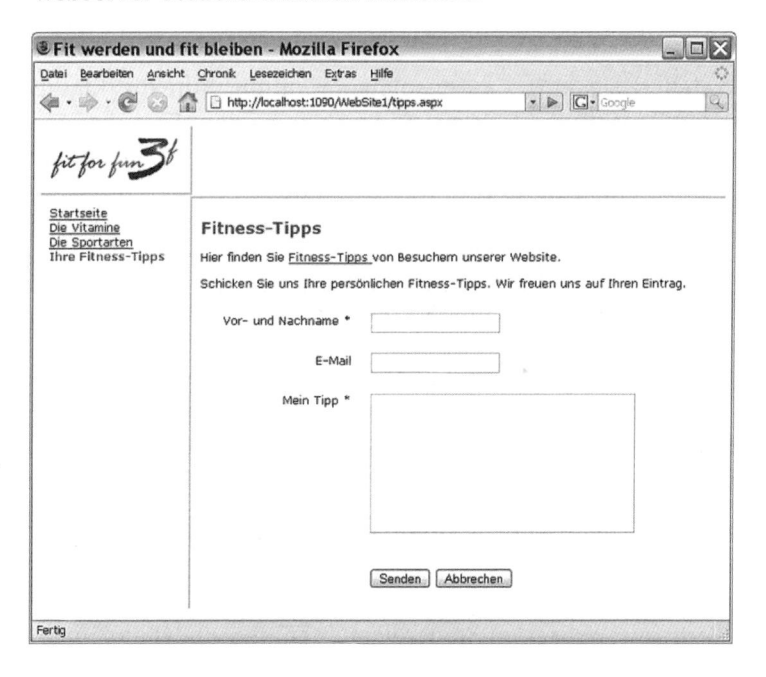

Abb. 7.11-1: Formular für die Erfassung von Fitness-Tipps.

Cross Page Posting Ab ASP.NET 2.0 ist es möglich, Formularwerte, die mit der POST-Methode übertragen wurden, auf anderen ASPX-Seiten auszuwerten. Man spricht hier von *Cross Page Posting*. Dazu besitzt beispielsweise das Webserver-Steuerelement Button das Attribut PostBackUrl. Durch Klicken auf diese Schaltfläche werden die Formulardaten an die Seite gaestebuch.aspx weitergegeben:

```
<asp:Button ID="Senden" runat="server" Text="Senden"
    PostBackUrl="gaestebuch.aspx" />
```

tipps.aspx Die folgende *Web Form* enthält die Serverelemente HyperLink zur Realisierung der Hyperlinks, TextBox für alle Eingabefelder und Button für die Schaltflächen. Name und Tipp sind Pflichtfelder und werden daher mit einem Validierungssteuerelement ergänzt. Die Schaltfläche Senden gibt die Eingaben mittels PostBackUrl weiter:

Fallstudie

7.11 ASP.NET-Gästebuch

```asp
<%@ Page Language="C#" CodeFile="tipps.aspx.cs"
        Inherits="Tipps" %>
<html>
...

<body>
...
<div class="navigation">
  <asp:HyperLink ID="StartLink" runat="server"
       NavigateUrl="Default.aspx">Startseite
  </asp:HyperLink><br />
  <asp:HyperLink ID="VitaminLink" runat="server"
       NavigateUrl="vitamine.html">Die Vitamine
  </asp:HyperLink><br />
  <asp:HyperLink ID="SportLink" runat="server"
       NavigateUrl="sportarten.html">Die Sportarten
  </asp:HyperLink><br />
  <span class="pagelabel">Ihre Fitness-Tipps</span>
</div>

<div class="inhalt">
  <h1>Fitness-Tipps</h1>

  <p>Hier finden Sie
  <asp:HyperLink ID="fitnesstipps" runat="server"
       NavigateUrl="gaestebuch.aspx">Fitness-Tipps
  </asp:HyperLink>
  von Besuchern unserer Website.</p>

  <p>Schicken Sie uns Ihre persönlichen Fitness-Tipps.
     Wir freuen uns auf Ihren Eintrag.</p>

  <form runat="server">
    <table>
      <tr>
        <td class="rechts" >Vor- und Nachname *</td>
        <td class="breite">
          <asp:TextBox ID="Name" runat="server" />
          <asp:RequiredFieldValidator ID="validName"
               runat="server"
               ErrorMessage="Bitte geben Sie Ihren Namen
                             ein"
               ControlToValidate="Name"  />
        </td>
      </tr>

      <tr>
        <td class="rechts">E-Mail</td>
        <td>
          <asp:TextBox ID="Email" runat="server" /></td>
      </tr>
```

Fallstudie

```
<tr>
  <td class="rechts">Mein Tipp *</td>
  <td >
    <asp:TextBox ID="Tipp" runat="server"
        TextMode="MultiLine"
        Height="150px" Width="296px" /> <br />
    <asp:RequiredFieldValidator ID="validTipp"
        runat="server"
        ErrorMessage="Bitte geben Sie Ihren Tipp
            ein."
        ControlToValidate="Tipp" />
  </td>
</tr>

<tr>
  <td><!-- leeres Feld> --></td>
  <td >
    <asp:Button ID="Senden" runat="server"
        Text="Senden"
        PostBackUrl="gaestebuch.aspx" />
    <asp:Button ID="Reset" runat="server"
        Text="Abbrechen"
        OnClick="resetForm"
        CausesValidation="false"/>
  </td>
</tr>
    </table>
  </form>
</div>
</body>
</html>
```

7.11.2 Datenverwaltung für ein ASP.NET-Gästebuch ***

gaestebuch — Für die Datenverwaltung eines Gästebuchs werden mehrere C#-Klassen benötigt. Weil es langfristig gespeichert werden muss, bietet sich die Speicherung in einer Datei an. Da das Gästebuch nur als Ganzes angezeigt wird und nur Einträge hinzugefügt werden, ist ein direkter Zugriff auf einzelne Einträge nicht nötig.

Serialisierung — Eine einfache Art, Objekte permanent in einer Datei zu speichern, bietet die Technik der Serialisierung. Die .NET-Klassenbibliothek bietet verschiedene Serialisierungsformate. Dazu gehören ein proprietäres binäres Format und die XML-Serialisierung, die hier verwendet wird. Bei der XML-Serialisierung werden die Attribute eines Objekts ausgelesen und in einem standardisierten XML-Format in einer Datei gespeichert. Die Attribute müssen dazu entweder als `public` deklariert sein oder *Getter* und *Setter* besitzen. Bei der XML-Deserialisierung wird die XML-Datei gelesen und das Objekt wieder im Arbeitsspeicher erzeugt.

Die XML-Serialisierung besitzt den Vorteil, dass die gespeicherten Daten sowohl von Menschen als auch anderen Anwendungen einfach gelesen werden können. So sieht eine XML-Datei aus, die einen Fitness-Tipp enthält:

XML-Datei

```xml
<?xml version="1.0" encoding="utf-8"?>
<GaesteContainer xmlns:xsi=
  "http://www.w3.org/2001/XMLSchema-instance"
  xmlns:xsd="http://www.w3.org/2001/XMLSchema">
  <a1>
    <anyType xsi:type="GaesteEintrag">
      <tipp>Jeden Morgen 10 min eiskalt duschen.</tipp>
      <name>Mike Sommer</name>
      <email>mike@webber.xy</email>
      <today>29.12.2006 um 13:33:19</today>
    </anyType>
  </a1>
</GaesteContainer>
```

Für das Verstehen der Programme in diesem Wissensbaustein benötigen Sie fortgeschrittene C#-Kenntnisse. Wenn Sie diese Kenntnisse nicht besitzen, sollten Sie die vorgestellten Klassen und ihre Methoden einfach als *Black Boxes* betrachten, die von der ASP.NET-Anwendung verwendet werden.

Hinweis

Mit der Schnittstelle `XmlSerializer` können die zu speichernden Daten komplett als XML-Datei abgelegt und wieder gelesen werden. Dafür stehen die Methoden `Serialize()` und `Deserialize()` zur Verfügung.

XmlSerializer

- `XmlSerializer.Serialize(writer, einObjekt)`: Serialisiert das Objekt `einObjekt` in den Ausgabestrom `writer`.
- `XmlSerializer.Deserialize(reader)`: Deserialisiert die Daten im bereitgestellten Eingabestrom und liefert das erstellte Objekt als Rückgabewert.

Die Klasse `ObjektDatei.cs` stellt die Methoden für die Serialisierung und Deserialisierung zur Verfügung. Sie sind so realisiert, dass Sie die Klasse für die XML-Serialisierung beliebiger Objekte verwenden können:

ObjektDatei.cs

Fallstudie

```csharp
using System;
using System.IO;
using System.Collections;
using System.Xml;
using System.Xml.Serialization;

namespace GB
{
public class ObjektDatei
{
  private string Dateiname;

  // Konstruktor
  public ObjektDatei(string Dateiname)
  {
    this.Dateiname = Dateiname;
  }
  public void speichereObjekt(Object einObjekt, Type t)
  {
    try
    {
      XmlSerializer serialisierer = new XmlSerializer(t);
      StreamWriter writer = new StreamWriter(Dateiname);
      serialisierer.Serialize(writer, einObjekt);
      writer.Close();
    }
    catch (Exception e)
    {
      Console.Out.WriteLine
        ("Fehler beim Speichern der Datei: " + e.ToString());
    }
  }
  public Object leseObjekt(Type t)
  {
    Object einObjekt = null;
    FileStream reader  = new FileStream(Dateiname,
                        FileMode.OpenOrCreate);
    try
    {
      XmlSerializer serialisierer = new XmlSerializer(t);
      einObjekt = serialisierer.Deserialize(reader);
      reader.Close();
    }
    catch (Exception e)
    {
      Console.Out.WriteLine("Fehler beim Laden der Datei: "
                     + e.ToString());
      reader.Close();
    }
    return einObjekt;
  }
}
}
```

Die elementaren Objekte in einem Gästebuch sind die Gästebucheinträge. Sie werden durch die Klasse `GaesteEintrag` realisiert:

GaesteEintrag.cs

```
using System;
namespace GB
{
//Klasse zur Verwaltung einzelner Gästebucheinträge
public class GaesteEintrag
{
  private String tipp, name, email, today;

  //Konstruktor
  public GaesteEintrag(String tipp, String name,
                       String email, String today)
  {
    this.tipp = tipp;
    this.name = name;
    this.email = email;
    this.today = today;
  }

  //Properties
  public String Tipp
  { get { return tipp; } }
  public String Name
  { get { return name; } }
  public String Email
  { get { return email; } }
  public String Today
  { get { return today; } }
  }
}
```

In objektorientierten Programmiersprachen werden Daten in Form von Objekten verwaltet. Alle gleichartigen Objekte werden zusammen in einen Container gelegt.

Container

C# bietet das Konzept der Meta-Attribute an. Diese Attribute sind nicht zu verwechseln mit den *fields* einer Klasse, die in der Objektorientierung üblicherweise als Attribute bezeichnet werden. Ein Meta-Attribut ist ein Objekt einer aus `System.Attribute` abgeleiteten Klasse, das auf ein Attributziel (z.B. Klasse oder Schnittstelle) angewendet werden kann. Es bildet sozusagen eine Metainformation, die an Klassen oder Klassenelemente angehängt werden kann. Das zugewiesene Attribut wird in eckigen Klammern angegeben, wobei in runden Klammern benötigte Parameter aufgeführt werden können. Diese Angabe steht unmittelbar vor dem Zielelement.

Meta-Attribute

Fallstudie

Das .NET-*Framework* stellt eine große Anzahl von Meta-Attributen zur Verfügung. Mit dem Meta-Attribut XmlInclude wird beispielsweise spezifiziert, welche Typen als Elemente einer ArrayList erlaubt sind:

```
[XmlInclude(typeof(GaesteEintrag))]
public class ArrayListGaesteEintrag : ArrayList
{ }
```

Gaeste Container.cs

Zur Verwaltung aller Einträge im Container dient die Klasse Gaestecontainer. Da in C# auch die Klasse ArrayList serialisierbar ist, wird der Datentyp ArrayList zur Verwaltung verwendet. Alle Einträge werden in einem ArrayList-Objekt gespeichert und werden so – als ein einziges Objekt – gespeichert:

```
using System;
using System.Collections;
using System.Xml.Serialization;

namespace GB
{
//Container zur Verwaltung der Gästebucheinträge
//Als Datenstruktur wird eine ArrayList verwendet

//Das Meta-Attribut gibt an, dass in der ArrayList
//nur Objekte vom Typ GaesteEintrag vorkommen dürfen

[XmlInclude(typeof(GaesteEintrag))]
public class ArrayListGaesteEintrag : ArrayList
{ }

public class GaesteContainer
{
  public ArrayListGaesteEintrag al =
       new ArrayListGaesteEintrag();
  //Operationen
  public void anfuegen(GaesteEintrag einEintrag)
  {
    al.Add(einEintrag);
  }

  public GaesteEintrag getEintrag(int index)
  {
    return (GaesteEintrag)al[index];
  }

  public int Count //Anzahl der Einträge
  { get{return al.Count; }}
}
}
```

Fallstudie

7.11.3 Gästebuch erstellen mit ASP.NET **

Die Erstellung des Gästebuchs erfolgt durch die ASPX-Datei gastebuch.aspx und deren *Code-Behind*-Datei gaestebuch.aspx.cs. Abb. 7.11-2 zeigt, wie das Gästebuch aussehen soll.

gaestebuch

Die folgende *Web Form* delegiert fast alle Aufgaben an ihre *Code-Behind*-Datei:

gaestebuch .aspx

```
<%@ Page Language="C#" CodeFile="gaestebuch.aspx.cs"
    Inherits="gaestebuch" %>
<head>
<title>Fit werden und Fit bleiben</title>
<link href="stylesheet.css" rel="stylesheet"
      type="text/css" />
</head>

<body>
<h1>Liste aller Fitness-Tipps</h1>
<%= this.GB_Tabelle() %>
<a href="tipps.aspx">Zurück zum Formular</a>
</body>
</html>
```

Die *Code-Behind*-Datei enthält die beiden Methoden Page_Load() und GB_Tabelle(). In Page_Load() wird die Gästebuchdatei geöffnet bzw. angelegt. Dann werden die Formularfelder gelesen. Bitte beachten Sie, dass diese Methode sowohl über den Hyperlink Fitness-Tipps als auch über das Absenden des Formulars aufgerufen wird. Beim Aufruf über den Link werden *keine* Feldinhalte weitergegeben. Eine Prüfung stellt sicher, dass in diesem Fall *kein* leerer Eintrag gespeichert wird. Die Methode GB_Tabelle erstellt die HTML-Ausgaben für das Gästebuch:

gaestebuch .aspx.cs

```
using System;
using GB;

public partial class gaestebuch : System.Web.UI.Page
{
  ObjektDatei meinSpeicher;
  GaesteContainer einGaesteContainer;

  protected void Page_Load(Object sender, EventArgs e)
  {
    //Gästebuchdatei lesen
    meinSpeicher = new ObjektDatei
                ("c:/temp/fitnesstipps_asp.xml");
```

Fallstudie

```csharp
      einGaesteContainer =
   (GaesteContainer)meinSpeicher.leseObjekt(typeof
                                 (GaesteContainer));
   //Wenn Datei noch nicht vorhanden, dann anlegen
   if (einGaesteContainer == null)
      einGaesteContainer = new GaesteContainer();

   //Auslesen des HTML-Formulars
   String name = Request.Params["Name"];
   String email = Request.Params["Email"];
   String tipp = Request.Params["Tipp"];

   //Eintrag nur speichern, wenn Formular abgeschickt
   if (name != null && tipp != null)
   {
      //Aktuelles Datum  und aktuelle Zeit
      String today = Timestamp.getTimeStamp();

      //Eintrag in Klasse Gästebuch
      einGaesteContainer.anfuegen(new GaesteEintrag(tipp,
                             name,email,today));
      //Speichern des Gästebuchs
      meinSpeicher.speichereObjekt((Object)
          einGaesteContainer, typeof(GaesteContainer));
   }
}
public string GB_Tabelle()
{
   string eintrag="";
   //Anzeige des kompletten Gästebuchs
   for (int i = einGaesteContainer.Count - 1; i >= 0;  i--)
   {
      GaesteEintrag einEintrag =
                 einGaesteContainer.getEintrag(i);
      eintrag += "<table>";
      eintrag += "<tr><th>Am " + einEintrag.Today
              + " schickte " + einEintrag.Name
              + " diesen Tipp</th></tr>";
      eintrag += "<tr class=\"row1\"><td>"
              + einEintrag.Tipp + "</td> </tr>";
      if (einEintrag.Email != "")
      {
         //nur ausgeben, wenn Email eingegeben wurde
         eintrag += "<tr class=\"row2\"> <td>E-Mail: "
              + "<a href=\"mailto:" + einEintrag.Email
              + "\">" + einEintrag.Email + "</a></td>";
      }
      eintrag += "</table> <br />";
   }
   return eintrag;
}
}
```

Fallstudie

7.11 ASP.NET-Gästebuch *

Um dieses Fitness-Gästebuch möglichst einfach zu realisieren, wurden für die Ausgabe der Einträge einfach XHTML-Tabellen erzeugt. Im Sinne einer optimalen ASP.NET-Anwendung wäre es besser gewesen, ASP.NET-Tabellen zu verwenden und diese durch die *Code-Behind*-Datei dynamisch mit Daten zu füllen.

Hinweis

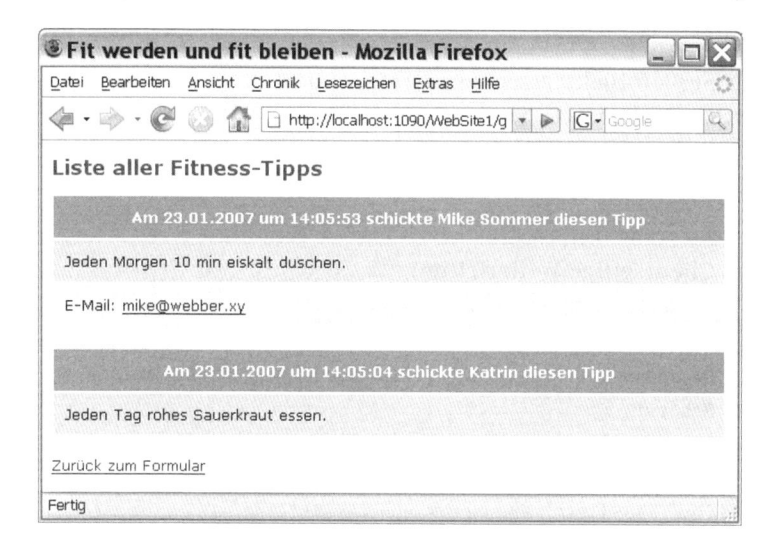

Abb. 7.11-2: So sieht die Liste aller Fitness-Tipps aus.

Die Klasse Timestamp stellt die Klassenmethode getTimestamp() zur Verfügung, mit der das Datum in dem browsereingestelltem Landesformat erzeugt wird:

Timestamp.cs

```
namespace GB
{
  public static class Timestamp
  {
    //Aktuelles Datum
    public static String getTimeStamp()
    { return String.Format("{0:d} um {0:T}", DateTime.Now); }
  }
}
```

Führen Sie das Fitness-Gästebuch gaestebuch auf Ihrem Computer aus. Bitte beachten Sie, dass das Verzeichnis C:\temp vorhanden sein muss, damit die Datei gespeichert werden kann. Erweitern Sie das Fitness-Gästebuch um ein Feld, in das ein Besucher optional die URL einer Homepage eingeben kann.

Fallstudie

7.12 ASP.NET im Überblick *

Page-Direktive
- `<%@ Page Language="C#"`
  `CodeFile="datei.aspx.cs" Inherits="Klasse" %>`

Import-Direktive
- `<%@ Import namespace="Namensraum" %>`

Codeblöcke
- `<% Anweisung1; Anweisung2; %>`
- `<%= ausdruck %>`

Browserausgabe
- **Serverobjekt:** `Response.Write(ausdruck)`
- **Codeblock:** `<%= ausdruck %>`
- **Webserver-Steuerelement:** `<asp:Label Text="text" ...>`

Serverobjekte
- Response
  - Ausgabe: `Response.Write ("Text" + ausdruck);`
  - Clientseitige Weiterleitung:
    `Response.Redirect ("datei.aspx");`
  - mit Parameter:
    `Response.Redirect ("datei.aspx?par=" + parameter);`
- Request
  - mit GET übertragen: `Request.QueryString["parameter"];`
  - mit POST übertragen: `Request.Form["feld"];`
  - GET, POST etc.: `Request.Params["feld"];`

Code-Inline
- ```
  <%@ Page Language="C#" %>
  <html>
  <head>
  <script runat="server" >
  String funktion(...)
  { }
  </script>
  </head>
  <body>
  <% Anweisungen mit Aufruf der Funktionen;  %>
  <%= ausdruck %>
  </body>
  </html>
  ```

Code-Behind
- **Web Form:** `datei.aspx`
  ```
  <%@ Page Language="C#" CodeFile="datei.aspx.cs"
          Inherits ="Klasse"%>
  <html>
  ...
  <body>
  <% Anweisungen mit Aufruf der Methoden von Klasse; %>
  <%= ausdruck %>
  </body>
  </html>
  ```

Box
  ```

- C#-Code: datei.aspx.cs
  ```
  public partial class Klasse: System.Web.UI.Page
  {
    public String methode(...)
    {...}
  }
  ```
- private void Page_Load (Object sender, EventArgs e)   Page_Load()
- Methode einer partiellen Klasse
- Wird automatisch beim Laden der Seite aufgerufen
- ASPX-Datei leitet Formularwerte an andere *Web Form* wei-   *Cross Page*
  ter: *Posting*
  ```
  <asp:TextBox ID="Name" runat="server" />
  <asp:Button ID="Senden" runat="server" Text="Senden"
       PostBackUrl="zieldatei.aspx" />
  ```
- Zieldatei liest übergebene Felder innerhalb der Page_Load-
  Methode:
  ```
  private void Page_Load(Object sender, EventArgs e)
  { String name = Request.Params["Name"]; }
  ```

Webserver-Steuerelemente

- HTML-Serversteuerelement   form
- ```
  <form runat="server">
    hier dürfen Webserver-Steuerelemente stehen
  </form>
  ```

- `<asp:Label ID="Label1" runat="server" />`   Label
  □ Attribut Text="Text für Browserausgabe"
  □ Attribut Visible = "false" | "true"

- Einzeiliges Feld: Textbox
  `<asp:TextBox ID="TextBox1" runat="server" />`
- Mehrzeiliges Feld:
  ```
  <asp:TextBox ID="TextBox2" runat="server" TextMo-
  de="MultiLine" />
  ```
- Passwort-Feld:
  ```
  <asp:TextBox ID="TextBox3" runat="server" TextMo-
  de="Password" />
  ```

- ```
  <asp:Button ID="Button1" Text="Beschriftung" runat="server"            Button
       OnClick="serverFunktion"  />
  ```

- ```
  <asp:Button ID="Button2" Text="Beschriftung" runat="server"            JavaScript
       OnClientClick="return js_function(this.form)" />                   verwenden
  ```

Box
  ```

- `<asp:Button ID="Button3" Text="Zurücksetzen" runat="server"`
    `OnClientClick=`
    `"JavaScript: return confirm ('Wirklich Löschen?');" />`

HyperLink
- `<asp:HyperLink ID="Link1" runat="server"`
    `NavigateUrl="zieldatei.aspx">Link`
    `</asp:HyperLink>`

URL
- relative Adresse: `datei.aspx`
- bezogen auf Wurzel der Web-Anwendung:
    `~/datei.aspx`
- externe Site: `http://www.website.de`

Validierungssteuerelemente

RequiredField Validator
- `<asp:RequiredFieldValidator ID="eigene_ID" runat="server"`
    `ControlToValidate="Control_ID"`
    `ErrorMessage="Fehlermeldung" />`

RangeValidator
- `<asp:RangeValidator ID="eigene_ID" runat="server"`
    `ControlToValidate="Control_ID"`
    `MinimumValue="wert1" MaximumValue="wert2"`
    `Type="Typ"`
    `ErrorMessage="Fehlermeldung"/>`

`Typ` kann sein:

- `Double` (z.B. "1,2" bis "2,3")
- `String` (z.B. "Da" bis "De")
- `Integer` (z.B. "1" bis "20")
- `Date` (z.B. "1.1.1900" bis "31.12.1999")

Compare Validator
- Vergleich mit anderem Steuerelement
- `<asp:CompareValidator ID="eigene_ID" runat="server"`
    `ControlToValidate="Control_ID"`
    `ControlToCompare="Vergleichs_ID"`
    `Operator="Op"`
    `Type="Typ"`
    `ErrorMessage="Fehlermeldung" />`
- `Op` kann sein:
  - ☐ `Equal`
  - ☐ `NotEqual`
  - ☐ `GreaterThan`
  - ☐ `GreaterThanEqual`
  - ☐ `LessThan`
  - ☐ `LessThanEqual`

- Typüberprüfung
- `<asp:CompareValidator ID="eigene_ID" runat="server"`
  `ControlToValidate="Control_ID"`
  `Operator="DataTypeCheck"`
  `Type="Typ"`
  `ErrorMessage="Fehlermeldung" />`

- Validierung kann für jedes Webserver-Steuerelement ausgeschaltet werden.   *Validierung ausschalten*
- **Attribut:** `CausesValidation="false"`

- Webserver-Steuerelemente können zu Validierungsgruppen zusammengefasst werden.   *Validierungsgruppen*
- Gruppenzugehörigkeit wird durch Name gekennzeichnet.
- **Attribut:** `ValidationGroup="Name"`

Box

Box

8 Ajax ❊❊

Ajax steht für *Asynchronous JavaScript and XML*. Ajax ermöglicht es, Daten zwischen Webserver und Browser auszutauschen, ohne dass nach *jeder* Aktivität des Benutzers die Seite vollständig neu geladen wird. Stattdessen werden nur die jeweils benötigten Teile nachgeladen und in die aktuelle Webseite eingefügt. | Was ist Ajax?

Sie sollten die Grundlagen von XHTML, CSS und JavaScript kennen. Da für die Beispiele in dieser Gruppierung die serverseitige Technik JSP eingesetzt wird, sollten Sie Grundkenntnisse in der Web-Technik JSP besitzen. | Was Sie wissen sollten

Diese Gruppierung erläutert Ihnen, was Ajax ist und wie die Technik in Zusammenhang mit JSP eingesetzt wird. Als Beispiele werden zwei typische Ajax-Anwendungen entwickelt. | Was Sie lernen

- »Was ist Ajax?« (S. 377)
- »Ajax-Anwendung mit JSP erstellen« (S. 381)
- »Ajax-Bibliothek einsetzen« (S. 387)

Damit Sie mit Ajax arbeiten können, benötigen Sie keine zusätzlichen Werkzeuge, sondern einen JavaScript-fähigen Browser, der das XMLHttpRequest-Objekt unterstützt. Dies ist bei den modernen Browsern der Fall. Außerdem benötigt man im Allgemeinen auf der Serverseite eine Web-Anwendung, die mit dem Ajax-Client interagieren kann. | Was Sie brauchen

Verwendete und weiterführende Literatur: | Literatur

/Garrett 05/, /Bergmann, Bormann 05/ und /Gamperl 06/.

8.1 Was ist Ajax? ❊❊

Der Ajax-Ansatz ermöglicht es, dass sich eine Web-Anwendung ähnlich wie eine Desktop-Anwendung verhält. Dies wird erreicht, indem nur Teile einer Webseite bei Bedarf vom Server nachgeladen werden. Ajax kombiniert verschiedene Web-Techniken und verwendet als Kern das XMLHttpRequest-Objekt. Mit diesem

Basistext

Objekt kann der Web-Entwickler Informationen von einem Webserver abrufen, diese auswerten und anschließend in die bereits geladene und angezeigte Webseite dynamisch einbauen. Der Begriff »Ajax-Engine« beschreibt im Allgemeinen den JavaScript-Code, der für eine Ajax-Anwendung erstellt werden muss.

Ajax

Der Begriff **Ajax** wurde von Jesse James Garrett in seinem 2005 publizierten Artikel zu Ajax /Garrett 05/ geprägt, obwohl die Techniken, die dem Ajax-Ansatz zugrunde liegen, schon vorher bekannt waren. Ajax basiert auf folgenden Techniken :

- HTML bzw. XHTML für die Darstellung von Webseiten.
- *Document Object Model* (**DOM**) zur Repräsentation der Daten oder Inhalte.
- XMLHttpRequest-Objekt, um Daten auf asynchroner Basis mit dem Webserver auszutauschen.
- JavaScript zur Manipulation des DOM und zur dynamischen Darstellung der Inhalte. Außerdem verbindet JavaScript die einzelnen Komponenten miteinander.

Ajax-Anwendungen

Bei »klassischen« Web-Anwendungen löst jede Benutzeraktion eine HTTP-Anfrage an den Webserver aus, die zum vollständigen Laden einer neuen Webseite führt. Aus Sicht des Benutzers entsteht ein Prozessfluss mit dem Muster Interaktion – Warten – Interaktion – Warten usw. Dieses Muster tritt auch dann auf, wenn der Benutzer selbst keine Eingabe macht und der Eindruck entstehen mag, dass die Webseite automatisch aktualisiert wird. In diesem Fall schickt die geladene Webseite in regelmäßigen Abständen automatisch eine Anfrage an den Webserver *(refresh)*. Bei einer Ajax-Anwendung entsteht dagegen der Eindruck, dass sie vollständig auf dem Computer des Benutzers ausgeführt wird. Aus Sicht des Benutzers findet eine kontinuierliche Interaktion statt. Ajax-Anwendungen stehen dadurch den herkömmlichen Desktop-Programmen in fast nichts nach. Deshalb wird der Ajax-Ansatz als eine Technik zur Programmierung von *Rich Internet Applications* (RIA) bezeichnet. In diesem Buch wird Ajax im Rahmen einer JSP-Anwendung eingesetzt, kann jedoch auch mit anderen serverseitigen Techniken kombiniert werden. Microsoft hat unter dem Namen ATLAS ein

Basistext

kostenloses **Framework** entwickelt, mit dem hochgradig interaktive ASP.NET-Anwendungen auf einfache Art entwickelt werden können. Auch für PHP werden entsprechende Ajax-*Frameworks* angeboten.

Wenn Sie einen Eindruck erhalten wollen, wie sich eine Ajax-Anwendung präsentiert, dann sollten Sie sich die Website von Google Suggest (http://www.google.com/webhp?complete=1\&hl=en) ansehen. Während Sie noch den Suchbegriff eingeben, wird gleichzeitig eine Liste von Suchbegriffen und deren Treffer-Anzahl angezeigt. Auch bei Google Maps Deutschland (http://maps.google.de/) können Sie sich diesen Effekt ansehen. Wenn Sie in einer Landkarte zoomen und scrollen, dann geschieht dies im Allgemeinen ohne wahrnehmbare Wartezeit.

Beispiel

Geben Sie bei »Google Suggest« den Suchbegriff »Ajax« ein. Was wird angezeigt? Tippen Sie bei »Google Maps Deutschland« Ihre Heimatadresse ein und betrachten Sie die Umgebung Ihres Wohnhauses. Schalten Sie zwischen verschiedenen Darstellungen (Map, Satellite, Hybrid) um. Verwenden Sie die Zoomfunktion.

Das XMLHttpRequest-Objekt bildet den Kern einer jeden Ajax-Anwendung. Es ermöglicht das asynchrone Absenden einer **Anfrage** *(request)*. Die **Antwort** *(response)* der im Hintergrund gestarteten Anfrage liegt in der Regel als HTML oder XML vor und wird mit Hilfe der DOM-Funktionalität von JavaScript in die aktuelle Webseite eingefügt. Im Gegensatz zu einer herkömmlichen Web-Anwendung wird die Seite *nicht* neu geladen und der Benutzer merkt nichts von der Anfrage an den Server. Für ein XMLHttpRequest-Objekt sind eine Reihe von Eigenschaften und Methoden definiert, die bei einer Ajax-Anwendung benutzt werden. Das XMLHttpRequest-Objekt ist im DOM (siehe »Document Object Model« (S. 104)) definiert. Es gehört jedoch *nicht* zum W3C-DOM, sondern zum Objektmodell des jeweiligen Browsers.

XMLHttpRequest-Objekt

Garrett hat in seinem Artikel den prägnanten Begriff der **Ajax-Engine** eingeführt, die man sich als eine »gedankliche Komponente« zwischen dem Browser und dem Server vorstellen kann. Obwohl es keine wirkliche Ajax-*Engine* gibt, die

»Ajax-Engine«

Basistext

beispielsweise als *Plugin* installiert werden kann, handelt es sich hier um einen Begriff, der den internen Ablauf bei einer Ajax-Anwendung leichter verständlich macht. Man versteht unter der Ajax-*Engine* im Allgemeinen den JavaScript-Code, der für eine Ajax-Anwendung erstellt werden muss. Kern der Ajax-*Engine* ist das JavaScript-Objekt XMLHttpRequest, das die Kommunikation mit dem Webserver durchführt. Außerdem versteht man unter der Ajax-*Engine* diejenige Funktionalität, die bei einer Web-Anwendung die typischen GUI-Effekte einer Ajax-Anwendung ermöglicht.

Arbeitsweise der Ajax-Engine

/Garrett 05/ beschreibt die Arbeitsweise der Ajax-*Engine* wie folgt: In einer Ajax-Anwendung erzeugt jede Benutzeraktion, die normalerweise eine HTTP-Anfrage erzeugen würde, einen JavaScript-Aufruf, der an die Ajax-*Engine* delegiert wird. Handelt es sich um eine Aktion, die keine Verbindung zum Server erfordert (z.B. eine einfache Datenvalidierung), dann wird sie allein durch die Ajax-*Engine* bearbeitet. Benötigt die Ajax-*Engine* Daten vom Server, um die Aktion auszuführen (z.B. Laden neuer Daten), so löst sie selbständig asynchrone Anfragen an den Server aus. Die Programme auf dem Server erzeugen die gewünschte Information und schicken sie an den Client. Der Client schleust die Antwort des Servers durch die Ajax-*Engine*, die sie in die aktuell angezeigte Webseite eingefügt. Da die asynchronen Anfragen im Hintergrund laufen, merkt der Benutzer nichts davon, sondern aus seiner Sicht wird die Interaktion mit der Web-Anwendung nicht unterbrochen.

alternative Techniken

Es gibt einige Web-Techniken, mit denen ähnliche Effekte wie mit Ajax erzielt werden können. Dazu gehören beispielsweise Flash und Applets. Im Gegensatz zu Ajax ist hier zusätzliche Software nötig: Flash benötigt das Flash-*Plugin* im Browser und Applets setzen die JVM *(Java Virtual Machine)* voraus. Auch mithilfe von JavaScript und *IFrames (Inline Frames)* kann man Teile einer Webseite dynamisch aktualisieren. *IFrames* sind HTML-Elemente, die es ermöglichen, andere Web-Dokumente in eine Webseite einzubinden und beliebig zu platzieren. Im Gegensatz zum Ajax-Ansatz wird hier der komplette Inhalt eines *IFrames* nachgeladen. In XHTML 1.1 werden IFrame-Elemente nicht mehr unterstützt.

Basistext

Die größten Vorteile von Ajax sind, dass ausgereifte Techniken verwendet werden und dass es nicht mehr notwendig ist, eine komplette Webseite nachzuladen. Außerdem ist keine Browser-Erweiterung nötig. Für den Benutzer sind sicher die größten Vorteile, dass bei Web-Anwendungen nun eine kontinuierliche Bedienung und eine grafische Interaktivität auch dann möglich werden, wenn eine Kommunikation mit dem Webserver notwendig ist.

Vorteile von Ajax

Bei aller Euphorie über Ajax sollte man auch dessen Nachteile nicht übersehen. Dazu gehören die Abhängigkeit von JavaScript, das durch den Benutzer deaktiviert werden kann und natürlich der drastisch erhöhte Transaktionsaufwand zwischen Client und Server, der effiziente *Caching*-Verfahren erforderlich macht.

Nachteile von Ajax

8.2 Ajax-Anwendung mit JSP erstellen *

Eine einfache Ajax-JSP-Anwendung besteht aus einem XHTML-Dokument, das ein JavaScript-Programm aufruft. Der JavaScript-Code realisiert einerseits das Absenden eines XMLHttpRequest-Objekts und liest andererseits die empfangenen Daten des XMLHttpRequest-Objekts und fügt diese Daten in das XHTML-Dokument ein. Die JSP-Datei nimmt alle HTTP-Anfragen serverseitig entgegen und erzeugt in Abhängigkeit von der Eingabe die gewünschte Ausgabe.

In Web-Anwendungen werden häufig Auswahllisten eingesetzt. In Abhängigkeit vom gewählten Listenwert werden weitere Daten im Browser angezeigt. Bei der hier vorgestellten Ajax-Anwendung kann der Benutzer zwischen den Werten CD Charts und DVD Charts wählen und erhält jeweils die aktuellen Charts in einer XHTML-Tabelle angezeigt (Abb. 8.2-1). Der Ajax-Ansatz ermöglicht die Aktualisierung der Webseite, ohne dass sie vollständig neu geladen wird, da lediglich die entsprechenden Daten innerhalb der Webseite *ausgetauscht* werden. Die serverseitige Implementierung wird in diesem Beispiel mit JSP realisiert.

Basistext

Abb. 8.2-1: Die Webseite wird durch das Absenden der Ajax-Anfrage aktualisiert.

Die vorgestellte Ajax-Anwendung besteht aus drei Komponenten:

- XHTML-Dokument: Es enthält ein einfaches Formular mit der Auswahlliste und ruft das JavaScript-Programm auf.
- JavaScript-Programm: Dieses Programm realisiert das Absenden eines XMLHttpRequest-Objekts, wenn der Benutzer eine Kategorie in der Auswahlliste gewählt hat. Außerdem liest das JavaScript-Programm die empfangenen Daten des XMLHttpRequest-Objekts und fügt diese Werte in die aktuelle Webseite ein.
- JSP-Datei: Nimmt alle HTTP-Anfragen serverseitig entgegen und erzeugt in Abhängigkeit der gewählten Kategorie die gewünschte XHTML-Tabelle.

XHTML-Dokument

Das XHTML-Dokument bindet das benötigte JavaScript-Programm ein und enthält natürlich die entsprechenden Formularelemente. Eine Benutzeraktion (hier die Auswahl der gewünschten Kategorie in der Liste) aktiviert die JavaScript-Funktion retrieveURL(). Als erster Parameter wird der Funktion die Adresse der JSP-Datei mit der gewählten Kategorie übergeben. Der zweite Parameter enthält die ID des XHTML-Elements span. Dieses Element ist zunächst leer und dient als Behälter (*container*) für die XHTML-Tabelle, die von der JSP-Datei erzeugt wird.

Die Auswahlliste wird durch die XHTML-Markierung `<select>` realisiert und die Listenwerte mit `<option>`. Um die Benutzeraktion direkt bei der Auswahl der Kategorie auszulösen, enthält das select-Element ein `onchange`-Attribut, das die JavaScript-Funktion `retrieveURL()` referenziert. Diese Funktion wird immer dann aufgerufen, wenn der Benutzer die aktuelle Auswahl in der Liste ändert.

Beispiel formular.html

```
<html>
<head>
<title>Tabelle mit Ajax dynamisch erstellen</title>
<script type="text/javascript" src="../res/w3l_Ajax.js">
</script>
</head>

<body>
<h3>Wählen Sie eine Kategorie</h3>
<form action ="">
  <p>
  <select name="auswahl"
    onchange="retrieveURL('Ajax_controller.jsp?param='
           + this.value,'result');">
  <option value=""></option>
  <option value="CD">CD Charts</option>
  <option value="DVD">DVD Charts</option>
  </select>
  </p>
</form>
<p><span id="result"></span></p>
</body>
</html>
```

JavaScript-Programm

Folgende Methoden und Eigenschaften des XMLHttpRequest-Objekts werden hier verwendet:

XMLHttpRequest

- `open("HTTP-Methode", "URL", asyncFlag)`: Öffnet eine Verbindung zum Server. Hier wird die GET-Methode verwendet. Der Wert `true` des dritten Parameters gibt an, dass die HTTP-Anfrage *asynchron* erfolgt. Die Angabe `false` steht für eine synchrone Datenübertragung.
- `send (content)`: Sendet die Daten an den Server. Wird die GET-Methode verwendet, muss `null` übergeben werden.

Methoden

Basistext

Eigenschaften
- onreadystatechange: Event-Handler, der jedesmal aufgerufen wird, wenn sich der Verbindungsstatus (readyState) ändert.
- readyState: Enthält den aktuellen Status der Verbindung.
  - 0: Verbindung nicht geöffnet, d.h. open() nicht aufgerufen.
  - 1: Keine Anfrage gesendet, d.h. send() nicht aufgerufen.
  - 2: Anfrage gesendet.
  - 3: Daten werden vom Server übertragen, sind aber noch nicht vollständig.
  - 4: Daten des Servers wurden vollständig übertragen.
- reponseText: Enthält die Daten, die der Server gesendet hat, in Textform.
- status: Enthält den HTTP-Status der Verbindung.
  - 200: Daten erfolgreich übertragen.
  - 404: Angeforderte Ressource nicht gefunden.
- statusText: Enthält den HTTP-Status als Text.

Das JavaScript-Programm enthält die Funktionen:

retrieveURL() und processStateChange() .

Funktion retrieveURL()

Die JavaScript-Funktion retrieveURL() besteht aus folgenden Schritten:

- Zuerst erzeugt sie in Abhängigkeit vom Browser ein XMLHttpRequest-Objekt. Handelt es sich um den Mozilla- bzw. Firefox-Browser, dann wird das Objekt vom Typ XMLHttpRequest erzeugt. Verwendet der Benutzer den Internet Explorer (V.6), dann muss das Objekt vom Typ new ActiveXObject("Microsoft.XMLHTTP") sein. Der Internet Explorer 7 unterstützt in seinem Objektmodell wie Firefox direkt das XMLHttpRequest-Objekt.
- Anschließend wird die Funktion processStateChange() aufgerufen, die unten genauer erklärt wird.
- Mit der Methode open() wird die Verbindung zum Server geöffnet. Als HTTP-Methode muss hier GET angegeben werden, um die Parameter der JSP-Datei zu übertragen.
- Mit der Methode send() wird die Anfrage an den Server geschickt.

Basistext

8.2 Ajax-Anwendung mit JSP erstellen *

Die JavaScript-Funktion `processStateChange()` wird für jede Statusänderung des XMLHttpRequest-Objekts aufgerufen. Man spricht hier von einer *Callback*-Operation:

Funktion processStateChange()

- Zuerst prüft sie, ob die Daten vom Server komplett übertragen wurden.
- Ist dies der Fall, wird die Eigenschaft `status` geprüft. Der Wert 200 gibt an, dass die geforderte Verarbeitung durchgeführt wurde.
- Mit der Anweisung
  `document.getElementById(result_span).innerHTML`
  wird das span-Element im XHTML-Dokument mit der jeweiligen Charts-Tabelle aktualisiert. Die DOM-Methode `getElementById()` identifiziert die gewünschte Markierung `<span>` über deren eindeutige ID. Die Eigenschaft `innerHTML` enthält den Inhalt des jeweiligen XHTML-Elements. Hier wird dieser Inhalt, der ursprünglich leer war, dynamisch geändert. Mit anderen Worten: In das span-Element wird die erzeugte Charts-Tabelle eingetragen. Bei der Interpretation der span-Markierung durch den Browser wird dann dieser dynamisch geänderte Inhalt angezeigt.

Beispiel w31_Ajax.js

```
var req = false;
var result_span = false;
function retrieveURL(url, span_id)
{
  result_span = span_id;
  if (window.XMLHttpRequest)
  {
    req = new XMLHttpRequest();
    req.onreadystatechange = processStateChange;
    try
    {
      req.open("GET", url, true);
    }
    catch (e)
    {
      alert(e);
    }
    req.send(null);
  }
  else if (window.ActiveXObject)
  { // IE6
    req = new ActiveXObject("Microsoft.XMLHTTP");
```

Basistext

```
      if (req)
      {
        req.onreadystatechange = processStateChange;
        req.open("GET", url, true);
        req.send();
      }
    }
  }
  function processStateChange()
  {
    if (req.readyState == 4)
    {
      if (req.status == 200)
      {
        document.getElementById(result_span).innerHTML
          = req.responseText;
      }
      else
      {
        alert("Problem: " + req.statusText);
      }
    }
  }
```

JSP-Datei

Tabellen erzeugen

Die JSP-Datei erzeugt die entsprechenden Charts-Tabellen, die im XHTML-Dokument angezeigt werden. Durch das JavaScript-Programm wird außer dem Pfad der JSP-Datei der HTTP-Parameter param übertragen (siehe formular.html). Dieser Parameter enthält die gewählte Kategorie und wird in der Anweisung request.getParameter("param") gelesen.

Beispiel Ajax_ controller .jsp

Die JSP-Datei des Beispiels liest die Parameter der HTTP-Anfrage und lädt in Abhängigkeit der gewählten Kategorie eine XHTML-Tabelle, die entweder CD- oder DVD-Charts enthält.

```
<%
String parameter = request.getParameter("param");
if(parameter==null || parameter.length()==0)
  return;
%>
<table border="1">
<%
if(parameter.equals("CD"))
{ %>
  <tr><td>Platz 1</td><td>Weihnachten 2005</td></tr>
  <tr><td>Platz 2</td><td>Guter Mix (Teil 3)</td></tr>
```

Basistext

```
<tr><td>Platz 3</td><td>Frohes Singen mit Rainer</td></tr>
<% }
else
{ %>
   <tr><td>Platz 1</td><td>Bobby Flitter unterwegs</td></tr>
   <tr><td>Platz 2</td><td>Thorsten in Dresden</td></tr>
   <tr><td>Platz 3</td><td>Kegelfahrt ins Blaue</td></tr>
<%
} %>
</table>
```

Beachten Sie, dass das vom JSP-Server erzeugte und an die Ajax-*Engine* im Browser zurückgelieferte Ergebnis nur ein XHTML-Dokument-Fragment ist und kein vollständiges XHTML-Dokument ist. Es ist die Regel, dass bei solchen HTTP-Antworten mit Dokument-Fragmenten gearbeitet wird.

Führen Sie die Ajax-Anwendung aus. Erweitern Sie die XHTML- und JSP-Datei um eine Kategorie für aktuelle Buch-Charts.

8.3 Ajax-Bibliothek mit JSP einsetzen ***

Ajax-Bibliotheken (z.B. die `script.aculo.us`-Bibliothek) vereinfachen die Erstellung von Ajax-Anwendungen erheblich, weil der JavaScript-Code nicht mehr selbst erstellt, sondern nur noch in das XHTML-Dokument eingebunden werden muss.

Die Erstellung komplexer JavaScript-Programme ist alles andere als trivial. Im Internet sind derzeit eine Reihe nützlicher Bibliotheken frei verfügbar, die einem Web-Entwickler viel Arbeit bei der Programmierung seiner JavaScript-Programme abnehmen. Ajax-Bibliotheken unterstützen darüber hinaus die Strukturierung der eigenen Web-Anwendung. Daher ist es immer eine Überlegung wert, auch kleinere Projekte bereits mit Ajax-Funktionsbibliotheken zu realisieren. Aus diesem Grund wird in dem hier vorgestellten Beispiel eine solche Bibliothek genutzt.

Bibliotheken

Basistext

Ruby on Rails   Das für die Programmiersprache Ruby erstellte Web-*Framework* Ruby on Rails (http://www.rubyonrails.com/) verwendet intensiv den Ajax-Ansatz. Die JavaScript-Programme sind allerdings nicht nur innerhalb von *Ruby on Rails* nutzbar, sondern auch außerhalb. Der *Open Source*-Programmierer Thomas Fuchs hat seine JavaScript-Sammlung innerhalb des script.aculo.us-Projekts veröffentlicht. Diese JavaScript-Bibliothek bietet beispielsweise Funktionalität für die Erstellung eines Online-Shops, bei dem die Waren per *drag-and-drop* im Warenkorb abgelegt werden.

Besuchen Sie die Website des script.aculo.us-Projekts (http://script.aculo.us/) und gehen Sie per *drag & drop* einkaufen.

JSP und die script.aculo.us-Bibliothek

Die Ajax-basierte Suchmaschine Google Suggest (http://www.google.com/webhp?complete=1\&hl=en) bietet dem Benutzer eine automatische Vervollständigung seiner Eingabe, indem ein XMLHttpRequest-Objekt den aktuellen Eingabewert an den Webserver sendet und dieser in dessen Abhängigkeit *mögliche* Suchbegriffe liefert. Die script.aculo.us-Bibliothek enthält eine solche Ajax-Komponente, die auf einfache Art mit JSP kombiniert werden kann. Da bei dem vorgestellten Beispiel keine umfangreiche serverseitige Verarbeitung durchgeführt werden soll (z.B. um Suchbegriffe aus einer Datenbank auszulesen), wird die aktuelle Eingabe einfach mit den Zahlen 1 bis 10 vervollständigt (Abb. 8.3-1).

Ajax-Anwendung   Für die Implementierung der automatischen Vervollständigung besteht die Ajax-Anwendung aus folgenden Komponenten:

- JavaScript-Programm: Wird durch die script.aculo.us-Bibliothek geliefert und muss lediglich integriert werden.
- XHTML-Dokument: Integriert die genannte JavaScript-Bibliothek und enthält ein einfaches Formular mit einem Eingabefeld und einer Schaltfläche.
- JSP-Datei: Liest die Parameter der HTTP-Anfrage aus und sendet in Abhängigkeit von den gemachten Eingaben HTML-Code an den Browser, um die dargestellte Webseite dynamisch zu ändern (siehe Abb. 8.3-1).

Basistext

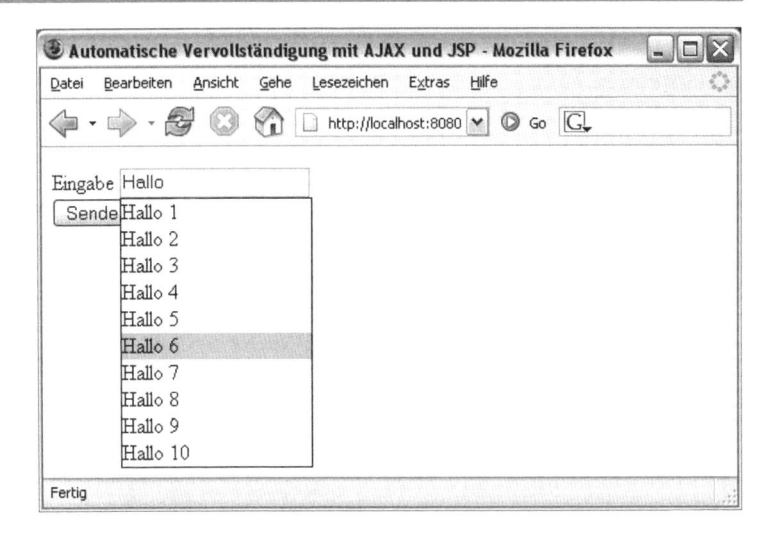

Abb. 8.3-1: Automatische Vervollständigung der Benutzereingabe mithilfe von Ajax.

XHTML-Dokument

Im XHTML-Dokument werden vier JavaScript-Dateien aus der script.aculo.us-Bibliothek eingebunden. Diese Bibliotheken ermöglichen es dem Web-Entwickler vom XMLHttpRequest-objekt zu abstrahieren. Im Unterschied zur selbstprogrammierten Ajax-Anwendung muss er sich also nicht mehr um die Browser-Kompatibilität kümmern.

JavaScript

Für die Ausgabeliste, die mithilfe des Ajax-Konzepts dynamisch in das XHTML-Dokument eingefügt wird, werden CSS-Stilvorlagen definiert. Abb. 8.3-1 zeigt, wie deren Darstellung im Browser aussieht.

CSS

Das einzige Eingabefeld des Formulars benötigt die Attribute name und id, die beide den Wert eingabe enthalten müssen. Dies ist eine Anforderung der verwendeten Ajax-Komponente aus der Ajax-Bibliothek.

Eingabefeld

Außerdem enthält das XHTML-Dokument ein leeres Element div mit der ID ergebnisse. Auch dieses XHTML-Element wird von der bereitgestellten Ajax-Komponente benötigt. Analog zu »Ajax-Anwendung mit JSP erstellen« (S. 381) dient dieses XHTML-Element als Container für die empfangenen Daten des Webservers.

Container

Basistext

8 Ajax **

Ajax-Komponente aktivieren

Innerhalb des folgenden script-Elements wird die Ajax-Komponente `Ajax.Autocompleter` verwendet. Ihr werden drei Parameter übergeben:

- `eingabe`: Enthält die ID des Eingabefelds.
- `ergebnisse`: Enthält die ID des div-Elements, das als Container für die empfangenen Daten fungiert.
- `Ajax_controller.jsp`: Enthält die URL der JSP-Datei, die die serverseitige Verarbeitung durchführt.

Beispiel formular.html

```
<html>
<head>
<title>Automatische Vervollständigung mit Ajax</title>
<script src="../res/prototype.js" type="text/javascript">
</script>
<script src="../res/scriptaculous.js"
        type="text/javascript">
</script>
<style type="text/css">
.Ajax {  width:250px;   border:1px solid #080808;
}
.Ajax li.selected {  background-color: #bbf;
}
.Ajax ul {
  list-style-type:none;   margin:0px; padding-left:0px;
}
</style>
</head>

<body>
<form action="">
<p>
Eingabe <input type="text" name="eingabe" id="eingabe"/>
<br />
<input type="button" value="Senden"
onclick="alert('Verarbeitung nicht ausprogrammiert');"/>
</p>
</form>
<div id="ergebnisse" class="Ajax"></div>
<script type="text/javascript">
try {
  new Ajax.Autocompleter('eingabe', 'ergebnisse',
                         'Ajax_controller.jsp');
}
catch(e) {
 alert(e.message)
}
</script>
</body>
</html>
```

Basistext

JSP-Datei

Die JSP-Datei enthält den Code, um die Daten zu erzeugen, die dynamisch in das XHTML-Dokument eingefügt werden. Die verwendete Ajax-Komponente fordert, dass das Ergebnis für die Autovervollständigung als ungeordnete Liste in einem String-Objekt zurückgegeben wird. Daher wird hier eine einfache Liste erzeugt, in der an die jeweilige Eingabe die Zahlen 1 bis 10 angehängt werden. Dieser eingegebene Wert wird in der JSP-Datei mit der Anweisung `request.getParameter("param")` gelesen. Bei einer realen Anwendung würden natürlich entsprechende Begriffe aus einer Datenbank gelesen, um die Eingabe zu vervollständigen, wie dies beispielsweise bei Google Suggest der Fall ist.

```
<ul>
<%
for (int i = 1; i <= 10; i++) { %>
  <li><%=request.getParameter("eingabe")%> <%=i%></li>
<%}%>
</ul>
```

Beispiel
Ajax_controller
.jsp

Führen Sie die vorgestellte Ajax-Anwendung aus und variieren Sie das gezeigte Beispiel, indem Sie die jeweilige Eingabe mit anderen Texten vervollständigen.

Basistext

Basistext

9 Ausblick *

Große Web-Anwendungen werden heute nicht mehr von Grund auf neu programmiert, sondern mithilfe von *Frameworks* realisiert. Für JSP-Anwendungen stehen beispielsweise die *Frameworks* Struts und JSF zur Verfügung. Auch für PHP und ASP.NET gibt es entsprechende *Frameworks*. Erst mit der Hinzunahme von *Frameworks* können große Web-Anwendungen in einem akzeptablen Zeitrahmen entstehen.

Die vorgestellten Web-Techniken XHTML, CSS, JavaScript und XML gehören in den »Handwerkskasten« eines jeden Web-Entwicklers. Gerade bei den immer moderner werdenden Ajax-basierten Anwendungen ist eine geschickte Kombination der Techniken unabdingbar. Eine richtige Effizienz dieser Basistechniken wird erst durch die Hinzunahme von serverseitigen Techniken, wie PHP, JSP oder ASP.NET ermöglicht. Dieses Buch gibt einen Einstieg in derzeit wichtige Web-Techniken. Während PHP auch im semiprofessionellen Bereich zum Einsatz kommt, werden JSP und ASP.NET insbesondere für große und komplexe Anwendungen eingesetzt. Diese Anwendungen überzeugen durch eine hohe Verfügbarkeit und Skalierung.

In der Praxis werden Web-Anwendungen jedoch nicht vollständig mit diesen einfachen serverseitigen Techniken erstellt. Die Realisierung von großen Projekten oder gar Produkten, wie beispielsweise ein CMS *(Content Management System)*, wäre ein müßiges Unterfangen. Zu viele Schritte, wie beispielsweise die Eingabenvalidierung, müssen in redundanter Weise immer und immer wieder durch die Programmierer realisiert werden, da die Techniken für diese Anwendungsfälle keine *eigenen* Hilfsmittel bieten. Ebenfalls unterstützen die oben genannten Techniken die Trennung von Darstellung, Daten und Kontrollfluss nicht in optimaler Weise. ASP.NET bietet durch die *Code-Behind*-Technik einen besseren Grad der Strukturierung.

Probleme von einfachen Web-Techniken

Eine Lösung für die oben beschriebenen Probleme versuchen verschiedene MVC-basierte *Frameworks* zu geben. Für fast jede Programmiersprache gibt es zahlreiche Web-*Frame-*

Frameworks für Web-Anwendungen

Basistext

works, die alle eine leichte Programmierung von Web-Anwendungen *versprechen*. Jedes dieser *Frameworks* fordert, das sich der Entwickler an gewisse Regeln und Konventionen hält. Dadurch kann er oft die Programmierung auf das Nötigste begrenzen. Er muss beispielsweise keine Logik programmieren, um zu entscheiden, welche Webseite *nach* dem Absenden eine Formulars angezeigt wird.

Struts Das derzeit bekannteste Web-*Framework* der »Java-Welt« ist das *Apache Struts Framework* (siehe /Weßendorf 05/). Struts war eines der ersten Java-Web-*Frameworks*, das sich die besten Eigenschaften aus JSP und Servlets zunutze gemacht hat. Ein Programmierer muss mit Struts keine Skriptlets mehr schreiben, um Formulardaten zu verarbeiten. Diese Logik implementiert er in Java-Klassen, die automatisch durch das *Framework* aufgerufen werden. Die JSPs einer Struts-Anwendung sind dadurch sehr kompakt und übersichtlich. Allerdings ist Struts nicht unumstritten.

Alternativen So gibt es zahlreiche Alternativen, die es besser machen wollen. Beispiele für diese *Frameworks* sind Web-Work (http://www.opensymphony.com/webwork/), Stripes (http://stripes.mc4j.org/confluence/display/stripes/Home) oder auch Wicket (http://wicket.sourceforge.net/). Diese Vielzahl von Java-Web-*Frameworks* hat wiederum zum Nachteil, dass alle *Frameworks* mehr oder minder inkompatibel zueinander sind.

JSF Das versucht die noch junge JSF-Technik *(JavaServer Faces)* zu beheben. Wie JSP stellt JSF (siehe JavaServer Faces Homepage (http://java.sun.com/j2ee/javaserverfaces/)) einen Java-Standard dar, der allerdings auf der Ebene eines *Frameworks* anzusiedeln ist. JSF bietet verschiedene GUI-Komponenten, die in die JSPs eingebettet werden. So kann ein Entwickler komplexe Web-Oberflächen, z.B. mit sortierbaren Tabellen, ohne großen Aufwand erstellen. Er muss lediglich die Komponenten in seine Anwendung integrieren. JSF ermöglicht ebenfalls die Erstellung von eigenen Komponenten, falls das existierende Repertoire den Anforderungen nicht genügt. Zukünftige Java-Web-*Frameworks* werden auf Basis von JSF programmiert sein (siehe Jacob Hookom's Weblog (http://weblogs.java.net/blog/jhook/archive/2006/03/

Basistext

the_new_servlet_1.html)). Mit dem *Struts Shale Framework* (siehe Struts Shale (http://struts.apache.org/struts-shale/index.html)), einem Ansatz für ein Struts 2.0, und *JBoss Seam* (siehe JBoss Seam (http://www.jboss.com/products/seam)) stehen schon heute vollständig auf JSF basierende *Frameworks* zur Verfügung.

Java ist diejenige Programmiersprache, für die zur Zeit wohl die meisten Web-*Frameworks* existieren. Auch für PHP und ASP.NET gibt es solche *Frameworks*. Für jede dieser Techniken gibt es verschiedene MVC-basierte Web-*Frameworks*. Das *Framework* php.MVC (http://www.phpmvc.net/) stellt eine Portierung des Struts-*Frameworks* für PHP dar. Für .NET-Anwendungen kann das *Framework* Maverick.NET (http://mavnet.sourceforge.net/) eingesetzt werden.

PHP- und ASP.NET-Frameworks

Zu guter letzt darf auch *Ruby on Rails* (kurz *Rails*) nicht fehlen. *Rails* ist ein *Framework* für die objektorientierte Skriptsprache *Ruby* und überzeugt durch seine Einfachheit. Bei der Entwicklung mit *Rails* muss sich ein Programmierer sehr stark an die Konventionen des *Frameworks* halten. Der Programmierer erstellt so Web-Anwendungen mit sehr wenig Programm-Code. Ein weiterer Grund für das momentane Interesse ist die starke Nutzung von Ajax innerhalb des *Frameworks*. Weitere Informationen zu Rails liefert die Website von Ruby on Rails (http://www.rubyonrails.com/).

Ruby on Rails

Basistext

9 Ausblick *

Glossar

.NET (sprich »Dot Net«) Plattform der Firma Microsoft zur Entwicklung und Ausführung von komponentenbasierten Anwendungen. Ein spezieller Fokus liegt dabei auf der Realisierung von →Web Services und →Web-Anwendungen. Ein zentraler Bestandteil der .NET-Plattform ist das .NET-Framework.

Ajax *(Asynchronous JavaScript and XML)* Ermöglicht es, dass Teile einer Webseite ausgetauscht werden können, ohne dass die gesamte Seite neu geladen werden muss. Dies wird im Wesentlichen durch JavaScript und ein Konzept der asynchronen Datenübertragung zwischen Browser und Webserver erreicht.

Ajax-Engine Keine wirkliche *Engine* im Sinne eines *Plugins* oder Ähnlichem. Stattdessen versteht man darunter den JavaScript-Code, der für eine Ajax-Anwendung erstellt werden muss.

Anfrage *(request)* Anforderung eines Webbrowsers an einen Webserver, die sich auf eine bestimmte Ressource bezieht. Für die Übertragung der Daten stehen verschiedene Methoden zur Verfügung, z.B. GET und POST. Der Webserver schickt daraufhin eine →Antwort an den Webbrowser zurück. Syn.: Request, HTTP-Anfrage, HTTP-Request

Antwort *(response)* Reaktion eines Webservers auf eine →Anfrage eines Browsers. Wichtigster Bestandteil der Antwort ist die angeforderte Ressource bzw. die serverseitig erzeugte Ergebnisseite. Nach dem Versenden der Antwort beendet der Server die Verbindung zum Browser. Syn.: Response, HTTP-Antwort, HTTP-Response

ASP.NET 2.0 Nachfolger von ASP.NET 1.0. Erweitert ASP.NET um Funktionen, die die Entwicklerproduktivität, die Verwaltung der Serveranwendung, die Erweiterbarkeit, sowie die Leistung von ASP.NET-Anwendungen verbessern.

Attributwert-Template *(attribute value template)* Template in einem →XSLT-Stylesheet, dessen enthaltene HTML-Elemente Attribute besitzen, die erst bei der Ausführung einen Wert erhalten.

Außenabstand *(margin)* Abstand zwischen dem äußerem Rahmen eines Elements und dem Elementrand. In CSS wird der Außenabstand durch margin definiert.

BITV (Barrierefreie Informationstechnik-Verordnung) Verordnung zur Schaffung barrierefreier Informationstechnik. Das Ziel der BITV ist es, Menschen mit Sinnes- und Körperbehinderungen das Benutzen des Internets zu erleichtern, anstatt sie daran zu hindern.

Blockelement *(block element)* XHTML-Element, das Texte, →Inline-Elemente und je nach Element auch andere Blockelemente enthalten kann. Es beginnt immer mit einem Zeilenumbruch und oft wird ober- und unterhalb zusätzlicher Leerraum eingefügt.

CIL *(Common Intermediate Language)* Standardisierter Zwischencode, der die Plattformunabhängigkeit von .NET-Anwendungen ermöglicht. Vergleichbar mit Byte-Code in Java.

CLR *(Common Language Runtime)* Die .NET-Laufzeitumgebung, die den Zwischencode (→CIL) ausführt. Vergleichbar mit der JVM *(Java Virtual Machine)*.

CLS *(Common Language Specification)* Dieser Sprachstandard schreibt vor, welche Befehle von jeder .NET-Programmiersprache unterstützt werden müssen.

Code-Behind Programmiermodell in ASP.NET. Beim *Code-Behind*-Modell werden Programmlogik und Seitenlayout in zwei Dateien getrennt gespeichert, um eine bessere Übersicht zu ermöglichen. Im Gegensatz dazu steht das →*Code-Inline*-Modell.

Code-Inline Programmiermodell in ASP.NET. Beim *Code-Inline*-Modell werden Programmlogik und Seitenlayout in einer Datei verwaltet. Im Gegensatz dazu steht das →*Code-Behind*-Modell.

Codeblock *(code block)* 1. Programmcode in einer PHP-Datei. Die Standardmarkierung für Anweisungen ist <?php ... ?>. Außerdem existieren Kurzformen für Anweisungen und Ausdrücke, die jedoch deaktiviert werden können. 2. Programmcode in einer ASPX-Datei. Anweisungen werden mit <% ... %> geklammert, Ausdrücke mit <%= ...%>.

Cookie *(cookie)* Kleine Textinformation, die von einem Server im Internet auf der Festplatte des Internet-Benutzers abgelegt wird. Bei einem erneuten Besuch der gleichen Website kann dieses Cookie wieder gelesen werden. Jede Website kann nur die von ihr eingerichteten Cookies lesen. Es werden Sitzungscookies und permanente Cookies unterschieden.

CSS *(Cascading Style Sheets)* Stylesheet-Sprache, die festlegt, wie Elemente in einem strukturiertem Dokument dargestellt werden. CSS wird vor allen in XHTML- und XML-Dokumenten eingesetzt. Es ist möglich, die Darstellung an das spezifische Ausgabemedium anzupassen.

CSS-Eigenschaft *(CSS property)* Kann die Gestaltung von XHTML-Elementen verändern und wird für die Definition von →CSS-Stilvorlagen benötigt. Für jede Eigenschaft sind bestimmte Werte zulässig.

CSS-Klasse *(CSS class)* Ermöglicht es, einem XHTML-Element mehrere Stilvorlagen zu zuzuordnen. CSS-Klassennamen werden im CSS-*Stylesheet* in →Klassenselektoren und bei XHTML-Elementen im class-Attribut verwendet.

CSS-Stilvorlage *(CSS style rule)* Kopplung einer oder mehrerer CSS-Deklarationen an ein XHTML-Element. Syntax: Selektor{CSS-Eigenschaft1:Wert; ...; }. Mehrere Stilvorlagen bilden ein → CSS-Stylesheet. Syn.: Stilregel, CSS-Regel, Formatdefinition

CSS-Stylesheet *(css stylesheet)* Besteht aus einer Menge von →CSS-Stilvorlagen und bestimmt, wie ein Dokument dargestellt wird.

CSS-Validator *(CSS validator)* Prüfprogramm, das ein →CSS-Stylesheet daraufhin überprüft, ob es der CSS-Spezifikation des →W3C entspricht.

Direktive *(directive)* 1. Angabe in einer JSP-Datei. Sie spezifiziert Verarbeitungsanweisungen an den JSP-Server. Wird in <%@ ... %> oder mithilfe der XML-basierten Notation angegeben. 2. Angabe in einer ASPX-Datei. Sie spezifiziert Verarbeitungsanweisungen an die ASP.NET-*Engine*. Wird in <%@ ... %> angegeben.

Dokumenttyp-Deklaration *(document type declaration)* Gibt in der Syntax <!DOCTYPE Inhalt> vor, welche Struktur ein XML-Dokument erfüllen muss. Sie kann die Dokumenttyp-Definition direkt enthalten oder auf eine externe Datei verweisen, die die DTD enthält. Die Dokumenttyp-Deklaration muss nach der XML-Deklaration und vor dem ersten Element in einem XML-Dokument stehen.

DOM *(Document Object Model)* Programmierschnittstelle für den Zugriff auf HTML- oder XML-Dokument, die es ermöglicht, diese Dokumente dynamisch zu ändern. Im Sinne der Objektorientierung besteht das DOM aus Klassen, für die Attribute und Operationen definiert sind.

DTD *(Document Type Definition)* Definiert den strukturellen Aufbau einer Klasse von XML-Dokumenten. Mit Hilfe von DTDs kann die strukturelle Korrektheit von XML-Dokumenten automatisch geprüft werden.

Eingebaute Template-Regel *(built-in template rule)* Implizit vorhandene →Template-Regel, die verwendet wird, wenn im →XSLT-Stylesheet eine explizite Template-Regel fehlt.

EL *(Expression Language)* Spezielle Sprache zur Formulierung von Ausdrücken in einer JSP. Die EL wurde in Anlehnung an ECMA-Script und XPath entwickelt.

Element *(element)* Informationseinheit in einem XML-Dokument. Ein Element besteht aus der Anfangsmarkierung, dem Elementinhalt und der Endemarkierung. Die Anfangsmarkierung kann zusätzlich →XML-Attribute enthalten. Ein Sonderfall sind leere Elemente, die keinen Inhalt besitzen.

Elementselektor *(element selector)* →Selektor, der auf alle XHTML-Elemente mit dem angegebenen Elementnamen zutrifft, z.B. p {color: red;}

Event-Handler *(event handler)* Mechanismen, die Ereignisse erkennen und als Reaktion eine Aktion ausführen. Sie verbinden XHTML und JavaScript und werden meistens als Attribute von XHTML-Elementen dargestellt.

Firefox Open-Source-Browser, der aus dem →Mozilla-Projekt von Netscape hervorgegangen ist. Syn.: Mozilla Firefox

Formular *(form)* Erlaubt die Eingabe von Informationen in vorgegebene – durch Führungstexte beschriftete – Felder. Die einzelnen Felder können Voreinstellungen anzeigen.

Framework Besteht aus einer Menge von zusammenarbeitenden Klassen, die einen wiederverwendbaren Entwurf für einen bestimmten Anwendungsbereich implementieren. Es besteht aus konkreten und insbesondere aus abstrakten Klassen. Im Allgemeinen wird vom Anwender (Programmierer) des *Frameworks* erwartet, dass er Unterklassen definiert, um das *Framework* zu verwenden und anzupassen.

Globales Objekt *(global object)* JavaScript-Objekt, das beim Start des Interpreters erzeugt wird. Globale JavaScript-Variablen sind Eigenschaften des globalen Objekts.

Gültiges XML-Dokument *(valid XML document)* XML-Dokument, dessen Struktur einer zugehörigen DTD oder einem XML-Schema entspricht. Ein gültiges XML-Dokument ist immer →wohlgeformt. Syn.: valides XML-Dokument

HTML *(HyperText Markup Language)* Auszeichnungssprache zur Darstellung von Inhalten wie Texten, Bildern und Hyperlinks in Dokumenten. HTML wurde vom W3C bis zur Version 4.01 weiterentwickelt und soll durch XHTML ersetzt werden.

HTML-Serversteuerelement *(HTML server control)* HTML-Elemente, die vom ASP.NET-Server verstanden werden. Dazu müssen sie zusätzlich das Attribut runat="server" besitzen.

HTTP-Header *(HTTP header)* Informationen, die Client und Server bei ihrer Kommunikation über das HTTP-Protokoll austauschen. Es gibt u.a. HTTP-Header, die sich speziell auf die Anfrage *(request)* beziehen und solche, die sich auf die Antwort *(response)* beziehen.

HTTP-Protokoll *(Hypertext Transfer Protocol)* Standardprotokoll, mit dem Webseiten vom Webserver zum Browser übertragen werden. HTTP ist ein zustandsloses Protokoll. Nach jeder Anfrage und der zugehörigen Übertragung der Webseite an den Browser wird die Verbindung wieder getrennt. HTTP hat sich bei der Übertragung von Webseiten als Standard etabliert.

Hyperlink *(hyperlink)* Verweis auf eine andere Webseite, eine Position innerhalb einer Webseite oder eine URL. Diese Verweise sind meist hervorgehoben, z.B. durch Unterstreichung. Klickt der Benutzer mit der Maus auf einen solchen Verweis, dann wird die entsprechende Stelle oder Datei im Browser dargestellt. Syn.: Link

Implizites Objekt *(implicit object)* Objekt, das der JSP-Server zur Verfügung stellt und in jeder JSP ohne Deklaration benutzt werden kann.

Inline-Element *(inline element)* XHTML-Element, das innerhalb von Texten oder anderen XHTML-Elementen stehen kann, ohne dass ein Zeilenumbruch auftritt.

Innenabstand *(padding)* Abstand zwischen dem inneren Rahmen eines Elements (z.B. Tabellenzelle oder div-Bereich) und dem Innenbereich. Der Innenabstand einer Tabellenzelle wird in XHTML durch cellpadding festgelegt. In CSS wird der Innenabstand durch padding definiert.

Java Eine der am meisten eingesetzten objektorientierten Programmiersprachen, 1990 von der Firma Sun Microsystems entwickelt.

JavaBean *(JavaBean)* Eine JavaBean ist eine Java-Klasse, die zusätzlich eine Reihe von Anforderungen erfüllen muss. Zu den Mindestanforderungen gehört ein parameterloser Konstruktor. In Abhängigkeit vom Anwendungskontext muss sie über entsprechende get- und set-Operationen verfügen.

JavaScript *(JavaScript)* Am meisten verbreitete Skriptsprache zur Verknüpfung von Programmcode mit XHTML-Dokumenten. Sie ermöglicht es, →Webseiten dynamisch zu verändern.

JIT-Compiler *(Just-In-Time Compiler)* Übersetzt Programme aus einer Zwischensprache in die benötigte Maschinensprache. Ein JIT-Compiler ist Bestandteil der →JVM *(Java Virtual Machine)* bei Java oder der →CLR *(Common Language Runtime)* bei .NET.

JSP *(JavaServer Pages)* Technik, die zur dynamischen Erzeugung von Webseiten dient. JSPs ermöglichen es, statische Inhalte mit Java-Code und speziellen JSP-Elementen zu mischen. Eine JSP wird von einem JSP-Server in ein Servlet übersetzt und anschließend ausgeführt.

JSP-Aktion *(JSP action)* JSP-Element, das den JSP-Server beeinflussen kann. Standardaktionen stehen in jedem JSP-Server zur Verfügung. Weiterhin gibt es vordefinierte Aktionen in der →JSTL *(JSP Standard Tag Library)* und benutzerdefinierte Aktionen.

JSP-Ausdruck *(JSP expression)* JSP-Element, das einen gültigen Ausdruck enthält, der ausgewertet und als Zeichenkette in das Ergebnisdokument geschrieben wird.

JSP-Datei *(JSP file)* Datei, die JSP-Elemente, XHTML-Elemente und Skriptelemente enthalten kann. Sie wird von einem JSP-Server verarbeitet und besitzt im Allgemeinen die Endung .jsp. Syn.: JSP-Seite

JSP-Deklaration *(JSP declaration)* JSP-Element, um Konstanten, Variablen, Methoden und Klassen zu vereinbaren, auf die in einer JSP-Datei zugegriffen wird.

JSP-Dokument *(JSP document)* Datei, die JSP-Elemente enthält, die ausschließlich in der XML-Syntax angegeben sind. Jedes JSP-Dokument muss →wohlgeformt sein. Als Dateierweiterung sollte .jspx verwendet werden.

JSP-Server *(JSP engine)* Übersetzt JSP-Seiten in Servlets und führt die Servlets anschließend aus. Ein häufig benutzter JSP-Server ist der Tomcat-Server.

JSTL *(JSP Standard Tag Library)* Tag-Bibliothek für JSP-Seiten, die eine Sammlung von Aktionen zur Verfügung stellt, die in JSPs häufig benötigt werden. Das Ziel der JSTL ist es, die Bildung von JSPs zu vereinfachen.

JVM *(Java Virtual Machine)* Bezeichnet die Laufzeitumgebung für Java-Programme. Sie ermöglicht die Ausführung von plattformunabhängigem *Java Byte Code*. Genauer gesagt können auf jeder Plattform Java-Programme ausgeführt werden, für die eine Implementierung der *Java Virtual Machine* existiert.

Klassenselektor *(class selector)* Selektor, der mit einem Punkt ».« gekennzeichnet ist. Er verbindet CSS-Eigenschaften mit allen XHTML-Elementen, die als Attributwert von class den angegebenen Klassennamen besitzen. Man unterscheidet elementspezifische und allgemeine Klassenselektoren.

Markierung *(tag)* Besteht aus einem Namen und ggf. optionalen Attributen, die in spitze Klammern (<...>) eingeschlossen sind. In XHTML und XML gilt, dass zu jeder Anfangsmarkierung eine Endemarkierung existieren muss. Während XHTML die Markierungen fest vorgibt, sind sie in XML frei wählbar. Syn.: Tag

Mozilla Browser der Firma Netscape, der als Open-Source-Projekt (Mozilla-Projekt) entwickelt wurde. Nachfolger der Mozilla-Browser ist der Firefox, der einen signifikanten Marktanteil besitzt.

MySQL Relationale Datenbankverwaltungssoftware. Mit über 6 Millionen Installationen die populärste Open-Source-Datenbank. Sie bietet zwar nicht den Funktionsumfang wie die großen kommerziellen Datenbanken, wird aber bedingt durch ihre Geschwindigkeit und Zuverlässigkeit gern für Web-Anwendungen benutzt.

Opera Browser, der 1996 erschien und in Europa einen kleineren Marktanteil besitzt. Steht ab der Version 8.5 als Freeware zur Verfügung.

Page Label *(page label)* Orientierungselement, das dem Benutzer einer Website zeigt, auf welcher Webseite er sich befindet.

Paket *(package)* In Java können Klassen zu Paketen zusammengefasst und in einem Ordner abgelegt werden. Das Paket bildet einen Namensraum für die darin enthaltenen Kassen. Ein Paket kann selbst Pakete enthalten.

Partielle Klasse *(partial class)* Neues Konzept im .NET-*Framework* 2.0. Ermöglicht es dem Entwickler, eine Klasse auf mehrere einzelne Klassendefinitionen aufzuteilen, die sich in verschiedenen Dateien befinden können. Wird in der Praxis verwendet, um selbstprogrammierten Code von generiertem Code zu trennen.

PHP *(PHP: Hypertext Preprocessor)* Serverseitige →Skriptsprache, mit der dynamisch generierte Websites schnell und einfach erstellt werden können. PHP bietet darüberhinaus eine einfache Anbindung an die relationale Datenbank →MySQL.

Programmierschnittstelle *(API, Application Programming Interface)* Schnittstelle, die ein Softwaresystem anderen Anwendungsprogrammen zur Anbindung an das System zur Verfügung stellt. Häufig wird der Begriff API verwendet. Ein API definiert die Verwendung der Schnittstellen auf Quelltextebene.

Screenreader *(screen reader)* Softwareprodukt, das den Bildschirminhalt ausliest und über Sprachausgabe, Brailleschrift oder Schriftvergrößerung dem blinden oder sehbehinderten Computer-Benutzer zur Verfügung stellt. *Screenreader* ermöglichen diesem Personenkreis die Nutzung des Computers.

Selektor *(selector)* Teil einer CSS-Stilvorlage, der die darin definierten CSS-Eigenschaften mit einem XHTML-Element verbindet.

Serialisierung *(serialization)* Umwandlung des kompletten Zustand eines Objekts in einen Datenstrom. Einfache Möglichkeit, um Objekte persistent (dauerhaft) zu speichern. Bei der Deserialisierung wird aus dem Datenstrom wieder das Objekt gewonnen. Außer der klassischen binären Serialisierung bieten beispielsweise Java und C# die Serialisierung in eine XML-Datei an.

Servlet *(servlet)* Java-Programm, das auf einem Webserver läuft, Anfragen von Clients entgegennimmt und HTML-Code als Ausgabe erzeugen kann. →JSPs werden von einem →JSP-Server in Servlets übersetzt. Syn.: Java-Servlet

SGML *(Standard Generalized Markup Language)* Metasprache, mit deren Hilfe man Auszeichnungssprachen für Dokumente definieren kann. Der strukturelle Aufbau der Dokumente wird mit Hilfe von →DTDs beschrieben.

Signatur *(signature)* Name einer Methode bzw. Operation, die Anzahl und die Typen ihrer formalen Parameter.

Skriptlet *(scriptlet)* JSP-Element, mit dem Programmcode in eine JSP eingefügt werden kann. Kann Variablendeklarationen enthalten und ermöglicht den Zugriff auf JSP-Deklarationen der aktuellen JSP. Syn.: JSP-Skriptlet

Skriptsprache *(scripting language)* Programmiersprachen, die von einem Interpreter übersetzt und ausgeführt werden, werden im Allgemeinen als Skriptsprachen bezeichnet. Skriptsprachen verzichten oft auf Sprachkonstrukte, die bei klassischen Programmiersprachen üblich sind, z.B. die explizite Deklaration aller Variablen.

SOAP *(Simple Object Access Protocol)* Ein Protokoll, mit dem Daten einheitlich ausgetauscht werden können. SOAP verwendet unter anderem XML.

Superglobale Variable *(superglobal variable)* Vordefinierte PHP-Arrays, die automatisch mit Werten gefüllt werden. Sie stehen in jedem Gültigkeitsbereich zur Verfügung, d.h. man kann aus jeder Funktion darauf zugreifen. PHP bietet eine Reihe von superglobalen Variablen an, z.B. $_GET, $_POST, $_REQUEST, $_SERVER.

Template-Regel *(template rule)* Transformationsvorschrift für den XSLT-Prozessor.

Tooltip *(tooltip)* Kurztext, der in einer kleinen Box angezeigt wird, wenn sich die Maus eine bestimmte Zeit über einem Hyperlink oder einem Bild (einer Webseite) befindet. Nach kurzer Zeit wird die Erklärung dann automatisch wieder ausgeblendet.

Universalattribut *(universal attribute)* Attribut, das bei den meisten XHTML-Elementen angegeben werden kann.

Universalselektor *(universal selector)* Selektor, der in einer →CSS-Stilvorlage als Platzhalter für jedes Element des XHTML-Dokuments stehen kann.

URL *(Uniform Resource Locator)* Im Web verwendete standardisierte Darstellung von Internetadressen. Eine URL enthält das verwendete Zugriffsprotokoll (z.B. HTTP) und den Ort der Ressource. Aufbau: `protokoll://domain-Name/Dokumentpfad`. URLs sind genau genommen eine Unterart der URIs *(Uniform Ressource Identifier)*. Die Begriffe werden aber häufig synonym verwendet. Syn.: Adresse, Web-Adresse

Validierungssteuerelement *(validation control, validation server control)* ASP.NET-Element, um Formularfelder auf Fehler zu überprüfen und gegebenenfalls Fehlermeldungen anzuzeigen. Jedes Validierungssteuerelement ist auf eine bestimmte Art der Prüfung spezialisiert (z.B. Eingaben im zulässigen Bereich).

W3C *(World Wide Web Consortium)* Offizielle Instanz zur Standardisierung von Techniken, die das Internet betreffen. Das W3C wurde 1994 gegründet und ist eine Interessensvereinigung von Firmen und Institutionen, um die Entwicklung des Internets zu beeinflussen.

W3C-Empfehlung *(W3C recommendation)* Spezifikation, die von den W3C-Arbeitsgruppen erarbeitet wurde und von den Mitgliedern des Konsortiums geprüft wurde. W3C-Empfehlungen sind öffentlich zugängliche Spezifiktionen, die für den allgemeinen Einsatz empfohlen werden.

Web Form *(web form)* ASP.NET-Webseite. Die Dateiendung ist .aspx.

Web Service *(web service)* Ermöglicht die Kommunikation und den Datenaustausch zwischen Software-Anwendungen, unabhängig von den jeweils verwendeten Betriebssystemen und Programmiersprachen.

Web-Anwendung *(web application)* Programm, das auf einem Webserver ausgeführt wird. Die Kommunikation mit dem Benutzer erfolgt über den Browser. Browser und Server sind durch ein Netzwerk miteinander verbunden, z.B. das Internet oder das Intranet. Syn.: Web-Applikation

Webbrowser *(web browser)* Programm zum Darstellen von Webseiten, z.B. XHTML- oder XML-Dokumente. Wird im Allgemeinen einfach als Browser bezeichnet. Man unterscheidet textbasierte und grafikfähige Browser. Syn.: Browser

Webseite *(web page)* Seite, die in einem Browser angezeigt wird. In der Regel handelt es sich um ein XHTML-Dokument, das Texte, Medien (Bilder, Video, Audio), Hyperlinks und Programme enthalten kann. Bestandteil einer→ Website.

Webserver *(web server)* Server, der Informationen für das Web zur Verfügung stellt. Dies können sowohl statische Seiten (z.B. XHTML-Dokumente) als auch dynamisch erzeugte Seiten sein.

Webserver-Steuerelement *(web server control)* ASP.NET-Element, das eine vollständige Programmierung auf der Serverseite ermöglicht. Einige Webserver-Steuerelemente besitzen ein Gegenstück in HTML (z.B. Button), andere stellen sehr viel komplexere Funktionalität bereit (z.B. Calendar). Webserver-Steuerelemente sind ein Hauptbestandteil des Programmiermodells von ASP.NET.

Website *(website)* Online-Angebot eines Anbieters (Privatperson, Organisation, Unternehmen), das unter einer →URL erreichbar ist. Eine Website besteht in der Regel aus mehreren →Webseiten, die über →Hyperlinks untereinander verknüpft sind. Die einzelnen Webseiten müssen sich dabei nicht zwangsläufig auf nur einem Server befinden.

Wohlgeformtes XML-Dokument *(wellformed XML document)* XML-Dokument, das alle Syntaxvorschriften der XML-Spezifikation des →W3C erfüllt.

Wurzelelement *(root element)* Jedes XML-Dokument besitzt ein Wurzelelement. Das ist dasjenige Element, das alle anderen Elemente des XML-Dokuments enthält.

WYSIWYG-Editor *(WYSIWYG editor)* Editor, bei dem ein Dokument während der Erstellung auf dem Bildschirm so dargestellt wird, wie es später bei der Ausgabe dargestellt wird. Der Begriff wird auch für Editoren verwendet, bei denen die Dokumentansicht während der Erstellung nicht mehr 100%ig der späteren Ausgabe entspricht. Das ist beispielsweise bei den HTML-Editoren der Fall, weil hier die Anzeige vom verwendeten Browser abhängt.

XHTML *(Extensible HyperText Markup Language)* Auszeichnungssprache zur Darstellung von Inhalten wie Texten, Bildern und Hyperlinks in Dokumenten. XHTML ist eine Neuformulierung von HTML 4 in XML-Syntax.

XHTML-Validator *(XHTML validator)* Prüfprogramm, das ein XHTML-Dokument daraufhin überprüft, ob es der XHTML-Spezifikation des →W3C entspricht.

XML *(Extensible Markup Language)* Sprache zur Beschreibung der inhaltlichen Struktur von Dokumenten, die sowohl von Menschen als auch von Maschinen gelesen werden kann. XML ist ein W3C-Standard und in der Industrie weit verbreitet.

XML-Attribut *(XML attribute)* Informationseinheit, die ein Element in einem XML-Dokument ergänzt. Attribute bestehen aus Name-Wert-Paaren und werden in die Anfangsmarkierung eines Elements eingetragen. Attributwerte sind Zeichenketten, die in Anführungszeichen stehen müssen.

XML-Deklaration *(XML declaration)* Auszeichnung, mit der jede XML-Datei beginnen sollte. Sie beschreibt u. a. die verwendet XML-Version und den verwendeten Zeichensatz.

XML-Dokument *(XML document)* Dokument, das der XML-Spezifikation des →W3C entspricht und somit →wohlgeformt ist.

XML-Parser *(xml parser)* Analysiert, ob ein XML-Dokument korrekt aufgebaut ist. Dazu gehört einerseits eine rein syntaktische Prüfung *(well formed)* und andererseits die Analyse, ob das XML-Dokument der zugehörigen DTD-Datei entspricht *(valid)*.

XML-Schema *(XML schema)* Sprache, mit der sich die Struktur und die Semantik von XML-Dokumenten beschreiben lassen. XML-Schemata sind selbst XML-Dokumente und stellen eine Verbesserung gegenüber DTDs dar.

XSLT Technik für die Transformation von XML-Dokumenten mittels XSL.

XSLT-Prozessor *(XSLT processor)* Prozessor, der XML-Dokumente mithilfe des →XSLT-Stylesheets in Ergebnisdokumente (XML, HTML/XHTML, Text) transformiert.

XSLT-Stylesheet *(XSLT stylesheet)* Transformationsvorschrift für einen XSLT-Prozessor, der ein XML-Dokument in ein anderes XML-Dokument, ein HTML-Dokument oder Text transformieren kann.

Zeichencodierung *(encoding)* Legt fest, durch welche Byte-Werte die Zeichen beim Speichern in einer Datei dargestellt werden.

Literatur

/Balzert , Helmut 05/
Helmut Balzert; *Java 5: Der Einstieg in die Programmierung - Strukturiert und prozedural programmieren*, Herdecke, W3L GmbH, 2005.

/Balzert, Helmut 03/
Balzert, Helmut; *HTML, XHTML & CSS für Einsteiger - Statische Websites systematisch erstellen*, Herdecke, Dortmund, W3L GmbH, 2003.

/Balzert, Helmut 03/
Balzert, Helmut; *JSP für Einsteiger - Dynamische Websites mit JavaServer Pages erstellen*, Herdecke, Dortmund, w3l GmbH, 2003.

/Balzert, Helmut 06/
Balzert, Helmut; *Java 5: Objektorientiert programmieren - Vom objektorientierten Analysemodell bis zum objektorientierten Programm*, Herdecke, Bochum, W3L GmbH, 2006.

/Bergmann, Bormann 05/
Bergmann, Olaf; Bormann, Carsten; *AJAX - Frische Ansätze für das Web-Design*, Teia Lehrbuch Verlag.

/Evan 06/
Lenz, Evan; *XSLT 1.0 - kurz & gut*, Köln, O'Reilly, 2006.

/Flanagan 02/
Flanagan, David; *JavaScript - Das umfassende Referenzwerk*, 4. Auflage, Köln, O'Reilly, 2002.

/Flanagan 03/
Flanagan, David; *JavaScript - kurz & gut*, 2. Auflage, Köln, O'Reilly, 2003.

/Gamperl 06/
Gamperl, Johannes; *AJAX Web 2.0 in der Praxis*, Bonn, Galileo Press, 2006.

/Garrett 05/
Garrett, Jesse James; *Ajax: A New Approach to Web Applications*, http://www.adaptivepath.com/publications/essays/archives/000385.php.

/Goldmann, Schraudolph 06/
Goldmann, Markus; Schraudolph, Markus; *PHP 5 - Die Neuerungen*, Bonn, Galileo Press, 2006.

/Herold 02/
Herold, Helmut; *Das HTML/XHTML-Buch mit Cascading Style Sheets und einer Einführung in XML*, Nürnberg, SuSE-Press, 2002.

/Hirte et al. 06/
Hirte, Elena; Koch, Daniel; Ferner, Jens und Dieter; *Das große Buch PHP 5 & MySQL*, Data Becker, 2006.

/Lerdorf et al. 06/
Lerdorf, Rasmus; Bergmann, Sebastian; Hicking, Garvin; *PHP - kurz & gut*, 3. Auflage, Köln, O'Reilly, 2006.

/Lorenz 02/
Lorenz, Patrick; *ASP.NET Kochbuch*, München, Carl Hanser, 2002.

/Meyer 05/
Meyer, Eric; *CSS - kurz & gut*, 2. Auflage, Köln, O'Reilly, 2005.

/Meyer 05a/
Meyer, Eric; *Cascading Style Sheets - Das umfassende Handbuch*, 2. Auflage, Köln, O'Reilly, 2005.

/Mintert 03/
XHTML, CSS & Co. [eBook], Hrsg. Mintert, Stefan, München, Addison-Wesley, 2003.

/Musciano, Kennedy 03/
Musciano, Chuck; Kennedy, Bill; *HTML & XHTML - Das umfassende Referenzwerk*, Köln, O'Reilly, 2003.

/Niederst 02/
Niederst, Jennifer; *HTML - kurz & gut*, Köln, O'Reilly, 2002.

/Preishuber 06/
Preishuber, Hannes; *ASP.NET 2.0 Crashkurs*, 2. Auflage, Unterschleißheim, Microsoft Press Deutschland, 2006.

/Reilly 06/
Reilly, Douglas; *ASP.NET 2.0 Web Forms-Programmierung mit Visual C# 2005*, Unterschleißheim, Microsoft Press Deutschland, 2006.

/Seeboerger-Weichselbaum 04/
Seeboerger-Weichselbaum, Michael; *JavaServer Pages - Professionelle Web-Anwendungen mit JSP 1.X und 2.0*, München, Markt+Technik Verlag, 2004.

/Sharp 05/
Sharp, John; *Microsoft Visual C# 2005 Schritt für Schritt*, Unterschleißheim, Microsoft Press.

/St.Laurent, Fitzgerald 06/
St.Laurent, Simon; Fitzgerald, Michael; *XML - kurz & gut*, 3. Auflage, Köln, O'Reilly, 2006.

/Steyer 05/
Steyer, Ralph; *Jetzt lerne ich JavaScript - Webprogrammierung mit JavaScript, (X)HTML, CSS und Co.*, München, Markt+Technik Verlag, 2005.

/Steyer 05a/
Steyer, Ralph; *Das JavaScript Codebook*, 2. Auflage, München, Addison-Wesley, 2005.

/Vonhoegen 04/
Vonhoegen, Helmut; *Einstieg in JavaServer Pages 2.0*, Bonn, Galileo Press, 2004.

/Vonhoegen 05/
Vonhoegen, Helmut; *Einstieg in XML*, 2. Auflage, Bonn, Galileo Press, 2005.

/Weßendorf 05/
Weßendorf, Matthias; *Struts - Websites effizient entwickeln (2. Auflage)*, Herdecke, Bochum, W3L GmbH, 2005.

/Zandstra 04/
Zandstra, Matt; *Jetzt lerne ich PHP 5 PHP-Anwendungen mit Apache, MySQL & SQLite vom Einstieg bis zur Objektorientierung*, 2004.

Sachindex

.NET **309**, **312**
$ _ GET (PHP) 207
$ _ POST (PHP) 207

a (XHTML) 14
Absatz 9
absolute Positionierung 87
Abstände berechnen 85
abstrakte Klasse
    C# 360
    Java 294
    PHP 231
abstrakte Methode
    C# 360
    Java 294
    PHP 231
action (XHTML) 33
addElement (Java) 300
ältere Browser
    CSS 50
    JavaScript 101
Ajax **378**, 388, 389
    Alternativen zu 380
    Nachteile 381
    Vorteile 381
Ajax-Anwendung 378, 382, 388
Ajax-Bibliothek 387
Ajax-Engine **379**
Aktion (JSP) 265
alert (DOM) 106
align (XHTML) 36
allgemeiner Klassenselektor 53
alt (XHTML) 19
Anfrage **200**, **206**, **252**, **263**, **319**, **379**
Antwort **318**, **379**
apply-templates (XSLT) 184
appName (DOM) 113
appVersion (DOM) 113
arithmetischer Operator
    C# 349
    Java 284
    JavaScript 130
    PHP 215
Array
    C# 352
    Java 286
    JavaScript 133
    PHP 219

ASP.NET 2.0 **311**
ASP 3.0 314
assoziatives Feld
    C# 353
    Java 287
    JavaScript 135, 139
    PHP 221
Attribut
    C# 357
    DTD 161
    Java 292
    JavaScript 142
    PHP 228
    XML 154
    XML-Schema 174
Attributtyp
    DTD 162
    XML-Schema 175
Attributwert-Template **192**
Außenabstand **24**, 67
    Blockelement 70
    float 85
Aufbau, XHTML-Dokument 6
Ausdruck
    C# 348
    Java 283
    JavaScript 129
    PHP 214
Ausgabe
    C# 348
    Java 283
    JavaScript 129
    JSP 254, 263
    PHP 215
Ausgabeparameter
    C# 354
    Java 289
    JavaScript 137
    PHP 223
Ausnahmebehandlung
    Java 290
    PHP 232

background-color (CSS) 55
background-image (CSS) 56
Bezeichner
    C# 348
    Java 282
    JavaScript 128

PHP 213
Bild 19
Bild als Hyperlink 20
BITV **99**
blinde Tabelle 23, 36
Blockelement **25, 31, 32**, 65
    Außenabstand 70
    Größenberechnung 67
body (XHTML) 6
border (CSS) 66
border (XHTML) 23
border-spacing (CSS) 74
br (XHTML) 8
Browser-Kompatibilität 50
Button (ASP.NET) 327
button (XHTML) 35

cellpadding (XHTML) 24
cellspacing (XHTML) 24
charAt (JavaScript) 143
choose (XSLT) 188
CIL **311**, 312
class (XHTML) 53
className (DOM) 109
clear (CSS) 85
CLR **312**
CLS **311**
Code-Behind **321**, 323
Code-Inline **321**, 322
Codeblock **202, 315**
    ASP.NET 315
    PHP 202
Codierung 6
color (CSS) 55
colspan (XHTML) 28
CompareValidator (ASP.NET) 339
complexType (XML-Schema) 168
confirm (DOM) 107
Container
    C# 367
    Java 300
Cookie **320**
count (PHP) 220
Cross Page Posting 362
CSS **2, 44**
CSS-Eigenschaft **46**
CSS-Klasse 52, **53**
CSS-Kommentare 49
CSS-Kurzform 56
CSS-Stilvorlage **46**
CSS-Stylesheet **47**
CSS-Validator **50**

CSS-Versionen 44
CSS referenzieren 48

Date (Java) 290
Date (JavaScript) 142
date (PHP) 225
DateFormat (Java) 290
Dateiverarbeitung (PHP) 233, 237
Datentyp
    C# 348
    Java 283
    JavaScript 127, 128
    PHP 213
Datenzelle 23
DateTime (C#) 356
Datum formatieren (PHP) 225
Deklaration (JSP) 256
Deserialisierung
    C# 365
    Java 298
die (PHP) 239
Direktive **259, 315**
Direktive (ASP.NET) 316
Direktive (JSP) 259
div (XHTML) 30
Div-Wahnsinn 82
do-while-Schleife
    C# 351
    Java 286
    JavaScript 132
    PHP 218
DOCTYPE-Switch 70
document (DOM) 107
Dokumenttyp-Deklaration **159**
DOM **105, 378**
    Baumstruktur 106
    Objekthierarchie 106
DOM-Versionen 105
DTD **3, 148, 157**
dynamisches Feld
    JavaScript 134
    PHP 219

E-Mail-Link 15
Eigenschaft
    C# 358
einfacher Typ (XML-Schema) 173
einfaches Element (XML) 153
einfaches Element
    (XML-Schema) 167
Eingabebereich 34

Sachindex

Eingabebereich, Voreinstellung 35
Eingabefeld 34
Eingabefeld, unsichtbares 34
Eingabefelder lesen
   ASP.NET 329
   JavaScript 118
   JSP 264, 270
   PHP 205
Eingabefelder prüfen
   ASP.NET 338
   JavaScript 119, 124
   JSP 272
   PHP 209
Eingabeparameter
   C# 354
   Java 288
   JavaScript 136
   PHP 222
Eingebaute Template-Regel **181**, 182
EL **251**
Element **153**
   DTD 157, 161
   XML 153
   XML-Schema 167
Element (XML)
   einfaches 153
   leeres 153
   strukturiertes 153
Element, Häufigkeit (XML-Schema) 168
elementAt (Java) 300
Elementbox 65
Elementname (XML) 153
elements (DOM) 110
Elementselektor **46**
elementspezifischer Klassenselektor 53
em (XHTML) 9
empty (PHP) 209, 227
Ergebnisseite 255
Escape-Zeichen 214
Event-Handler **113**
Exception Handler 291

Führungstext 35
Facette 174
Farbwerte 55
fclose (PHP) 234
Feld
   C# 352
   Java 286
   JavaScript 133

PHP 219
Feld durchlaufen
   C# 352
   Java 287
   JavaScript 134
   PHP 220
Feld initialisieren
   C# 352
   Java 286
   JavaScript 133
   PHP 219
festes Leerzeichen 13
Fettschrift 9, 60
Firefox **43**
float (CSS) 83, 84
Float (Java) 289
Focus (ASP.NET) 343
font-family (CSS) 58
font-size (CSS) 58
font-style (CSS) 60
font-weight (CSS) 60
fopen (PHP) 233
for-Schleife
   C# 351, 352
   Java 285
   JavaScript 132
   PHP 218, 220
foreach-Schleife
   C# 351, 352
   PHP 220
form (ASP.NET) 325
form (XHTML) 33
format (Java) 290
forms (DOM) 110
Formular **33**, **268**, 295
   per E-Mail verschicken 39
Frames 81
Framework **379**
fread (PHP) 234
Funktion
   JavaScript 135
   PHP 222
fwrite (PHP) 234

Gültiges XML-Dokument **149**
get 206, 268
getDate (JavaScript) 142
getDateInstance (Java) 290
getDateTimeInstance (Java) 290
getDay (JavaScript) 143
getElementbyId (DOM) 107
getHours (JavaScript) 142
getMonth (JavaScript) 142
getParameter (JSP) 263, 270

getProperty (JSP) 265, 279
Getter-Methode (JSP) 275
getTimeInstance (Java) 290
getTimeStamp (C#) 371
Globales Objekt **127**
globale Variable
    JavaScript 136
    PHP 224

h1..h6 (XHTML) 8
Häufigkeit von Elementen
    (XML-Schema) 168
Hashtable
    C# 353
    Java 287
head (XHTML) 6
height (CSS) 66
height (XHTML) 19
hidden (XHTML) 34
Hintergrundbild 56
Hintergrundfarbe 55
horizontale Ausrichtung 75
horizontale Linie 31
hr (XHTML) 31
href (XHTML) 14
HTML **2**
HTML-Serversteuerelement **325**
HTML-Versionen 2
HTTP-Header **263**
HTTP-Protokoll **33**, **319**
Hyperlink **14**
HyperLink (ASP.NET) 333, 362

id (XHTML) 108
Identifizierer
    PHP 219
IE 4 DOM 105
if (XSLT) 187
if-Anweisung
    C# 350
    Java 285
    JavaScript 131
    PHP 217
Image-Objekt 111
images (DOM) 111, 117
img (XHTML) 19
Implizites Objekt **263**
import (JSP) 261
Import-Direktive (ASP.NET) 317
include (PHP) 211
Include-Direktive (JSP) 259, 273
include_once (PHP) 211
indexOf (JavaScript) 123, 143

Inline-Element **32**, 65
Innenabstand **24**, 67, 75
innerHTML (DOM) 109
input (XHTML) 34
is_numeric (PHP) 209, 227
isNaN (JavaScript) 119, 123, 138
ISO-8859-1 6
isset (PHP) 209, 227

Java **99**, **250**
JavaBean **275**
JavaScript **98**
JavaScript-Versionen 98
JavaScript & ASP.NET 330
JavaScript aktivieren 99
JavaScript vs. Java 99
JIT-Compiler **312**
JSP **251**
JSP-Aktion **265**
JSP-Ausdruck **254**
JSP-Datei **253**
JSP-Deklaration **256**
JSP-Dokument **258**
JSP-Server **249**, **252**
JSP-Skriptlet 253
JSTL **265**
JVM **252**, **290**, **312**

Kaskade (CSS) 52
Klasse
    C# 357
    Java 291
    JavaScript 140
    PHP 228
Klasse, partielle 323
Klassenattribut
    C# 360
    Java 294
    PHP 231
Klassenmethode
    C# 360
    Java 294
    PHP 231
Klassenselektor **53**
    allgemein 53
    elementspezifisch 53
Kommentar
    C# 347
    DTD 157
    Java 282
    JavaScript 127
    JSP 257
    PHP 212

XHTML 10
XML 155
komplexer Datentyp
   (XML-Schema) 168
komplexes Element
   (XML-Schema) 167
Kompositor 171
Konstante
   C# 347
   Java 282
   PHP 214
Konstruktor
   Bean 275
   Java 292, 357
   JavaScript 140
   PHP 229
Konvertierung, implizite 210
Konvertierungsmethode 270
Kopfteil 6
Kopfzelle 23
Kursivschrift 9, 60
Kurzform, CSS 56

Label (ASP.NET) 326
language (DOM) 113
language (JSP) 261
leeres Element
   DTD 158
   XML 153
   XML-Schema 169
left (CSS) 87
Legacy-DOM 105
Length (C#) 352
length (Java) 287
length (JavaScript) 134, 143
li (XHTML) 9
Linie, horizontale 31
Link 14
list-style-image (CSS) 61
list-style-type (CSS) 61
Liste
   geordnet 9
   geschachtelt 10
   ungeordnet 9
Listengestaltung 60
logischer Operator
   C# 349
   Java 284
   JavaScript 130
   PHP 216
lokale Variable
   C# 354
   Java 288
   JavaScript 136

PHP 222

mailto (XHTML) 39
margin (CSS) 67
Markierung **5**
   JSP 253, 258
   PHP 202
   XHTML 5
Methode
   C# 353, 357, 358
   Java 270, 293
   JavaScript 140, 142
   PHP 230
Mozilla **98**
MySQL **200**, **238**
mysql_ close (PHP) 239
mysql_ connect (PHP) 238
mysql_fetch_array (PHP) 241
mysql_ query (PHP) 240
mysql_ select_ db (PHP) 239

Namensraum
   ASP.NET 317
   C# 360
   XML 153
   XML-Schema 166
   XSLT 180
NavigateUrl (ASP.NET) 333
Navigationsbereich 30
navigator (DOM) 113
nl2br (PHP) 227
noscript (XHTML) 101
now (C#) 356

Objekt
   C# 358
   Java 293
   JavaScript 139, 141
   PHP 229
ol (XHTML) 9
onclick (XHTML) 114
OnClientClick (ASP.NET) 330
ondblclick (XHTML) 114
onload (XHTML) 114
onmousedown (XHTML) 114
onmouseout (XHTML) 114, 116
onmouseover (XHTML) 114, 116
onmouseup (XHTML) 114
onreset (XHTML) 115, 124
onsubmit (XHTML) 115, 124
onunload (XHTML) 114
Opera **43**

Operation
  C# 353, 357
  Java 293
  JavaScript 140
  PHP 230
out (JSP) 263

p (XHTML) 9
padding (CSS) 67, 75
Page-Direktive (ASP.NET) 315, 317
Page-Direktive (JSP) 260
Page_Load (ASP.NET) 334, 339, 369
Page Label **92**
Paket **261**
  Java 294
Parameter
  C# 354
  Java 288
  JavaScript 136
  PHP 222
Parametertyp (PHP) 229
Parse (C#) 355
parseFloat (Java) 289
parseFloat (JavaScript) 122, 138
parseFloat (JSP) 270, 273
parseInt (JavaScript) 122, 137
Partielle Klasse **323**
passwort (XHTML) 34
Passwortfeld 34
PCDATA 157
PHP **200**
PHP-Engine 200
platform (DOM) 113
position (CSS) 87
post 206, 268
PostBackUrl (ASP.NET) 362
Präfix (XML) 166
primitiver Datentyp
  C# 348
  Java 283
print (JSP) 263
print (PHP) 215
Programmierschnittstelle **105**
PUBLIC 159
Pull Processing 186
Push Processing 186

Quirks-Modus 70

Rahmen 66
RangeValidator (ASP.NET) 339

Redirect (ASP.NET) 334
Referenzparameter
  C# 354
  Java 289
  PHP 223
register_ globals 208
Request (ASP.NET) 319
request (JSP) 263
require (PHP) 211
RequiredFieldValidator (ASP.NET) 338
reset (XHTML) 35
Response (ASP.NET) 318
RGB-Farbmodell 55
Rollover 116
rowspan (XHTML) 28
Ruby on Rails 388
Rumpf 6
runat (ASP.NET) 322, 326

Schaltfläche
  button 35
  reset 35
  submit 35
Schnittstelle
  C# 359
  Java 293
  PHP 231
Schriftart 58
Schriften 57
Schriftfarbe 55
Schriftgröße 58
Screenreader **19**
script (XHTML) 100
Seitenlayout 82
select (XSLT) 184
Selektor **46**
Semikolon
  JavaScript 129
Serialisierung **298**
  C# 364
  Java 298
Servermodul 201
Serverobjekt (ASP.NET) 318
Servlet **250**, **252**
setProperty (JSP) 266, 275
Setter-Methode (JSP) 275
SGML **2**
Sichtbarkeit
  C# 357
  Java 291
  PHP 228
Signatur **231**, **293**, **359**
simpleType (XML-Schema) 173

Sachindex

size (Java) 300
size (XHTML) 34
Skriptelement (JSP) 253
Skriptlet **253**
Skriptsprache **98**
SOAP **312**
span (XHTML) 109
Sprachkonstrukt 211
SQL-Insert (PHP) 240
SQL-Select (PHP) 240
SQL-Update (PHP) 241
Standard-Markierung (PHP) 202
Standard-Modus 70
Standardtyp
    XML-Schema 167
Startseite 18
Steuerelement 325
str_ replace (PHP) 226
strcmp (PHP) 226
String
    C# 348
    Java 283
    JavaScript 128, 143
    PHP 214
String-Funktionen (PHP) 226
strlen (PHP) 226
strong (XHTML) 9
strtolower (PHP) 227
strukturiertes Element (XML) 153
style (XHTML) 48
submit (XHTML) 35
Suchmuster (XSLT) 181, 182
Superglobale Variable **207**
switch-Anweisung
    C# 350
    Java 285
    JavaScript 132
    PHP 218
Syntax
    CSS 46, 53
    XML 155
SYSTEM 159

Tabelle 23
Tabelle, blinde 23, 26, 36
Tabellengestaltung 73
Tabellenzeile 23
table (XHTML) 23
Tag
    JSP 253, 258
    PHP 202
    XHTML 5
td (XHTML) 23

Template-Regel **180**, 192
Terminologie 47
    XHTML 17, 32
text (XHTML) 34
text-align (CSS) 75
textarea (XHTML) 34
Textbox (ASP.NET) 327
Textmode (ASP.NET) 327
th (XHTML) 23
this
    JavaScript 140
    Objektreferenz 117, 121
time (PHP) 225
TimeStamp (C#) 371
title (XHTML) 6, 15, 20
Tooltip **15**
top (CSS) 87
ToString (C#) 355, 356
tr (XHTML) 23

Überschrift 8
ul (XHTML) 9
Umlaute 12
Universalattribut **15**, **20**, 53
Universalselektor **47**
URL **14**, **48**
useBean (JSP) 265, 277
UTF-8 6

Validator
    CSS 50
    XHTML 7
Validierung
    clientseitig 341
    serverseitig 341
Validierung ausschalten 341
Validierungsgruppe 344
Validierungssteuerelement
    338, 362
valign (XHTML) 36
value (XHTML) 34
value-of (XSLT) 182
Variable
    C# 347
    Java 282
    JavaScript 127
    JSP 256
    PHP 213
Vector (Java) 300
Verarbeitung
    ASP.NET 312
    JavaScript 99
    JSP 252
    PHP 200

Sachindex

Vererbung
  C# 360
  Java 293
  PHP 230
Vererbung (CSS) 51, 61
Vergleichsoperator
  C# 349
  Java 284
  JavaScript 130
  PHP 216
Verkettungsoperator
  C# 349
  Java 284
  JavaScript 130
  PHP 216
Versionen
  ASP.NET 311
  CSS 44
  DOM 105
  HTML 2
  JavaScript 98
  JSP 251
  PHP 201
  XHTML 3
  XML 150
vertical-align (CSS) 75
vertikale Ausrichtung 75
Voreinstellung (XML-Schema) 172, 175

W3C **2**, **44**, **105**, **113**, **150**, **207**, **269**
W3C-DOM 105
W3C-Empfehlung **3**, **44**, **150**
Webbrowser 2
Web Form **313**, 314
Webseite **18**
Webserver **33**, **199**, **252**
Webserver-Steuerelement **325**
Web Service **312**
Website **18**
Weiterleitung 333
while-Schleife
  C# 351
  Java 286
  JavaScript 132
  PHP 218
width (CSS) 66, 73
width (XHTML) 19, 24
window (DOM) 106
Wohlgeformtes XML-Dokument **149**
write (DOM) 107
Wurzelelement **154**

WYSIWYG-Editor **1**, **43**, **97**

XHTML **2, 3**
XHTML-Validator **7**
XML **3, 148**
XML-Attribut 154, **154**
XML-basierte JSP-Notation 258
XML-Deklaration **152**
XML-Dokument **152**
XML-Kommentare 155
XML-Parser **149**
XML-Schema **148, 166**
XML-Schema referenzieren 166
XML-Schema vs. DTD 178
XML-Syntax 155
XMLDecoder (Java) 299
XMLEncoder (Java) 299
XMLHttpRequest-Objekt 379, 383
XSLT **149**
XSLT-Prozessor **179**
XSLT-Stylesheet **179**
XSLT-Stylesheet referenzieren 180

Zeichenbeschreibungen 12
Zeichencodierung **6**
Zeilenumbruch 8
Zeit formatieren (PHP) 225
Zeitstempel (Java) 290, 301
Zeitstempel (PHP) 225
Zuweisungsoperator
  C# 349
  Java 284
  JavaScript 130
  PHP 216

Die ideale Ergänzung zu diesem Buch:

Webdesign & Web-Ergonomie
Websites professionell gestalten
von Heide Balzert

Dieses Buch ist mehr als ein Webdesign-Buch, denn es behandelt Web-Ergonomie und Webdesign als zwei gleichberechtigte Schwerpunkte. Erst die gelungene Synthese von beiden führt zu wirklich guten Websites. Sie lernen Schritt für Schritt, wie Sie eine professionell aussehende und gut bedienbare Website gestalten. Dazu wird das komplexe Gebiet des Webdesigns und der Web-Ergonomie in kleine handliche Bausteine zerlegt. Viel Bildmaterial, zahlreiche Tipps und praktische Übungen führen Sie zum professionellen Layout.

Die behandelten Themen in diesem Buch:
- Webdesign vs. Web-Ergonomie
- Entscheidungen für gutes Website-Design treffen
- Navigationsstrukturen – die Anforderungen und ihre Gestaltung
- Dialogführung benutzergerecht konzipieren
- Layout für Webseiten gestalten
- Farben in Websites richtig einsetzen
- Texte für das Web schreiben und gestalten
- Bilder in Websites optimal verwenden
- Das Wichtigste über Web-Ergonomie und Barrierefreiheit
- Formulare und Tabellen ergonomisch gestalten
- Fallstudie: Design eines Web-Anzeigenmarktes
- 280 Abbildungen, 158 Glossarbegriffe, vierfarbig
- 364 Seiten

In der renommierten Fachzeitschrift »icom« (Zeitschrift für interaktive und kooperative Medien) wird dieses Buch wie folgt rezensiert:
»Das Buch »Webdesign & Web-Ergonomie« zeichnet sich durch einen hohen Konkretheitsgrad, eine Vielzahl nützlicher Hinweise und eine schnörkellose, gut verständliche Darstellungsweise aus.«

Die ideale Vertiefung zu diesem Buch:

JavaServer Pages
Dynamische Websites mit JSP erstellen
von Dieter Wißmann
2. Auflage

Sie lernen praxisnah anhand vieler Beispiele die Erstellung von dynamischen Websites mit JavaServer Pages – einer der modernsten Programmiertechniken für Web-Server. Sie installieren und benutzen die am meisten verwendete Web-Datenbank MySQL. Sie programmieren im Rahmen einer Fallstudie einen einsatzfähigen Web-Anzeigenmarkt.

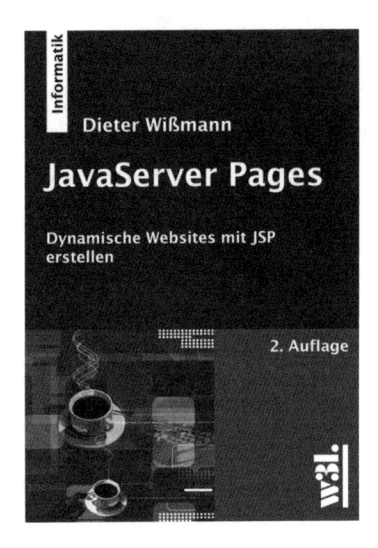

Die behandelten Themen in diesem Buch:
- JSP für Einsteiger – der Schnelleinstieg
- Web-Anwendungen – Grundlagen
- JSP – Grundlagen
- JavaBeans
- JSP – Sitzungen
- Cookies in JSP verwenden
- Servlets als Basis von JSP
- Lebenszyklen und Nebenläufigkeit
- Persistente Speicherung von Daten
- Web-Anzeigenmarkt – Fallstudie
- Architektur von Web-Anwendungen
- Weitere Konzepte – EL, JSTL, Custom Tags
- Ausblick

Das Besondere beim E-Learning mit W3L:

- Eingebaute **Didaktik**
- Unterstützung individueller Lernstile
- Optimierung des Lernstoffs auf das E-Learning
- **Bücher** als Begleitmaterial zum Kurs
- Nachweis des Lernerfolgs durch **Zertifikate**
- Kurse mit elektronischen und menschlichen Tutoren
- just-in-time-learning
- Unsere Kurse vermitteln nicht nur Wissen, sondern auch die **praxisnahe Anwendung** des Wissens durch Fallstudien und Aufgaben
- Kooperatives Lernen (Chats, Instant Messaging, Foren)
- Jederzeit up-to-date: Nach Kursende **Jahresabos** möglich

Evaluationergebnisse:

Die Studierenden im Master of Science-Studiengang VAWi (Virtuelle Aus- & Weiterbildung Wirtschaftsinformatik) der Unis Duisburg-Essen/Bamberg gaben folgende Kommentare ab:

- »Die ausgeklügelte Didaktik, sehr gut aufbereiteter Inhalt, Nutzung von vielen Medien, große Anzahl von Multiple-Choice-Tests und Übungsaufgaben, völlig freie Zeiteinteilung«
- »Didaktisch ist der Stoff prima aufbereitet. Viele Übungsmöglichkeiten. Sehr interessante Lehrinhalte.«
- »Sehr schön gemachter Kurs, mit umfassender Wissenvermittlung, Aufgaben, Tests zur Lernkontrolle.«
- »Der Praxisbezug ist bei keinem anderen Kurs bisher so hoch gewesen. Die Inhalte sind gut und klar gegliedert, Wiederholungen der Inhalte sind sinnvoll, es wird sehr viel breites und tiefes Wissen vermittelt.«
- »Freie Zeiteinteilung möglich; viele praktische Übungen; Einführung in verschiedene Themen; flexible Zeiteinteilung.«

Job **und** Studium jetzt möglich mit E-Learning

Der Online-Bachelor-Studiengang »Web-& Medieninformatik«
in Zusammenarbeit mit der FH Dortmund
akkreditiert von der Akkreditierungsagentur AQAS

Wenn Sie heute einen Job in der IT-Branche haben, dann sind Sie sicher froh darüber und wollen ihn auf keinen Fall aufgeben. Dennoch würden Sie sich gerne weiterbilden, um beruflich voran zu kommen? Ein klassisches Studium kommt daher für Sie nicht in Frage, denn ein Vollzeit-Job und ein Präsenzstudium lassen sich nicht miteinander vereinbaren!

Die Lösung lautet Online-Studium. Sie studieren wann Sie wollen, wo Sie wollen und wieviel Sie wollen. Alle Ihre Vorlesungen stehen Ihnen Online auf der E-Learning-Plattfom W3L zur Verfügung. Sie werden durch Tutoren betreut und können mit anderen Studierenden kommunizieren und kooperieren. Pro Jahr gibt es mehrere Prüfungstermine, an denen Sie Ihre Präsenzklausuren schreiben. Zum gegenseitigen Kennenlernen gibt es pro Jahr zwei eintägige Präsenzveranstaltungen.

Der Studiengang **Web- & Medieninformatik** ist ein **Informatik-Studiengang**, der das Wissen, die Kenntnisse und die Fertigkeiten vermittelt, die heute in vielen Bereichen der IT-Branche benötigt werden.

Der Studiengang besteht aus **34 Modulen**, wobei ein Modul einer Vorlesung mit einer Arbeitsbelastung von ca. 120 bis 150 Stunden entspricht (je 5 Leistungspunkte). Die Module gehören zu folgenden Fachgebieten: Grundlagen der Informatik und Programmierung, Softwaretechnik, Web- und Medieninformatik, IT-Systeme, formale Grundlagen, BWL, außerfachliche Grundlagen, Vertiefung, Projektarbeit, Bachelorarbeit.

Der Studiengang ist **kostenpflichtig**. Die Inhalte stellt die W3L-Akademie auf der W3L-Plattform bereit. Den international anerkannten Bachelor-Grad B.Sc. (Bachelor of Science) vergibt die **FH Dortmund**.

Dieser Studiengang weist folgende Besonderheiten auf:
- Sie können mit Ihrem Studium **jederzeit beginnen**. Es gibt keine Semestereinteilung – auch wenn die Module nach Semestern angeordnet sind. Es gibt pro Jahr festgelegte Prüfungstermine – nur danach müssen Sie sich richten.
- Sie können **beliebig viele** oder beliebig wenige **Vorlesungen** (= Module) belegen – je nach Ihren Vorkenntnissen und Ihrem Zeitbudget. Zu jedem Modul ist angegeben, welche Voraussetzungen er fordert, so dass Sie schnell feststellen können, welche Module Sie belegen können.
- Durch die E-Learning-Plattform W3L wird eine **einheitliche Darstellung und Didaktik** über alle Module hinweg sichergestellt. Außerdem gibt es zu jedem Modul schriftliches Begleitmaterial – in der Regel in Form von Büchern (im Preis enthalten).
- Im Gegensatz zu vielen anderen E-Learning-Kursen wurden von den Autoren bzw. Dozenten die Inhalte – bezogen auf die Lernsituation am Computer – neu entwickelt. Die von W3L entwickelte E-Learning-Didaktik stellt Sie – den Studierenden am Bildschirm – in den Mittelpunkt – so dass Sie **optimal lernen** können.

Weitere Informationen: www.W3L.de